本书受国家社科基金重点项目"城市住房市场租售结构失衡及其治理的长效机制研究"（项目批准号：19AJY009）、重庆大学中央高校基本科研业务费专项项目"城市住房市场健康发展机制暨均衡发展研究"（项目批准号：2024CDJSKJJ13）资助。

城市住房市场租售失衡及其治理

孔 煜◎著

中国社会科学出版社

图书在版编目（CIP）数据

城市住房市场租售失衡及其治理 / 孔煜著. -- 北京：中国社会科学出版社，2025.3. -- ISBN 978-7-5227-4973-0

Ⅰ. F299.233.5

中国国家版本馆 CIP 数据核字第 2025RC4967 号

出 版 人	赵剑英
责任编辑	孔继萍
责任校对	冯英爽
责任印制	郝美娜

出　　版	中国社会科学出版社
社　　址	北京鼓楼西大街甲 158 号
邮　　编	100720
网　　址	http：//www.csspw.cn
发 行 部	010-84083685
门 市 部	010-84029450
经　　销	新华书店及其他书店
印　　刷	北京君升印刷有限公司
装　　订	廊坊市广阳区广增装订厂
版　　次	2025 年 3 月第 1 版
印　　次	2025 年 3 月第 1 次印刷
开　　本	710×1000　1/16
印　　张	23
字　　数	366 千字
定　　价	128.00 元

凡购买中国社会科学出版社图书，如有质量问题请与本社营销中心联系调换
电话：010-84083683
版权所有　侵权必究

序

党的十九大报告提出："加快建立多主体供给、多渠道保障、租购并举的住房制度，让全体人民住有所居。"党的二十大报告对住房制度的提法与党的十九大报告基本一致，从"增进民生福祉，提高人民生活品质"的角度，再次强调了这一住房制度改革的方向。这意味着在保民生和提品质双重目标下，未来我国将进一步健全和完善租购并举和多元保障的住房体系。

人人享有适当的住房是公民的一项基本权利，租赁住房和自有住房是实现住房权利的两种主要手段。然而，我国住房租赁市场的发展严重滞后，已成为制约房地产市场健康发展的短板。因此，住房租售失衡治理对于落实中央提出的"房子是用来住的，不是用来炒的"战略定位和"加快建立多主体供给、多渠道保障、租购并举的住房制度"，促进房地产市场平稳健康发展，实现人民住有所居目标具有十分重要的现实意义。

重庆大学的孔煜教授，长期以来一直从事房地产经济方面的研究。2019年她成功申请到国家社会科学基金重点项目"城市住房市场租售结构失衡及其治理的长效机制研究"（项目编号：19AJY009），现已圆满结题，最近拟将书稿交付中国社会科学出版社出版。我作为她的博士后合作导师，甚感欣慰。本书立足我国特有的制度情境与住房市场发展背景，考察了现阶段我国城市住房市场租售结构失衡的基本现状、时空特征、影响效应，深入探讨了我国城市住房市场租售结构失衡的深层次原因，并研究了如何设计我国城市住房市场租售结构失衡治理的长效机制，以促进我国房地产市场健康、稳定、可持续发展。该研究丰富和发展了住房市场非均衡理论和房地产经济学理论，对于促进我国房地产市场稳定健康地发展具有重要的理论价值和应用价值。

全书由理论研究、实证研究和对策研究三大部分构成，具体内容包含八个具有逻辑关联的研究专题，逻辑严密，成果丰硕。

理论研究部分基于住房市场理论和经济学、社会学相关理论，结合我国现实背景来构建住房市场租售失衡理论分析框架，力求深入系统地揭示住房市场租售失衡的客观规律，为我国住房市场租售失衡治理的长效机制构建提供理论依据。理论研究部分包括三个研究专题，分别是：住房市场租售失衡的理论综述、住房市场租售失衡的理论内涵、住房市场租售失衡的系统成因。

实证研究部分力求通过选取具有代表性的典型城市进行统计调查和实证检验，把握住房市场租售失衡治理下住房租赁市场发展与社会经济之间的作用规律。重点关注了住房市场租售失衡治理下住房租赁市场发展对区域经济稳定的影响、住房租赁市场发展对房价的影响，以及住房租赁市场发展对居民消费的影响。

对策研究立足理论研究和实证研究的结论，结合我国社会经济背景，针对性地设计了我国住房市场租售失衡治理的长效机制，并从土地、金融、财税、监管等方面提出相应的制度安排和政策建议。

通过上述研究，本书提出了以下四个重要的学术观点。

1. 我国城市住房市场租售结构存在失衡。一是住房租售市场发展不均衡。房地产开发商更倾向于进入住房买卖市场而不是住房租赁市场；大部分省市住房买卖市场的总规模远高于住房租赁市场的总规模，小部分西部落后省市的租售市场之间的总规模差距较小，各个城市之间的住房租售市场发展差异明显；住房租赁市场所占比例较低，而住房自有率较高，住房租售市场存在发展的不均衡。二是住房买卖市场内部失衡。住房产品供给和需求的数量不匹配；住房的价格与消费者的支付能力不匹配。三是住房租赁市场内部失衡。发达地区住房租赁市场的需求较大，但租赁住房供给数量存在不足；住房租赁市场产品结构失衡，供给的大户型与需求的小户型之间产品结构错配、租赁住房品质与消费者的居住需求不匹配、住房租赁市场供应主体单一，且机构化住房、保障性租赁住房发展不足。

2. 我国城市住房租售市场失衡的原因复杂多样，既有国家制度环境的影响，也有中观市场和微观个人经济行为的影响。因此，基于国家、市场和个体三个层面揭示住房市场租售结构失衡的原因发现，中国特殊的制度环境即社会主义基本经济制度和具体的制度安排（包括土地制度、住房制度、户籍制度、住房金融制度）、市场外部环境（社会经济环境、法律环境）和内生发展（市场机会、运行环境），以及居民在制度、市场和心理导向下的租购选择偏好是造成我国住房租售市场失衡的重要原因。

3. 我国城市住房租售市场失衡治理能够产生明显的社会经济效应。①住房租赁市场规模扩大能够显著抑制经济波动；在住房租赁市场规模较小且经济发展相对落后的城市中，住房租赁市场规模扩大抑制经济波动的边际效应更强。②住房租赁规模的增加显著提升了居民消费水平；东部沿海地区住房租赁市场的完善和发展促进居民消费水平的作用较为显著，对中西部地区居民消费水平则不显著。③发展住房租赁市场能够显著抑制房价上涨。此外，发展住房租赁市场对一、二线城市的房价影响更大；在财政压力较小、人口流入较多的城市，发展住房租赁市场将会对房价产生更显著的抑制效果。

4. 构建我国城市住房租售市场失衡治理的长效机制，必须遵循以人为本、公平与效率兼顾、政府与市场动态结合、系统性和区域性等原则，从政府、市场和个体三个层面去健全和完善住房租售市场。首先，政府层面应从激励多元主体参与租赁市场建设的激励机制、提升租赁住房市场交易效率的信息机制、规范市场参与主体经济行为的监管机制、加强地方政府政策执行效果的奖惩机制、明晰住房租赁市场承租双方权益的保障机制、健全住房租赁市场租赁价格的指导机制等六个方面入手构建长效机制。其次，市场层面应侧重于从建立分层次的租赁住房供给机制、构筑资源配置高效率的竞争机制、健全住房租赁市场行业自律机制三方面入手完善长效机制。最后，个体层面则应重点关注引导居民居住需求理性的消费机制、培育居民租赁意愿的宣传引导机制等两个方面，通过稳定住房买卖市场、发展住房租赁市场来构建租购并举的住房选择机制，以改变住房市场"重销售、轻租赁"的现状，健全房地产发展长效机制，形成住房消费者能自主进行租购决策的住房供给格局，推动我国城市住房租售市场协调发展。

住房租售失衡治理，是新时代中国城市住房制度改革中急需关注和解决的重大理论问题和重大实践课题。未来的研究，还可以专门针对住房租赁市场发展进行更深入的研究，这既是中国式现代化新征程上房地产市场发展的需要，也是未来中国城市住房制度建设的重要战略方向。

高　波

南京大学商学院经济学教授、

南京大学城市与不动产研究中心主任

2024 年 6 月于南京大学鼓楼校区

目　　录

绪　论 ……………………………………………………………… （1）

　第一节　研究背景及意义 ……………………………………… （1）

　　一　研究背景 ………………………………………………… （1）

　　二　研究意义 ………………………………………………… （4）

　第二节　研究目标及内容 ……………………………………… （4）

　　一　研究目标 ………………………………………………… （4）

　　二　研究内容 ………………………………………………… （5）

　第三节　研究思路及方法 ……………………………………… （7）

　　一　研究思路 ………………………………………………… （7）

　　二　研究方法 ………………………………………………… （7）

　第四节　研究创新及特色 ……………………………………… （9）

第一章　国内外研究综述和相关理论基础 ……………………… （11）

　第一节　国内外研究综述 ……………………………………… （11）

　　一　国外研究综述 …………………………………………… （11）

　　二　国内研究综述 …………………………………………… （18）

　第二节　相关理论基础 ………………………………………… （28）

　　一　住房市场非均衡理论 …………………………………… （29）

　　二　住房双重属性理论 ……………………………………… （30）

　　三　住房租买选择理论 ……………………………………… （31）

　　四　理性消费选择理论 ……………………………………… （32）

  五 住房过滤理论 …………………………………………… (34)
  六 制度变迁理论 …………………………………………… (35)

第二章 住房市场租售结构失衡的理论内涵 …………………… (38)
 第一节 住房买卖市场的概念与特点 ………………………… (38)
  一 住房买卖市场的概念 …………………………………… (38)
  二 住房买卖市场的特点 …………………………………… (38)
 第二节 住房租赁市场的概念与特点 ………………………… (42)
  一 住房租赁市场的概念 …………………………………… (42)
  二 住房租赁市场的特点 …………………………………… (43)
 第三节 住房买卖市场与住房租赁市场的关系 ……………… (46)
  一 住房租售市场相互影响的理论研究 …………………… (46)
  二 住房租售市场相互影响的实证研究 …………………… (56)
 第四节 住房市场租售结构失衡的内涵分析 ………………… (60)
  一 均衡与失衡的概念内涵 ………………………………… (60)
  二 住房租售结构失衡的概念内涵 ………………………… (62)
  三 住房租售结构失衡的自发调节机制 …………………… (71)

第三章 我国城市住房市场租售结构失衡的现状考察 ………… (79)
 第一节 住房买卖市场与住房租赁市场的外部失衡 ………… (79)
  一 住房租售市场的规模失衡 ……………………………… (79)
  二 住房自有比例与住房租赁比例 ………………………… (85)
  三 租售比 …………………………………………………… (92)
 第二节 住房买卖市场的内部失衡 …………………………… (98)
  一 住房买卖市场供需数量失衡 …………………………… (98)
  二 住房买卖市场产品结构失衡 …………………………… (115)
 第三节 住房租赁市场的内部失衡 …………………………… (125)
  一 住房租赁市场供需数量失衡 …………………………… (125)
  二 住房租赁市场产品结构失衡 …………………………… (130)

第四章 我国城市住房市场租售结构失衡的原因 (155)

第一节 国家层面：具体的制度安排 (155)
一 特殊的制度环境 (156)
二 具体的制度安排 (161)

第二节 市场层面：外部环境和内生发展 (189)
一 市场外部环境 (189)
二 市场内生发展 (196)

第三节 个体层面：制度、市场和心理导向下的租购选择 (201)
一 制度导向下的居民租购偏好 (201)
二 市场导向下的居民租购偏好 (207)
三 心理导向下的居民租购偏好 (212)

第五章 我国城市住房市场租售结构失衡治理的社会经济效应 (219)

第一节 住房租赁市场发展对区域经济稳定的影响 (219)
一 文献综述 (220)
二 理论机制分析 (222)
三 研究设计 (226)
四 实证结果及分析 (229)
五 研究结论 (237)

第二节 住房租赁市场发展对房价的影响 (238)
一 文献综述 (238)
二 理论机制分析 (240)
三 研究设计 (244)
四 实证结果及分析 (246)
五 研究结论 (254)

第三节 住房租赁市场发展对居民消费的影响 (255)
一 文献综述 (255)
二 理论机制分析 (258)

三　研究设计 …………………………………………………… (260)
　　四　实证结果及分析 …………………………………………… (262)
　　五　研究结论 …………………………………………………… (270)

第六章　我国城市住房市场租售结构失衡治理的长效机制 ……… (272)
第一节　租售结构失衡治理长效机制构建的必要性及可行性 ……………………………………………………… (272)
　　一　租售结构失衡治理长效机制构建的必要性 ……………… (272)
　　二　租售结构失衡治理长效机制构建的可行性 ……………… (278)
第二节　城市住房市场租售结构失衡治理长效机制构建的内容 …………………………………………………………… (285)
　　一　政府层面 …………………………………………………… (285)
　　二　市场层面 …………………………………………………… (297)
　　三　个体层面 …………………………………………………… (302)

第七章　城市住房市场租售结构失衡治理长效机制构建的制度保障 ……………………………………………………… (306)
第一节　土地制度保障 …………………………………………… (306)
　　一　制度创新增加土地供给 …………………………………… (306)
　　二　政策优化土地供给方式 …………………………………… (310)
第二节　金融制度保障 …………………………………………… (312)
　　一　建立多元的金融支持体系 ………………………………… (312)
　　二　建立企业分层次融资体系 ………………………………… (316)
第三节　财税制度保障 …………………………………………… (317)
　　一　明晰房地产市场税种改革方向 …………………………… (318)
　　二　加大住房供给端财税减免力度 …………………………… (319)
　　三　加大住房需求端财税补贴力度 …………………………… (320)
第四节　权益保障制度 …………………………………………… (321)
　　一　建立"租购同权"政策体系 ……………………………… (321)
　　二　保障承租双方合法权益 …………………………………… (323)

第五节　监管制度保障 …………………………………………（326）
　　一　明确住房租赁市场监管框架 …………………………（326）
　　二　健全住房租赁市场监管体系 …………………………（328）

参考文献 ……………………………………………………（330）

后　记 ………………………………………………………（357）

绪　　论

第一节　研究背景及意义

一　研究背景

自1998年城镇住房制度改革以来，我国全面拉开了住房市场化、货币化和商品化改革的序幕。市场机制的引入以及逐步完善有效提高了我国住房配置的效率，居民的住房短缺问题得到较好解决。住房市场的日益发展和完善，使房地产业逐渐成为我国重要的经济增长点。特别是在2002年我国全面实行城镇土地"招拍挂"制度后，房地产业进入了"快车道"。2003年国务院发布的《关于促进房地产市场持续健康发展的通知》中更是首次提出，"房地产业已经成为国民经济的支柱产业"，进一步加强了住房市场与社会经济发展之间的关联。此后，随着城镇化进程的加快以及社会经济水平和居民收入水平的不断提高，人们对改善性和投资性住房需求的意愿逐渐增强，尤其是在2008年面对美国次贷危机引发的国际金融危机时，中央政府采取了"扩内需、保增长"的宏观经济政策，货币政策也由"紧"转"松"，更是刺激了房地产开发投资和居民住房消费的增长，在经济增长和房地产市场逐渐回暖的同时，也逐渐掀起了住房开发投资和买卖的热潮。这使得政府、学界、企业和居民等各方主体都将注意力集中于住房买卖市场，而对住房市场中的另一重要组成部分——住房租赁市场的关注却明显不足。

然而，住房买卖市场与住房租赁市场上"购售一只腿长、租赁一只腿短"的结构问题积累了较多的社会经济风险。房价租金的巨大剪刀差、房价泡沫加速膨胀、购房难住房难、住房供需错配、系统性金融风险提高等问题日益凸显,对经济运行和社会稳定造成巨大威胁,逐步成为我国各方高度关注和亟待解决的重大问题。2015 年 1 月住建部发布的《住房城乡建设部关于加快培育和发展住房租赁市场的指导意见》中,肯定了住房租赁市场对社会经济发展的贡献和重要性,提出要加快住房租赁市场的培育和发展以完善住房市场体系,意味着政府正式将住房市场租售失衡问题的治理提上日程。从 2015 年 12 月中央经济工作会议首次提出"购租并举"的住房制度改革方向,到 2017 年中央经济工作会议将"购租并举"的说法替换为"租购并举",再到广州、沈阳、无锡、南京、郑州等城市相继提出"租购同权",我国对住房市场租售失衡问题的重视和治理水平不断提高,这与我国的现实背景高度契合。具体而言,本书的现实背景集中体现在以下四个方面。

(1) 中国正处于加快完善社会主义市场经济体制,促进宏观经济转型的关键期。党的十四大明确提出要建立社会主义市场经济体制的基本目标,随着市场经济改革的推进和社会主要矛盾的变化,这一目标的实现也处于动态发展过程。特别是 2017 年 10 月,习近平总书记在党的十九大报告中指出"中国特色社会主义进入了新时代",中国经济已由高速增长阶段转向高质量发展阶段,迫切需要完善社会主义市场经济体制,解决高质量发展过程中的体制机制障碍。房地产市场作为我国社会主义市场经济体系的一个重要组成部分,住房市场发展失衡会逐渐积累风险,导致严重的社会经济问题。其中,住房买卖市场和住房租赁市场在发展上存在巨大剪刀差这一结构性问题毫无疑问降低了住房市场的资源配置效率和运行稳定性,对住房市场租售失衡问题的治理是实现住房市场健康可持续发展,完善社会主义市场经济体制,促进社会经济稳定发展的重要举措。

(2) 中国正处于深入推进新型城镇化战略实施,促进社会转型升级的关键期。党的十八大正式提出我国要走"以人为本、以人为核心"的新型城镇化道路,构建新型城乡关系,推动城乡融合发展已成为促发展、提质量、调结构的根本抓手。其中,统筹推进城乡社会保障体系建设是促进城乡关系转型的重要举措之一,实现农业转移人口市民化,实现城镇基本公共服务常住人口全覆盖,全面建成覆盖城乡居民的社会保障体系是新型城镇化战略实施的重要目标。而完善住房市场体系和住房保障体系、解决流动人口住房问题，是推进新型城镇化战略的重要内容[①]。为保障居民"住有所居"，缓解居民特别是低收入群体因买不起房而产生的住房困境，需要加快推进以"租购并举"和"租购同权"为主体内容的住房制度改革，通过大力发展住房租赁市场实现多主体、多渠道住房供给，促进城乡统筹和可持续发展，加快实现"人的无差别发展"。

（3）中国正处于新旧动能转换，推动城市发展由"增量扩张"向"存量提质"转型的关键期。2015年李克强总理在政府工作会议上首次提出了"新旧动能转换"这一名词。2018年国务院发布了《国务院关于山东新旧动能转换综合试验区建设总体方案的批复》，开始在实践层面支持新旧动能转换。2018—2020年的政府工作报告中都再次强调了新旧动能转换在经济结构转型升级中的重要作用。新旧动能转换已成为实现高质量发展的重要途径，不仅是发展理念的新提升，也是发展方式的新转变[②]。而城市是新旧动能转换的主场，我国正在逐渐由传统的城市粗放式增量发展模式转向新型的城市精明化存量发展模式[③]。相应地，与城市发展相辅相成的住房市场发展也在逐渐转变发展思路，我国逐渐进入以二手房交易市场和住房租赁市场为主体的存量市场时代。因此，加快推进"租购并举"是优化住房市场结构，助推城市发展转型，加快经济发展方式转变的重要举措。

（4）中国正处于调控房地产波动的关键期。近年来，房地产企业的相继"爆雷"、房地产投资建设和交易的快速减少以及民众对房地产持有的消极态度使得房地产调控迫在眉睫。同时，这也暴露出过度金融化的房地产市场在面对外部冲击时的脆弱性。因此，中国住房市场的未来发展仍要坚定"房住不炒"的主导方向，同时也必须调整和完善市场结构，以加强住房市场灵活性，提高对外部冲击的抵御能力。

---

① 张耀军、陈芸：《留城或返乡：城市住房对流动人口回流的影响》，《人口研究》2022年第2期。

② 杨喜：《新旧动能转换背景下中国城市土地绿色利用效率时空格局及溢出效应研究》，博士学位论文，华中师范大学，2020年。

③ 郭嘉颖、魏也华、陈雯等：《空间重构背景下城市多中心研究进展与规划实践》，《地理科学进展》2022年第2期。

二　研究意义

（一）理论意义

目前，有关住房市场租售失衡及其治理的研究在我国尚处于起步阶段，缺乏系统化、结构化的深入分析。由于政府和学界过往对住房租赁市场的长期忽视，现有的许多研究大都在探索住房买卖市场存在的问题以及解决方案，因而对住房市场租售失衡的概念解析、现状特征、形成原因以及治理的长效机制等均缺乏完整性的逻辑分析，并且在主观认知上存在一定程度的分歧，这不利于实践工作的开展。因此，在理论上对住房市场租售失衡及其治理进行系统分析，不仅是对住房市场理论内涵的丰富和发展，也是将经济学、社会学等领域相关理论应用于住房经济问题研究中的尝试，有助于从不同学科理论视角来全方位看待城市住房市场租售失衡这一现实问题，并从中寻求治理之道。进一步地，对住房市场租售失衡进行系统性的理论分析将更好地指导实践层面的工作展开。

（二）现实意义

大力发展住房租赁市场，治理住房市场租售失衡是坚定"房住不炒"理念，贯彻落实"租购并举"的住房制度，解决居民住房问题的重要举措。具体来看，本书综合运用房地产经济学、制度经济学、计量经济学、社会学等多学科的理论及研究方法，揭示住房市场租售失衡的主要特征及其成因，研究住房租赁市场发展带来的社会经济效应，探索住房买卖市场和住房租赁市场失衡治理的长效机制，形成的研究成果无论是对于深化党的十九大报告和二十大报告的理论观点，还是为促进我国房地产市场稳定发展提供理论依据和实践指导都提供了有益的参考。

第二节　研究目标及内容

一　研究目标

本书研究的总目标是基于国家、市场和个体等不同层面有机结合的动态演进视角，研究如何构建我国住房市场租售失衡治理的长效机制，确保其与当前的时代背景以及我国的基本国情相适应，且能够合理有效地正常运行，旨在为进一步推动我国住房市场"租购并举"改革，加快社会经济和城市发展转型，推进社会经济稳定和高质量发展提供理论和实证支撑。为实现该总目标，本书的具体目标包括以下几个方面。

（1）探究中国背景下的住房市场租售结构失衡理论内涵，揭示和刻画其现状特征，从而为把握住房市场治理的现实难点提供参考。

（2）基于宏观和微观相结合的视角，从国家、市场和个体等层面全面系统地梳理我国住房市场租售失衡的成因，以明确"租购并举"改革中的机制障碍，为治理的长效机制构建提供具体的思路框架。

（3）从理论层面出发，讨论住房市场租售失衡治理对社会经济因素的影响机理，并通过构建计量模型进行实证检验，以便从中获得住房市场租售失衡治理的政策启示，针对其传导路径构建适宜的长效机制。

（4）构建符合我国国情的住房市场租售失衡治理的长效机制，为建立基于理论和实证推导、科学严谨、符合经济学和管理学研究规范的住房市场理论奠定基础。

二 研究内容

为了实现上述研究目标，本书的总体框架包括理论研究、实证研究和对策研究三大部分，具体内容包含八个具有逻辑关联的研究专题，本书的总体框架和基本内容构成如图0-1所示。

（一）理论研究"住房市场租售失衡的理论内涵、现实考察与系统成因"

理论研究为本书研究奠定了基础，是整体研究的出发点。本部分基于住房市场理论和经济学、社会学相关理论，结合我国现实背景来构建住房市场租售失衡理论分析框架，力求深入系统地揭示住房市场租售失衡的客观规律，为我国住房市场租售失衡治理的长效机制构建提供理论依据。

理论研究部分包括三个研究专题：①住房市场租售失衡的理论综述；②住房市场租售失衡的理论内涵；③住房市场租售失衡的系统成因。

（二）实证研究"住房市场租售失衡治理的社会经济效应"

实证研究是确保科学构建住房市场租售失衡治理的长效机制的关键环节。发展住房租赁市场是住房市场租售失衡治理的重要途径，本部分首先梳理了住房租赁市场发展影响社会经济因素的理论逻辑，然后力求

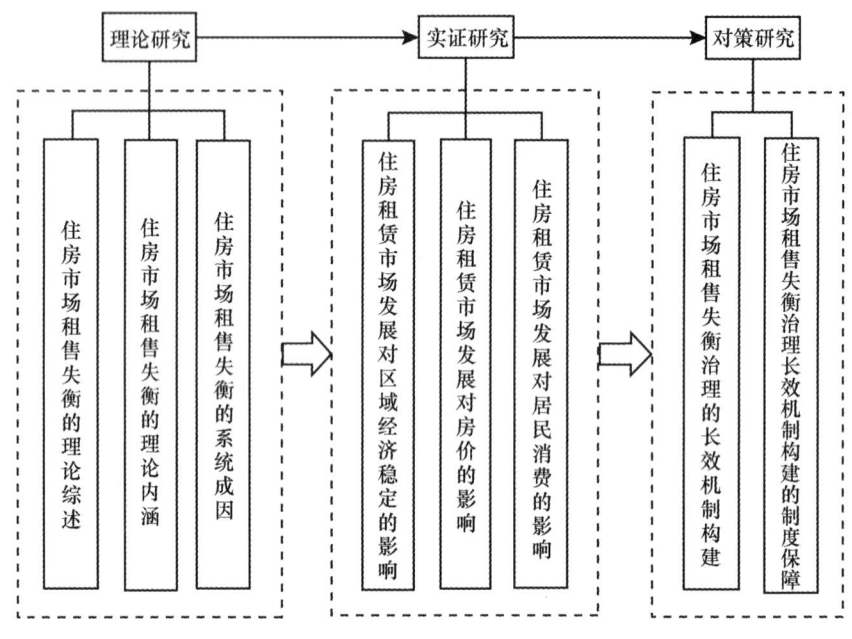

图 0-1 总体框架及内容

通过选取具有代表性的城市进行统计调查和实证检验,把握住房市场租售失衡治理与社会经济之间的作用规律。具体来看,本部分首先强调了以发展住房租赁市场为主体内容的住房市场租售失衡治理在经济运作中的重要性,从而为把握住房市场租售失衡治理主要方向提供了实证支持。然后,我们关注了住房租赁市场发展对住房买卖市场的影响,即住房市场租售失衡治理产生的房价效应,把握住房租赁市场与住房买卖市场相互关系的原理,从而为"租购并举"住房制度改革战略的实施提供启示。最后,我们解析了住房租赁市场发展对社会消费的影响及其机理,并通过实证检验为进一步明确住房市场租售失衡治理的现实战略地位提供了支撑。

实证研究部分主要集中于本书的第五章。具体内容包括三个研究专题:①住房租赁市场发展对区域经济稳定的影响;②住房租赁市场发展对房价的影响;③住房租赁市场发展对居民消费的影响。

(三)对策研究"住房市场租售失衡治理的长效机制及制度保障"

对策研究是本书研究的重点和目的。首先,立足于理论研究和实证研究的结论，综合我国的社会经济背景，针对性地设计了我国住房市场租售失衡治理的长效机制；其次，为突破现行制度壁垒，弱化政策阻碍，保障住房市场租售失衡治理的长效机制科学地、正常地运作，我们从土地、金融、财税、监管等方面提出相应的制度保障和政策建议。

对策研究部分涵盖本书的第六至七章，主要包括两个研究专题：①住房市场租售失衡治理的长效机制构建；②住房市场租售失衡治理长效机制构建的制度保障。

第三节 研究思路及方法

一 研究思路

本书遵循从理论研究出发，到实证研究检验，再到对策研究凝练总结的逻辑思路，具体的技术路线如图 0-2 所示。在充分认识中国当前社会经济发展和城市发展转型的现实背景的基础上，广泛且深入地挖掘、吸收和应用已有理论资源，深入剖析住房市场租售失衡的理论内涵，利用数理统计方法来刻画住房市场租售失衡的现状特征及变化趋势，揭示其形成的发展历程和系统成因。在此基础上，进一步利用统计调查、计量分析等手段，深入探究住房市场租售失衡治理的社会经济效应，明确住房市场租售失衡治理的主要方向。最后，基于理论和实证的研究结论，结合住房市场发展战略要求和目标，构建我国住房市场租售结构失衡治理的长效机制，并针对性地提出保障其科学有效运行的政策建议。

二 研究方法

（1）本书在理论研究部分综合运用了文献研究法、数理统计法、历史研究法和系统分析法等研究方法。具体而言：①文献研究法主要是通过检索和查阅国内外文献资料，梳理和总结住房市场租售结构失衡的研究现状与相关进展，并且在经济学、社会学、管理学等领域中选择与本书研究相关的理论构建和理论基础；②数理统计法主要是综合运用从统计年鉴、年度报告、调查报告、数据库等获取的多源数据，刻画住房市场租售失衡的现状特征和演变趋势；③历史研究法主要是通过运用历史资料，按照历史发展顺序来梳理住房市场租售失衡的发展历程，从历史

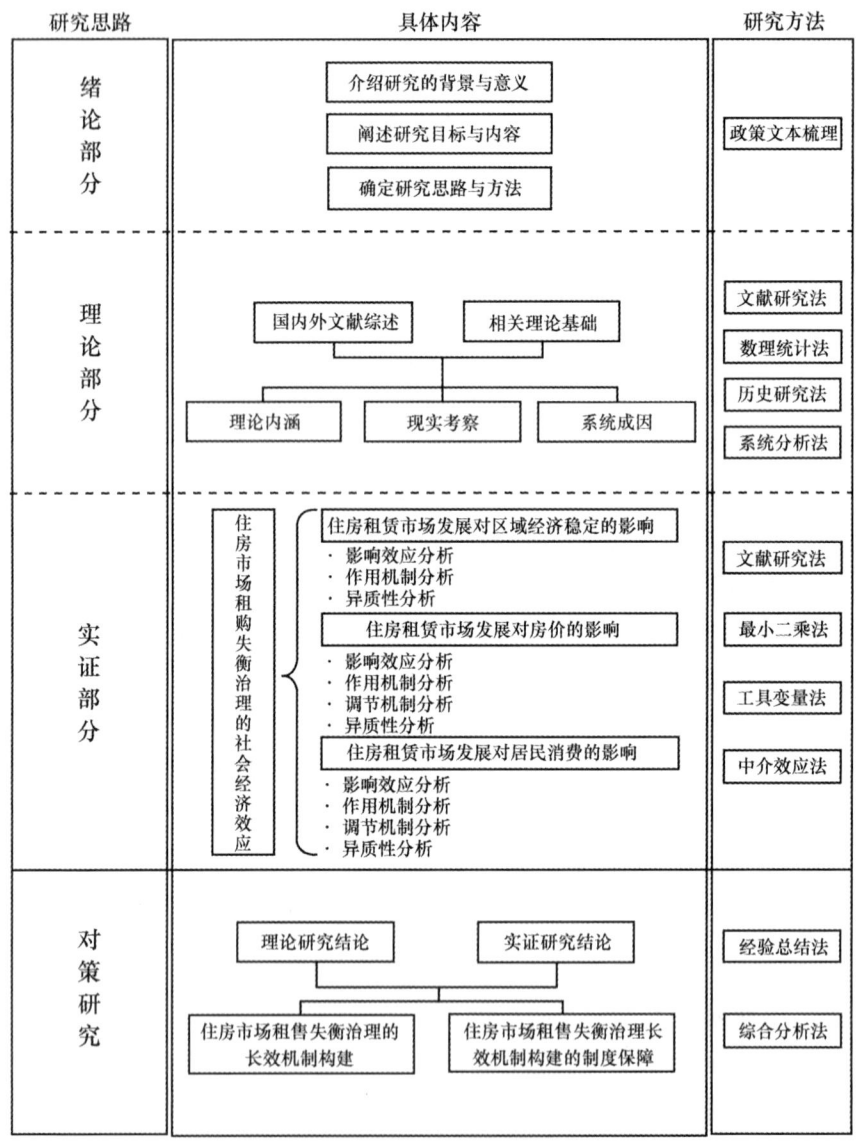

图 0-2 研究的技术路线

关键事件中寻找因果线索，系统地研究其形成的原因；④系统分析法主要是通过宏观和微观相结合的视角，从住房市场发展的多层次参与主体的角度，全面系统地分析住房市场租售失衡的成因。

（2）本书在实证研究部分主要运用了普通最小二乘法、工具变量法、中介效应法等计量经济学方法。其中，普通最小二乘法主要用于估计住房市场租售失衡治理影响社会经济因素的基准回归模型，即回答住房市场租售失衡治理是否会对社会经济变量产生影响以及影响方向如何。工具变量法主要用于解决反向因果、遗漏变量等内生性问题，并对基准回归估计结果进行修正。中介效应法则主要用于检验和讨论住房市场租售失衡治理对社会经济因素的作用机制。

（3）本书在对策研究部分主要运用了经验总结法和综合分析法对上述所有研究的结论进行归纳总结，并整合成具有逻辑层次的分析框架，根据该框架来系统构建我国住房市场租售失衡治理的长效机制，并针对性地提出保障其科学有效运行的政策建议。

第四节　研究创新及特色

本书的创新与特色主要体现在以下三个方面：

（1）在住房市场非均衡理论中，目前的研究主要是以商品住房市场供求数量非均衡和供求结构非均衡为研究内容，而对住房市场租售结构非均衡问题的研究较为薄弱。尤其是对住房市场租售结构失衡的科学内涵和实践要求缺乏深刻认识，对我国城市住房市场租售结构失衡的现实问题缺乏实证检验。本书从均衡与失衡的理论内涵入手，剖析了住房租售结构失衡的理论内涵与自发调节机制，并聚焦于中国租售市场的现实情况，通过指标法测度住房租售市场的规模、住房自有比例与住房租赁比例、租售比，得出我国城市住房市场租售结构存在严重失衡的结论。进一步地，从时间序列和样本所在区域两个角度分析了住房市场租售结构失衡的特征，发现住房买卖市场内部与住房租赁市场内部均存在数量和结构上的失衡。因此，本书不仅丰富了住房市场非均衡理论，更补充了住房市场结构非均衡问题的研究，这无疑构成了本书的一大特色。

（2）我国城市住房市场租售结构失衡的治理必须清晰地认识造成租售失衡的原因。考虑到住房租售市场的发展既受宏观制度环境约束，又受中观市场和微观个人经济行为的约束，因此，本书从政府、市场、个体三个维度入手，深入细致地探讨了住房市场租售结构失衡的原因。认为中国特殊的制度环境即社会主义基本经济制度和具体的制度安排（包括住房制度、土地制度、户籍制度、住房金融制度）、市场外部环境（社会经济环境、法律环境）和内生发展（市场机会、运行环境），以及居民在制度、市场和心理导向下的租购选择偏好是造成我国住房租售市场失衡的重要原因。与现有研究比较零散地揭示住房买卖市场和住房租赁市场发展失衡的原因不同，本书从系统性的角度较为全面地挖掘出住房市场租售失衡的直接和间接原因、表层和深层原因，成为本书的一个创新点与另一大特色。

（3）住房市场租售失衡治理的长效机制的构建是一个全新的课题。本书基于对失衡原因的深刻认识，从政府、市场和个体三个层面构建了我国城市住房市场租售结构失衡治理的长效机制。提出政府层面应建立激励多元主体参与租赁市场建设的激励机制、提升租赁住房市场交易效率的信息机制、规范市场参与主体经济行为的监管机制、加强地方政府政策执行效果的奖惩机制、明晰住房租赁市场承租双方权益的保障机制、健全住房租赁市场租赁价格的指导机制；市场层面应侧重于建立分层次的租赁住房供给机制、实现资源配置高效率的竞争机制、构建住房租赁市场行业自律机制；个体层面则应重点关注引导居民居住需求理性的消费机制、培育居民租赁意愿的宣传引导机制等，通过稳定住房买卖市场、发展住房租赁市场来构建租购并举的住房选择机制，形成住房消费者能自主进行租购决策的住房供给格局，推动我国城市住房租售市场协调发展。无论是市场机制（如供给机制、消费机制、租金机制）还是政府机制（如激励机制与监管机制）的研究都是一个全新的尝试，成为本书的另一个创新点。

第 一 章

国内外研究综述和相关理论基础

第一节 国内外研究综述

一 国外研究综述

购买和租赁是居民实现住房消费的两种主要手段。虽然购买住房能够让居民享受到更高质量的社区服务、环境以及更优质的教育资源,[1] 但是住房自有率并不是越高越好。从长期来看,较高的住房自有率往往会带来金融风险的集聚,而发达的住房租赁市场在促进劳动力流动[2]、调整住房投资结构、降低房价泡沫的风险[3]、稳定货币政策[4]、完善住房市场的自我调节功能以及稳定住房市场运行[5]等方面都具有重要的社会经济优势。回顾现有文献,国外学者围绕住房租售问题进行了大量研究,主要包括以下几个方面:

---

[1] Hu, L., He, S., Luo, Y., Su, S., Xin, J. & Weng, M., "A Social-media-based Approach to Assessing the Effectiveness of Equitable Housing Policy in Mitigating Education Accessibility Induced Social Inequalities in Shanghai, China", *Land Use Policy*, Vol. 94, No. 104513, 2020.

[2] Brouliková, H. M., Huber, P., Montag, J. & Sunega, P., "Homeownership, Mobility, and Unemployment: Evidence from Housing Privatization", *Journal of Housing Economics*, Vol. 50, No. 101728, 2020.

[3] Rubaszek, M. & Rubio, M., "Does the Rental Housing Market Stabilize the Economy? A Micro and Macro Perspective", *Empirical Economics*, Vol. 59, No. 1, 2020.

[4] Aastveit, K. A., Albuquerque, B. & Anundsen, A. K., "Changing Supply Elasticities and Regional Housing Booms", *Journal of Money, Credit and Banking*, Vol. 55, No. 7, 2023.

[5] Mulder C. H., "Homeownership and Family Formation", *Journal of Housing and the Built Environment*, Vol. 21, No. 3, 2006; Czerniak, A., M. Rubaszek, "The Size of the Rental Market and Housing Market Fluctuations", *Open Economies Review*, Vol. 29, No. 2, 2018.

（一）住房租购差异及两个市场的相互关系

关于租赁住房和自有住房的服务差异，现有研究主要有两种观点。一种观点认为，在理想状态下，无论自有住房还是租赁住房，其所提供的住房服务是无差异的。因此，两个市场完全可以相互替代，并且二者之间的这种相互关联的特征能够自动调节住房买卖市场和租赁市场并使之达到均衡。[1] 然而，另一种观点认为，在缺乏某些前提条件时，如非中立的税率政策或不成熟的租赁市场都会影响自有住房和租赁住房的效用，租房市场与购房市场的服务不可完全替代，两个市场之间的关联性减弱，致使住房市场"租买选择"机制缺失。在国外学者的研究当中，大多数学者持有后一种观点，认为住房买卖市场与住房租赁市场是无法完全替代的。如 Kang（2023）分析了韩国房主与租房者的居住差异状况，研究发现在生活满意度方面，住房租赁者远低于住房所有者。[2] 同样地，Hu（2020）研究发现由于房主拥有居住稳定属性，更有机会享受高质量的社区服务与环境。同时，户籍制度将公共服务供给与住房所有权关联起来，房主家庭的子女能够享受到更好的成长环境和更优质的教育资源。[3]

关于住房租赁市场与住房买卖市场之间的相互关系，现有研究大都认为住房租赁市场和买卖市场二者之间不是割裂的而是具有密切联系的。早在 1963 年，Grigsby 在定义房地产市场体系时就已经强调了房地产买卖市场和房地产租赁市场的关联性。Dipasquale 和 Wheaton（1992）创新性地构造了"四象限模型"来刻画出两个市场之间的相互关系，并指出了租金对房价的制约机制。[4] 此后，很多学者对这种机制展开了系列研究，描绘了这种动态运行机制的影响因素及特点。

---

[1] Dipasquale, D. & Wheaton, W. C., "The Cost of Capital, Tax Reform, and the Future of the Rental Housing Market", *Journal of Urban Economics*, Vol. 31, No. 3, 1992.

[2] Kang, W. C. & Park, S., "When Do Homeowners Feel the Same As Renters? Housing Price Appreciation and Subjective Well-Being in South Korea", *Cities*, Vol. 134, No. 104153, 2023.

[3] Hu, L., He, S., Luo, Y., Su, S., Xin, J. & Weng, M., "A Social-media-based Approach to Assessing the Effectiveness of Equitable Housing Policy in Mitigating Education Accessibility Induced Social Inequalities in Shanghai, China", *Land Use Policy*, Vol. 94, No. 104513, 2020.

[4] Dipasquale, D. & Wheaton, W. C., "The Cost of Capital, Tax Reform, and the Future of the Rental Housing Market", *Journal of Urban Economics*, Vol. 31, No. 3, 1992.

（二）住房租购行为选择及其影响因素

随着住房自有在西方逐渐成为主要住房保有形式，围绕着拥有产权住房的意义、住房自有为什么会以及如何成为主流的房屋保有权形式，涌现出了大量的争论。在宏观视角下，住房自有被赋予了维护社会稳定的意义。在效用视角下，住房自有与更好的居住质量[1]、经济安全和财富累积、精神健康、幸福感[2]和社会认可[3]相联系。作为个人视角分析的主要代表人物，Foye 等（2017）研究发现自有住房和个人自豪感、心灵上的满足、舒适程度以及社会身份认同有强烈联系，因此住房自有是一种"个人内在和天然的需要"，提供了一种"本体的安全"。[4] Acolin 等（2022）则指出，拥有住房并不一定意味着快乐和幸福，高昂的住房所有权成本损害了房主生活满意度[5]。近年来，基于综合视角，自有住房对宏观经济的作用也得到了学者们的重视。Ronald 通过研究日本（2004，2008b）及其他东亚发达国家（2008a）的住房自有的意义，强调了围绕住房自有的意识形态在不同社会的不同发展路径，以此作为对盎格鲁—撒克逊国家经验的补充和挑战。

总体来看，西方学术界对住房选择的研究起步较早，早期主要是从经济学角度对住房权属选择的研究，认为在一定的假设条件下，家庭在经济决策上是理性的，他们会在给定的预算约束条件下发生从租房到买房的变化，以实现效用最大化。Henderson 和 Ioannides（1983）提出一个模型来分析同时具有资本品属性和消费品属性的住房，他们认为如果没有交易成本、税收扭曲或贷款限制，购买决策将由住房的投资需求和消费需求所驱动。当租房效用大于买房效用时，消费者选择租房；相反，

---

[1] Foye, C., Clapham, D. & Gabrieli, T., "Home-ownership As a Social Norm and Positional Good: Subjective Wellbeing Evidence from Panel Data", *Urban Studies*, Vol. 55, No. 6, 2017.

[2] Kang, W. C. & Park, S., "When Do Homeowners Feel the Same As Renters? Housing Price Appreciation and Subjective Well-being in South Korea", *Cities*, Vol, 134, No. 104153, 2023.

[3] Rohe, W. M. & Stegman, M. A., "The Impact of Home Ownership on the Social and Political Involvement of Low-Income People", *Urban Affairs Review*, Vol. 30, No. 1, 1994.

[4] Foye, C., Clapham, D. & Gabrieli, T., "Home-ownership As a Social Norm and Positional Good: Subjective Wellbeing Evidence from Panel Data", *Urban Studies*, Vol. 55, No. 6, 2017.

[5] Acolin, A. & Reina, V., "Housing Cost Burden and Life Satisfaction", *Journal of Housing and the Built Environment*, Vol. 37, No. 4, 2022.

消费者选择买房。[①] 多年来这个模型成为众多分析的基础，应用于不同的方向。Ioannides 和 Rosenthal（1994）用该模型结合美国的数据进行了实证研究。[②] 从经济学角度来看，居民会根据成本最小原则作出购买或者租赁的最终选择，而影响购买成本和租赁成本相对大小的因素多是家庭收入、财产、住房价格、税收、利率等经济因素。[③]

后来，社会学和人口学开始逐渐关注住房租购问题。学者们基于社会人口统计学的研究新视角，将单维度的住房权属选择研究深入多维度的住房选择研究。这些学者将住房选择置于生命周期的概念框架下进行讨论，认为住房选择不是简单的消费或投资行为，而是与家庭特征及住房特征密不可分的复杂决策，他们认为，人口规模和成员结构等家庭特征，以及子女的出生和婚姻的缔结等触发事件，是影响住房形式变化的重要因素。[④] 一般来说，当单身人士结婚、夫妻进入家庭模式以及人们变老时，他们更有可能将租赁住房转变为自有住房。[⑤] 然而，住房权属的变化和某些生命周期事件之间的时间先后顺序可能会发生逆转。例如，随着住房价格的不断上涨，Japaridze（2024）认为，首次购房者往往为了买房子而推迟生育。[⑥] Loomans（2023）发现，稳定就业是人们买房和成家的前提条件，这种情况正逐渐变得越来越普遍。[⑦] 此外，经济环境的变化，如物价上涨和抵押贷款利率的提高，都有可能会阻止租赁住房向自

[①] Henderson, J. V. & Ioannides, Y. M., "A Model of Housing Tenure Choice", *The American Economic Review*, Vol. 73, No. 1, 1983.

[②] Ioannides, Y. M. & Rosenthal, S. S., "Estimating the Consumption and Investment Demands for Housing and Their Effect on Housing Tenure Status", *The Review of Economics and Statistics*, Vol. 76, No. 1, 1994.

[③] Hendershott, P. H. & Hu, S., "Accelerating Inflation and Nonassumable Fixed-Rate Mortgages: Effects on Consumer Choice and Welfare", *Public Finance Quarterly*, Vol. 10, No. 2, 1982.

[④] Grevenbrock, N., Ludwig, A. & Siassi, N., "Homeownership Rates, Housing Policies, and Co-residence Decisions", *Macroeconomic Dynamics*, Vol. 28, No. 5, 2023.

[⑤] Tong, Y. & Chen, D., "Is the Worth of a College Education Declining Vis-à-vis the Transition into Homeownership? A Gender-differentiated Analysis among Young Adults in Hong Kong from 1991 to 2016", *Research in Social Stratification and Mobility*, Vol. 82, No. 100732, 2022.

[⑥] Japaridze, I. & Sayour, N., "Housing Affordability Crisis and Delayed Fertility: Evidence from the USA", *Population Research and Policy Review*, Vol. 43, No. 23, 2024.

[⑦] Loomans, D., "Long-term Housing Challenges: The Tenure Trajectories of EU Migrant Workers in the Netherlands", *Housing Studies*, Vol. 39, No. 12, 2023.

有住房的过渡。

显然，单纯从经济学视角或是社会人口统计学视角的研究都是不充分的。因此，越来越多的学者开始将两者结合起来考察城市居民的住房选择行为。例如，Ozyldrmet 等（2005）运用动态模型的研究发现，个体预期会影响其住房选择行为，包括在工作、婚姻状况、家庭规模、当前居住等方面的改变。Colom 和 Moles（2008）研究了人口统计因素和经济因素对西班牙家庭住房决策的复合影响，结果显示，1990—2000 年的社会结构变革对西班牙家庭住房需求有中长期影响，而家庭当前的经济状况将会在短期影响住房需求。[①] Rubaszek 和 Czerniak（2017）在他们的研究中指出，波兰是一个典型的私人租赁市场份额较小的国家，并且相较于租赁住房而言，受访者对自有住房有着强烈的偏好，租赁住房目前仅仅被视为一种临时解决居住需求的选择，而在更长的居留期间，并不是自有住房的重要替代选择。[②] 这一选择背后的原因既有心理上的，也有经济上的，但又与现存的制度安排密切相关。

由于中国的住房市场尚处在由计划经济体制向市场经济体制的经济社会转型期，因此，国内外学术界对中国城市居民住房选择行为及其影响因素的研究，大都是在此宏观背景下，借鉴西方成熟的住房选择理论而形成和发展的。Fu 等（2000）通过对 1997 年的问卷和访谈数据的分析，发现住房不匹配性、资金限制、风险态度、对城市经济状况的信心、商品房的成本以及住房福利计划等在内的多种因素共同影响中国城市工人购买商品住房的意愿；[③] Huang 等（2020）研究发现，户籍改革放宽了城市对流动人口的限制，决定长期居留城市的富裕移民更有可能成为房

[①] Colom, M. C. & Moles, M. C., "Comparative Analysis of the Social, Demographic and Economic Factors That Influenced Housing Choices in Spain in 1990 and 2000", *Urban Studies*, Vol. 45, No. 4, 2008.

[②] Rubaszek, M. & Czerniak, A., "Preferencje Polakow Dotyczace Struktury Wlasnosciowej Mieszkan: Opis Wynikow Ankiety", *Bank i Kredyt*, Vol. 48, No. 2, 2017.

[③] Fu, Y., Tse, D. K. & Zhou, N. "Housing Choice Behavior of Urban Workers in China's Transition to a Housing Market", *Journal of Urban Economics*, Vol. 47, No. 1, 2000.

主，而收入较低的农民工和其他城市移民更多选择租房来满足住房需求；[1] Huang 和 Clark（2002）在中国住房市场转型的背景下，将住房选择的影响因素分为家庭经济因素、住房市场因素和制度因素三类，在此基础上的研究结果表明，市场因素和家庭经济因素（家庭劳动力数、婚姻状况除外）对居民住房选择有显著影响，而且制度因素如户口、职业等级、单位等级等对住房选择仍有相当影响，这和西方的研究结论类似；[2] 进一步地，Chen 等（2022）从生命周期视角分析了人们的租购决策：处于单身阶段的移民和新婚夫妇成为房主的可能性较小，因为他们的职业生涯刚刚起步，收入水平和储蓄相对较低；教育程度更高的移民更渴望成为房主以加强居住稳定性和改善婚姻前景；已经有子女的移民往往会成为房主，以提高他们的经济地位和下一代的教育。[3]

（三）住房市场租售结构的市场表现及其影响效应

Case 和 Shiller（1989）发现，美国独户住宅缺乏"市场有效性"，并认为这种现象与美国独户住宅租赁市场不健全有关。[4] 在商品住宅租赁市场与买卖市场关系方面，国外学者 Dipasquale 和 Wheaton（1992）在住宅占用方式维度上，利用四象限模型创造性地阐释了房地产资产市场（房地产买卖市场）与房地产服务市场（房地产租赁市场）的关系并描绘了在房地产租买选择机制作用下的"市场有效"状态。[5]

在分析住房租赁市场发展的影响因素时，不同学者往往着眼于不同角度，部分学者从供给的视角出发，研究了影响租赁住房供应的相关因素。Andreasen 等（2021）发现，租赁住房政策和市场需求是影响私人租

---

[1] Huang, X., Dijst, M. & Van Weesep, J., "Tenure Choice in China's Medium-Sized Cities After Hukou Reform: A Case Study of Rural-Urban Migrants' Housing Careers in Yangzhou", *Journal of Housing and the Built Environment*, Vol. 35, 2020.

[2] Huang, Y. & Clark, W. A. V., "Housing Tenure Choice in Transitional Urban China: A Multilevel Analysis", *Urban Studies*, Vol. 39, No. 1, 2002.

[3] Chen, L., Du, H., Hui, E. C.-m., Tan, J. & Zhou, Y., "Why Do Skilled Migrants' Housing Tenure Outcomes and Tenure Aspirations Vary among Different Family Lifecycle Stages?", *Habitat International*, Vol. 123, No. 102553, 2022.

[4] Case, K. E. & Shiller, R. J., "The Efficiency of the Market for Single-Family Homes", *American Economic Review*, Vol. 79, No. 1, 1989.

[5] Dipasquale, D. & Wheaton, W. C., "The Cost of Capital, Tax Reform, and the Future of the Rental Housing Market", *Journal of Urban Economics*, Vol. 31, No. 3, 1992.

赁住房供给的重要原因。改善获得信贷供给是刺激或支持房东出租住房的有效举措。① MacAskill 等（2021）认为，新兴住房供应和建筑策略可以有效改善租赁住房供给效率和提高租赁住房质量标准。② 还有学者关注了住房自有率的影响因素。他们普遍认为，文化偏好和经济因素是导致国家之间住房拥有率差异的主要原因。③ 此外，人口结构也是影响区域住房拥有率的重要原因。④

关于住房租购结构对经济社会的影响效应，学者们也进行了广泛讨论。Oswald（1996）揭示了住房拥有率与失业之间的关系，认为过高的住房拥有率导致劳动力市场缺乏灵活性，房主在面临就业冲击时更容易失业。⑤ 美国著名智库彼得森国际经济研究所（PIIE）所长亚当·普森曾在英国《金融时报》上撰文指出，将住房拥有率提高至自由市场所不能提供的水平，会扭曲资本配置，使大部分家庭储蓄处于不必要的风险之中。相反，规模化的住房租赁市场则有助于经济社会稳定。Rubio（2014b）发现，在动态随机一般均衡（DSGE）框架下，扩大租赁市场的规模可以使得货币政策更加稳定。⑥ Czerniak 和 Rubaszek（2018）的面板回归证实了租赁住房份额的增加可以减少房价和建筑业的波动。⑦ Rubaszek 和 Rubio（2020）通过构建一个 2004—2017 年 28 个欧盟国家的数据库，进行一系列的回归，结果表明，宏观经济基本面对房价的影响取决于

---

① Andreasen, M. H., McGranahan, G. & Steel, G., "Self-builder Landlordism: Exploring the Supply and Production of Private Rental Housing in Dar es Salaam and Mwanza", *Journal of Housing and the Built Environment*, Vol. 36, 2021.

② MacAskill, S., Mostafa, S., Stewart, R. A., Sahin& O., Suprun, E., "Offsite Construction Supply Chain Strategies for Matching Affordable Rental Housing Demand: A System Dynamics Approach", *Sustainable Cities and Society*, Vol. 73, No. 103093, 2021.

③ Huber, S. J. & Schmidt, T., "Nevertheless, They Persist: Cross-country Differences in Homeownership Behavior", *Journal of Housing Economics*, Vol. 55, No. 101804, 2022.

④ Lui, H. K., "Homeownership of New Immigrants in Hong Kong: Before and After the Handover", *Housing Studies*, Vol. 39, No. 11, 2023.

⑤ Oswald, A. J., "A Conjecture on the Explanation for High Unemployment in the Industrialized Nations: Part 1", University of Warwick Economic Research Papers, 1996.

⑥ Rubio, M. & Carrasco-Gallego, J. A., "Macroprudential and Monetary Policies: Implications for Financial Stability and Welfare", *Journal of Banking & Finance*, Vol. 49, 2014.

⑦ Czerniak, A. & Rubaszek, M., "The Size of the Rental Market and Housing Market Fluctuations", *Open Economies Review*, Vol. 29, 2018.

住房租购结构，租房家庭占比越高，越有利于整个宏观经济的稳定。[1]

综上，国外学者围绕住房租售市场的研究较为丰富，既表现在研究成果数量众多，也表现为研究内容涵盖面广，为研究我国城市住房市场租售结构失衡奠定了较好的前期基础。然而，各国的社会、政治和经济因素有着截然不同的差异，导致各国在住房制度、居民的住房消费观念以及住房发展水平等方面也有着天壤之别。例如，西方模式假定住房市场有相对的选择自由，居民主要根据个人偏好和支付能力选择不同的住房。而中国城镇住房制度则是在住房福利化、住房市场化与保障性住房相结合的理论基础上进行设计的，住房制度的不断重构让居民的住房选择行为变得更加复杂、多样。因此，中国城市住房市场租售结构失衡的内涵、成因以及治理仍需我们进行全面、深入和系统的研究。

二 国内研究综述

住房市场租售结构均衡是住房市场结构多元均衡的一个重要内容。[2]不完善、不规范的住房租赁市场将会导致租售结构失衡，[3]进而将会降低房地产市场效率，并且影响房地产开发者、经营者和消费者之间的利益关系。因此，中国住房租售市场长期发展不均衡的问题开始受到学界的广泛关注，相关研究成果缤彩纷呈。按照研究的具体内容和范围将其归纳为以下几个方面。

（一）租购选择问题研究

在国内学者的研究中，关于住房租赁市场与买卖市场关系的研究主要着眼于宏观层面。部分学者研究了住房市场租售结构的内部均衡问题。郑清芬（2000）认为房地产出售市场内部均衡、房地产租赁市场内部均衡以及房地产租赁和出售总需求等于总供给是房地产租售市场实现均衡所必需的三个条件，只有当这三个条件同时得到满足时，房地产租售市

---

[1] Rubaszek, M. & Rubio, M., "Does the Rental Housing Market Stabilize the Economy? A Micro and Macro Perspective", *Empirical Economics*, Vol. 59, No. 1, 2020.

[2] 赵振宇、田金信、陈红霞：《对住宅市场结构多元均衡的探讨》，《学术交流》2006年第9期。

[3] 黄燕芬、王淳熙、张超等：《建立我国住房租赁市场发展的长效机制——以"租购同权"促"租售并举"》，《价格理论与实践》2017年第10期。

场才能达到均衡状态,并进一步指出,房地产市场的存量流量均衡机制是通过存量市场与流量市场的相互作用与相互影响而形成的。[1] 并认为这个均衡机制对房地产市场的总体均衡状况、投资开发规模以及政府的政策导向都具有重要的影响意义。陈小亮等(2022)指出,解决住房租赁市场发展不足的问题,从而加强市场结构的平衡是构建房地产长效机制的主要举措。[2] 另一部分学者则重点关注二者之间的相互关系。杨德忱等(1998)认为房地产买卖市场与租赁市场存在制约关系,以此体现出两个房地产子市场在运行中的均衡规律。[3] 而崔裴等(2010)认为房地产买卖价格受租金的约束,进而影响房地产开发,导致房地产存量市场产生波动从而也会反过来影响租金。[4] 陈卓(2023)发现积极培育和发展住房租赁市场,既有利于住房回归居住属性,也有助于遏制房价快速上涨的势头。[5]

相对而言,有关居民住房租购选择的研究起步较晚。具体来看,学者们主要探讨了制度因素、社会经济属性和家庭特征对居民租购选择的影响。在制度方面,户籍制度强化了住房所有权与公共服务权益之间的联系,这导致居民更偏好购房。[6] 李伟军和吴义东(2019)基于中国家庭金融调查数据(CHFS),发现住房公积金、金融知识显著提升了新市民的购房意愿。[7] 也有学者发现,在租购并举的制度背景下,出台相关住房租赁政策有助于提高中低收入居民的租房意愿。[8] 关于社会经济属性对居

---

[1] 郑清芬:《论房地产买卖与租赁》,《山东大学学报》(哲学社会科学版)2000年第4期。

[2] 陈小亮、陈彦斌:《房地产长效机制的效果评估与改进策略——宏观政策"三策合一"的视角》,《学习与探索》2022年第8期。

[3] 杨德忱、李忠富、戴利人:《房地产市场买卖与租赁的均衡规律》,《建筑管理现代化》1998年第2期。

[4] 崔裴、严乐乐:《住房租买选择机制缺失对中国房地产市场运行的影响》,《华东师范大学学报》(哲学社会科学版)2010年第1期。

[5] 陈卓:《租赁市场失衡、居住功能偏离与住房价格——来自面板工具变量法的证据》,《海南大学学报》(人文社会科学版)2023年第6期。

[6] 吕萍、邱骏、丁富军等:《住房属性困境、产权残缺与住房制度改革——基于中国住房政策演变和调整讨论》,《公共管理与政策评论》2021年第5期。

[7] 李伟军、吴义东:《住房公积金、金融知识与新市民住房租购决策——基于CHFS的证据》,《中南财经政法大学学报》2019年第4期。

[8] 郭金金、夏同水:《租购并举制度下中低收入群体住房租购选择的影响因素研究》,《财经理论与实践》2020年第2期。

民租购决策的影响,学者们发现社会地位[1]、城市房价[2]和产业升级[3]均显著影响了居民的租购选择。关于家庭特征对居民租购选择的影响,张凤、宗刚(2014)发现年龄和家庭经济因素的影响显著,而性别、学历与住房态度则不显著。[4] 吴翔华和徐培等(2018)认为工作时间越长、职业越稳定的居民更加倾向于购房。[5] 蔡宏波和韩金镕等(2019)的研究发现所谓门当户对的家庭选择租房居住的概率更高,而具有高攀特点的家庭更加偏好直接购买住房。[6]

(二)住房租售市场失衡的测度以及原因分析

经过近20年的住房制度改革与市场发展,住房市场存量的供求矛盾已基本解决,但面临着不平衡不充分发展和区域分化的新矛盾,并且在相当长的一段时间内会成为住房市场的突出特征。中国住房租售市场长期发展不均衡的问题,具体表现在住房租赁市场发育不完善、功能不健全这一方面。[7] 黄燕芬、王淳熙、张超和陈翔云(2017)认为我国目前的住房租售市场发展不平衡,住房租赁一直处于落后状况,且存在总体规模较小,难以满足居民租房需求,秩序不规范,租房人利益难以得到保障以及政策支持体系不完善,相关配套措施缺位等三大主要问题。[8] 邵挺(2020)则进一步指出,我国住房租赁市场发展还存在供需

---

[1] 邹静、邓晓军:《家庭住房租购选择之谜——基于主客观社会地位的视角》,《财经论丛》2019年第3期。

[2] 陈欣彦、王培龙、董纪昌等:《房价收入比对居民租购选择的影响研究》,《管理评论》2020年第11期。

[3] 闫珍:《城市制造业升级如何影响流动劳动力的住房租购选择?》,《消费经济》2023年第2期。

[4] 张凤、宗刚:《基于二分类Logistic模型的城市居民住房租购选择研究》,《经济体制改革》2014年第2期。

[5] 吴翔华、徐培、陈宇崟:《外来务工人员住房租购选择的实证分析》,《统计与决策》2018年第14期。

[6] 蔡宏波、韩金镕、苏丽锋:《门当户对与住房租购选择——基于中国家庭金融调查数据的实证分析》,《经济理论与经济管理》2019年第3期。

[7] 赵奉军、高波:《新时代住房问题内涵与长效机制建设》,《江苏行政学院学报》2018年第3期。

[8] 黄燕芬、王淳熙、张超等:《建立我国住房租赁市场发展的长效机制——以"租购同权"促"租售并举"》,《价格理论与实践》2017年第10期。

不匹配、机构化不足等困境。①

在住房租售市场发展失衡的测度方面，不同学者使用了不同的指标，目前尚不存在统一的量化口径。一些学者用租售比衡量租赁市场和销售市场的协调程度测度中国城市住房泡沫；②一些学者用住房自有率作为替代指标来间接反映一国住房买卖市场与住房租赁市场的规模比例关系，考察住房自有率可能对居民经济社会行为产生的影响效应；③还有的学者用住房市场租赁比例反映租赁市场的活跃程度，考察住房市场租售结构对房价的影响效应。④总之，现有研究尚未对租售失衡有一个统一明确的量化指标。

面对租售结构失衡这一问题，很多学者从不同角度出发进行分析并力图寻找其成因。⑤一方面，一些学者从制度、政策和文化等外部视角切入，认为已有政策偏重扶持住房买卖市场，这种政策偏向使得住房租赁市场发展相对迟缓。易磐培（2018）分析指出，自推行住房商品化改革以来，住房租赁制度在住房体制改革中长期处于辅助性、从属性的地位，住房制度改革存在严重"重购轻租"的现象。⑥王先柱等（2017）的研究结果发现文化规范效应具有正向效应；儒家文化圈国家在文化规范效应的影响下具有更高的住房自有率。⑦另一方面，另一部分学者从效用、权利和收益等内部视角角度切入，对租购失衡的原因进行剖析。刘金祥和邢远阁（2018）认为租购主体在公共服务权益上的不对等是阻碍住房租赁市场发展的重要原因。⑧朱仁友和黄斯琪（2018）则明确指出租赁住

---

① 邵挺：《中国住房租赁市场发展困境与政策突破》，《国际城市规划》2020年第6期。
② 况伟大：《租售比与中国城市住房泡沫》，《经济理论与经济管理》2016年第2期。
③ 祝梓翔、邓翔、杜海韬：《房价波动、住房自有率和房地产挤出效应》，《经济评论》2016年第5期。
④ 陈卓、陈杰：《住房市场结构对房价的影响研究——基于租赁市场比例的视角》，《华东师范大学学报》（哲学社会科学版）2018年第1期。
⑤ 朱庄瑞、王玉廷：《大城市青年住房产权稳定性研究：理论分析、实践探索与提升路径》，《经济问题》2021年第5期。
⑥ 易磐培：《中国住房租赁制度改革研究》，博士学位论文，华南理工大学，2018年。
⑦ 王先柱、殷欢、吴义东：《文化规范效应、儒家文化与住房自有率》，《现代财经》2017年第4期。
⑧ 刘金祥、邢远阁：《租购并举中公共服务均衡化实现机制研究》，《上海经济研究》2018年第5期。

房在落户、教育和医疗等方面的"捆绑性权益"远不如产权住房，因此居民缺少租房居住的激励从而导致住房租赁市场发展落后于买卖市场。[①]除此之外，也有学者从经济因素出发来进行分析，认为经济因素是制约租赁市场发展的深层因素，如租金收入比较高、交易成本的存在以及投资回报率低是制约我国住房租赁市场发展的较为显著的因素。[②]

因此，基于各种内外部因素所导致的中国居民对购房的强偏好，住房租赁市场发育迟缓，成为住房供应体系短板，根本原因有三：一是租购经济价值不对等，房价增值推升购房需求；[③] 二是租售供应不平衡，租赁房有效供给不足；[④] 三是租购权利不对等，承租人租期、租金稳定缺乏保障，且在落户、公共服务、利用金融杠杆等方面居于劣势。[⑤] 而从上述三点的因果逻辑看，租购权利差异恰是"购房需求上升—房价上涨—投资需求增加—租/购供应失衡"的本因，形成负循环。[⑥]

（三）住房市场租售失衡的影响效应

关于住房租赁市场发展的社会经济效应，现有研究多是从住房租赁相关的价格、规模以及制度等三个层面展开分析。首先，从价格层面看，龙驰等（2021）在其研究中指出租金和房价反映了住房租购市场的协调程度。[⑦] 只有租售比处于一个合理的范围内，并且消费者可以根据自身条件自由选择住房消费方式，才能使住房消费市场获得较大的发展。孙伟增等（2020）探讨了住房租金变化对中国家庭消费的影响，发现租金可

[①] 朱仁友、黄斯琪：《我国房屋租赁市场发展缓慢的制度原因及对策》，《企业经济》2018年第4期。

[②] 叶剑平、李嘉：《我国商品性住房租赁市场发展的制度约束与个体行为分析——基于2014年北京市租赁市场调查数据》，《贵州社会科学》2016年第1期。

[③] 向为民、甘蕾：《抑制和稳定房价背景的"租购同权"政策匹配》，《改革》2017年第11期。

[④] 金朗、赵子健：《我国住房租赁市场的问题与发展对策》，《宏观经济管理》2018年第3期。

[⑤] 崔裴、胡金星、周申龙：《房地产租赁市场与房地产租买选择机制——基于发达国家住房市场的实证分析》，《华东师范大学学报》（哲学社会科学版）2014年第1期。

[⑥] 林梦柔、柴铎、董藩等：《租购同权与扩大供给：中国住房租赁市场因城施策的理论与实证》，《云南财经大学学报》2019年第5期。

[⑦] 龙驰、赖洪贵：《基于月度数据的中国住房价格与租金关系研究》，《江淮论坛》2021年第6期。

以通过"住房投资效应""租金收入效应""消费替代效应"对居民消费产生影响，并且这种影响还存在"马太效应"，租金下降有助于减小居民之间的消费不均等。① 更进一步地，孙伟增和张思思（2022）利用2011—2014年的全国流动人口动态监测调查数据进行实证分析后发现，租金上涨显著挤出来流动人口家庭的非住房消费，并不利于流动人口的社会融入，此外，租金上涨还会加剧城市之中流动人口于本地居民的居住分异。②

其次，从规模层面看，房地产产权市场缺乏供给弹性，③ 而房地产租赁市场供给弹性很大，因此如果能有效提高租赁市场供给，降低租赁市场的价格，就能够有效降低房地产产权市场的价格。④ 祝梓翔等（2016）研究发现房价、房地产投资对于非房地产投资和居民消费有微弱的挤出效应，并指出过高的住房自有率会强化这种挤出效应，故而房地产市场的回落以及住房自有率的下降有助于宏观经济的平衡发展。⑤ 刘斌（2016）认为高住房自有率对劳动力参与率具有显著的正向影响，但却不利于全社会范围内的人口流动。⑥ 除了住房自有率，一些学者也逐渐开始使用租购比例来衡量住房租赁市场的相对规模，并产生了一系列新的研究。陈卓和陈杰（2018）使用UHS数据进行研究后发现住房租赁市场相对规模的增加对房价的确存在显著的抑制影响，并且这一抑制作用主要反映在我国的东部城市。⑦ 而在房价收入比更高的城市，住房租赁市场比例提高对房价的抑制效应更大，更有利于挤出泡沫。进一步地，从住房

---

① 孙伟增、邓筱莹、万广华：《住房租金与居民消费：效果、机制与不均等》，《经济研究》2020年第12期。

② 孙伟增、张思思：《房租上涨如何影响流动人口的消费与社会融入——基于全国流动人口动态监测调查数据的实证分析》，《经济学（季刊）》2022年第1期。

③ 肖建月：《需求主导因素对房地产价格的影响及政策启示》，《市场研究》2005年第8期。

④ 张红伟、王湛：《房地产市场供给侧结构性调控——从产权到租赁》，《西南民族大学学报》（人文社会科学版）2016年第11期。

⑤ 祝梓翔、邓翔、杜海韬：《房价波动、住房自有率和房地产挤出效应》，《经济评论》2016年第5期。

⑥ 刘斌：《住房自有率、人口流动与劳动力参与率——基于全国第六次人口普查数据的研究》，《技术经济与管理研究》2016年第10期。

⑦ 陈卓、陈杰：《住房市场结构对房价的影响研究——基于租赁市场比例的视角》，《华东师范大学学报》（哲学社会科学版）2018年第1期。

租赁供应主体结构来看，城市中住房租赁供给的市场化程度越高，则该城市租住家庭占比与房价的负向关联越强。①

最后，从制度层面看，郭金金和夏同水（2019）基于适应性预期理论研究了租购并举政策对住宅价格波动的影响作用，发现租购并举政策对住宅价格的影响存在滞后性，且住宅价格波动幅度与项目建设开发速度和土地供给速度有关，不同等级城市对租购并举政策实施的敏感度也不同。②向为民和甘蕾（2017）认为，可通过租购同权、租售并举和共有产权等政策来鼓励租房消费，改变购房偏好，进而抑制和稳定房价。③崔裴等（2014）以对美国、德国等西方发达国家为例，通过研究其房地产租赁市场对房地产租买选择机制形成的作用，认为在住房租赁市场发育较为成熟的国家，住房租买选择机制的存在使得商品房房价受租金制约而减少波动。④住房租赁市场相关制度因素对社会经济的影响效应也在一系列实证研究中得到了体现，黄静和崔光灿（2019）的实证结果显示："租购同权"能缩小租房群体与购房群体的幸福感差距，提升居民福祉。⑤鞠方等（2021）运用双重差分模型考量了"租购同权"政策对房价的影响⑥。结果显示："租购同权"政策不仅能直接有效地抑制试点城市新建商品住房及二手住房房价的增长，还能通过降低房价上涨预期间接平抑房价增长速度。黄奕淇和曲卫东（2021）同样利用双重差分法研究发现，"租购并举"政策对住房租赁市场租金和出租量均具有显著的正向作用，但在一定程度上减少了住房销售量，抑制了房价上涨。⑦

---

① 陈卓、陈杰：《租住家庭占比、租房供应主体与房价》，《统计研究》2018年第7期。

② 郭金金、夏同水：《租购并举政策下住宅适应性预期价格演化及仿真——兼论项目建设开发速度与土地供给速度对住宅价格的影响》，《中国软科学》2019年第9期。

③ 向为民、甘蕾：《抑制和稳定房价背景的"租购同权"政策匹配》，《改革》2017年第11期。

④ 崔裴、胡金星、周申龙：《房地产租赁市场与房地产租买选择机制——基于发达国家住房市场的实证分析》，《华东师范大学学报》（哲学社会科学版）2014年第1期。

⑤ 黄静、崔光灿：《"租购同权"对提升居民幸福感的影响》，《城市问题》2019年第12期。

⑥ 鞠方、白怡颖、许依玲：《"租购同权"政策对我国大中城市房价的影响研究》，《财经理论与实践》2021年第5期。

⑦ 黄奕淇、曲卫东：《"租购并举"政策对住房租售市场的影响——基于双重差分模型的分析》，《云南财经大学学报》2021年第12期。

(四) 住房市场租售失衡的解决之道

学者侧重从政府、市场、个体等维度探讨培育和发展住房租赁市场的关键点。在政府层面，正如前文所提到的那样，住房租赁市场相关的法律法规不完善不健全是我国住房租赁市场发展滞后的重要原因。基于此，一些学者提出加强制度建设[①]、健全租房体系和相应法规[②]、完善房地产税制[③]、通过改革户籍制度和增加与完善公共资源供给实现租购同权[④]等制度层面的设计来解决这一问题。更进一步地，近年来部分学者开始着眼于长效机制的构建来解决租售失衡问题，从而达到房地产市场平稳健康运行的目的。金朗和赵子健（2018）认为，中国住房市场在长期发展过程中存在住房租赁市场发展滞后、租售结构失衡的问题，解决当前城镇住房问题的根本路径，是要丰富住房供应体系，满足多层次住房需求，建立可持续的住房发展长效机制。[⑤] 林蔚（2020）指出，应当通过税收工具的科学应用，充分调动住房租赁市场供需主体积极参与住房租赁消费、供给，加快实现"租购并举"住房制度改革。[⑥]

在市场层面，相较于国外发达的住房租赁市场而言，我国目前的住房租赁市场供应存在适租房屋供给不足、租赁市场层次化不够、供给主体结构不合理三个突出问题。[⑦] 因此，如何完善住房租赁供应体系，优化市场结构就成为亟须解决的问题。对此，有学者认为需要完善住房租赁市场的发展模式[⑧]、培育机构出租者[⑨]、提高住房使

---

① 叶剑平、李嘉：《我国商品性住房租赁市场发展的制度约束与个体行为分析——基于2014年北京市租赁市场调查数据》，《贵州社会科学》2016年第1期。

② 黄燕芬、王淳熙、张超等：《建立我国住房租赁市场发展的长效机制——以"租购同权"促"租售并举"》，《价格理论与实践》2017年第10期。

③ 严荣：《完善房地产财税政策：购租并举的视角》，《财政研究》2017年第11期。

④ 向为民、甘蕾：《抑制和稳定房价背景的"租购同权"政策匹配》，《改革》2017年第11期。

⑤ 金朗、赵子健：《我国住房租赁市场的问题与发展对策》，《宏观经济管理》2018年第3期。

⑥ 林蔚：《税收与住房租赁：基于完善租购并举制度的思考》，《企业经济》2020年第8期。

⑦ 金朗、赵子健：《我国住房租赁市场的问题与发展对策》，《宏观经济管理》2018年第3期。

⑧ 崔光灿：《住房租赁市场的国际比较研究》，《上海房地产》2007年第4期。

⑨ 崔裴、王梦雯：《培育机构出租人是租赁市场发展关键》，《城市开发》2017年第18期。

用成本[1]、提升承租双方议价能力[2]；此外，在住房租赁市场的供应主体方面，陈卓和陈杰（2018）强调要加强租房供应主体的多元化，尤其要注意充分发挥市场机制在租赁住房供应中的主导性作用。[3] 牟玲玲、李媛、周世豪（2020）同样认为政企双方协同合作建设租赁住房有助于提升整个社会系统的效益。同时，政府确定合理的成本分担比例是确保双方效益最大化的关键。[4]

在个体层面，要纠正公众对住房问题的认识偏差，[5] 租购并举效果的关键在于扭转城镇居民对租赁住房的偏见和自有房产权过分看重的观念，[6] 因此应该提倡提高租赁群体地位，加强对租赁群体的保护，稳定租赁群体长期居住预期，从整体性角度协调好租房与购房方面的制度推行。

在如何解决中国住房租售市场长期发展不均衡这一问题的不断探索中，一部分学者开始着眼于特定政策，研究如何让这一政策最大化地发挥作用。通过分析中国住房租售市场长期发展不均衡的问题，有学者认为租购并举本质上是对住房市场供应结构的优化和调整，是住房市场从需求侧管理向供给侧改革的体现。[7] 从政策过程的多源流视角来看，以人民群众住有所居的价值观为主线构成的"政治流"，以房地产调控等政策构成的"政策流"，以及新型城镇化背景下产生的"稳定发展房地产市场""保障城市新居民住房需求"等目标构成的"问题流"，共同推动了租购并举政策的落实。[8]

---

[1] 赵奉军、骆祖春：《使用成本、租买同权与住房租赁市场建设》，《中国房地产》2018年第27期。

[2] 刘晓君、张宇静、郭晓彤：《中国住房租赁市场交易主体议价能力差异性研究》，《价格理论与实践》2018年第3期。

[3] 陈卓、陈杰：《租住家庭占比、租房供应主体与房价》，《统计研究》2018年第7期。

[4] 牟玲玲、李媛、周世豪：《基于声誉的政企合作建设租赁住房策略》，《经济与管理》2020年第1期。

[5] 刘宝香、吕萍：《转型时期我国城市住房问题思考——基于发展住房租赁市场的视角》，《现代管理科学》2015年第5期。

[6] 曾凡军、乔华：《整体性治理视角下租购并举机制优化研究》，《云南行政学院学报》2019年第2期。

[7] 黄燕芬、张超：《加快建立"多主体供给、多渠道保障、租购并举"的住房制度》，《价格理论与实践》2017年第11期。

[8] 刘璐：《多源流视阈下城市住房"租购并举"政策过程分析》，《市场论坛》2019年第5期。

从已有研究的关注点来看，主要包括以下三个方面：一是从理论层面探究在租购并举政策背景下住房市场长效机制的构建。叶剑平和李嘉（2016）提出，加强制度建构，规范市场运行，由政府提供必要服务和管理是完善住房租赁市场、优化住房市场结构的必然选择。① 黄燕芬教授等（2017）提出培育新型住房供给主体、拓宽住房保障范围和保障渠道、以租售同权促租购并举；认为应当从理念维度、结构维度、协调维度、责任维度、技术维度等五个层面推行整体性改革，探索租购并举机制优化路径，以"租购同权"促进"租购并举"，构建租购并举整体性治理机制。② 叶剑平和李嘉（2018）认为，在完善住房租赁市场、优化住房市场结构的过程中，加快制度建设、规范租赁主体行为、健全政策的服务与管理是实现政策目标的必要措施。③ 赵奉军和高波（2018）认为，解决我国当前的住房问题，仅靠单纯的应急式调控很难解决深层次问题，深化住房制度改革，构建住房市场长效机制，才是解决当前城镇住房问题的根本途径。④

二是通过实证检验的方式来验证租购同权政策的效果如何。刘绍涛和张协奎（2020）指出租购并举政策对住房市场产生了直接影响，整体上显著地抑制了房价上涨，但也推高了住房租金。进一步研究发现，租购并举政策对新建房和小面积住房价格的抑制程度比对二手房和大面积住房价格的抑制程度更为显著。⑤ 黄奕淇和曲卫东（2021）的研究发现租购并举政策对住房市场的作用存在从租赁市场到买卖市场、从数量到价格的传导机制，培育和完善住房租赁市场有助于加强住房市场整体的内在调节机制。⑥ 总体上看，租购并举政策在试点城市开展以来，在一定程

---

① 叶剑平、李嘉：《我国商品性住房租赁市场发展的制度约束与个体行为分析——基于2014年北京市租赁市场调查数据》，《贵州社会科学》2016年第1期。
② 陈卓、陈杰：《租住家庭占比、租房供应主体与房价》，《统计研究》2018年第7期。
③ 叶剑平、李嘉：《完善租赁市场：住房市场结构优化的必然选择》，《贵州社会科学》2018年第3期。
④ 赵奉军、高波：《新时代住房问题内涵与长效机制建设》，《江苏行政学院学报》2018年第3期。
⑤ 刘绍涛、张协奎：《租购并举、房价变动与住房市场发展》，《当代财经》2020年第3期。
⑥ 黄奕淇、曲卫东：《"租购并举"政策对住房租售市场的影响——基于双重差分模型的分析》，《云南财经大学学报》2021年第12期。

度上对推动租赁市场发展、稳定住房价格起到了积极的作用。

三是从财政、税收角度谈及租购并举制度的完善。严荣（2017）认为我国应当探索出租住房的综合征收率，对个人住房征收房产税，建立财税政策与租金指数的关联机制；① 罗卫东、朱翔宇（2020）认为，为了从制度激励层面确保租购并举在理论和实践中的实现，必须通过推动包括房产税改革在内的财税制度改革，才能改变地方政府对土地财政发展模式的依赖，最终落实"房住不炒"的政策要求。②

综上，对于我国城市住房市场租售结构失衡问题的相关研究已取得了一定的成果，这些研究成果为本书的研究提供了很好的见解和参考，但仍有以下需要完善之处：第一，对住房市场租售结构失衡还缺乏深入系统的研究，如失衡内涵的界定、失衡特征的考察、失衡治理效应的检验等内容还需进一步拓展；第二，尽管现有不同类别的观点基本概括了有关我国城市住房租售市场发展失衡的所有原因，但多是比较零散地揭示住房买卖市场和住房租赁市场发展失衡的原因，缺乏从系统性的角度较为全面地挖掘住房市场租售失衡的直接和间接原因、表层和深层原因；第三，城市住房市场租售结构失衡治理的社会经济效应鲜有学者涉足，例如，住房租赁市场发展作为住房市场租售结构失衡治理的关键，住房租赁市场发展在平抑区域经济波动、促进居民住房消费和稳定住房价格方面的影响和作用尚缺乏相关的实证考察；第四，现有研究虽然从理论和经验上提出了培育和发展住房租赁市场的思考建议，但是，从宏观、中观和微观相结合的视角对住房市场租售结构失衡治理的长效机制研究相对欠缺。

第二节 相关理论基础

构建住房市场租售结构失衡治理的长效机制需要各种理论进行支撑。国内外学术界从不同的学科视角出发，提出了住房市场非均衡理论、住

---

① 严荣：《完善房地产财税政策：购租并举的视角》，《财政研究》2017 年第 11 期。
② 罗卫东、朱翔宇：《租购并举：租购同权还是租购平权？——兼论我国土地财政模式转型的必要性》，《浙江学刊》2020 年第 1 期。

房双重属性理论、住房租买选择理论、理性消费选择理论、住房过滤理论和制度变迁理论等众多理论，为我们的研究奠定了扎实的理论基础。

一 住房市场非均衡理论

非均衡理论的思想起源可以追溯到 20 世纪 30 年代凯恩斯的著作《就业、利息和货币通论》。凯恩斯认为"小于充分就业的均衡"才是资本主义经济的常态，而达到充分就业的均衡只是一种偶然状态，由此创立了具有非均衡特征的宏观经济学。[1] 逐渐地，学者们将非均衡思想与市场经济相联系。市场非均衡又被称为非瓦尔拉斯均衡，其概念是相对于瓦尔拉斯均衡而言的，即市场总是不完善的，且价格体系也并非完全灵敏的，市场非均衡是市场体制以及价格体系不完善的条件下出现的市场常态。[2] 进一步地，Bums 和 Grebler（1977）结合非均衡思想来阐释住房市场问题，认为世界上没有国家能使住房供给和需求达到均衡状态，住房市场存在静态、动态、空间和质量等四种非均衡的形式。[3] Clarida 和 Gali（1994）认为房地产市场无效的重要表现是短期内房地产价格与其价值相背离，而究其原因是大量的交易成本的存在。[4] Tirtiroglu 和 Clapp（1996）从供求关系的角度分析了房地产市场的非均衡状况。[5] Braid（2000）则认为住房政策的实施会深刻影响住房租售市场的短期和长期均衡状态。[6]

上述研究均表明了一个观点，即住房市场总是处于非均衡状态，且这一状态在世界各国具有普遍性。而住房市场的非均衡状态主要表现在

---

[1] ［英］约翰·梅纳德·凯恩斯：《就业、利息和货币通论》，宋韵声译，华夏出版社 2005 年版。

[2] Basu, K., "A Geometry for Non-walrasian General Equilibrium Theory", *Journal of Macroeconomics*, Vol. 14, No. 1, 1992.

[3] Bums, L. & Grebler, S., *A Theory of Housing Interventions*, New York: Wiley, 1977.

[4] Clarida, R. & Gali, J., "Sources of Real Exchange Rate Fluctuation: How Important Are Nominal Shocks?", *Carnegie Rochester Conference Series on Public Policy*, Vol. 41, 1994.

[5] Tirtiroglu, D. & Clapp, J. M., "Spatial Barriers and Information Processing in Housing Markets: An Empirical Investigation of the Connecticut River on Housing Returns", *Journal of Regional Science*, Vol. 36, No. 3, 1996.

[6] Braid, R. M., "The Effects of Government Housing Policies in a Vintage Filtering Model", *Journal of Urban Economics*, Vol. 16, No. 3, 2000.

供求关系、价格机制上，且影响住房市场非均衡态势的因素错综复杂，并非仅仅来源于市场本身。这为我们在第四章和第五章部分探究住房市场租售结构失衡的现状、特征和原因提供了重要的理论支撑。

二 住房双重属性理论

由于住房拥有多种功能，且既是公共品也是私人品，因此从不同角度来看，住房实际上具有多种属性。[①] 从宏观层面的政府角度来看，住房同时具有经济和社会两种属性。住房的经济属性是指，在一定的社会经济条件下，住房作为一种可以在市场上流通的、凝结了无差别劳动力的商品，遵循等价交换的基本商品经济规律，与经济存在必然联系。住房的社会属性是指现代社会中，各国政府都有义务满足本国居民基本的住房需求，提供合适的住房产品，对于低收入住房困难家庭，政府必须对公民住房的保障承担责任，这就决定了政府责任主体有义务对有困难的中低收入家庭提供帮助。[②] 而Engels（1972）早在《论住宅问题》中就将住房的社会属性和经济属性联系起来，他认为一定生产方式下的社会制度性质决定了住宅现象的本质属性，也就决定了住房的社会属性及经济属性的相互作用方式。[③] 从微观层面的居民视角来看，住房具有居住和资产属性。住房的根本使用功能是居住，居住属性也是住房的最基本属性，[④] 住房的居住属性即住房满足使用者或住房产权拥有者居住需求的能力。[⑤] 住房的资产属性是指住房作为固定资产的特征可以引起家庭资产的变化，住房作为投资品具有保值和增值的功能，随着居民住房财富的持续增加，住房已成

[①] 易宪容：《中国住房居住功能的理论论证——基于现代房地产理论的一般性分析》，《社会科学战线》2017年第11期。

[②] 张永岳：《中国房地产业与国民经济的互动效应及其协调发展》，《华东师范大学学报》（哲学社会科学版）2008年第6期。

[③] 段莉群：《恩格斯的住宅属性思想及其当代价值》，《马克思主义理论学科研究》2018年第2期。

[④] 浩春杏：《阶层视野中的城市居民住房梯度消费——以南京为个案的社会学研究》，《南京社会科学》2007年第3期。

[⑤] 向为民、谢静、李娇：《二元均衡下房地产过度金融化：机制、测度及影响因素》，《江淮论坛》2022年第1期。

为家庭的重要资产。①

住房属性的多样性意味着,关联主体通过住房可以获得不同的效用,而效用作为产品使用的结果则体现了住房满足关联主体的价值和目标的能力。② 住房属性理论为我们分析宏观和微观层面的住房市场关联主体的行为决策提供了理论基础,特别是住房市场运行时政府对住房市场的干预决策和家庭(或个体)的微观租购选择。因此,我们将在第五章和第六章,结合住房属性理论分析住房市场租售结构失衡的原因及其治理的长效机制构建。

三 住房租买选择理论

住房租买选择的理论研究最早起源于西方国家。学者们最先阐述了家庭特征与住房租买选择之间的关系。他们认为婚姻、收入、种族、性别和家庭规模等家庭特征深刻影响家庭的住房租买决策,并且目前的住房情况也会对家庭未来的住房租买选择产生影响。③ Shelton(1968)则首先从成本费用的角度来考虑人们的住房租买选择,认为居住期限是影响住房成本的重要因素,并得出结论:家庭如果租赁住房持续四年以上,购买住房的成本可能会更低,反之租房则可能是最便宜的方式。④ Knox(1978)等学者则提出,除了家庭特征(年龄、种族等)和住房成本等客观因素外,居民的文化背景、偏好、价值观、情感需求、住房经验等主观因素也深刻影响着人们对住房产品的看法,影响居民的住房租买选择。⑤ 在住房租买选择研究中,比较具有代表性的则是 Henderson 和 Ioannides(1983)基于家庭消费和投资决策建立的住房租买选择理论框架。

---

① 张翔、李伦一、柴程森等:《住房增加幸福:是投资属性还是居住属性?》,《金融研究》2015年第10期。

② Coolen, H., Boelhouwer, P. & Driel, K. V., "Values and Goals As Determinants of Intended Tenure Choice", *Journal of Housing and the Built Environment*, Vol. 17, 2002.

③ Kain, J. F. & Quigley, J. M., "Housing Market Discrimination, Homeownership, and Savings Behavior", *American Economic Review*, Vol. 62, No. 3, 1972.

④ Shelton, J. P., "The Cost of Renting Versus Owning a Home", *Land Economics*, No. 2, 1968.

⑤ Färe, R. & Knox Lovell, C. A., "Measuring the technical efficiency of production", *Journal of Economic Theory*, Vol. 19, No. 1, 1978.

他们从效用最大化的角度，充分考虑了住房的消费品和投资品双重属性，即住房作为消费品可提供居住服务，家庭可通过租房实现消费性需求，而住房资产作为投资品可带来收益，家庭可通过购房实现投资性需求，进一步考察了它们对住房租买选择的影响。[1] 他们认为，考虑到交易成本、税收扭曲或贷款限制等情况，当投资性需求远小于消费性需求时，家庭仅会选择租房；相反，当投资性需求与消费性需求相差不大，或投资性需求远大于消费性需求时，家庭会更倾向于购买住房。[2] 近年来，部分学者还分析了我国的特殊制度安排，例如户籍制度等对家庭住房租买选择的影响，[3] 证明制度也是不可忽视的重要因素之一。

居民住房租买选择是导致我国住房体系中租售结构失衡的最直接原因。结合中国背景，根据住房租买选择理论，我们可以深入分析居民租买选择的动因和决策机理，对于探究住房市场租购失衡在微观层面的原因、完善住房租买选择机制、推动住房市场租售失衡治理等具有重要的理论意义。

四　理性消费选择理论

早在传统的经济学理论中，"人的行动具有理性"这一假设就占据了主导地位。随后，新古典经济学继承并发展了"理性人"的假定，认为个体可以获得租购充分的环境信息，并对获得的信息进行综合分析，从而按自身利益最大化的目标选择决策方案以获得最大效用。[4] Coleman（1990）以理性选择理论为基础发展了社会行动理论，成为社会学中理性选择理论的代表性人物。他在《社会理论的基础》一书中提出了以效用最大化为行动原则的"经济人"或"理性人"的前提假设，[5] 以微观的个人行为选择为研究起点，以宏观的社会系统行为为研究目标，从

---

[1] Henderson, J. V. & Ioannides, Y. M., "A Model of Housing Tenure Choice", *The American Economic Review*, Vol. 73, No. 1, 1983.

[2] 何兴强、费怀玉：《户籍与家庭住房模式选择》，《经济学（季刊）》2018年第2期。

[3] Liao, Y. & Zhang, J. F., "Hukou Status, Housing Tenure Choice and Wealth Accumulation in Urban China", *China Economic Review*, Vol. 68, No. 101638, 2021.

[4] ［美］丹尼尔·贝尔编：《当代西方社会科学》，范岱年等译，社会科学文献出版社1988年版。

[5] Coleman, J. S., *Foundations of Social Theory*, Harvard University Press, 1990, pp. 1–53.

自下而上的角度研究个体的理性选择行为的集合如何影响制度结构和广泛的社会行为，实现了微观与宏观层面的联系。[1] Olson（1971）则将理性选择理论用于分析政治法律、犯罪惩罚以及婚姻家庭等社会现象。[2] 他们认为，特定约束条件下，理性行为就是微观层面的个体基于利益比较，并结合自身预期实施某种经济行为达到一定目的的社会性行动。理性选择理论的前提包括四个方面，即个体追求自身利益最大化、特定环境下存在不同的行为选择策略、不同行为选择会有不同的结果以及个体对不同的行为结果存在偏好排序。[3] 但传统的理性假设也招致了许多批评，主要可以分为三个方面：一是关于完全理性的最大化假设问题。Arrow（1951）认为由于环境的复杂性和不确定性，再加上人们对环境信息的处理能力有限，因此人们并不能做到完全理性，而仅是有意识的"有限理性"。[4] 二是关于个体行为都是理性行为的问题。Pareto 曾提出社会存在涉及价值观、信仰和感性领域的"非逻辑"的个体行为，理性下的行为仅仅是有限的。[5] 三是关于目的和偏好的问题。新古典经济学认为个体偏好是一成不变的，而很多学者则认为这忽视了制度、文化等要素影响个体目的和偏好，从而影响个体行为选择的路径。[6]

住房作为消费品和投资品，不同的住房产品可以给不同群体带来差异化的效用。住房买卖市场和住房租赁市场作为住房市场的两个子市场，居民在不同子市场上可以通过不同的住房消费方式（购房和租房）来满足自身的住房需求，即居民的租购选择存在差异。根据理性选择理论以及学者们对其的批判，我们认为在中国的社会经济环境和文化背景下，居民住房租购选择行为既是基于成本—收益的理性行为，也是受到传统

---

[1] 赵思栋、岳泉、雷晶等：《理性选择理论及其在信息系统研究中的应用与展望》，《现代情报》2020年第6期。

[2] Olson, M., *The Logic of Collective Action: Public Goods and the Theory of Groups*, Harvard University Press, 1971.

[3] 丘海雄、张应祥：《理性选择理论述评》，《中山大学学报》（社会科学版）1998年第1期。

[4] 卢现祥：《西方新制度经济学》，中国发展出版社1996年版。

[5] ［英］G. M. 霍奇逊：《现代制度主义经济学宣言》，向以斌等译，北京大学出版社1993年版。

[6] ［美］乔治·瑞泽尔：《当代社会学理论》，刘拥华译，上海文化出版社2021年版。

文化等感性因素影响的非理性选择。因此，可以从有限理性和非理性两种不同的视角来分析不同群体中的个体形成住房租购选择偏好的原因，从而分析我国住房市场租售结构失衡现象的微观层面的形成原因，并基于此构建对应的长效机制予以治理。

五 住房过滤理论

过滤理论的概念出现在19世纪中叶的英国，[1] 由于工业革命和大量移民涌入城市，产生的住房问题引起了政府和学界的关注。[2] 早期研究主要关注的是工人阶级的住房情况，提出为收入较高的工人阶层建房，将居民迁居后产生的空置房提供给收入较低的居民。[3] 而住房过滤理论的最初提出是在20世纪20年代初，美国社会学家Burgess（1925）在研究美国芝加哥住房格局时认为，由于城市地域存在由内向外发展的"同心圆"结构体系，原本居住房在市中心的、收入较高的居民会逐渐搬离市中心区域，入住远离市中心的新建住房，而靠近市中心的空置旧住宅就留给收入较低的家庭，最旧的住宅则会被腾空和拆除，最终由中央商务区（CBD）取代。[4] 1939年Hoyt提出了著名的扇形模型，认为高收入者的居住偏好倾向于郊区新建的更好住房，其他收入阶层的居民也倾向于向高收入者靠近，这就导致中低收入的居民不断向上过滤，进入更高收入者的空置住房，形成持续动态的住房过滤过程。[5] 后来，学者们围绕住房过滤的概念及内涵展开了大量讨论。[6] Fisher和Winnick（1951）认为，住房过滤是指在一段时期内，住房在整体市场中租金和价格分布中的位置

---

[1] Baer, W. C. & Williamson, C. B., "The Filtering of Households and Housing Units", *Journal of Planning Literature*, Vol. 3, No. 2, 1988.

[2] Baer, W. C., "Filtering and Third World Housing Policy", *Third World Planning Review*, Vol. 13, No. 1, 1991.

[3] Waterlow, S. H. I., "Improved Houses for Town Dwellers: II. —Improved Means of Communication", *Journal of the Royal Society for the Promotion of Health*, Vol. 21, No. 3, 1990.

[4] Burgess, E. W., *The Growth of the City in R. E. Park*, Chicago: University of Chicago Press, 1925, pp. 27 – 40.

[5] Hoyt, H., *Structure and Growth of Residential Neighborhoods in American Cities*, Washington DC: Federal Housing Administration, 1939.

[6] Maclennan, D., *Housing Economics: An Applied Approach*, New York: Longman Inc, 1982.

变化。① Lowry（1960）则将住房过滤定义为住房真实价值的变化。② 而住房过滤又可以分为主动过滤和被动过滤，主动过滤是指家庭通过迁居、更新或改造住房来适应变化的环境。③ 被动过滤是指环境发生变化时，居民由于没有改变自己的住房，因此经历了住房效用或价值的变化。④ 学者们认为，住房过滤的前提是住房过剩，过剩的住房既可以来自新建住房或用途转变所导致的住房供给增加，⑤ 也可以来自家庭属性（如年龄、收入、偏好）变化导致的需求减少。⑥

住房过滤是住房市场中常见的、渐进的住房资源再分配现象，涉及家庭在住房增量和存量市场上的转移，在买卖市场和租赁市场中均有所体现。住房过滤理论在揭示住房市场的结构分层和子市场之间的互动关系上发挥了重要作用，有助于理解较为真实的住房市场运行机制，这为我们探究住房市场租售失衡的原因和构建租售失衡治理的长效机制提供了重要的理论依据。

六 制度变迁理论

制度变迁理论是新制度经济学理论的重要组成部分。作为制度经济学的开创人之一，诺思（1994）（也译诺斯，下同）在《经济史中的结构与变迁》中对"制度"进行了界定，认为制度即人们所制定的一系列规则、法律规范和道德规范。⑦ 而在《制度、制度变迁与经济绩效》中，

---

① Fisher, E. M. & Winnick, L., "A Reformulation of the Filtering' Concept", *Journal of Social Issues*, Vol. 7, No. 1-2, 1951.

② Lowry, I. S., "Filtering and Housing Standards: A Conceptual Analysis", *Land Economics*, Vol. 36, No. 4, 1960.

③ Baer, W. C., "Filtering and Third World Housing Policy", *Third World Planning Review*, Vol. 13, No. 1, 1991.

④ Myers, D., "Housing Allowances, Submarket Relationships and the Filtering Process", *Urban Affairs Quarterly*, Vol. 11, No. 2, 1975.

⑤ Galster, G. & Rothenberg, J., "Filtering in Urban Housing: A Graphical Analysis of a Quality-Segmented Market", *Journal of Planning Education and Research*, Vol. 11, No. 1, 1991.

⑥ Kristof, F. S., "Federal Housing Policies: Subsidized Production, Filtration and Objectives: Part II", *Land Economics*, Vol. 49, No. 2, 1973.

⑦ [美] 道格拉斯·C. 诺思：《经济史中的结构与变迁》，陈郁、罗华平等译，上海人民出版社1994年版。

诺思（2008）认为一个社会的制度并不是一成不变的，而是不断演进，从而不断地改变着对人们来说可行的选择。[①] 诺思的制度变迁理论主要以产权理论、国家理论和意识形态理论为基石，以节省交易费用为核心思想。他认为，正是一系列相互促进、相互关联的制度安排变化促进了西欧的科技进步和工业革命，而在稀缺经济和竞争的环境下，制度和组织的相互作用则是制度变迁的关键动力所在。后来，诺思又进一步梳理了制度变迁的主体和来源，他认为制度变迁的主体是组织决策者，即经济或政治企业家，而来源则是这些企业家主观洞察的机会引发的组织与制度的交互作用，这就形成了渐进性的制度变迁路径。除此之外，战争、革命和自然灾害等则会造成间断性或突发性的制度变迁。在此基础上，弗农·拉坦提出的诱致性制度变迁理论则强调了技术变迁对制度变迁的引致作用。[②] 逐渐地，中国的部分学者也结合中国的改革实践对制度变迁理论展开了研究。林毅夫（2014）对诺斯的制度变迁理论进行了继承和发展，提出了强制性变迁与诱致性变迁的制度变迁分析框架，并基于制度变迁理论诠释了"家庭联产承包责任制"在中国农村改革和农业发展中的重要作用。[③] 杨瑞龙（1998）则提出了中间扩散性制度变迁方式的假说，并由此推断中国向市场经济过渡的制度变迁方式的转换过程包括供给主导型、中间扩散型和需求诱致型三个阶段。[④]

诺思的制度变迁理论一经提出就受到经济学、社会学、政治学等学科的广泛关注，成为分析宏观事件的主要理论工具，[⑤] 这一工具也为分析我国住房制度带来的绩效提供了理论支撑。在集权式政治结构下，政府一直是制度的供给者，涉及全民利益的制度变迁基本都是以政府为主导而发起的。因此，以制度变迁理论为基础，为我们分析中国住房制度及

---

① ［美］道格拉斯·C.诺思：《制度、制度变迁与经济绩效》，杭行译，格致出版社、上海三联书店、上海人民出版社2008年版。
② ［美］R.科斯、A.阿尔钦、D.诺思等：《财产权利与制度变迁：产权学派与新制度学派译文集》，上海三联书店、上海人民出版社1994年版。
③ 林毅夫：《制度、技术与中国农业发展》，格致出版社2014年版。
④ 杨瑞龙：《我国制度变迁方式转换的三阶段论——兼论地方政府的制度创新行为》，《经济研究》1998年第1期。
⑤ 谢志平：《关系、限度、制度：转型中国的政府与慈善组织》，北京师范大学出版社2011年版。

其配套制度的历史变迁过程,理解住房改革的发生机制和特点,以及产生的经济和社会绩效具有重要意义。[1] 特别是,我国的住房市场租售结构与住房制度及其配套制度的变迁存在深度关联,制度变迁理论为我们分析住房市场租售结构失衡的原因提供了重要的理论视角。

---

[1] 陈杰:《制度经济学视角下的中国住房制度变迁分析》,《社会科学辑刊》2010年第6期。

第二章

住房市场租售结构失衡的理论内涵

第一节 住房买卖市场的概念与特点

一 住房买卖市场的概念

在经济学中,市场产生于社会分工和商品交换,市场的产生促进了经济的有效运行。最初的市场即狭义的市场是商品交换的场所。随着经济、技术的发展,交易的方式变得更加多样,市场也有了更为丰富的定义,即广义的市场是商品用于交换的场所及其由于交易发生所产生的经济关系的总和。[①]

住房买卖市场是住房市场的一个子市场,是买卖双方交易住房产权的场所及其交易发生时所产生的经济关系的总和。住房的买方向卖方支付一定的费用用于购买住房的所有权,并获得占有、使用、收益和处分住房的权利。本书将我国城市住房买卖市场界定为城市市区范围内,由普通商品住房交易市场、别墅和高档商品房交易市场所构成的整体性、区域性的住房买卖市场。

二 住房买卖市场的特点

(一) 自由进行产权交易

城市住房买卖市场中的住房资产具有明确的产权属性,可以自由进行产权交易。住房作为一种不动产,具有不可移动的性质。因此,在城市住房买卖市场中进行交易的并不是住房这个商品本身,而是住房所具

[①] 高鸿业编:《西方经济学(微观部分)第五版》,中国人民大学出版社2011年版。

有的产权。巴泽尔在《产权的经济分析》一书中将产权定义为"个人对资产的权利是消费这些资产并从这些资产中取得的收入和让渡这些资产的权利或利益",即包括个人对资产的占有权、使用权、收益权和处分权。① 住房所有者实际上拥有对住房的完整产权,完整产权赋予产权所有者能够占有住房或者获得住房的实际控制权,能够按照住房的性能对住房加以合理利用,能够将住房出租获得一定的收益,能够按照合法合理的手段处置住房,包括出售、出租、抵押、赠与、拆除等。因此,在住房买卖市场上,住房所有者处置自己的住房,按照市场价格出售给住房购买者,在交易达成之后住房购买者获得住房的完整产权。

(二)不完全竞争市场

通常,完全竞争市场应满足以下特征:② (1) 市场上信息能够完全流动,即买者和卖者对产品具有完全信息,交易成本较小;(2) 所有的产品都是同质的,即所有产品是相似的和可交换的,不同卖者的产品没有差别;(3) 没有进入和退出壁垒,厂商可以自由出入;(4) 交易双方人数众多,存在大量的买者和卖者。但是,在现实的住房买卖市场上,从信息充分性来看,由于许多信息没有对消费者公开,城市住房买卖市场的信息并不充分,使得交易成本较高;从商品同质性来看,住房产品位置上是分散的,并且住房产品因其产品类型、基础设施、社区环境等不同表现出极大的差异性,即使是同一位置、同种类型的住房也拥有不同的面积、户型、朝向、楼层等,因此住房产品是完全差异化的,无法达到同质性;从厂商自由出入来看,房地产行业进入门槛较高,房地产企业不仅要按市场价格取得土地使用权、拥有一定的资质和大量的自有资金以及专业人才,还要满足法律、法规规定的其他条件;从交易者数量来看,住房价格本身的高昂也限制了进入住房买卖市场的人数。此外,持续竞争会加快房地产企业、产品和服务更趋成熟,行业集中度进一步提高,使得进入房地产行业的门槛会越来越高,开发商具有一定的垄断性。因此,从根本上说,住房买卖市场是一个不完全竞争市场。

---

① [美] Y. 巴泽尔:《产权的经济分析》,费方域、段毅才译,上海三联书店、上海人民出版社 1997 年版。

② 高鸿业编:《西方经济学(微观部分)第五版》,中国人民大学出版社 2011 年版。

在西方经济学中，市场的不完全竞争是导致市场失灵的重要原因之一。市场失灵是指通过市场配置不能实现资源的最优配置，市场是无效率的，市场上的供需结构往往会出现不匹配的现象。由于住房买卖市场厂商的进入成本较大，在住房市场上的供给商较少，相互之间是寡头垄断竞争关系。寡头垄断厂商对于住房产品具有较大的定价权，厂商之间往往会进行价格竞争以实现利润最大化，但这会导致住房买卖市场上的供需错配，当房价上升时，厂商会增加更多住房供给，但部分消费者无力承担高房价，从而会减少有效需求，使得住房买卖市场上的供给大于需求。同理，当房价下降时，更多的消费者有能力进入住房买卖市场，增加住房需求，但厂商的住房供给会减少，从而使住房买卖市场上的需求大于供给，住房买卖市场上供需存在失衡。

（三）显著的区域性特征

住房作为一种不动产附着在土地上，在空间上是不可移动的。因此，住房市场的交易是一个区域分割的市场，具有区域性特征。这种区域性不仅反映在不同城市区域之间房屋具有不同的价值，同时在同一个城市之间不同的地段房屋也具有不同的价值，这是自然环境与社会经济环境相互作用的结果。由于各地经济发展、居民收入、人口结构、生活成本、土地供给、购房政策等因素存在较大的差异，并且与股票债券等资产相比，房产作为非标准化资产缺乏全国统一的交易场所。所以，各区域的住房市场供需双方参与程度、市场结构、发展程度都具有较大的不同，例如，在较发达地区经济水平较高，人口流入较多，住房的需求也较大，因此住房产品的供给也会增加，并且各厂商为了争夺资源会产生激烈的竞争，从而促进该地区住房买卖市场的发展，降低该地区的住房垄断因素；而在经济发展较为落后的地区，人口流入较少，住房需求波动不大，不能吸引投资者和房地产厂商的流入，在这些地区往往存在较高的垄断因素，房地产市场的竞争并不高。此外，由于住房的不可移动性，住房产品的生产地点和使用地点具有同一性，住房商品在市场上的流通和交换方式与其他商品的流通和交换方式就存在着显著的不同。在住房买卖市场上，住房产品的不可移动性限制了住房产品在区域间的流动，只有通过消费者在区域间的流动来促进住房产品的交易，而一般产品并没有不可移动的特征，通常是商品流动到市场中来让消费者进行挑选从而促使交易的达成。由此可见，住房市场的区域性限制是导致了它与其他商品市场的经济规律表现出不同的重要原因之一。

（四）参与主体众多

住房买卖市场的参与主体较多，包括政府、房地产开发商、购房者和金融机构等。

从需求方来看，住房能够满足人们的居住需求，使得购房行为具有消费性。同时，住房又是一种特殊的商品，投资者或投机者可以通过购买住房获取投资收益或赚取高额差价，使得购房行为也具有投资性。现实中其实难以对消费者的购房行为进行严格区分，更多情况下购房行为的动机是投资和消费两者兼有。

从供给方来看，开发商必须拥有一定的资质和实力才能进入房地产开发领域，住房供给的有限性使得开发商在住房买卖市场上获得更大的定价权、住房需求的多样性使得厂商能够进行差别定价，从而使得房地产开发商在住房买卖市场上的行为具有一定的寡头垄断性。

住房作为一种修建年限长、使用年限长、价值高的商品，无论是对供给方还是需求方来说，都需要巨大的资金投入，各类金融机构促进了住房买卖市场的运行。金融机构通过吸收市场上富余的财产来借贷给资金不足的家庭和企业，不仅能够使更多开发商进入住房卖方市场，在一定程度上减弱住房开发商的垄断程度，同时能够为更多不能一次性付清房款的家庭个人提供购买住房的机会。通过刺激更多主体参与到市场中来，能够增加住房买卖市场的活力、促进住房买卖市场的运行。

从政府管理来看，政府在住房买卖市场的介入程度非常高。首先，由于住房买卖市场是一个不完全竞争市场，存在很大的垄断因素，房地产开发商为了实现自己的最大利润会控制住房的供给，使其无法达到资源的最优配置。其次，住房买卖市场上的信息是不完全的，供求双方信息的不完全极易导致住房买卖市场的供需错配从而无法实现住房资源的最优配置，成为导致市场失灵的直接原因，需要政府进行调控。此外，由于住房本身具有的特点就会使住房在市场的力量下价格变得很高，绝大多数低收入人群无法负担得起住房的价格，从而不利于整个社会经济活动的开展。只有政府对住房市场进行干预，限制住房的完全资本化，才能保障绝大多数人的利益，有利于整个国计民生。

第二节 住房租赁市场的概念与特点

一 住房租赁市场的概念

住房租赁市场是由开发商直接租赁给承租者或者将住房销售给住房所有者后,由住房所有者直接或是通过第三方租赁给承租者而产生的市场。在住房租赁市场中,承租双方以口头承诺或者书面签约的方式进行交易,出租者提供房屋供承租者居住,承租人[①]以指定时间为周期支付相应费用和终止合同关系。

不同的研究学者对住房租赁市场给出了不同的分类。Sweeney(1974)将住房租赁市场分为私有(市场化)租赁住房市场与公共租赁住房市场。私有(市场化)租赁是一种通过市场机制进行房屋租赁的行为。其中,消费者的支付能力决定着租赁住房的分配状况,租赁市场上的供给和需求共同决定了租金水平。公共租赁住房是指由国家提供政策支持、限定建设标准和租金水平,面向符合规定条件的租赁者出租的保障性住房,公共租赁住房是为了解决低收入人群的住房问题,租金定价不以营利为目的。[②]

我国学者田莉和夏菁(2020)则认为租赁住房主要分为四类:一是市场化的租赁住房,其定价相对自由;二是市场主体提供的租赁住房,接受政府提供的税收优惠或财政补助,但租金受到一定限度的管制;三是非营利组织如住房合作社、住房协会等负责建设的租赁住房;四是政府出资建设的公共租赁住宅,其面向特定的低收入群体,具有明显的福利性质。这四类租赁住房渐次体现了从市场到福利的特性。[③]

本书主要针对市场化运营的租赁住房,即房地产二级市场(增量房市场)和三级市场(存量房市场)中用于出租的住房进行研究,涉及所

---

① 承租人是指在房屋租赁交易中对约定的房屋享有使用功能和支付相应费用的一方。出租人是指在房屋租赁交易中对约定的房屋享受所有权和收益权的一方。
② Sweeney, J. L., "Quality, Commodity, Hierarchies and Housing Markets", *Econometrical*, Vol. 42, 1974.
③ 田莉、夏菁:《国际大都市租赁住房发展的模式与启示——基于15个国际大都市的分析》,《国际城市规划》2020年第6期。

有的商品性租赁住房,[①] 即城市住房所有者的私有住房租赁、房地产开发企业对住房商品的直接租赁和机构性企业出租的租赁住房;以及社会保障性租赁住房中实施市场化运营的部分,不包括政府供给为主的保障性住房市场,即不包括纯粹由政府兴建并配置的社会保障性租赁住房。

二 住房租赁市场的特点

(一)不涉及产权交割

住房租赁是住房所有者在保持住房所有权的前提下,对住房使用权的有条件暂时让渡,在这个过程中并不涉及所有权交割,只是使用权的暂时转移。住房租赁具有三层含义:其一是住房所有者将住房租赁给消费者,实际上只是将住房的使用权暂时转移给了消费者,但并没有放弃对住房的所有权。正是在这一点上,租赁与住房所有权买卖相互区别。其二是被限定在一定时期之内的住房使用权的让渡。正因为如此,同一宗住房可以反复多次出租,形成多次供给和需求,并与多个承租主体发生租赁关系;承租人不能随意改变住房的使用信息,只能按照租赁合同的约定来使用住房,租赁关系结束后就要将住房返还给出租人。其三是住房对于其所有者来说属于一种不动产财产,这种财产中的所有权隐含着它的收益权在内,因此,有偿使用是住房租赁的经济前提,并且住房的所有者可以通过住房收益的比较选择其用于出售还是出租。[②]

(二)近似完全竞争市场

租赁市场近似完全竞争市场,原因在于:第一,租赁市场上有大量的承租方和出租方,双方力量都比较分散,大多数参与者是个人、家庭或小型中介公司,几乎没有任何垄断势力。第二,租赁市场的需求和供给弹性较高。房屋租赁具有可分性,人们可以根据实际需要和经济承受力作出合理的租房决策,当人们的承受能力较差时,则会降低租房的条件和大小,甚至几个人进行合租。另外,租赁是相对短期的行为,违反

---

① 商品性租赁住房主要指私有租赁住房,是由个人、家庭、村集体或民营企业投资兴建或购买的用于租赁的住房,住房的所有权、处置权、收益权归住房产权人所有。该租赁住房不具有社会保障性,是纯粹市场化的租赁住房。

② 郑清芬:《论房地产买卖与租赁》,《山东大学学报》(哲学社会科学版)2000年第4期。

合同的惩罚也比较小，租赁期限通常不会太长，这就使得租赁市场具有更大的流动性，因此租赁需求具有较高的弹性。第三，租赁对租户的经济收入要求较低。房屋租赁主要是业主通过多次转让房屋使用权取得价值回报的经济活动。与购买房屋不同，它对租户的经济要求不高，租户只需支付较少的资金就可以马上取得房屋的使用权，因此租赁双方可以自由进入和退出。第四，租赁市场上信息比较对称。在住房租赁市场上，租赁双方的信息比买卖市场双方的信息要充分得多，从大量中介组织获取信息和看房验证信息的成本非常低，大量的中介网络也对双方信息进行部分筛选和过滤，并承担其中的部分责任，这就大大减轻了租赁双方谈判的任务，加快了交易过程，节省了交易成本，使得信息更加对称。第五，从商品同质性来看，住房租赁市场上将出租的房源按面积布局、装修、电器家具实施分类，且由于租赁的时间通常较短，房屋的朝向、楼层、小区环境等内外部因素都可以被忽略，所以市场上可供租赁的同类住房是同质的。

以上情况说明租赁市场中，人们的选择具有相当大的灵活性，对基本因素的反应更为敏感，出清的速度也比较快，因此租赁市场更符合完全竞争市场的标准。

（三）显著的区域性特征

由于住房商品具有固定性，因此住房租赁市场也具有区域性的特征。相比之下，大中城市基于相对优质的教育、医疗等公共服务资源将发挥更为明显的集群效应，由此触发的人口流动将更为剧烈，在越发达的城市人口流动越频繁和密集。因此，越发达的城市住房租赁市场的发展越迅速。而在落后地区，经济发展、基础设施、公共资源等发展不足，人口流动较小，对住房租赁的需求相对较小，住房租赁市场发展较为落后。总的来说，由于城市级别差异明显，住房租赁市场也具有显著的区域性特征。

（四）参与主体众多

住房租赁市场构成要素主要包括市场主体、市场客体和市场环境。其中，住房租赁市场核心利益主体包括市场交易主体、市场服务主体和市场监管主体。住房租赁市场交易主体即住房租赁供求主体，供给主体主要包括住房租赁企业和个人或家庭出租者，他们拥有待租赁住房的所有权或转租赁权；需求主体即意向承租人，是指住房租赁交易中对约定的物业享有占有、使用、收益权能，并支付对价的自然人或法人。市场服务主体指为住房租赁双方提供媒介服务的房地产经纪机构以及其他专业服务机构；市场监管主体即对租赁行为进行监督、管理的政府行政主管部门和行业自律管理组织等。住房租赁市场的客体即所承租房屋租期内的使用权。住房租赁市场环境即规范住房租赁交易活动的相关法律法规、规章制度及相关主管部门的监管环境。在住房租赁市场中，市场主体行为子系统与市场环境子系统之间相互作用、相互影响，最终形成了住房租赁市场系统（如图 2-1 所示）。[1]

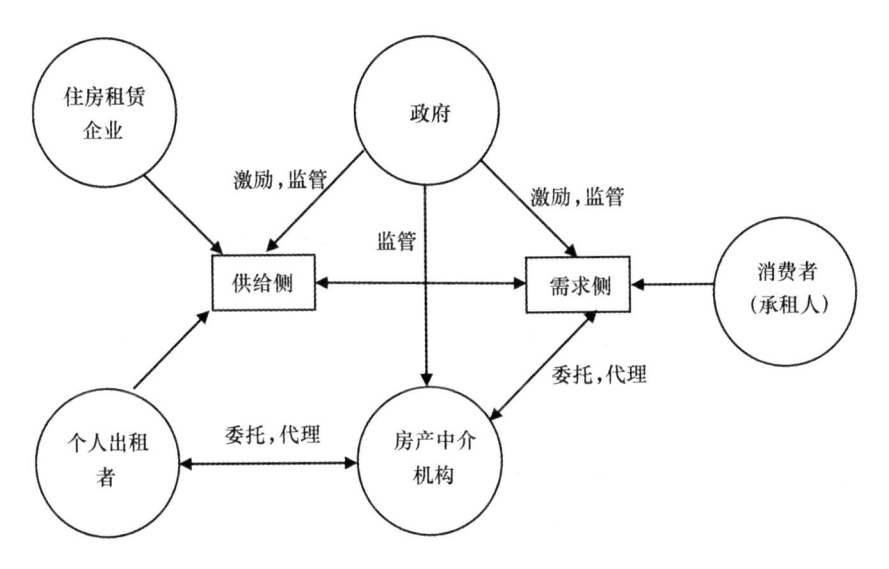

图 2-1 住房租赁市场系统

资料来源：郭金金：《租购并举制度下我国住房租赁市场激励与监管策略研究》，博士学位论文，山东师范大学，2020 年，第 25 页。

住房租赁市场参与主体众多，近似于完全竞争市场，在住房租赁市场中政府的介入程度更高。[2] 完全竞争的市场是经济学里设想的一个理想

---

[1] 郭金金：《租购并举制度下我国住房租赁市场激励与监管策略研究》，博士学位论文，山东师范大学，2020 年。

[2] 郭伟明：《发展住房租赁市场要充分发挥政府职能》，《中国房地产》2017 年第 31 期。

化的市场，在此市场条件下，资源通过市场机制能得到合理配置，最后达到帕累托最优状态。然而，对于租赁住房这样的特殊产品，在住房租赁市场制度尚不规范的情况下，单纯依靠市场力量配置住房资源是远远不够的，市场化程度高并不意味着市场的"完全竞争性"高，不充分竞争势必将导致市场均衡产出的偏离，造成资源配置的浪费，出现市场失灵现象。比如当租售比严重失衡，投资者、金融机构和房地产开发企业从住房销售和住房租赁得不到类似的投资回报率，市场主体没有动力去开发租赁住房产品；部分房地产中介利用信息不对称，使市场成为一个不公开透明的市场；承租双方没有充分的信息和市场交易机制去合理选择，无法达成资源配置最优；租户从承租到使用、从租金定价到公共服务均处于弱势，这使得潜在的承租者用脚投票，自觉减少租赁需求；等等。这样，迫切需要政府发挥公共服务职责，干预市场的无效率问题，促成达到帕累托最优状态。

第三节　住房买卖市场与住房租赁市场的关系

一　住房租售市场相互影响的理论研究

（一）住房租售市场的替代关系

在微观经济学中，一般将商品之间的相关关系分为两种：替代关系和互补关系。替代是指消费者的某一种欲望可以由不同的商品来满足，这些商品之间是可以相互替代的；而互补是指消费者的某种欲望必须要由两种或多种商品共同使用才能满足，这些商品是互补关系。

住房的本质特征是用于居住，为消费者提供休息和活动的场所。住房买卖市场和住房租赁市场是住房市场中两个同等重要的子市场，[1] 无论是对住房进行买卖还是租赁，都是向消费者提供住房产品和住房服务，以满足消费者的居住需求。如果只是把住房视为一种消费品，那么就其满足的居住需求而言，在完全竞争、信息充分、资产可分割、无交易成

---

[1] Guo, X. T., Liu, X. J., Chen, S. Q., Li, L. Y. & Fu H. L., "China's Housing Provision System: Evolution, Purchase–Rental Gap Measurement, and Optimization Strategy", *Journal of Urban Planning and Development*, Vol. 147, No. 4, 2021.

本以及中立的税收制度等条件下,① 买卖和租赁住房应被视为完全可以替代的经济行为。②

然而,在实践中,住房买卖市场和住房租赁市场并不是完全可以替代的。Henderson 和 Ioannides(1983)通过构建租买选择模型发现,在资本市场均衡和存在租金外部性的条件下,住房买卖是优于住房租赁的,但如果自有住房受到资本市场收益的影响,并且消费者可以以固定回报率投资于资本市场,那么租赁住房比买卖住房更加具有吸引力。③ Jones(1989)则进一步指出,在存在税收扭曲、借贷限制和交易成本,或租赁市场发展不成熟的条件下,买卖住房和租赁住房带给消费者的效用就会受到影响。④ Cuerpo(2014)则认为一些周期性因素,比如信贷紧缩、高失业率和房价下降预期等因素会导致住房买卖和住房租赁之间的可替代性出现扭曲的现象。⑤ 尽管在特定的住房市场中存在潜在的相互调节机制,使房价和租金之间的变化存在很强的联系,但是在短期内房价和租金的特征变化趋势具有不同的动态。这是由于住房买卖市场和住房租赁市场之间的相互作用受到结构性约束,从而削弱了两者之间的相互替代的程度。⑥ Martin 等(2020)的研究表明,虽然住房买卖和住房租赁的效用会受到住房存量、交易成本、风险、国家干预、税收和立法等因素的影响,导致消费者更偏好于某种住房选择,但并不能否定住房买卖和住

---

① 崔裴、严乐乐:《住房租买选择机制缺失对中国房地产市场运行的影响》,《华东师范大学学报》(哲学社会科学版)2010 年第 1 期。
② Cuerpo, C. & Pontuch, P. & Kalantaryan, S., "Rental Market Regulation in the European Union", *Directorate General Economic and Financial Affairs (DG ECFIN)*, European Commission, Economic Papers 515, 2014.
③ Henderson, J. V. & Ioannides, Y. M., "A Model of Housing Tenure Choice", *The American Economic Review*, Vol. 73, No. 1, 1983.
④ Jones, L. D., "Current Wealth and Tenure Choice", *AREUEA Journal*, Vol. 17, No. 1, 1989.
⑤ Cuerpo, C. & Pontuch, P. & Kalantaryan, S., "Rental Market Regulation in the European Union", *Directorate General Economic and Financial Affairs (DG ECFIN)*, European Commission, Economic Papers 515, 2014.
⑥ Manganelli, B., Moranom, P., & Tajani, F., "House Prices and Rents. the Italian Experience", *WSEAS Transactions on Business and Economics*, Vol. 11, No. 1, 2014.

房租赁之间替代关系的存在,只是替代效应可能会变得很弱。①

从需求侧看,消费者的偏好会导致住房买卖和住房租赁之间存在弱替代。早在20世纪80年代,就有大量的研究表明,尽管买卖住房和租赁住房都能给消费者带来相同的安全保障,但是存在一种社会共识,即认为住房买卖优于住房租赁。许多的研究结果从"住房职业"②和"住房阶级"③的角度出发,认为能否购买住房是一种阶层的象征,高阶层人士更偏好于买卖住房。Fox(2014)则认为,居住的时间越长,交易成本摊销的时间也就越长,购买住房就更加具有吸引力。④另有学者认为由于生命周期的变化,消费者的年龄、收入、婚姻状况、子女数量等因素的变化也会影响消费者对买卖和租赁住房的偏好。⑤部分学者认为,随着时间的推移,消费者由租房变为购房的可能性变大,⑥因此,在消费者进行首次租赁选择时,购买住房与租赁住房具有高替代性,而随着时间推移,消费者更偏好于购买住房,两者的替代性就会逐渐变低。⑦这意味着,租房只是用来暂时满足住房需求的一种形式,并没有完全被视为长期拥有住房的一种替代选择。⑧

从供给侧看,供给方的投资行为也会导致住房买卖和住房租赁之间存在弱替代。住房除了是消费品之外,同时也是一种投资品,在住房买

---

① Martin, F., "The Case for Specific Exemptions from the Goods and Services Tax: What Should We Do about Food, Health and Housing?", *Journal of Tax Research*, Vol. 18, No. 1, 2020.

② Elsinga, M., "A Qualitative Comparative Approach to the Role of Housing Equity in the Life Cycle", *International Journal of Housing Policy*, Vol. 11, No. 4, 2011.

③ Walton, J., Rex, J. & Moore, R., "Race, Community and Conflict: A Study of Sparkbrook", *American Sociological Review*, Vol. 46, No. 2, 2004.

④ Fox, R. & Tulip, P., "Is Housing Overvalued?", *Available at SSRN 2498294*, 2014.

⑤ Bazyl, M., "Factors Influencing Tenure Choice in European Countries", *Central European Journal of Economic Modelling and Econometrics*, No. 186, 2009.

⑥ Rubaszek, M. & Czerniak, A., "Preferencje Polakow Dotyczace Struktury Wlasnosciowej Mieszkan: Opis Wynikow Ankiety", *Bank I Kredyt*, Vol. 48, No. 2, 2017.

⑦ Borgersen, T.-A., & Sommervoll, D. E., "Housing Careers, Price-Rent Ratios and Rental Equivalence", *Housing, Theory and Society*, Vol. 29, No. 3, 2012.

⑧ Rubaszek, M., "Private Rental Housing Market Underdevelopment: Life Cycle Model Simulations for Poland", *Baltic Journal of Economics*, Vol. 19, No. 2, 2019.

卖市场和住房租赁市场上提供的住房产品和住房服务并不完全相同,[①] 这是导致住房买卖市场和住房租赁市场不能完全替代的另一个重要原因。理性的投资者进入住房市场是为了从投资中获得利润。投资者通过比较房价和未来租金的现金流决定将住房出售还是出租。[②] 如果租金水平不变,而房价在上升,住房的资本收益提高,理性的投资者就会选择卖出住房或者使住房空置等待房价的持续上升再选择卖出住房;但如果租金收益高于住房的资本收益,那么理性的投资者就会选择出租住房。

(二) 住房租售市场替代关系的动态机制

在前文的分析中,大部分学者对住房买卖市场和住房租赁市场之间的替代关系描述大多是基于分析研究得出的结果,是一个静态的结论,但并未说明住房买卖市场和住房租赁市场之间相互替代的动态机制。在下文将用四象限模型来论述住房买卖市场与住房租赁市场之间的动态影响机制。

1. 四象限模型

Grigsby (1963) 在定义房地产市场体系时强调了住房买卖市场和住房租赁市场的关联性。[③] 考虑到住房买卖市场和住房租赁市场都是向消费者提供住房居住服务,住房买卖市场和住房租赁市场被认为是可替代的。家庭作为自有住房和租赁住房的潜在需求者,住房买卖市场和住房租赁市场都可以满足消费者的住房需求,两市场之间相互影响。[④] Dipasquale 和 Wheaton (1992) 创新性地构造了四象限模型来论证住房买卖市场与住房租赁市场之间的相互关系,[⑤] 解释了房价受到租金的制约,同时影响住

[①] Andersen, H. S., "Motives for Tenure Choice during the Life Cycle: The Importance of Non-economic Factors and other Housing Preferences", *Housing, Theory and Society*, Vol. 28, No. 2, 2011.

[②] Lux, M., Sunega, P. & Jakubek, J., "Impact of Weak Substitution between Owning and Renting a Dwelling on Housing Market", *Journal of Housing and the Built Environment*, Vol. 35, No. 1, 2020.

[③] Grigsby, W., *Housing Markets and Public Policy*, Philadelphia: University of Pennsylvania Press, 1963.

[④] Lin, C. C. S., "The Relationship between Rents and Prices of Owner-occupied Housing in Taiwan", *The Journal of Real Estate Finance and Economics*, Vol. 6, No. 1, 1993.

[⑤] Dipasquale D. & Wheaton W. C., "The Markets for Real Estate Assets and Space: A Conceptual Framework", *Real Estate Economics*, Vol. 20, No. 2, 1992.

房增量，进而影响住房存量，最后又影响租金的这种特殊动态运行机制。

在四象限模型中，住房市场可以划分为住房空间市场（住房租赁市场）和住房资产市场（住房买卖市场）。当住房并未被所有者占用时，作为空间的住房和作为资产的住房是很容易被区分的。租户对住房空间的需求与住房的类型和质量等决定了住房市场中获得住房居住空间的租金；同时，投资者在住房资产市场上对住房进行买卖或者交换决定了住房资产的价格。但是当住房被其所有者占有时，住房空间市场和住房资产市场不再独立，购买住房资产和购买住房居住空间成为一个综合决策。

在住房租赁市场中，由于住房能够满足消费者的居住需求，其拥有的数量和租金是由住房租赁行为决定的。住房租赁的供给来自住房买卖市场，租金取决于住房市场的数量，但并不取决于住房买卖市场中的住房所有权。在住房租赁市场上，对住房租赁的需求等于住房租赁的供给时所确定的租金水平就是住房租赁市场上的均衡租金。

在住房买卖市场中，住房资产是一种长期耐用的商品，其产量和价格是由住房买卖行为决定的。资产市场上投资者对住房的需求增加将提高住房资产的价格，住房的供给增加则会降低住房资产的价格，但住房的新供给会受到住房资产更换或者修建的成本影响。当住房买卖市场上住房供给与住房需求相等时确定的房价为均衡房价。从长期来看，当住房买卖市场上实现均衡时，房价与住房的修建成本应该相等，而在短期中，存在各种因素的影响，房价与修建成本之间存在显著差异。

通过以上分析，可以发现住房租赁市场与住房买卖市场之间的联系是通过两个渠道发生的。首先，租赁市场上的租金是决定买卖市场住房需求的核心。投资者出于投资目的购买资产时，实际上是在购买这项资产在当前或未来能产生的收入流。当消费者出于投资目的购买住房时，其将住房出租所产生的租金收益就是投资者所获得的回报，租金收益变化则会立即影响买卖市场上对住房的需求。其次，住房买卖市场上住房供给的增加会影响租金的变化，由于住房租赁市场的供给来自住房买卖市场上的房源，那么住房买卖市场上供给的增加会直接影响到租赁市场上住房的供给。

Dipasquale 和 Wheaton（1992）根据住房租赁市场和住房买卖市场的相互联系绘制了如下四象限图，如图 2-2 所示：

租金

资产市场：价格　　　　　　　　使用市场：确定租金

$P=R/i$

$D\ (R,\ Economy)\ =S$

价格　　　　　　　　　　　　　　　存量

$P=f\ (C)$

$\Delta S=C-dS$

资产市场：开发建设　　　　　　使用市场：存量调整

开发建设量

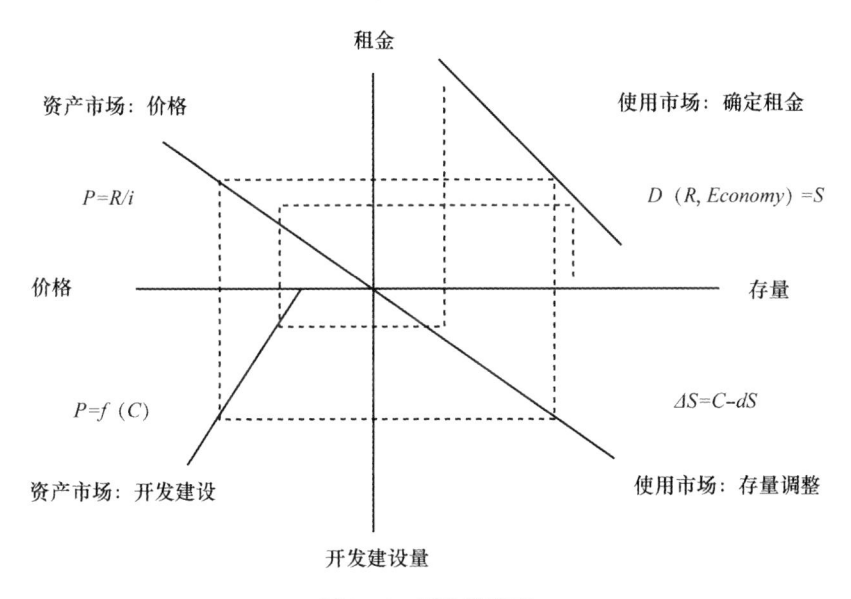

图 2-2　四象限模型

资料来源：Dipasquale, D., Wheaton, W. C., "The Markets for Real Estate Assets and Space: A Conceptual Framework", *Real Estate Economics*, Vol. 20, No. 2, 1992。

在图2-2中，一、四象限代表住房使用的租赁市场，二、三象限代表住房所有权的买卖市场。在第一象限中，住房资产的存量和对租赁的需求决定了住房租赁市场的均衡租金，由于住房租赁的需求（D）受到租金（R）和经济状况（$Economy$）的影响，当需求量（D）和住房存量（S）相等时，均衡租金（R）得以确定，有函数：

$$D\ (R,\ Economy)\ =S \tag{2.1}$$

第二象限描述了房价和租金的关系，资本化率（i）将房价（P）和租金（R）联系起来。资本化率是持有房地产资产所必需的收益率，i 由经济中的长期利率、租金的预期增长、与租金收入流相关的风险以及税法等因素决定。但在该模型中，资本化率 i 被视为外生的，房价与租金的关系如下函数所示：

$$P=\frac{R}{i} \tag{2.2}$$

第三象限描述了住房新开发建设量（C）和重置成本（$f(C)$）之间的关系，新的住房开发建设量（C），应该保持在使住房价格（P）等于开发成本（$f(C)$）的水平上，即：

$$P = f(C) \tag{2.3}$$

第四象限描述了年度新发开发建设量（C）转化为住房存量（S）的关系。存量变化（ΔS）与折旧率（d）的关系为：

$$\Delta S = C - dS \tag{2.4}$$

住房存量保持不变时，$\Delta S = 0$，有：

$$S = \frac{C}{d} \tag{2.5}$$

四象限模型能够较好地描述住房市场运行的基本规律。住房租赁市场上的租赁需求和某个住房存量值决定租金水平（第一象限），租金通过买卖市场影响了住房价格（第二象限），住房价格决定新的开发建设量（第三象限），最终形成新的住房存量（第四象限）。当开始和结束时的住房存量相同时，空间市场和资产市场达到均衡，也即住房租赁市场和住房买卖市场相互影响达到了均衡。

2. 四象限模型的改进

四象限模型用非常简单的语言解释了住房市场之间的长期均衡，被许多学者用来解释住房买卖市场和住房租赁市场之间的关系，但是这个模型同样具有许多不足，首先，在四象限模型中，Dipasquale 和 Wheaton (1992) 假定房价和租金是能够迅速变化的，因此该模型描述的是住房买卖市场和住房租赁市场之间的长期均衡，但并不能解释短期中住房买卖市场和住房租赁市场之间的变化规律和失衡现象。其次，该模型假设资本化率是外生的，房价和租金是成比例的，但实际上资本化率会受到经济中的长期利率、租金的预期增长、与租金房价收入相关的风险因素，以及住房市场中的税率影响，所以并不能简单地将资本化率视为一个外生因素；同时，该模型中具有短期因素，但该模型并未揭示住房市场是如何从短期调整到长期均衡以及如何实现长期均衡的，该模型中的长期均衡是通过一次次试验得出的（Colwell，2002）。① 最后，该模型在探讨住房增量与住房存量之间的关系时忽略了住房可能存在空置的情况（陈卫华等，2019）。②

Colwell（2002）基于四象限模型，通过添加一些新的变量来弥补原模型中所具有的缺陷。

首先，原四象限模型并没有直接反映长期均衡水平，均衡水平上的租金、房价、住房存量的周期性改变和存量水平也无法直接从模型中得出，需要通过反复的试错才能得出。Colwell 通过在第一象限构建一个长期供给曲线（LRS）来找到长期均衡，同时将第三象限新住房的供给具体化为 $C = c_0 + c_1 P$，如图 2-3 所示：

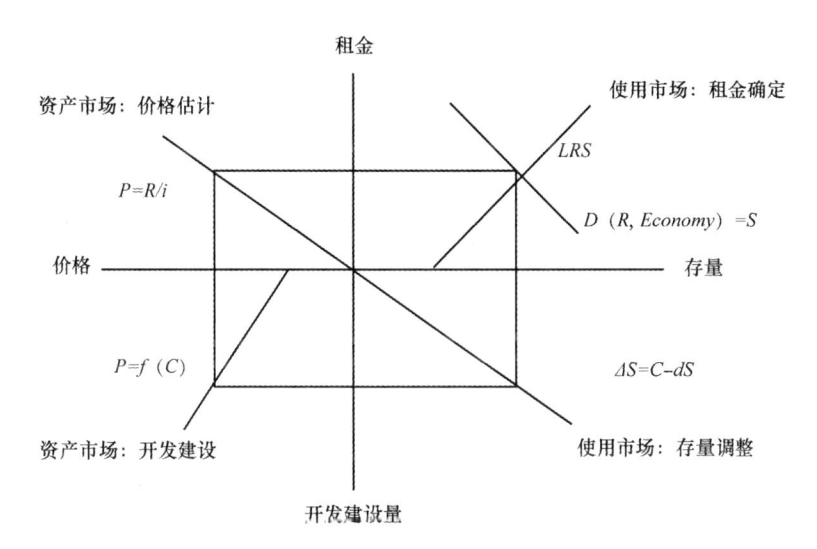

图 2-3 加入长期供给曲线后的四象限模型

资料来源：Colwell, P. F., "Tweaking the Dipasquale-wheaton Model", *Journal of Housing Economics*, Vol. 11, No. 1, 2002。

---

① Colwell, P. F., "Tweaking the DiPasquale-wheaton Model", *Journal of Housing Economics*, Vol. 11, No. 1, 2002.

② 陈卫华、林超、吕萍：《"租购同权"对住房市场的影响与政策改进——基于改进"四象限模型"的理论分析》，《中国软科学》2019 年第 11 期。

LRS 在第一象限与需求曲线的交点决定了长期均衡水平。通过在原模型中加入长期供给曲线，解决了原模型中存在的长期相对静止效应，呈现出了由一个长期均衡向另一个长期均衡的调整过程。

其次，在原模型中，房价和租金的关系是通过现值方程联系起来的，通过简单的假设 i 是外生的使得房价和租金之间的关系成比例。但实际上，在住房买卖市场上，房价是具有黏性的，房价并不会随着租金的变化立即变化，因此在模型中引入经营费用 w 来描述房价和租金之间的非线性关系，如下函数所示：

$$R = \frac{i}{1-w}P \qquad (2.6)$$

图 2-4 是对房价和租金的关系修正之后的四象限图。

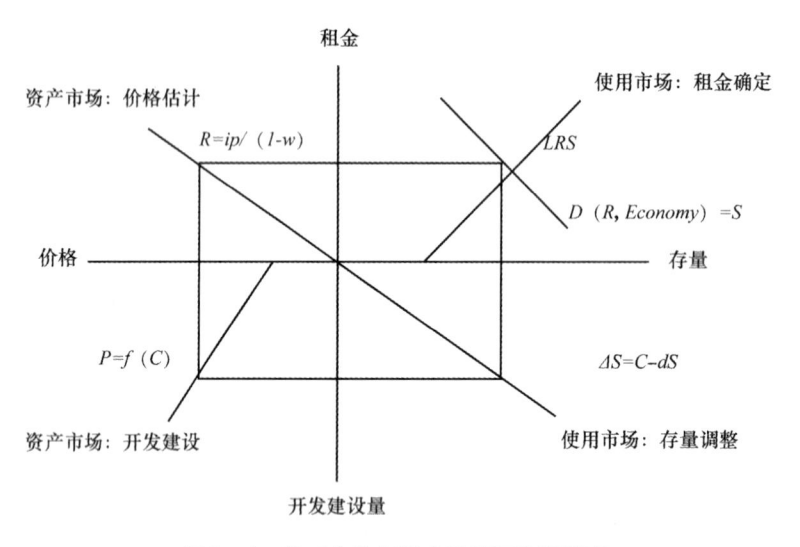

图 2-4 修正房价和租金后的四象限模型

资料来源：Colwell, P. F., "Tweaking the Dipasquale-wheaton Model", *Journal of Housing Economics*, Vol. 11, No. 1, 2002。

最后，在原模型中，Dipasquale 和 Wheaton 并没有考虑住房空置的问题，实际上，住房由增量供给向住房市场存量供给转换时，除了存在住房折旧以外，还存在住房空置，这部分住房并没有形成住房市场的有效供给，但随时有可能成为住房市场的有效供给。① 但就模型中的某一个时点而言，新建住房所形成的住房有效供给必须要扣除住房折旧 d 和住房空置 τ，有函数：

$$\Delta S = C - (d + \tau) S \tag{2.7}$$

实现均衡时，有 $\Delta S = 0$，故有

$$S = \frac{C}{(d + \tau)} \tag{2.8}$$

具体表现在图中，由图 2-5 中的虚线所示。

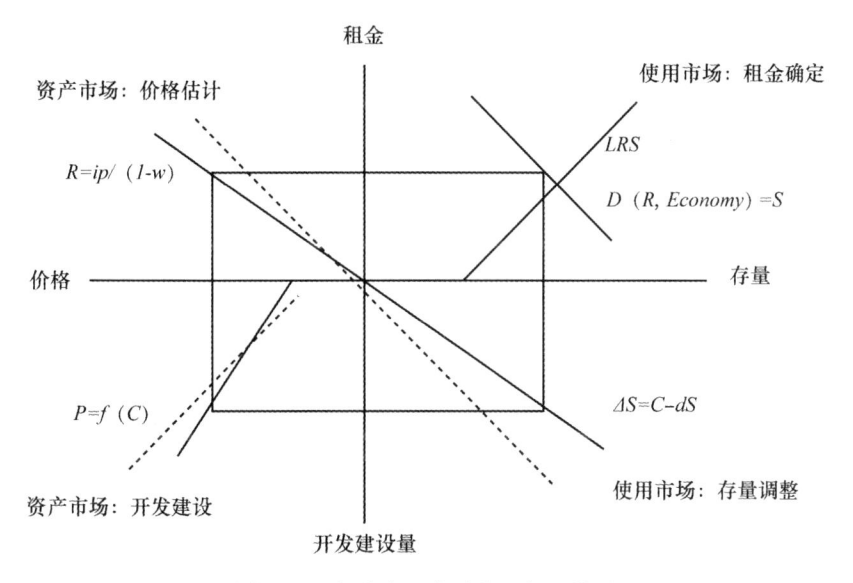

图 2-5 加入空置率后的四象限模型

资料来源：陈卫华、林超、吕萍：《"租购同权"对住房市场的影响与政策改进——基于改进"四象限模型"的理论分析》，《中国软科学》2019 年第 11 期。

通过对四象限模型进行修正，该模型更能真实地反映住房买卖市场与住房租赁市场之间的相互影响关系。在四象限模型中，住房买卖市场和住房租赁市场之间的互动主要是由房价和租金的互动以及住房增量和住房存量的互动决定，租赁市场中住房存量与住房需求决定了租金价格，

---

① 陈卫华、林超、吕萍：《"租购同权"对住房市场的影响与政策改进——基于改进"四象限模型"的理论分析》，《中国软科学》2019 年第 11 期。

租金价格通过资产市场影响住房的价格。这个住房价格又刺激了住房买卖市场上新的住房建设供给量,并重新回到租赁市场,成为住房存量。如果在住房市场的动态变化中住房存量保持不变,通过这一方式联系在一起的住房买卖市场和住房租赁市场,就会产生一种平衡状态。

尽管通过理论分析,住房买卖市场和住房租赁市场是存在替代关系的两个市场,但由于现实中各种条件的复杂性,学者们在对住房买卖市场和住房租赁市场的相互关系研究时发现,这两个市场之间不只是简单的替代关系,在不同的前提条件下,两市场呈现出了复杂的相互影响关系,由此产生了较多的争议。

二 住房租售市场相互影响的实证研究

在不同的城市环境下,住房租赁市场与住房买卖市场之间的替代效应、房地产市场的投机行为、居民对自有住房的偏好以及住房市场供需的变化将导致房价与租金之间形成复杂的相互关系。[1] 而房价和租金的动态变化又反映了住房买卖市场和住房租赁市场的动态发展。因此,在现有的研究中,大部分学者主要是通过实证探讨房价和租金的关系来研究住房买卖市场和住房租赁市场的关系。在对住房买卖市场与住房租赁市场两市场关系的实证研究中,不同的研究视角产生了许多复杂的相互影响关系。

(一)相互促进关系的研究

第一类研究认为住房买卖市场和住房租赁市场是相互促进的。在住房市场中,住房买卖市场和住房租赁市场是两个相互关联的子系统。住房买卖市场的发展为住房租赁市场的发展提供了前提,住房买卖市场的繁荣为住房租赁市场带来了可持续的优质住房供应。住房租赁市场对于住房买卖市场的作用是反映市场参与者的预期和稳定性,[2] 一方面,住房租赁市场的有序发展可以加快城镇化的进程,满足流动人口、低收入群

---

[1] Wu, G. & Li, C., "Evolution of Relationship between Housing and Rental Prices and Interurban Differences in China under the Context of Simultaneous Rental and Sales Markets Policy", *Real Estate Management and Valuation*, Vol. 29, No. 3, 2021.

[2] 林莹、吕萍、周滔:《房价、地价和房屋租金关系研究——以北京市为例》,《价格理论与实践》2007 年第 4 期。

体的住房需求，增加流动人口和无住房负担能力人群的居住时间，推进住房库存的消化。另一方面，住房租赁市场的繁荣使得出租住房能够获得稳定而持续的租金回报，投资者更加有动力投资住房，增加住房消费，促进住房买卖市场的发展。因此，住房租赁市场的发展不仅能解决低收入者、流动人口的居住问题，同时也有助于形成住房市场内在的自我调节机制，使住房买卖市场和住房租赁市场通过租买选择机制相互促进和制衡。[①]

在相关的实证研究中则认为，住房租赁市场和住房买卖市场之间的相互促进关系是由房价和租金之间的相互影响实现的。认为房价和租金互为内生变量，房价和租金作为一种内生变量来影响彼此。马克思的地租理论认为，无论是房价还是租金，都是住房价值的货币表现形式，两者都能反映出住房的价值，只是表示的方式不同。[②] 因此，两者之间必然存在某种比例关系，并提出了住房租售比：$r = R/P$。其中，r 是租售比，R 代表住房的租金，P 代表住房的价格。Ayuso 等（2006）用房价租金现值模型对房价和租金的关系进行研究，他们发现房价是租金的资本化，两者都产生于住房市场。当租金带来的回报率高时，投资者会购买更多的住房用于出租，住房买卖市场上住房需求的增加会推高房价，但房价的上升会降低租金回报率，这又会降低住房买卖市场上的购买行为，房价的上涨幅度就会减缓；当房价下降到租金回报率的均衡水平时，租金又会影响着房价的上升，房价和租金通过不断的动态变化达到均衡水平。[③] 余华义等（2009）则通过实证进一步表明，房价和租金是相互正向促进的。住房买卖市场上的房价上涨会传导到住房租赁市场上促进租金的上涨，而租金的上涨又进一步加剧了房价的上涨。他认为，在住房买卖市场上，租金带来的回报率会对投资性购房决策产生重要的影响，租金回报率越高，房价就越高；而对于准备进入住房买卖市场的消费者来

[①] 陈卓、陈杰：《住房市场结构对房价的影响研究——基于租赁市场比例的视角》，《华东师范大学学报》（哲学社会科学版）2018 年第 1 期。

[②] ［德］卡尔·马克思：《资本论》，中共中央马克思恩格斯列宁斯大林著作编译局译，人民出版社 2018 年版。

[③] Ayuso, J. & Restoy, F. , "House Prices and Rents: An Equilibrium Asset Pricing Approach", *Journal of Empirical Finance*, Vol. 13, No. 3, 2006.

说，房价的上涨会促使部分无力购买住房的消费者进入住房租赁市场，住房租赁市场需求的增加反过来又会导致房价上升。[①] 王辉龙等（2011）则指出，虽然房价和租金是相互影响的，但租金对房价的影响是直接的，而房价则是通过影响交易量而间接影响房租。[②] 由于房价是未来房租的贴现值，因此房租的变动将直接影响房价；随着生命周期的变化，消费者存在先租后买的趋势，当住房买卖市场的交易有序进行时，住房租赁市场的需求是相对稳定的，租金也大致保持平稳，但是当住房买卖市场受到房价上升影响导致交易降温时，部分租赁需求由于无力支付而无法向购房需求过渡，但随着城镇化的进程和生命周期的变化，进入租金市场的群体增加，这就导致了住房租赁市场的需求不断膨胀，从而促进了租金的上涨。因此，房价对租金的影响是通过对住房买卖市场上的交易量的影响而间接实现的。

（二）单向影响关系的研究

第二类研究认为住房买卖市场和住房租赁市场是单向影响的，主要表现为房价与租金之间的单向影响。这些学者认为房价的变化影响租赁价格，但是租金的变化对房价的变化影响有限，这一结论适用于住房买卖市场与住房租赁市场的发展程度呈现较大差异的国家。Du 和 Ma（2009）发现，在中国所有地区，短期内房价和租金是相互独立的，但房价是租金变化的长期原因。[③] 短期内，房价和租金分别由住房买卖市场和住房租赁市场的供需所决定。同时，住房买卖市场和住房租赁市场的房源存在不同，这是造成在短期内房价和租金相互独立的原因，而房价对租金的影响主要由于房价的变动会影响消费者的租买选择，但当前租金并不能影响房价，影响房价的是消费者对于未来租金收益的预期。从长期看，房价是租金变动的原因，但租金并不能影响房价。[④] Manganelli 等

[①] 余华义、陈东：《我国地价、房价和房租关系的重新考察：理论假设与实证检验》，《上海经济研究》2009 年第 4 期。

[②] 王辉龙、王先柱：《房价、房租与居民的买租选择：理论分析与实证检验》，《现代经济探讨》2011 年第 6 期。

[③] Du, H. & Ma, Y., "An Empirical Study of Granger Causality between the Housing Price and the Rent of Chinese Real Estate Market", *Management Review*, Vol. 21, No. 1, 2009.

[④] 杜红艳、马永开：《我国房价与租金 Granger 因果关系的实证研究》，《管理评论》2009 年第 1 期。

(2014) 研究了意大利住房市场上住房和租赁价格之间的关系。结果表明，住房价格会影响租赁价格，而租赁价格不会影响住房价格，他认为租金的变化总是由房价引起的，而在同样的条件下，租金的变化能促进潜在活动价值的增加。在选择住房投资时，租金水平起着很小的作用，这是由于租赁市场存在结构性限制、交易成本和投资者在投资时考虑更多的是与资本利得相关的收益率而不是租金[1]。李宁（2014）通过实证发现在中国，无论是在长期还是短期，房价都会对租金产生影响，但租金却很难对房价产生有效影响，从侧面反映出中国的住房买卖市场和住房租赁市场存在严重的背离，产生这一现象主要是由市场属性不同、宏观经济背景与消费者偏好等因素而引起的。[2]

（三）相互独立关系的研究

第三类研究认为住房买卖市场和住房租赁市场是相互独立的，这导致了房价和租金之间的相互独立。部分学者认为租金和房价互为外生变量，两者分别产生于住房租赁市场和住房租赁买卖市场，[3]住房价格对租金无法产生明显的影响，租金也无法决定住房价格的变动。[4]周永宏（2005）对于这一观点的解释主要是从市场区隔理论的角度出发的，他认为某些国家的住房买卖市场是属于垄断竞争市场，而住房租赁市场是完全竞争市场，房价和租金也就被区隔到垄断竞争的住房买卖市场和完全竞争的住房租赁市场之中，导致房价和租金产生了相对的独立性，因此房价也就不能作为内生变量决定租金。[5]一方面，仅从使用角度来看，买房和租房都能满足居住需求，但是由于在住房买卖市场上存在投资和投机需求，而住房买卖除了满足其居住需求外还能满足其投资需求，因此房价除了反映住房价值以外，还反映着住房的投资回报，但租金反映的

---

[1] Manganelli, B., Moranom, P., & Tajani, F., "House Prices and Rents. the ItalianExperience", *WSEAS Transactions on Business and Economics*, Vol. 11, No. 1, 2014.

[2] 李宁：《基于房地产市场内生属性的房价与租金关系实证分析》，《当代经济管理》2014年第3期。

[3] Himmelberg, C. & Mayer, C., "Assessing High House Prices: Bubbles, Fundamentals, and Misperceptions", *Journal of Economic Perspectives*, Vol. 19, No. 4, 2005.

[4] 施建刚、王盼盼：《住宅价格和租金关系实证研究》，《上海房地》2010年第8期。

[5] 周永宏：《当前我国房价与租金关系的经济学分析——一个市场区隔理论的解释》，《当代财经》2005年第10期。

是住房租赁市场的整体供需关系，反映的是住房居住需求的变化，[①] 因此房价和租金的变动产生了背离；另一方面，住房的修建是建立在有限的土地之上，因此在住房买卖市场上，房价实际上还反映了土地的稀缺性，土地的供应越加稀少，房价也就越高，但在住房租赁市场上，供应者众多、竞争充分，租金很难有大幅度的上涨。[②] 因此，从这些学者的研究来看，住房买卖市场和住房租赁市场是独立发展的，房价的变动和租金的变动并没有产生相互影响。

（四）相互制约关系的研究

第四类研究认为住房买卖市场与住房租赁市场之间相互制约，此消彼长，住房买卖市场和住房租赁市场存在一定的竞争性。土地的有限性决定了住房空间的有限性，因此买卖与租赁的住房数量也是有限的，消费者为了满足居住需求要么选择买房，要么选择租房。在总租赁需求一定的情况下，住房买卖市场的进入度高，相反地，住房租赁市场的进入度就低，住房买卖市场和住房租赁市场之间相互制约、此消彼长。住房买卖与住房租赁之间的制约关系实际上是由买卖住房和租赁住房所产生的经济利益而决定的。[③] 如果持有的住房房价保持不变，所获得的收益只有租金时，消费者在选择购买住房和租赁住房时主要是根据租金的高低进行判断。如果租金增加，选择租赁住房的成本就会上升，那么消费者就会减少对租赁住房的需求，同时，此时购买住房的投资收益上升，因此消费者会选择购买住房而不是租赁住房。

第四节　住房市场租售结构失衡的内涵分析

一　均衡与失衡的概念内涵

（一）均衡的概念内涵

均衡（Equilibrium）即平衡，是物理学中的一个概念，指的是作用在

[①] Lin C. C. S., "The Relationship between Rents and Prices of Owner-occupied Housing in Taiwan", *The Journal of Real Estate Finance and Economics*, Vol. 6, No. 1, 1993.

[②] 董藩、刘建霞：《我国住房价格与租金背离的行为解释》，《改革》2010年第2期。

[③] 杨德忧、李忠富、戴利人：《房地产市场买卖与租赁的均衡规律》，《建筑管理现代化》1998年第2期。

质点上的所有外力的合力（或矢量合）为零时的状态。① 在经济学中，均衡最一般的含义是指经济事物中有关的变量在一定条件的相互作用下所达到的一种相对静止的状态。② 具有代表性的均衡理论包括马歇尔的局部均衡理论和瓦尔拉斯的一般均衡理论。局部均衡理论是假定其他市场条件不变，考察单个市场或部分市场的供求与价格之间的关系，该理论假设某种商品的价格只取决于其本身的供求状态，而不受其他商品的价格和供求的影响，因此商品供求的变化唯一地由该商品价格的变化所决定。③ 一般均衡是一个经济社会中所有市场的供求和价格之间的关系，一般均衡理论的假设则与局部均衡理论的假设相反，它认为各种商品的供求和价格都是相互影响的，一个市场的均衡只有在其他所有市场都达到了均衡状态的条件下才能实现。④ 但局部均衡理论和一般均衡理论都基于以下假设展开：（1）完全竞争；（2）完全信息；（3）价格的变化是自由而迅速的；（4）忽略政府干预。在这些理想条件下价格可以对市场的供求变化作出迅速反应并使市场达到均衡。但实际上，现实中的经济只能有限地接近这些条件，并不能完全达到理想条件，市场并非完全竞争、信息也存在不对称性、价格存在黏性以及垄断因素和政府的作用不可忽视，因此，在现实经济的运行中，失衡才是常态，市场并不一定能够出清。

（二）失衡的概念内涵

市场运行包括供求均衡与供求失衡（非均衡）两种状态，由于供求双方一直在动态变化，所以均衡是相对暂时的，而非均衡是绝对常见的。⑤ 非均衡理论的思想渊源可以追溯到20世纪30年代凯恩斯的名著《就业、利息和货币通论》，凯恩斯认为"小于充分就业的均衡"才是资本主义经济的常态，而达到充分就业的均衡只是一种偶然状态，由此创

---

① 赵振宇、田金信、陈红霞：《对住宅市场结构多元均衡的探讨》，《学术交流》2006年第9期。

② 陈浮、彭补拙：《中国房地产业非均衡发展研究》，《中国房地产》1997年第9期。

③ 罗刚强、王琴：《中国房地产市场有效供求失衡分析：1987—2004》，《统计与信息论坛》2006年第4期。

④ 高鸿业编：《西方经济学（微观部分）第五版》，中国人民大学出版社2011年版。

⑤ 朱德开、程永文、周浩：《安徽省住房市场供求总量非均衡实证研究》，《科技和产业》2007年第6期。

立了具有非均衡特征的宏观经济学。①

非均衡又被称为"非瓦尔拉斯均衡",是指不存在完善的市场和灵敏的价格体系条件下,现实经济运行所处的一种状态。"非瓦尔拉斯均衡"并不是一种"不均衡"状态,而是现实生活中经常出现的供求在一定幅度内相互偏离条件下的均衡。由于在现实经济中,市场的不完善、信息不对称、价格刚性无法使经济达到均衡状态,但各种经济力量将会根据各自的具体情况而被调整到彼此相适应的位置并在这个位置上达到均衡。② 也就是说,在自愿交换和市场效率的条件下,微观市场中的全部需求者总能通过某种方式同所有供给者相遇,市场上不会同时出现受配给制约的需求者和供给者,交易量取决于供给量与需求量中的较小者,即微观市场遵循市场交易的"短边规则"。③ 非均衡理论是探讨在供求不能完全相等的情况下,经济如何达到一定稳定状态的经济学理论。提高经济运行效率的唯一途径是改变非均衡的性质,将供给和需求之间的缺口减到最小,把经济非均衡程度降到最小,从而实现非均衡条件下资源的优化配置。

二 住房租售结构失衡的概念内涵

已有学者对住房市场租售结构失衡的研究主要是从房地产市场均衡与失衡的角度出发去研究的。其中部分学者对房地产均衡的研究主要是从其表现、特征入手的。Bums 和 Grebler(1977)认为房地产市场存在四种不平衡的形式:静态不均衡、动态不均衡、空间不均衡和质量不均衡。他们基于四种非均衡形式,提出了"住房干预理论",即为了降低房地产市场不均衡,政府存在干预的必要性。④ Clarida 和 Gali(1991)通过有效市场理论研究了旧金山的房地产市场,他们发现房地产市场在长期是有

---

① [英]约翰·梅纳德·凯恩斯:《就业、利息和货币通论》,宋韵声译,华夏出版社 2005 年版。
② 唐德才、仇育领:《非均衡理论及我国房地产市场供求的实证分析》,《数学的实践与认识》2009 年第 21 期。
③ 罗刚强、王琴:《中国房地产市场有效供求失衡分析:1987—2004》,《统计与信息论坛》2006 年第 4 期。
④ Bums, L. & Grebler, S., *A Theory of Housing Interventions*, New York: Wiley, 1977.

效的，但由于大量交易成本的存在，导致短期内房价背离了其价值，从而造成房地产市场无效。[1]

朱咏敏（1992）是中国较早提出房地产市场非均衡问题的学者，[2] 卞志村（1998）、任寿根（2001）分别用非均衡理论研究了中国房地产金融体系和房产税制度，提出了房产税制度宏观和微观的非均衡模型。[3][4] 杨建荣等（2004）观察到中国房地产供给过剩，住房有效需求不足，但价格持续上涨，由此认为中国房地产出现了非均衡。[5]

还有学者根据房地产失衡的各种表现，将其总结为了不同的失衡类型。陈浮和刘伟等（1998）将中国房地产业的非均衡分为了地区差异非均衡、市场经济非均衡、投资结构非均衡、市场结构非均衡和市场体系非均衡。[6] 还有部分学者则是将房地产非均衡划分为了总量上的非均衡和结构上的非均衡，他们指出，中国房地产市场在总量上和结构上都存在严重的非均衡问题。[7] 沈晖（2010）则认为住房市场存在各种非均衡问题导致部分住宅资源存在闲置，这无疑是伴随着资源的浪费，因此中国房地产市场存在效率非均衡，并不能实现"帕累托最优"[8]。

这些学者都是从一个较为宏观的角度去探讨房地产市场存在的均衡与失衡问题，并未去细分房地产内部各个子市场之间的均衡与失衡问题，对于住房买卖市场与住房租赁市场之间的租售结构失衡探究得就更少了。

赵振宇等（2006）认为住房结构均衡应当是包含住房买卖市场和住房租赁市场在内的住房市场供求交易相互匹配的动态过程，它并不是某一节点的均衡，而应该是一个多元的均衡体系，包括住房增量与存量市

---

[1] Clarida, R. & Gali, J., "Sources of Real Exchange Rate Fluctuation: How Important Are Nominal Shocks?", *Carnegie Rochester Conference Series on Public Policy*, Vol. 41, 1991.
[2] 朱咏敏：《非均衡条件下房地产市场》，《中国房地产》1992 年第 4 期。
[3] 卞志村：《我国房地产金融体系的非均衡分析及其完善》，《华南金融研究》1998 年第 4 期。
[4] 任寿根：《论中国房产税制度非均衡》，《现代管理科学》2001 年第 3 期。
[5] 杨建荣、孙斌艺：《政策因素与中国房地产市场发展路径——政府、开发商、消费者三方博弈分析》，《财经研究》2004 年第 4 期。
[6] 陈浮、刘伟、王良健等：《中国房地产业非均衡性发展研究》，《经济地理》1998 年第 2 期。
[7] 季朗超：《非均衡的房地产市场》，经济管理出版社 2005 年版。
[8] 沈晖：《我国住宅市场均衡发展的对策思考》，《中国房地产》2010 年第 2 期。

场的结构均衡,包含公共住房和商品住房在内的住房产品结构均衡、住房市场租售结构均衡、住房区域协调发展均衡以及住房市场供需结构均衡,而中国城市中高档商品住宅供给过剩、经济适用房和中低档商品房的供给不足则导致了住房市场的结构性失衡。[①]

中国的住房体系结构存在严重的不平衡不充分问题,其中租售结构不合理是最主要的矛盾,而租售结构失衡将会严重制约中国住房市场的健康发展。[②] 黄燕芬等(2017)是首位对住房租售结构失衡下了明确定义的学者,她认为:"住房市场租售结构失衡是指与住房销售市场相比,我国住房租赁市场发展不完善、不规范,存在总体规模小、租赁双方权利义务不对等、市场秩序失范、配套政策不足等问题。"[③]

以上在对住房租售结构失衡的理论内涵进行阐述的文章中,给了我们深刻的启示,但下的定义较为笼统,也未进行深入研究,因此本书将对住房租售结构失衡的表现和理论内涵进行深入探究。

住房租售结构失衡可以分为住房租售供需数量失衡和住房租售供需产品结构失衡。住房租售供需数量失衡是指在住房买卖市场和住房租赁市场上对住房的需求和供给在数量上存在不均等,只要在住房买卖市场内部、住房租赁市场内部以及由住房买卖市场和租赁市场构成的住房市场之间任意一个市场存在供需总量不相等,就认为住房租售供需总量存在失衡。住房租售供需产品结构失衡包括了住房买卖市场和住房租赁市场之间存在的产品结构失衡以及住房买卖市场和住房租赁市场内部分别存在的产品结构失衡。

(一)住房买卖市场和住房租赁市场的外部失衡

住房买卖市场和住房租赁市场之间的外部失衡主要包括住房租售市场供需数量失衡和产品结构失衡,下文将分别从这两方面进行详细叙述。

[①] 赵振宇、田金信、陈红霞:《对住宅市场结构多元均衡的探讨》,《学术交流》2006年第9期。

[②] 陈卓、陈杰:《住房市场结构对房价的影响研究——基于租赁市场比例的视角》,《华东师范大学学报》(哲学社会科学版)2018年第1期。

[③] 黄燕芬、王淳熙、张超等:《建立我国住房租赁市场发展的长效机制——以"租购同权"促"租售并举"》,《价格理论与实践》2017年第10期。

1. 住房租售市场供需数量失衡

郑清芬（2000）从供需总量是否相等的角度探讨了租售供需结构的均衡和失衡。[①] 住房租赁和住房买卖是住房交易的两种形式，因此住房消费者对住房商品存在住房购买（D_s）和住房租赁（D_r）的需求。同样地，住房供给主体可以通过住房出售（S_s）和住房租赁（S_r）供给住房。住房租赁供给与需求构成住房租赁市场，住房购买需求与出售供给构成住房买卖市场。这样，住房租赁市场与住房买卖市场实现均衡必须同时满足三个条件：

（1）住房买卖市场供需平衡 $D_s = S_s$，即买卖市场内部均衡

（2）住房租赁市场供需平衡 $D_r = S_r$，即租赁市场内部均衡

（3）住房租赁市场和住房买卖市场的总需求等于总供给

$$D_s + nD_r = S_s + nS_r \qquad (2.9)$$

n 表示一宗住房的租赁次数，它是平均租赁期的倒数，这表明在住房买卖市场和住房租赁市场上的总供给和总需求相等，住房市场的供需在数量上达到了均衡。

租金和房价的比值是调节住房租售市场的经济杠杆。如果房价不变，租金上升，那么租赁供给增加而租赁需求减少，减少的需求会转移到住房买卖市场，购买需求的增加会使房价上升，直到房价租金比重新回到合理水平，住房租售达到新的均衡水平。

根据商品住房买卖市场与住房租赁市场均衡的概念可知，在数量上，需满足以下三个条件：住房租赁市场内部供需数量相等达到平衡；住房买卖市场内部供需数量相等达到平衡；住房租赁市场和住房买卖市场总的供需数量相等达到供需平衡，若有一个条件不满足，则可说明住房市场租售供需数量结构失衡。

住房市场供需总量上的失衡一般可以表现为潜在总需求大于有效总需求、实际供给大于潜在供给，即超额需求与超额供给同时并存，或称短缺与过剩同时并存。

在住房买卖市场中经常容易存在的问题是住房买卖市场的实际供给

[①] 郑清芬：《论房地产买卖与租赁》，《山东大学学报》（哲学社会科学版）2000年第4期。

过剩、存在大量空置的商品房。由于住房买卖市场很容易存在垄断因素，住房开发商具有部分的定价权，此时住房供给的增加并不会降低房价。同时在高房价下，即使住房买卖市场上存在许多对购买住房的需求，但其中很大一部分对住房的需求是潜在需求，由于无法负担高昂的房价，他们不能将潜在购房需求转化为实际能购买住房的有效需求。因此，在住房买卖市场上存在实际供给过剩、商品房空置与潜在需求过剩的矛盾和有效需求不足、有效供给不足的矛盾。

当住房买卖市场中的潜在需求大于有效需求时，这部分无法购买住房的消费者为了获得居住之地就不得不转移到住房租赁市场上。同时，低收入群体、流动人口也是租赁市场的主力军。因此，住房租赁市场的需求会呈现增加趋势。然而，在许多发展中国家，租赁市场的发展是非常不完善的，租赁住房供给的房屋质量参差不齐、价格高低不一，与庞大的住房需求比起来，很容易存在供给与需求不匹配的问题。

总体来看，在住房买卖市场和住房租赁市场上，供需数量失衡是一种常态。

2. 住房租售市场产品结构失衡

住房租售市场产品结构失衡的主要表现为：住房市场上用于出租和用于出售的住房分配存在不合理和供给错配。通常出现以下两种情况：第一种情况是住房买卖市场的发展较为完善和活跃，而住房租赁市场发展较为滞后和不充分，使得在住房市场上大部分住房都用于出售而不是出租。在住房供给一定的情况下，住房买卖市场发展过于蓬勃而住房租赁市场发展过于落后导致的直接结果是，部分低收入群体没有能力进入住房买卖市场，他们更倾向于进入住房租赁市场。然而，住房租赁市场发展不成熟，适租房屋不足，就会迫使这部分消费者不得不进入住房买卖市场中。通过向银行贷款购买住房，从而增加他们的生活成本，挤压消费者对住房以外的消费，不利于经济的长期增长。第二种情况是住房租赁市场发展比较蓬勃，住房买卖市场的发展较为落后。这一种情况的产生一般可能源于两种原因：一是由于住房买卖市场的门槛太高，大部分消费者无法进入，只能选择进入住房租赁市场；二是由于租房是消费者的主要居住方式，虽然租赁住房大于出售住房，但实际上是满足了消费者的需求，在租售市场上的供需并不存在结构错配，这种情况可视为不属于失衡的范畴。实际上，住房买卖市场与住房租赁市场之间的产品结构均衡并不意味着两市场产品的供给要达到相等，而是要使各自市场上的供给和需求能够相互匹配，即想购买住房的消费者可以在住房买卖市场上买到偏好适合的住房、想租赁住房的消费者可以在住房租赁市场上租赁到适合的住房。而如果想买房的消费者买不起房或买不了符合其偏好的住房、想租房的消费者租赁不了符合其偏好的住房，那么这两个市场则存在产品的结构错配。所以，住房买卖市场与住房租赁市场应当协调发展，以满足消费者不同的住房需求。

(二) 住房买卖市场内部结构失衡

在住房买卖市场中，住房供需结构失衡是指住房的供需数量失衡和供需产品结构失衡。

1. 住房买卖市场供需数量失衡

在住房买卖市场上，供不应求和供过于求同时存在。供不应求主要体现在发达城市，供过于求主要体现在发展较为落后的城市。发达城市的高收入、优质教育服务等资源吸引了大批青壮年劳动力的流入，使得这些城市的需求持续膨胀，但这些地方由于土地供应限制，住房供给跟不上持续膨胀的住房需求，不但会导致房价高涨，同时也会带动周边城市的住房市场的发展。

发展较为落后的三、四线城市中存在大量的闲置商品房。这些地方对于年轻劳动力的吸引力差，当地的年轻劳动力存在外流趋势，对当地的住房需求并不高。相对于持续增加的住房供给来说，不断外流的住房需求使得落后地区的住房供给出现了严重的不匹配。

2. 住房买卖市场产品结构失衡

从住房的类型来划分，住房买卖市场中的产品包括保障性住房、普通商品房和高档住宅。在住房买卖市场的内部结构上，各种住房产品类型的分布结构不合理会导致住房买卖市场存在失衡。一般来说，在住房买卖市场中的住房供给应分为三个层次：对于高收入群体应提供高档住宅，其定价相对较高；对于中高收入群体应当提供普通商品房，实行市场定价；对于中低收入人群应提供保障性住房，并实行指导价。对于房地产开发商来说，高档住宅带来的利润最大，普通商品房次之，保障性住房带来的利润最少。对于开发商来说，他们更愿意提供高档住宅和普通商品房，保障性住房的发展是为了保障低收入群体的居住权益，具有公益性质，在缺少政策支持的情况下，企业参与保障性住房买卖市场会面临较高的机会成本，具有较低的积极性，开发商没有强烈的意愿去提供保障性住房。任何一个国家都存在中低收入群体，相对于价格高昂的高档住宅和普通商品房，他们对保障性住房的需求更大，供给的萎缩和需求的膨胀容易使得住房买卖市场上供需结构出现错配。

从住房的内部设施和外部配套设施来看，住房买卖市场中也会存在供需结构不匹配的问题。住房商品具有不可移动、使用期限长和供给量存在上限的特征，这意味着住房商品一旦修建完成，住房的内部户型结构、外部地理位置基本保持固定。一方面，随着时间的推移，城市的发展趋势和人口移动是会出现变化的，在 21 世纪初，中国的家庭结构都是以大家庭居住为主，对住房的需求也都是大户型，开发商在那一时期所修建的住房匹配的是当时的需求。随着经济的发展以及计划生育政策的效果，中国现在的家庭结构都是以小家庭为主，在区域经济快速发展、城镇化进程不断推进的情况下人口的流动也更加频繁，消费者对住房的需求也会更加倾向于小户型住房。而在人口越是集中的地方可利用的土地资源越少，能修建的新房越少，这就意味着虽然消费者的需求在不断变化，但住房供给在很大程度上保持不变，使得供需结构产生不匹配。另一方面，住房周围的环境和设施虽然随着经济的发展会有一定程度的翻新与建设，但只有越靠近经济发达的地方开发商才愿意去改善住房周围的配套设施，越是偏远落后的地区其配套设施越不足，消费者都会更倾向于配套设施齐全、社区环境较好的住房，这也会导致住房的供给与消费者的需求出现结构错配从而导致住房供需的数量失衡。

(三) 住房租赁市场内部结构失衡

在住房租赁市场上，住房内部的结构失衡主要表现为租赁住房供需数量失衡与租赁住房产品结构错配。

1. 住房租赁市场供需数量失衡

在住房租赁市场上，供过于求与供不应求会同时存在。在住房租赁市场上，租赁住房所需支付的租金较低，相对地，其带来的住房服务也更少，并且具有更大的流动性。对于消费者来说，他们选择租赁住房主要是出于工作或者过渡等一些短期性的目的。因此，在流动人口越密集、人口流入越多的地区，消费者对租赁住房的需求越大；而在人口流动越少、人口流出越多的地方，消费者对租赁住房的需求越小。影响人口流动的重要因素之一就是经济发展，经济越发达的区域资源愈加稀缺，特别是对于住房供给数量会很容易受到区域范围限制的商品，其产品供给越少；而在经济落后的区域，住房供给较为充足，甚至会存在大量的空置住房，房价也相对较低，在这些区域，大部分消费者都会选择买房，其租赁住房的需求较低。总的来说，在住房租赁市场上，租赁住房的供需数量极易受到人口流动和经济发展的影响，通常来说，在经济较发达、人口流动较集中的区域住房租赁市场上会存在供不应求；而在经济较为落后、人口流动较少的区域住房租赁市场上会存在供过于求。

2. 住房租赁市场产品结构失衡

住房市场存在"过滤"现象，即高收入的消费者会搬迁到品质更高的住房中，他们原来居住的次等品质住房就会"过滤"到较低收入的消费者中。住房租赁市场上的住房供给要么来源于开发商修建住房，要么来源于个人自有住房。对于开发商来说，出售住房所获得的回报周期更短、收益更高，因此相对出租住房，他们更倾向于出售住房。这意味着在住房租赁市场上，住房的主要来源是个人自有住房，这其中的大部分住房是住房自有者实现了高品质的改善性住房需求后将现有的低品质住房用于出租，这些低品质住房很容易与消费者的需求产生结构错配，主要体现在以下几个方面。

第一，从户型来看，供给的大户型与需求的小户型之间产生了结构错配。从需求侧看，消费者对住房的租赁需求主要是为了解决居住问题，因此租赁成本具有巨大的影响，租金越高则对消费者的抑制作用越大。而租赁住房的户型则会严重影响租金，户型越大，租金越高。住房租赁市场上的需求者又大多是独居人群、伴侣或者年轻夫妇居住，与老人、小孩共同居住的家庭形式则较少，因此租赁者对住房的需求也是小户型。从供给侧看，住房自有者出租的住房一般都是整套住房，这些住房设计的初衷适用于出售而非出租，户型的设计是为了迎合以家庭为单位的主力顾客的需求，住房面积大多是大户型房屋，这些供给住房的大户型与租赁需求的小户型形成了租赁供给结构上的错配，一方面导致大户型商品房难以出租，住房空置率增高，住房资源无法实现最优配置；另一方面导致了低收入群体租赁困难，难以找到理想户型的房源。

第二，从住房品质来看，租赁住房的品质普遍较差，与消费者的居住需求不匹配。由于住房市场存在过滤效应，提供的住房相对住房品质较差，很容易与消费者的需求不匹配。从供给侧看，我国住房自有者出租的住房包括老旧住房、房改房、拆迁安置房、自建房以及非正规住房等，而市场供给的租赁住房包括已购公房、二类经济适用房和老旧商品房，这些房屋存在房龄大、品质差、配套设施不完善、居住环境恶劣等问题，许多低质量的租赁住房并不能满足消费者的基本居住需求。从需求侧看，住房租赁市场上的主要需求群体是多元化的，既包括从农村流入城市的低收入群体、刚毕业的大学生，也包括从外地流入的高知识分子，这些消费者对租赁住房的需求也呈现出多样化。对于低收入群体来说，相对于住房品质，他们更看重成本；对于刚毕业的大学生来说，他们更看重性价比，即质量不能太差、租金不能太高；而对于高知识分子来说，他们具有较高的收入，相对于租金，他们更看重住房的品质。而现在的住房租赁市场上，总体来说是低租金的住房品质过差，比如城中村、群租房等，虽然大部分低收入人群能负担，但居住环境恶劣，难以满足基本的居住需求，甚至还存在一定的安全隐患；而满足品质的租赁住房租金过高，对于大部分家庭来说都是一项巨大的负担。

第三，从住房租赁市场的产品结构来看，住房租赁市场供应主体单一，机构化住房、保障性租赁住房发展不足。

中国在1998年实行房改以后，随着廉租房和公租房制度的建立，住房租赁市场内部形成了包括保障性住房租赁市场和市场化住房租赁市场在内的二元体系。但中国的住房租赁体系中存在供给主体单一的问题，在发达国家中，住房租赁市场是多元化的供应主体，包括市场、政府和非营利组织。中国的家庭散户出租成为住房租赁市场的主要供给来源，占了住房租赁市场总量的95%，政府、开发商以及机构化提供的房源只占很小一部分。[1]

中国专业化的住房租赁企业从2009年开始逐步发展，总体规模较小，专业化、规模化的机构占比不高，这些机构化企业持有的房源不多。链

---

[1] 邵挺：《中国住房租赁市场发展困境与政策突破》，《国际城市规划》2020年第6期。

家 2017 年发布的《租赁市场系列研究报告》表明中国住房租赁市场机构化渗透率全国平均值在 2%,北京作为住房租赁市场机构化渗透率最高的城市,也不到 5%,这些专业机构对住房租赁的供给占比不足 10%。[①]

同时,中国的保障性租赁住房发展不足。中国是一个还处于城镇化过程中的国家,这些流入城市的农村人口收入较低,难以进入市场化住房租赁市场,对于这些低收入群体来说,保障性租赁住房则是实现居住的最优选择。中国在 2007 年开始了保障性租赁住房的建设,但至今建设程度不高、覆盖率低、进入壁垒高,并不能满足低收入群体的住房需求。

三 住房租售结构失衡的自发调节机制

前文叙述了住房买卖市场和住房租赁市场之间存在的失衡问题,而这一部分将通过模型来叙述这两个市场如何通过市场的自发调整达到均衡的状态。"双市场一般均衡"模型就是通过对住房市场的供求以及价格决定机制进行分析,展现了住房买卖市场和住房租赁市场在市场的力量下通过动态调整达到均衡的过程。[②]

(一)无泡沫的"双市场一般均衡"

在没有泡沫即投机需求的情况下,人们对住房的总需求主要分为对应于居住属性的消费需求和对应于投资属性的投资需求。住房投资的价格取决于未来收入的现金流,也就是租金,现实生活中,很多住房所有者将自有住房出租,以获取租金收益的投资需求。

双市场要实现一般均衡的前提为双市场要具备双均衡:住房买卖市场内部要实现均衡,即在住房买卖市场上供给等于需求,房价处于均衡水平;住房租赁市场内部要实现均衡,即在住房租赁市场上供给等于需求,租金处于均衡水平。

在给定"双市场、双均衡"的前提条件下,"双市场一般均衡"由住房买卖市场中的投资需求基于有效价格调节机制实现。从图 2-6 可以看到,投资需求不仅隶属住房买卖市场的总需求方,同时也是住房租赁市

[①] 张英杰、任荣荣:《住房租赁市场发展的国际经验与启示》,《宏观经济研究》2019 年第 9 期。

[②] 刚健华:《中国房地产市场价格决定机制与房地产金融》,经济科学出版社 2019 年版。

场的总供给方,并与租赁需求共同决定均衡的租金。假设短期内住房租赁市场无显著的外生租赁需求冲击,那么租赁市场上租金只取决于租赁供给方,也就是住房买卖市场当期投资的规模,所以在短期内租赁供给决定租赁价格,且租赁供给等于买卖市场上的购房投资规模。进一步假设,短期内消费者的总购房居住需求没有受到明显的外生冲击,且供给规模也不受外生变量的影响,那么房价完全由已实现的投资性购买需求的规模所决定。

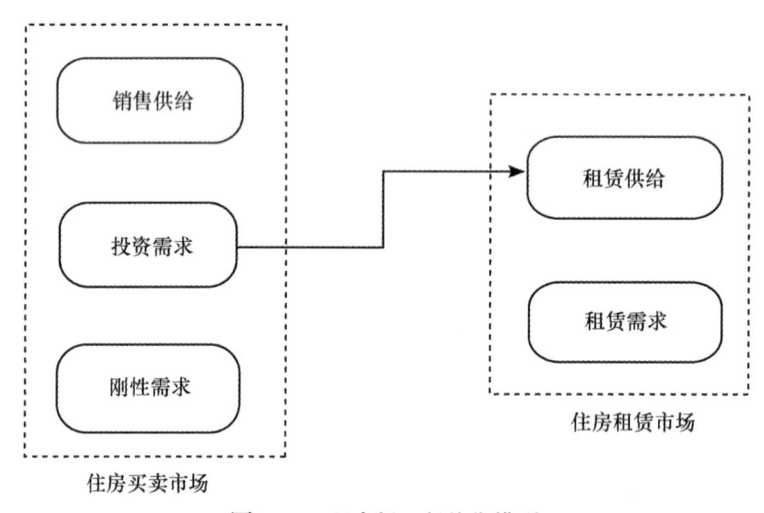

图 2-6 双市场一般均衡模型

资料来源:刚健华:《中国房地产市场价格决定机制与房地产金融》,经济科学出版社 2019 年版。

综上,短期内房价波动完全来自投资需求规模的波动,投资需求规模受投资回报率的影响。如果将房价看作投资住房的投资成本,租金看作投资住房的投资收益,那么租售比代表了投资住房的相对投资回报率水平。租售比越高,投资住房所带来的回报也就越大,那么投资住房有利可图,住房买卖市场上投资需求增加,即住房租赁市场的供给增加。在住房买卖市场和住房租赁市场无显著外生冲击的情况下,住房买卖市场上供小于求、住房租赁市场上供过于求,因此租金下降、房价增加、租售比降低,此时投资住房带来的回报率降低,消费者对住房的投资需求就会减少,租赁市场的供给随之减少;在买卖市场上供过于求、租赁市场上供小于求，因此租金增加、房价下降、租售比增加，投资回报率变大。双市场的一般均衡是由内生价格调节机制不断调整而实现的。从这一角度分析，租售比在一个相对恒定的水平上呈现平稳的均值回归，租售比的波动反映了住房买卖市场和住房租赁市场的供求关系再平衡，市场根据相对价格确定供求关系从而在长期达到住房买卖市场和住房租赁市场双市场的一般均衡。

总的来说，在不存在泡沫即投机的住房市场上，住房买卖市场和住房租赁市场具备有效的内生价格调节机制，理论上根据该国的宏观经济政策和经济体基本特征，应当存在一个适应于该国特定发展阶段的相对恒定的租售比，这是由于在给定经济体的特定发展阶段，房价和租金根本上被投资需求这一变量所推动。

(二) 泡沫化的均衡价格决定

但在泡沫化市场中，价格的持续上涨使住房买卖市场增加了投机需求，且这个增量与滞后期投资额呈正相关。在扣除对住房的刚性居住需求之后，市场中资金充裕的消费者会将原本的投资需求转变为投机需求。投资需求和投机需求对于房价有不同的反应，随着房价升高，投资回报率降低，消费者的投资需求会降低；但是房价持续升高会使消费者预期未来房价的进一步升高，消费者的投机行为会增加，他们所考虑的是房价上涨带来的资本利得，而不会去考虑住房买卖市场和租赁市场上的房价和租金。理论上，当住房市场存在房产泡沫时，只要投机者资金充裕并预期房价会持续上涨，则不论房价多高，投机者仍然会在住房买卖市场上买入商品房且持有直到达到自己的房价预期将其卖出，在这个过程中投资者并不在乎租金的高低，也不会出租住房。

在有泡沫化的市场中，住房买卖市场和住房租赁市场无法实现双市场一般均衡，住房买卖市场和住房租赁市场分别在价格机制的调节下达到供给均衡。

图 2-7 中显示了住房买卖市场上存在泡沫时，供给双方偏离原本均衡点 (Q_1^a, P_1^a) 的动态过程。由于房价持续升高，消费者的投机需求会增加，但刚性需求和原本的需求曲线投资需求会减少，总需求曲线被预期扭曲至虚线位置，原本处于租赁市场的部分资金充裕需求者发现买房

有利可图，他们也会转移到住房买卖市场，使得住房需求进一步移动到 $D_{2t}^{a}(P_{t}, R_{t})$ 位置，并产生了新的需求—供给均衡，新的均衡点为 (Q_{2}^{a}, P_{2}^{a})。由于住房买卖市场上房价持续上涨，该市场上的需求对于当期的房价呈现价格失灵（刚性）。

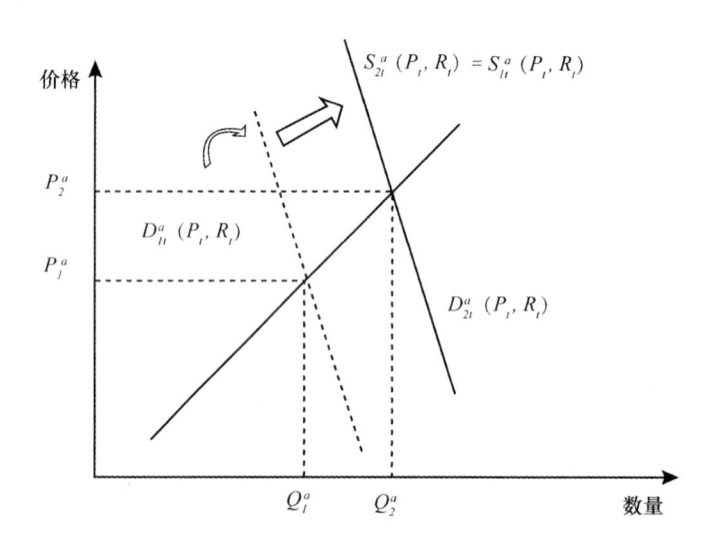

图 2-7　存在泡沫化的住房买卖市场均衡

资料来源：刚健华：《中国房地产市场价格决定机制与房地产金融》，经济科学出版社 2019 年版。

由于住房存在泡沫，住房租赁市场上的租金此时也不能反映供给稀缺和居住需求之间的动态均衡。图 2-8 显示了泡沫化住房租赁市场上供给需求模型从原均衡点 (P_{1}^{b}, R_{1}^{b}) 达到新的均衡点 (P_{2}^{b}, R_{2}^{b}) 的过程。一方面，由于消费者预期未来房价会持续上升，因此购买住房有利可图，部分住房租赁市场上资金充裕的消费者会通过各种方式转向住房买卖市场，因此住房租赁市场上的需求减少，同时房价变化的幅度越大，购买住房获得的投机收入也就越多，租转购的消费者会越多，因此住房租赁市场上的需求曲线会产生扭曲效应；另一方面，住房租赁市场上的供给来源于住房买卖市场上的投资需求，当房价上涨时，消费者购买住房持在手中获得的投机收益会增加，房价上涨幅度越高，投机收益越多，住

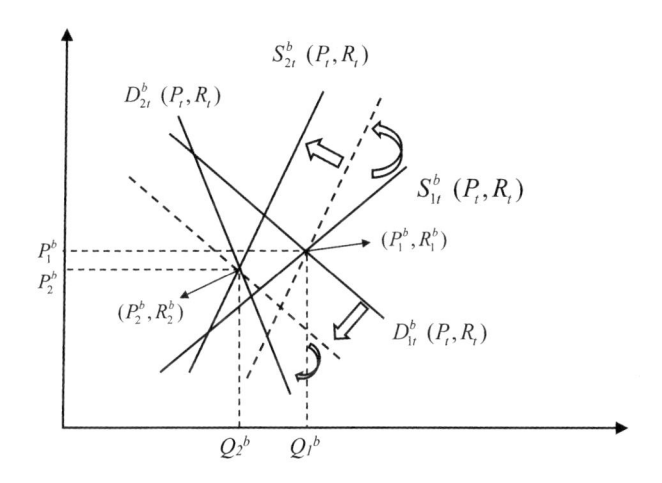

图 2-8 存在泡沫化的住房租赁市场均衡

资料来源：刚健华：《中国房地产市场价格决定机制与房地产金融》，经济科学出版社 2019 年版。

房买卖市场上从投资需求转向投机需求的消费者也就越多，因此住房租赁市场上的供给曲线首先会发生扭曲，由于住房租赁市场上的住房供给来自住房买卖市场上的投资需求，因此随着投资需求向投机需求的转变增加，租赁市场的供给减少，表现在图 2-8 中是供给曲线左移。

理论上来说，租金的变化过程是非线性的，投机利得使得租赁市场需求减少会导致租金价格下跌，投资需求向投机需求的转变也使得租赁市场上供给降低，住房租赁市场上需求曲线和供给曲线的同方向运动使租金达到新的均衡，在长期，如果泡沫持续膨胀，则房价持续上涨，租赁市场没有外生供给进入、租金也不断增加，这两个市场无法实现自我调节，并会造成严重的住房危机。

（三）管制性住房均衡价格决定

住房市场存在各种市场失灵，政府干预是有效减少市场失灵的手段。因此，分析在具有政府调控下住房买卖市场与住房租赁市场如何实现均衡是十分有必要的。以下分析了政府对住房买卖市场实施限购政策干预，但这一政策对住房租赁市场却未进行干预。

在限购政策下，对于住房租赁市场来说，随着人口的持续流入，租转购消费者的数量受到限制，会导致住房租赁市场的需求持续增加。住房租赁市场在供给不变的情况下，随着需求的不断膨胀，租金会呈现持续升高趋势。无论价格升高幅度有多大，在租赁市场上的大部分消费者除非积累足够的财富进入住房买卖市场或者退出当地住房市场，否则消费者只能接受该租金，因此消费者的需求价格弹性降低。表现在图 2-9 中为需求曲线向右移动，并且会发生一定幅度的偏转。租赁市场上租金持续上升的趋势提高了自有住房群体的投资回报率，因此对于自有住房群体来说，进入住房租赁市场是有利可图的。

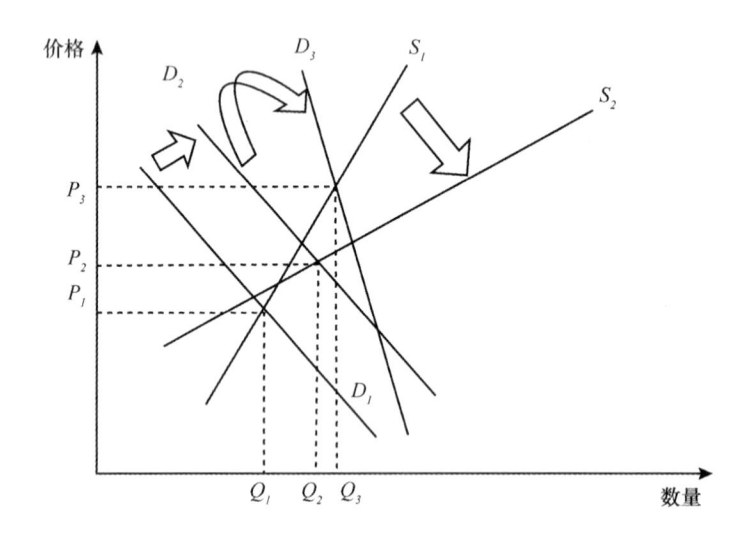

图 2-9 政府管制下的住房买卖市场均衡

资料来源：刚健华：《中国房地产市场价格决定机制与房地产金融》，经济科学出版社 2019 年版。

对于住房买卖市场来说，消费者购买住房的数量受到限制，因此需求减少，价格变化对消费者产生的影响会降低、消费者的需求价格弹性将会较低，表现在图 2-10 中，显示需求曲线左移并且会产生一定的扭曲效应。同时在限购政策的限制下，住房需求是受到抑制的，房价的上涨不可持续，这对于投机消费者来说，持有住房以等待高价出售是不明智的。在租金持续上涨、投资回报率持续升高的前提下，明智的消费者会将投机需求转变回投资需求，对住房进行价值投资，将自有住房提供到住房租赁市场上提供给求租者，以实现自己的最大化利益。

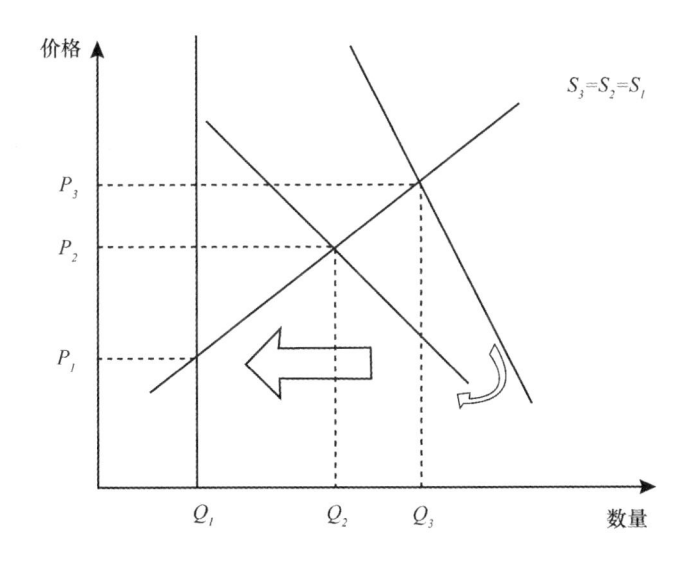

图 2-10　政府管制下的住房租赁市场均衡

资料来源：刚健华：《中国房地产市场价格决定机制与房地产金融》，经济科学出版社 2019 年版。

在限购政策下，住房买卖市场的需求，特别是投机需求能够得到有效抑制，在住房供给稳定供应的情况下，住房买卖市场的房价能够保持稳中有降；而在住房租赁市场中，租转购需求难以实现，持续增加的需求会带来租金的上涨，此时住房买卖市场上的投资需求转化为租赁市场的供给是有利可图的。但随着租赁群体的持续上涨，租赁市场最终会处于供不应求的状态，如果政府不加以干预，那么基于投资预期购买住房所产生的住房租赁市场供给与人口流入所带来的长期租赁需求之间的缺口会越来越大、租金越来越高。在这种情况下，租赁市场的部分需求者会倾其所有积蓄以及透支未来消费进入销售市场购买住房，但这会产生的效应就是住房买卖市场上的需求持续增加、推动房价的上涨，这又会回到前文所分析的泡沫化市场下的情况，最终市场上的其他消费会萎缩，而住房市场上的泡沫也会越来越大。当房价与租金都呈现双高趋势时，租赁市场上另一部分低收入群体则会呈现既买不起房又租不起房的情况，他们要么选择去租赁环境恶劣的住房，要么退出当地，流入负担得起住房的地方，长此以往，该地的住房压力大于该地的经济吸引力后会降低人口的流入，这不利于该地的长期发展。

通过对双市场一般均衡模型的介绍可以发现，要实现住房买卖市场和住房租赁市场两市场的共同均衡，其条件是比较严苛的。当市场中存在投机因素时，市场通过价格进行自发调节就会失效；政府的某些干预行为也会诱发投机因素的产生，并不利于住房市场的发展。在不存在泡沫的住房市场上，住房买卖市场和住房租赁市场具备有效的内生价格调节机制，理论上给定某国特定发展阶段，根据该国的宏观经济政策和经济体基本特征，市场就可以通过内生价格调节机制使住房买卖市场和住房租赁市场双市场间达到均衡发展。

第三章

我国城市住房市场租售结构失衡的现状考察

住房买卖市场与住房销售市场的均衡发展已经成为住房市场结构多元均衡的一个重要内容。基于统计资料探究我国城市住房市场租售结构失衡的现实状况，考察租售结构失衡的经济发展阶段性特征和区域差异化特征，对于构建我国城市住房市场租售结构失衡的长效机制具有重要的现实意义。

第一节 住房买卖市场与住房租赁市场的外部失衡

一 住房租售市场的规模失衡

住房买卖市场规模和住房租赁市场规模是反映住房租售市场发展程度的重要指标，在本部分主要通过住房销售面积和住房出租面积与住房买卖市场和住房租赁市场的销售额进行描述。

（一）住房销售面积和住房出租面积

图 3-1 展示了我国从 2010 年到 2021 年期间住房销售面积和住房出租面积的变化情况，其中住房销售面积是指报告期内出售商品住房的合同总面积，即双方签署的正式买卖合同中所确定的建筑面积；而住房出租面积是指在报告期内住房开发单位出租的商品住房的全部面积，这一

统计指标中，并不包含私人出租的住房面积。① 因此，住房销售面积和住房出租面积两个指标在一定程度上反映了房地产开发商对住房买卖市场与住房租赁市场的重视程度。

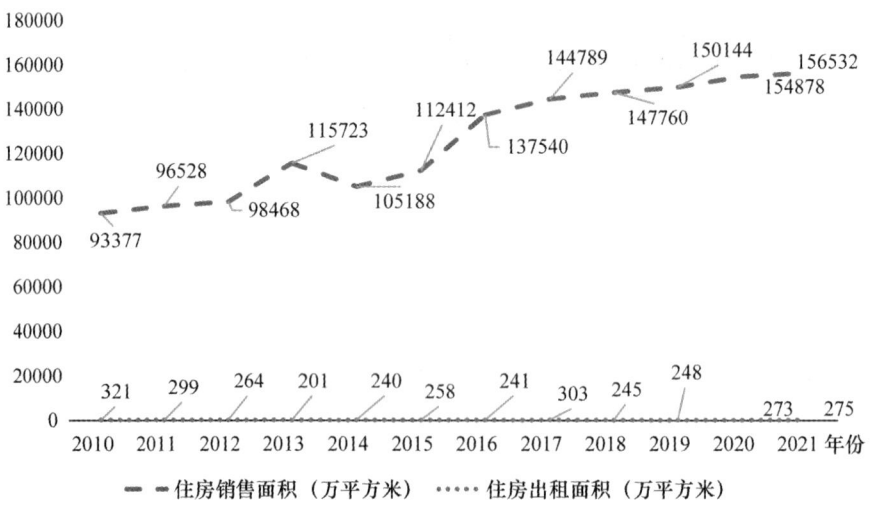

图 3-1 2010—2021 年我国住房销售面积与住房出租面积

资料来源：《中国房地产统计年鉴（2011—2022）》。

总体来看，我国的住房销售面积远高于住房出租面积。2010 年，我国住房销售面积的成交量为 93377 万平方米，而住房出租面积仅为 321 万平方米，前者为后者的 290 倍；至 2021 年，住房销售面积达到 156532 万平方米，住房出租面积相比 2010 年的数值反而有所下降，仅有 275 万平方米，住房销售面积为住房出租面积的 569 倍，相比 2010 年，这一比值已经翻倍。

从市场规模来看，住房买卖市场的销售面积呈现逐年递增的趋势，从 2010 年的 93377 万平方米增加到了 2021 年的 156532 万平方米，年平均增长率为 4.81%；而住房租赁市场的出租面积并没有明显的上升趋势，在这 11 年间一直在 200 万至 330 万平方米这个区间内波动。

虽然在历年《中国房地产统计年鉴》中的出租面积只包括住房开发

---

① 资料来源：《中国房地产统计年鉴（2011—2020）》。

单位出租的商品住房面积,并不能完全代表住房租赁市场的发展规模,但这一数据能够体现出住房租赁市场上机构化住房供应程度。从房地产开发商的角度来看,他们更倾向于将住房用于出售而不是出租,用于住房出租的面积相对于住房出售面积而言则是九牛一毛,从侧面反映了住房买卖市场与住房租赁市场之间的发展失衡。

分区域来看,住房买卖市场与住房租赁市场之间的规模失衡已成为普遍现象。根据《中国房地产统计年鉴(2022)》公布的数据,2021年我国所有省份住房买卖市场的销售面积远大于住房租赁市场的出租面积。其中,江苏省、江西省、河北省、福建省、陕西省、辽宁省、内蒙古自治区、天津市、海南省以及西藏自治区的住房开发商在2021年提供的商品住房租赁面积不足1万平方米,其中河北省和福建省甚至不足0.1万平方米。相比而言,住房销售面积最少的西藏自治区也达到了115.5万平方米。

(二) 住房买卖市场和住房租赁市场总规模

通过住房销售面积和住房出租面积的对比虽然能在一定程度上反映住房买卖市场和住房租赁市场之间的失衡程度,但是由于中国的住房市场较为复杂,《中国房地产统计年鉴》中所统计的住房出租面积并没有全面地衡量出住房租赁市场上的总规模,它只反映了开发商对于住房租赁市场的参与程度。因此,我们将进一步选取住房买卖市场和住房租赁市场的交易总金额来全面衡量住房买卖市场和住房租赁市场的总规模。

住房买卖市场上的总规模可以用商品住房的销售额来表示,这一数据在已有的《中国房地产统计年鉴》中已经被统计。而至今为止,市场上对住房租赁市场总规模的统计需要租金总额,但由于目前并没有统一的度量指标和统计数据,因此只能通过测算得出。张东和马学诚(2020)提出了计算住房租赁市场总规模的一种方法:通过计算租金总额来测算住房租赁市场的总规模,测算租金总额关键在于测算住房人口规模,因此可以考虑从住房自有率这个角度进行测算。[①]

住房自有率指居住在自有住房中的人口比例。虽然住房自有率假定有房者居住在自己的房屋里,忽略了自有住房仍选择租房的群体,但考

---

① 张东、马学诚等:《中国住房租赁市场:现状、发展路径和影响因素》,中国财政经济出版社2020年版。

虑到未来房地产税改革增加持有成本、房屋居住属性回归、租赁市场完善和租赁观念推广，这部分人口占比将进一步降低，因此可基本忽略。

通过住房自有率法计算的年度住房租赁市场租金总额公式如下：

年度住房租赁市场租金总额＝通过租赁解决住房需求总户数×平均每户月租金×12＝（人口总量×租赁住房人口占比/家庭平均规模）×平均每户月租金×12

城市年度住房租赁市场租金总额＝城市中通过租赁解决住房需求总户数×城市平均每户月租金×12＝（城市人口总量×城市租赁住房人口占比/城市家庭平均规模）×城市平均每户月租金×12

鉴于家庭平均规模和租赁住房人口占比在历次全国人口普查中有较为详细的统计，因此我们在对租赁住房总规模进行计算时只计算2010和2020两个年度，同时由于国家层面的租金数据并不能准确反映出租赁市场的实际发展情况，因此这部分对总规模的计算集中在省际层面。其中人口总量、租赁住房人口占比和家庭平均规模数据来自2010年和2020年全国人口普查数据，平均每户月租金来源于禧泰房产大数据中的租金总价平均数（元/月/套）指标。

表3-1展示了我国31个省份（不含港澳台地区）在2010年和2020年住房买卖市场和住房租赁市场的总规模情况。

表3-1　2010年和2020年我国31个省份的租售市场规模

地区	2010年租赁交易总额（亿元）	2010年销售交易总额（亿元）	2010年租售差额（亿元）	差额排序	2020年租赁交易总额（亿元）	2020年销售交易总额（亿元）	2020年租售差额（亿元）	差额排序
江苏省	551.61	4536.63	3985.01	1	807.91	18027.33	17219.42	1
浙江省	1012.88	3577.49	2564.61	3	2311.18	15584.82	13273.64	2
广东省	3105.25	4589.82	1484.57	7	8117.38	19829.63	11712.25	3
山东省	224.21	3218.02	2993.81	2	360.41	10109.55	9749.14	4
河南省	129.82	1454.57	1324.75	9	230.33	8402.53	8172.20	5
四川省	288.76	2330.85	2042.09	5	615.97	8766.96	8150.99	6

续表

地区	2010年租赁交易总额（亿元）	2010年销售交易总额（亿元）	2010年租售差额（亿元）	差额排序	2020年租赁交易总额（亿元）	2020年销售交易总额（亿元）	2020年租售差额（亿元）	差额排序
安徽省	113.12	1420.06	1306.93	10	195.99	6760.86	6564.87	7
福建省	467.36	1300.13	832.77	15	994.23	6343.34	5349.11	8
湖北省	242.94	1134.94	892.00	14	352.34	5447.32	5094.98	9
湖南省	138.43	1247.65	1109.22	11	262.58	5223.56	4960.98	10
河北省	81.70	1488.78	1407.09	8	183.93	4597.91	4413.98	11
江西省	53.60	670.34	616.74	23	174.21	4425.19	4250.98	12
重庆市	120.65	1610.64	1489.99	6	295.20	4293.18	3997.98	13
广西壮族自治区	195.21	881.70	686.49	19	355.34	3803.55	3448.21	14
陕西省	173.50	906.68	733.18	17	393.17	3755.77	3362.60	15
云南省	174.16	769.32	595.15	24	420.78	3452.00	3031.22	16
上海市	1453.07	2416.24	963.17	12	2395.19	5268.85	2873.66	17
辽宁省	311.85	2587.66	2275.81	4	245.22	3114.11	2868.89	18
贵州省	129.70	501.63	371.93	25	212.54	2760.73	2548.19	19
天津市	284.84	1034.32	749.48	16	245.04	2000.98	1755.94	20
山西省	120.19	357.37	237.18	27	151.55	1753.36	1601.81	21
内蒙古自治区	92.81	766.47	673.66	20	131.97	1242.58	1110.61	22
吉林省	70.79	735.91	665.12	22	127.87	1238.23	1110.36	23
甘肃省	55.34	203.32	147.98	29	115.53	1205.42	1089.89	24
海南省	62.73	734.10	671.37	21	172.22	1048.92	876.70	25
新疆维吾尔自治区	69.74	416.41	346.67	26	124.97	991.08	866.11	26
黑龙江省	112.28	833.05	720.76	18	134.63	946.15	811.52	27
北京市	1136.42	2060.52	924.10	13	2524.24	3131.31	607.07	28
宁夏回族自治区	17.90	253.76	235.87	28	31.97	626.26	594.29	29
青海省	16.54	77.10	60.56	30	36.64	343.42	306.78	30
西藏自治区	—	5.18	—	—	64.64	72.03	7.39	31

资料来源：国家统计局公布的2010年和2020年全国人口普查数据，并由笔者整理得出。

从住房租赁市场的发展情况来看，2010年31个省份的总规模超过11000亿元（数据缺失，不包括西藏），[①] 2020年31个省份的总规模达到22800亿元，2020年的总规模比2010年的2倍还要多，在10年间住房租赁市场的总规模增加了11800亿元，这说明我国的住房租赁市场呈现蓬勃发展的趋势。从时间趋势来看，在31个省份中除辽宁省和天津市以外，其余28个省份的住房租赁市场的总规模都呈现增加的趋势，其中广东省的增加最多，从2010年的3105.25亿元增加到了2020年的8117.38亿元，增加值为5012.13亿元，几乎达到了31个省份增加值总额的一半；北京市和浙江省的租金总额增加值分列第二位和第三位，以上三个省份住房租赁市场的总规模在10年间增加1000亿多元。大部分省份的租金规模介于100亿至500亿元，而最低的宁夏回族自治区仅为31.97亿元。总体来说，2010—2020年间我国大部分省份住房租赁市场发展是很迟缓的。总的来看，我国仅有少部分沿海发达省份的住房租赁市场发展较为繁荣。

从住房买卖市场的发展情况来看，2010年31个省份的交易总金额超过44100亿元，2020年31个省份的交易总金额超过154700亿元，2020年的总额是2010年总额的3倍多，增加值为110600亿元，可见我国31个省份的住房买卖市场份额较大且发展繁荣。从时间趋势来看，31个省份的住房买卖市场呈现出发展的趋势，相比2010年的交易规模，2020年广东省的增加值最多，达到了15200亿元，其次为江苏省、浙江省，增加值分别为13500亿元、12000亿元。这三个省份的总增加值达到40700亿元，占了31个省份总增加值的三分之一还多；西藏自治区住房买卖市场的总规模增加值最少，仅增加了66.85亿元。总体来看，我国各省份虽然在住房买卖交易的增加值方面存在较大的差异，但大部分省份的增加值都处于较高的水平，增加值大于1000亿元的省份有21个，可见我国住房买卖市场的发展是较为迅速的。从各省份来看，2020年我国住房买卖市场交易总金额最大的省份是广东省，达19900亿元；其次为江苏省、浙江省、山东省，分别达到18000亿元、15600亿元和10100亿元；西藏自治区的交易总额最小，在2020年仅为

[①] 由于数据缺失，在计算2010年租赁市场的总规模时，西藏自治区的数据是缺失的。

72.03亿元。总体来讲，我国大部分省份的住房买卖市场发展都呈现繁荣景象，但各省份之间的差异也非常明显，少部分西部省份的住房买卖市场发展较为落后。

从住房租赁市场交易总金额和住房买卖市场的交易总金额对比来看，我国31个省份住房买卖市场的总额都远大于住房租赁市场的相关数据。2010年和2020年我国住房租赁市场的交易总额分别超过11000亿元和22800亿元；而住房买卖市场的交易总额分别超过44100亿元和154700亿元，在2010年和2020年两个市场交易总额的差异分别为33100亿元和131900亿元，可见两个市场交易额差异悬殊，并且呈现扩大的趋势，这说明了我国住房买卖市场发展较为繁荣，而住房租赁市场的发展较为落后。从时间趋势来看，除北京市以外，从2010年到2020年，租售市场交易总金额的差距在增大。其中江苏省的差距变化最大，从2010年的3985.01亿元增加到了2020年的17219.42亿元，增加值为13234.41亿元；其次为浙江省和广东省，增加值分别为10700亿元和10200亿元；北京市是唯一一个租售市场交易总金额的差距在缩小的省份，从2010年到2020年租售差距缩小了317.03亿元。总体来讲，有20个省份租售市场的总规模差距都在呈现扩大的趋势，这说明我国大部分省份租售市场存在发展不平衡的趋势，住房租赁市场的发展远落后于住房买卖市场的发展，这里需要注意，部分西部省份由于本身的住房租售市场发展水平低，因此租售之间的交易总金额差距也较小。从具体省份来看，在2020年租售市场差额最大的前三个省份为江苏省、浙江省和广东省，差额分别约为17200亿元、13300亿元和11700亿元；西藏自治区的差距最小，仅为7.39亿元，这主要是西藏自治区的住房买卖市场和住房租赁市场发展都较为落后，且人口密度小、人口流入少，所以差距较小。总的来说，我国大部分省份的租售市场交易总金额之间的差距都较大，大于1000亿元的有24个省份。这说明我国住房租售两个市场的发展存在较大的失衡，相比过于繁荣的住房买卖市场，住房租赁市场的发展相对落后。

二　住房自有比例与住房租赁比例

自有和租赁是获得居住权的两种不同方式，自有是指家庭通过拥有获得住房的产权而居住在其中；租赁则是指家庭未获得住房产权，但通过支付租金从而租赁住房。住房自有率是指由住房所有权人居住的住宅套数占所有有人居住的住宅套数或全部家庭数目的比例；住房租赁比例则是租赁住房的家庭户数占所有全部家庭户数的比例。住房自有率和住房租赁比例是国际上度量住房所有权状况的重要指标，反映了住房市场中的产权结构和消费结构。[①] 我国住房自有化率在短期内经历了迅速的上升过程。在房改以前，绝大多数家庭是租赁公房，在20世纪70年代末，我国城市住房自有率仅为10%左右，自20世纪80年代开始尝试住房市场化改革，住房自有率逐渐上升，1998年完成住房市场商品化改革后，住房自有率迅速提高。

由于我国房地产市场的住房自有和租赁情况较为复杂，《中国房地产统计年鉴》并未统计这一数据，只有全国人口普查数据和全国抽样人口调查数据中有较为全面和准确的统计，因此这一部分数据，我们主要采用了从2000年开始的全国人口普查数据和全国1%人口抽样调查数据，以便对我国全国总体与各省份的住房自有率和住房租赁比率进行描述。

表3-2展示了我国2000年至2020年城市家庭住房情况，居民获得住房的方式主要有租赁住房、自有住房和其他方式住房（比如寄住在亲戚家等）。总体来讲，城市住房自有率并没有明显的上升趋势，而是有着较小幅度的波动。2000年，我国城市居民的住房自有率就已经达到一个较高的水平，为72%，而租赁住房的比例较低，仅有23%。随着时间的推移，居民对于获取自有住房的方式从购买原公有住房和自建住房逐渐转变为购买新建商品房和二手商品房，但获取保障性自有住房的比例一直保持较低的水平。2020年住房自有率出现了下降趋势，从2015年的74%下降为69%。另外，住房租赁的比例也一直维持在23%左右的水平，政府近年来一直致力于发展保障性租赁住房，但从数据来看，居民通过租住廉租房和公租房的比例并不高，而租赁其他类型住房的比例从2000年到2010年有一个较为明显的提高，但直到2020年该比例也仅有22%。

[①] 郑思齐、刘洪玉：《从住房自有化率剖析住房消费的两种方式》，《经济与管理研究》2004年第4期。

表 3－2　　　　　　　2000—2020 年我国城市家庭住房来源

年份	租赁住房（%）			自有住房（%）						其他（%）
	廉租房/公有住房	其他	总计	新建商品房	商品二手房	原公有住房	经济适用房/两限房	自建住房/继承	总计	
2000	16	7	23	9	—	29	7	27	72	5
2005	8	12	20	16	—	24.5	7	28.5	16	4
2010	3	23	26	26	5	17	5	16.5	69.5	4.5
2015	3	18	21	28	9	16	4	17	74	5
2020	4	22	26	34	12	8	4	11	69	5

资料来源：国家统计局公布的 2000 年、2010 年和 2020 年的全国人口普查数据以及 2005 年和 2010 年全国抽样人口普查数据，并由笔者整理得出。

根据第七次人口普查数据显示，截止到 2020 年 11 月，居住在城镇的人口达 9 亿，其中流动人口达 3.76 亿。流动人口分为省内流动人口和跨省流动人口，其中省内流动人口 1.25 亿，跨省流动人口 2.51 亿人。《中国流动人口发展报告（2020）》显示，我国流动人口中超过 2/3 选择租赁住房。进城农民工和新就业大学生等新市民构成流动人口租房的主体。

相对于如此庞大的流动人口基数，我国住房租赁市场的发展存在严重不足。根据国际经验，租赁市场是发达经济体住房供给的主力，国际上发达国家的租赁市场发展较为成熟，住房市场中租赁住房比例都在 34% 以上（表 3－3）。这些国家根据住房租赁市场的发展模式主要分为两类：一类是以英国、法国、荷兰为代表的高福利国家，公共租赁住房比例高达 17%—40%；另一类则是以德国、瑞士、美国为代表的市场化国家，虽福利租住房较少，但私人住房租赁市场极其活跃，占比约为 33%—56%。与发达国家相比，我国处于快速的城镇化时期，区域之间的经济发展水平存在较大的差异，人口的流动相对更加频繁。但我国住房租赁市场现处于相对落后状况，滞后于国际公认的 30%—40% 的合理区间，并未满足所有消费者的需求。

表3-3　　　　　　　　　　各国住房存量结构

国家	自有住房（%）	公共租赁房（%）	私人租赁住房（%）	其他（%）
英国	63.5	17.5	19	—
法国	61	17.4	21.5	—
荷兰	60	31	9	—
德国	44.5	3.2	45.8	6.5
美国	65.3	1.5	33.2	—
瑞士	39.8	4.8	55.1	0.3
瑞典	62.1	0.4	36.7	0.8

资料来源：欧盟统计局。

从地区层面来看，表3-4和图3-2分别展示了中国31个省份的住房自有率和住房租赁比例，该资料来源于2000—2020年的三次全国人口普查数据。从总的趋势来看，各地区的住房自有率处于较高的水平，其中住房自有率达到75%以上的城市数量是逐年增加的。2000年，共包括河北省、黑龙江省、山东省在内的6个省份住房自有率达到75%以上，在2010年增加为13个省份，在2020年这一数字上升到18个，其中黑龙江省、吉林省、河南省、辽宁省、河北省、湖南省的住房自有率都已经达到了80%以上，黑龙江省的住房自有率高达86%。2020年，有21个省份的住房自有率在70%以上，广西壮族自治区、陕西省和云南省的住房自有率在60%—70%，北京市、海南省、浙江省和福建省的住房自有率在50%—60%，西藏自治区的住房自有率为45%，广东省的住房自有率最低，为42%。从另一视角来看，中国住房租赁市场发展最繁荣的省份为广东省，其住房租赁比例达到了55%，高于该省份住房自有率。

表3-4　　　2000—2020年各省、自治区、直辖市家庭租住比例

地区	2000 租房比例（%）	2000 自有比例（%）	2010 租房比例（%）	2010 自有比例（%）	2020 租房比例（%）	2020 自有比例（%）
全国	23	72	26	70	26	68

续表

地区	2000 租房比例（%）	2000 自有比例（%）	2010 租房比例（%）	2010 自有比例（%）	2020 租房比例（%）	2020 自有比例（%）
北京市	41	55	37	57	35	56
天津市	47	49	30	62	18	77
河北省	15	82	11	86	12	82
山西省	21	73	20	75	15	77
内蒙古自治区	21	74	24	72	17	78
辽宁省	29	68	13	85	10	82
吉林省	22	74	13	84	14	84
黑龙江省	18	80	11	85	10	86
上海市	39	56	38	59	36	62
江苏省	21	75	21	75	17	78
浙江省	21	73	41	55	43	56
安徽省	20	76	18	76	17	73
福建省	25	67	40	51	43	54
江西省	26	69	17	78	17	78
山东省	12	84	12	83	12	80
河南省	15	81	15	81	12	82
湖北省	21	74	19	77	16	77
湖南省	19	77	18	78	15	80
广东省	24	69	47	48	55	42
广西壮族自治区	24	72	28	67	27	69
海南省	26	65	32	61	39	56
重庆市	21	69	22	74	19	77
四川省	21	72	24	69	21	70
贵州省	28	66	32	63	25	70
云南省	31	63	33	64	34	64
西藏自治区	70	27	60	31	46	45
陕西省	24	72	25	70	24	68
甘肃省	22	74	20	76	18	77
青海省	22	71	25	71	17	78
宁夏回族自治区	20	76	19	77	17	75
新疆维吾尔自治区	22	72	24	73	17	79

资料来源：国家统计局公布的2000年、2010年、2020年全国人口普查数据，并由笔者整理得出。

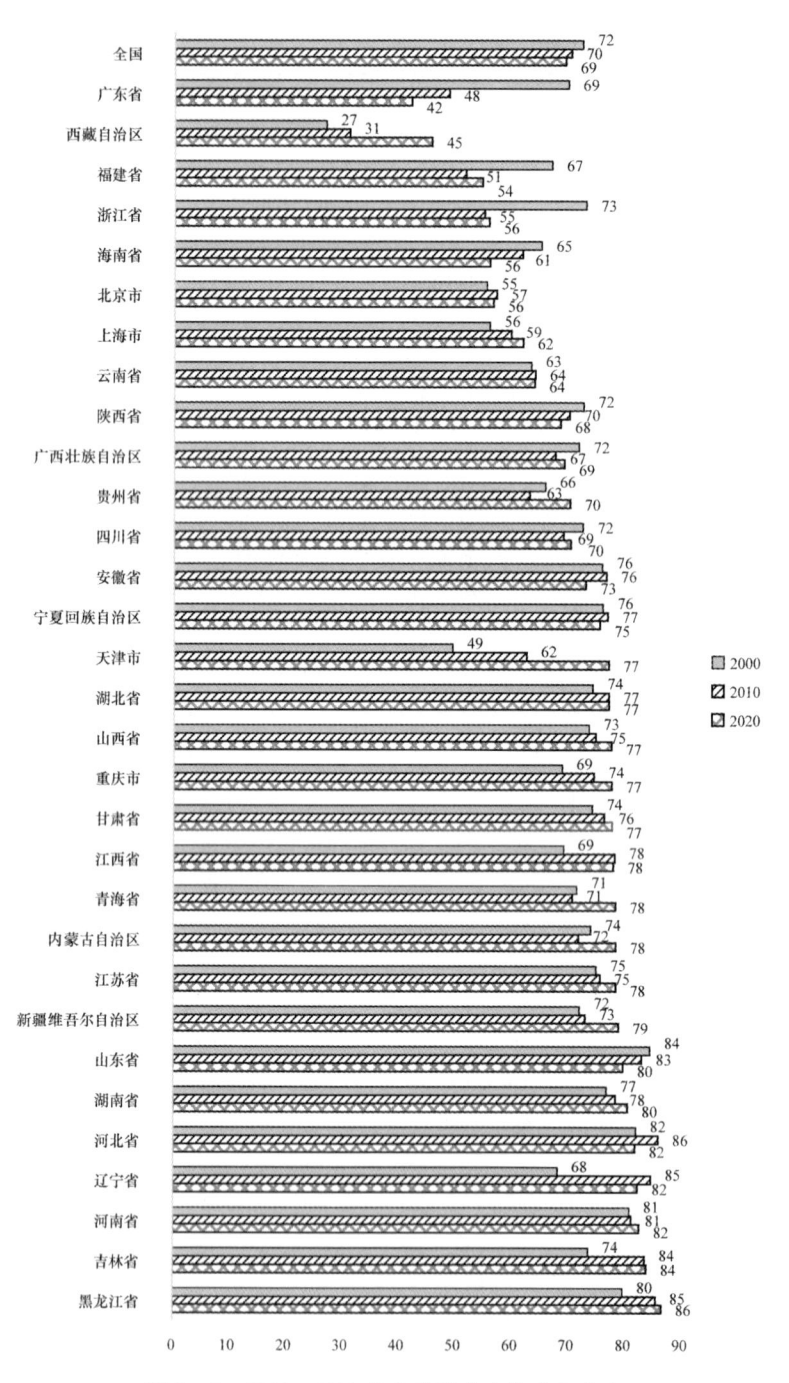

图 3-2　2000—2020 年各省份家庭住房自有率

资料来源：国家统计局公布的 2000 年、2010 年和 2020 年全国人口普查数据，并由笔者整理得出。

在 31 个省份中，从 2000—2020 年包括云南省、河北省、四川省在内的 16 个省份住房自有率的变化趋势不大，变化量小于 4%。而其余的 15 个省份的住房自有率都有较大的变动，变化量大于 5%（见表 3-5）。有 10 个省份在 2020 年的住房自有率低于 2000 年的数据，其中广东省从 2000 年的 69% 下降到了 2020 年的 42%，下降幅度最大，达到 27 个百分点；浙江省从 73% 下降到 56%，下降了 17 个百分点；福建省从 67% 下降到了 54%，下降了 13 个百分点。从住房租赁比例来看，这六个城市的住房租赁市场总体是呈现发展趋势的，其中广东省、浙江省和福建省的住房租赁市场发展态势明显。

表 3-5　　2000—2020 年各省份住房自有率变化

增加幅度达 5% 及以上	天津市、西藏自治区、辽宁省、吉林省、江西省、重庆市、新疆维吾尔自治区、黑龙江省、青海省、上海市
增加幅度在 5% 以内	内蒙古自治区、贵州省、山西省、湖南省、江苏省、甘肃省、湖北省、河南省、北京市、云南省
幅度变化为 0	河北省
减少幅度在 5% 以内	宁夏回族自治区、四川省、广西壮族自治区、安徽省、陕西省
减少幅度达 5% 及以上	山东省、海南省、福建省、浙江省、广东省

2020 年，20 个省份的住房自有率皆高于 2000 年的住房自有率，在这些地区，住房买卖市场都存在或快或慢的发展，不断挤压着住房租赁市场。黑龙江省的住房自有率已经达到了 86%，吉林省、河南省、辽宁省、河北省、湖南省和山东省的住房自有率都达到了 80% 以上，这些城市的住房买卖市场发展过于繁荣，挤压了住房租赁市场的发展。

总的来说，我国各省份住房买卖市场和住房租赁市场的发展存在较大的差异，部分省市的住房租赁市场的发展已经较为成熟，赶上了发达国家的水平，但大部分省份的住房租赁市场占有比率仍然较低，并且呈现缩小的趋势。随着经济的发展和人力资本跨地区流动的增进，我国居民对于租赁住房的需求呈现上升趋势，但大部分城市住房租赁市场发展的落后使得我国租赁住房的发展与消费者的住房需求无法匹配，而住房买卖市场的蓬勃发展严重加剧了居民的消费负担。可见，我国住房租售市场存在严重的失衡问题。

三 租售比

租售比是指每平方米使用面积的月租金与每平方米建筑面积房价之间的比值或者房屋年租金与房屋总价值的比值，是住房买卖市场和住房租赁市场发展是否平衡的一个关键指标。如果将房价看作投资住房的投资成本，租金看作投资住房的投资收益，那么租售比代表了投资住房的相对投资回报率水平。当租售比处于合理区间时，住房买卖市场和住房租赁市场能够健康协调发展，如果采用月租金与房价的比值来计算，国际上用来衡量一个区域房产运行状况良好的租售比一般界定为1∶300—1∶200，采用年租金与房价的总比值这一标准区间则在4%—6%，① 大部分学者采用以房屋年租金与房屋总价值的比值作为租金收益率。中国的住房发展具有其独有的特殊性与复杂性，直接采用国际标准而不考虑中国的实际情况来衡量中国租售市场的发展并不科学。

从经济学的角度看，合理的租售比的确定原则是：在房屋的使用寿命期内选择租房所支付的全部费用等于选择购房所支付的全部费用。这里选择租房所支付的全部费用为每期租金的本利和；而选择购房所支付的费用严格讲，除了购房款本利和外还包括税费、维修费和保险费的本利和。学术界和业界一般采用两种近似计算的方法。②

方法一：以按揭贷款利率为参照利率，考虑到住房投资风险补偿和租金上涨因素，租金年收益率应比抵押贷款利率高出1%—3%。中国人民银行授权全国银行间同业拆借中心公布，2022年6月20日公布的最新贷款市场报价利率（LPR）5年期以上LPR为4.45%。③ 住房按揭贷款利率一般高于LPR，若按照最低的LPR 4.45%计算，合理的租金收益率应约为5.45%—7.45%，这样算出的合理租售比应为1∶220—1∶161（5.45%—7.45%）。

---

① 马冬、孙秀娅：《中国房地产市场真实租售比探析》，《学习与探索》2008年第2期。
② 吕江林：《我国城市住房市场泡沫水平的度量》，《经济研究》2010年第6期。
③ 资料来源：中国人民银行。

方法二：中国住房寿命一般为30—40年，故若考虑购房者30年收回购房成本，即360个月收回成本，则租售比应为1:360；若考虑购房者40年收回购房成本，即480个月收回成本，则租售比应为1:480。那么，合理的租售比区间应该为1:480—1:360（2.5%—3.33%）。

虽然方法二的思路具有一定的道理，但其忽略了资金的时间价值，同时我们也没有理由认为我国新建的住房30—40年后便损毁得没有了价值。因此，当前我国住房合理的租售比应当在1:220—1:161（5.45%—7.45%），超出或不足这一比例则说明住房租售市场之间存在发展失衡。租售比越高，投资住房所带来的回报也就越大，那么投资住房有利可图，即更多的住房供应流入住房租赁市场，住房租赁市场过热；租售比过低，投资住房所带来的回报越低，市场上住房不愿意流入租赁市场，住房买卖市场过热。

表3—6展示了我国2020年1—6月、2021年1—6月以及2021年全年全国重点50城平均租售比情况，可以发现，我国重点50城的租售比呈现出下降的趋势，从2020年1—6月的1:611下降到了2021年的1:615，这其中的主要原因在于，虽然租金和房价均处于上升趋势，但是不可否认的是，房价上涨速度超租金上涨速度。而表3-6中展示的数据同样远低于国际公认的合理租售比水平和计算出的我国的合理租售比水平，反映出我国的住房买卖市场发展过于繁荣，而住房租赁市场的发展较为落后，处于严重的租售结构失衡状态。

表3-6　　　　全国重点50城平均租售比和租金收益率

指标	2020年1—6月	2021年1—6月	2021年
租金收入比	1:611	1:617	1:615
租金收益率（%）	1.96	1.94	1.95

资料来源：诸葛找房数据研究院公布的《全国重点50城租售比调查研究报告》。

我们根据《全国重点50城租售比调查研究报告》将部分重点城市划分为一线、新一线、二线和三、四线城市进行分析。鉴于数据可得性，在对具体城市进行分析时，本节展示了2020年和2021年1—6月我国重点50城的租金收入比的具体情况。表3-7和表3-8分别展示了按城市级别划分具体城市的租售比情况，总的来说，在调查中的 50 个城市里，大部分城市的租售比都远低于国际标准水平和计算出的我国合理的租售比水平。

具体来看，我国各城市的租售比存在明显的分层现象。表 3-7 显示，一线城市的租售比最低，2021 年 1—6 月 4 个一线城市的平均租售比才 1∶674，其次是新一线城市，在调查中的 13 个新一线城市的租售比在 2021 年 1—6 月为 1∶653，22 个二线城市为 1∶589，11 个三线城市的租售比最高，为 1∶503（但是，相比国际上合理的区间 1∶300—1∶200，我国各城市皆存在较大的差距）。这些数据反映出了我国越发达的城市租售比越偏离合理水平，这些城市的租售结构失衡也越严重。譬如，在三线城市中，平均租赁 503 个月，即 42 年所支付的租金就可与购买此套住房的总额相等，但一线城市需要租赁 674 个月即 56 年所支付的金额才能够与购买此套住房的总额相等，两者相差了 14 年。此外，从租售比的变化趋势来看，一线城市和新一线城市从 2020 年到 2021 年 1—6 月年租售比呈现下降趋势，一线城市从 1∶640 下降到了 1∶674、新一线城市从 1∶631 下降到了 1∶653，且一线城市的下降幅度大于新一线城市的下降幅度，这说明在发达城市中，租售结构失衡呈现出加剧的趋势；但二线城市和三线城市从 2020 年到 2021 年 1—6 月租售比呈现上升趋势，这些城市租售结构失衡趋势在减小。

表 3-7　2020 年和 2021 年上半年我国重点 50 城平均租售比

类别	2020 年平均租售比	2021 年 1—6 月平均租售比
一线	1∶640	1∶674
新一线	1∶631	1∶653
二线	1∶595	1∶589
三线	1∶523	1∶503

资料来源：《全国重点 50 城租售比调查研究报告》。

表 3-8 展示了我国重点 50 城租售比的具体情况，从表中可以看到，在一线城市中，从 2020 年到 2021 年 1—6 月，所有城市的租售比皆呈现下降趋势，即使是租售比最高的广州市在 2021 年 1—6 月也达到了 1∶598，

表 3-8　　2020 年和 2021 年上半年我国重点 50 城租售比情况

类别	城市	2020 年	2021 年 1—6 月	类别	城市	2020 年	2021 年 1—6 月
一线	深圳市	1:757	1:817	二线	中山市	1:620	1:625
	北京市	1:637	1:643		金华市	1:653	1:618
	上海市	1:600	1:638		惠州市	1:556	1:607
	广州市	1:567	1:598		保定市	1:624	1:581
新一线	宁波市	1:728	1:845		烟台市	1:592	1:579
	东莞市	1:714	1:775		太原市	1:509	1:546
	青岛市	1:773	1:774		昆明市	1:529	1:544
	苏州市	1:786	1:766		泉州市	1:547	1:531
	杭州市	1:592	1:669		南昌市	1:555	1:509
	南京市	1:640	1:657		沈阳市	1:447	1:470
	佛山市	1:628	1:652		大连市	1:419	1:449
	天津市	1:636	1:650		哈尔滨市	1:389	1:439
	郑州市	1:568	1:591		贵阳市	1:386	1:404
	武汉市	1:601	1:582		南宁市	1:452	1:382
	西安市	1:567	1:546	三线	三亚市	1:864	1:937
	成都市	1:509	1:499		泰州市	1:623	1:603
	重庆市	1:464	1:482		洛阳市	1:579	1:560
二线	厦门市	1:975	1:910		威海市	1:557	1:551
	福州市	1:747	1:731		呼和浩特市	1:438	1:547
	石家庄市	1:757	1:725		盐城市	1:518	1:520
	常州市	1:692	1:712		淄博市	1:755	1:439
	济南市	1:679	1:674		湛江市	1:376	1:417
	无锡市	1:659	1:663		桂林市	1:393	1:389
	珠海市	1:648	1:639		乌鲁木齐市	1:364	1:364
	温州市	1:648	1:639		银川市	1:289	1:211

资料来源：诸葛找房数据研究院公布的《全国重点 50 城租售比调查研究报告》。

远高于国际标准的警戒线 1:300 和我国的合理租售比警戒线 1:220，甚至也高于按照住房 40 年寿命所计算的租售比 1:480。而在一线城市中，租售比最低的是深圳市，在 2021 年 1—6 月达到了 1:817，这意味着需要租赁817个月即68年所支付的租金才能与这套住房的总价值相当。而在2021年1—6月，深圳市的房价为每平方米71346元，每月租金每平方米为87.3元，这反映出了居民的购房压力很大，租售结构失衡严重。

在统计的13个新一线城市中，我们可以发现，各城市之间的租售比存在较大差距，在2021年，租售比最低的城市为宁波市，达到了1∶845，而最高的为重庆市的1∶482，尽管重庆市的这一租售比也高于了国际标准，但相比宁波市的失衡程度，重庆市的租售结构失衡程度并不算太严重。东莞市、青岛市、苏州市这三个城市的租售比在2021年1—6月也都低于1∶700，杭州市、南京市、佛山市、天津市的租售比也都低于1∶600，这些城市的住房市场都存在严重的租售结构失衡问题。

在二线城市中，各城市之间也存在较为严重的分层问题，租售比最低的为厦门市，达到了1∶910。对于普通人来说，在厦门市购买一套住房所花费的金额相当于租赁这套住房910个月，即76年所支付的租金。2021年1—6月厦门市的房价为每平方米46458元，每月租金每平方米为51.1元，相对于租金，厦门市的房价过高，对于普通人难以支付，厦门市存在严重的租售结构失衡。在二线城市中，失衡程度较高的城市还有福州市、石家庄市、常州市、中山市、金华市和惠州市等。失衡程度最低的是南宁市，在2021年1—6月租售比为1∶382，是较为接近国际标准水平的，贵阳市、哈尔滨市、大连市和沈阳市的租售比也都高于1∶500，这些城市的失衡程度较低，哈尔滨市、大连市和沈阳市位于东北，主要受地理位置及经济基础面的影响，城市发展较为缓慢，房价基本处于中等偏下水平，使得整体的房屋租售比处于较高位。

在三线城市中，三亚市是调查的50个城市中租售比最低的城市，达到1∶937。主要原因在于三亚市凭借旅游业的优势迅速带动城市热度高涨，吸引大批异地购房者涌入，房价水平一路高涨，同时生态宜居的特色也吸引多数人将其纳入购房目标，房价水平居高，但由于产业资源不丰富，租金涨幅较小，从而导致三亚市的租售比偏低。租售比最高的是银川市，是唯一一个既达到了国际标准租售比水平也达到了中国标准租售比水平的城市，其在2021年1—6月租售比为1∶211。其次为乌鲁木齐市，租售比为1∶364，虽然没有达到国际标准水平，但失衡程度并不严重。这是因为银川市、乌鲁木齐市均为西北地区城市，西北地区城市发展较为缓慢，房地产市场的投机性需求较少，房价与租金的比率偏离小。

从总体上来讲，我国城市的租售比明显偏低，只有极少数城市的失衡程度较小，大部分城市都具有严重的租售结构失衡问题。租售比对应的也叫租金收益率，与其他国家相比，我国的租金收益率过低，与其他城市存在较大差距。从表3-9中NUMBEO调查数据显示，2020年全球80个主要城市平均租金收益率为4.2%，40个发达国家城市平均租金收益率为4.4%，40个发展中国家城市的平均租金收益率为4.1%。从租金收益率的全球分布情况来看，北美洲城市平均租金收益率水平最高，为6.8%，其次是非洲5.8%、南美洲4.4%、大洋洲4.0%和欧洲3.9%，亚洲城市的平均水平最低，为3.1%。相比全球，中国一共调查的12个城市中，平均租金收益率仅为1.7%，明显低于国际标准水平和我国的合理水平标准。从城市的具体排名可见，租金收益率排名后十位的城市中我国占9个，租金收益率在1.2%—1.9%；而排名前十的城市租金收益率都在7%以上，最高的休斯敦租金收益率达到了11.9%，其次是约翰内斯堡，租金收益率为10.5%。[①]

表3-9　2020年全球代表性城市排名前十位和后十位的租金收益率排名

排名	城市	租金收益率（%）	排名	城市	租金收益率（%）
1	休斯敦	11.9	71	武汉	1.9
2	约翰内斯堡	10.5	72	南京	1.7
3	迪拜	9.8	73	香港	1.7
4	费城	9.1	74	北京	1.7
5	迈阿密	9.0	75	杭州	1.5
6	芝加哥	8.5	76	广州	1.5
7	华盛顿	7.6	77	天津	1.4
8	圣地亚哥	7.4	78	深圳	1.3
9	基辅	7.0	79	首尔	1.3
10	开普敦	7.0	80	台北	1.2

资料来源：刘刚等：《租售比失衡与租金调控矛盾：政策调控如何权衡——来自国内外的观察与思考》，《西南金融》2022年第2期。

---

① 刘刚、孙毅：《租售比失衡与租金调控矛盾：政策调控如何权衡——来自国内外的观察与思考》，《西南金融》2022年第2期。

总的来说，我国住房租售市场的发展不成熟，与国外市场存在较大差距，我国大部分城市都存在严重的租售结构失衡，沿海地区、经济越发达地区的城市租售结构失衡越严重，而内陆地区、经济发展较为滞后的城市租售结构失衡状况相对不严峻。

第二节 住房买卖市场的内部失衡

住房买卖市场上存在的供需失衡主要表现在两方面，一方面是在住房产品的数量上，住房产品的供给和需求出现了不匹配；另一方面是在住房产品的结构上，住房产品的价格和消费者的支付能力出现了结构错配。因此，本部分我们主要从住房供需数量失衡和住房产品结构失衡来进行描述。

一 住房买卖市场供需数量失衡

对住房供需数量失衡的描述，主要从城市住房的发展情况（城市住宅投资，包括住宅的开工、施工、竣工面积）、住房销售套数与住房供给套数三个指标进行描述。

（一）城市住房投资

房地产开发商更愿意进入住房买卖市场而不是住房租赁市场，因此住房投资大部分是进入了住房买卖市场，这一指标可以反映中国对住房买卖市场的重视程度。从全国范围来看，住宅投资保持持续增加的趋势，从2010年的34026.23亿元上涨至2021年的111173亿元。从图3-3中可以看见，住房投资占房地产企业开发投资的比例保持在一个较高的水平并波动上升，从2010年的70.51%上涨到2021年的75.32%。住房投资和房地产企业开发投资呈现持续上升趋势，但增速逐渐放缓，从2013年到2021年投资增加额已经相对稳定增长。从住宅投资额可以看出，房地产企业对于住宅的建设是保持持续上升的趋势，但趋势逐渐放缓。

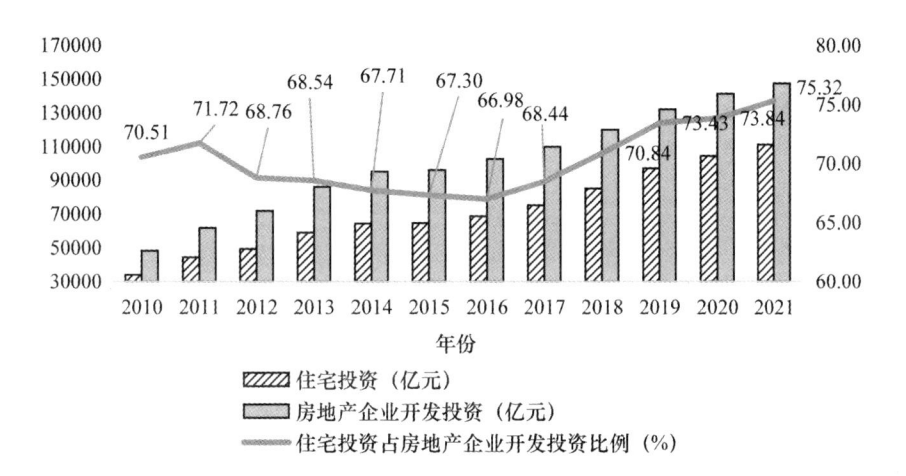

图 3-3　2010—2021 年我国房地产企业住宅投资情况

资料来源：《中国统计年鉴（2011—2022）》。

从区域来看，各省市、自治区房地产企业住宅投资差异明显，如图 3-4 所示。沿海省份的城市住宅投资位列前茅，而西部省份的住宅投资则大幅度落后于其他省份。在 2021 年，广东省的住宅投资最高，达到了 12438 亿元，其次为江苏省、浙江省、河南省，分别为 10786 亿元、8801 亿元和 6696 亿元；最低的是西藏自治区，仅有 87 亿元，不及广东省住宅投资额的 1%。

（二）住宅新开工、施工、竣工面积和住宅销售面积

住房的销售面积代表了消费者的需求，而住房竣工面积和住房新开发面积代表了住房市场的供给，住房施工面积代表了住房的潜在供给。我国 1994 年出台的《城市房地产管理法》建立了预售许可制度，该制度允许房地产开发企业可以将正在建设中的房屋预先出售给承购人，承购人预先支付定金或房款，因此住房销售分为期房销售和现房销售。期房是指开发商从取得商品房预售许可证开始至取得房地产权证止，在这一期间的商品房称为期房，消费者在这一阶段购买商品房时应签预售合同。现房是指消费者在购买时具备即买即可入住条件的商品房，即开发商已办妥所售房屋的大产权证的商品房，与消费者签订商品房买卖合同后，立即可以办理入住并取得产权证。只有拥有房产证和土地使用证才能称为现房。期房销售则说明买卖的住房并不具备入住条件，还处于建设之

中，而现房销售则说明买卖的住房已经完工，购买即可入住。我国各主要城市商品房预售比例普遍在 80% 以上，部分城市甚至达 90% 以上，[①]因此，无论是住房新开工面积还是住房竣工面积中的任何一个变量，都无法准确地衡量当年住房的实际供给，并且误差较大。考虑到现房销售与期房销售的特点，将住房新开工面积与住房竣工面积之和定义为当年住房的实际供给是比较接近于当年住房供给的实际情况的。

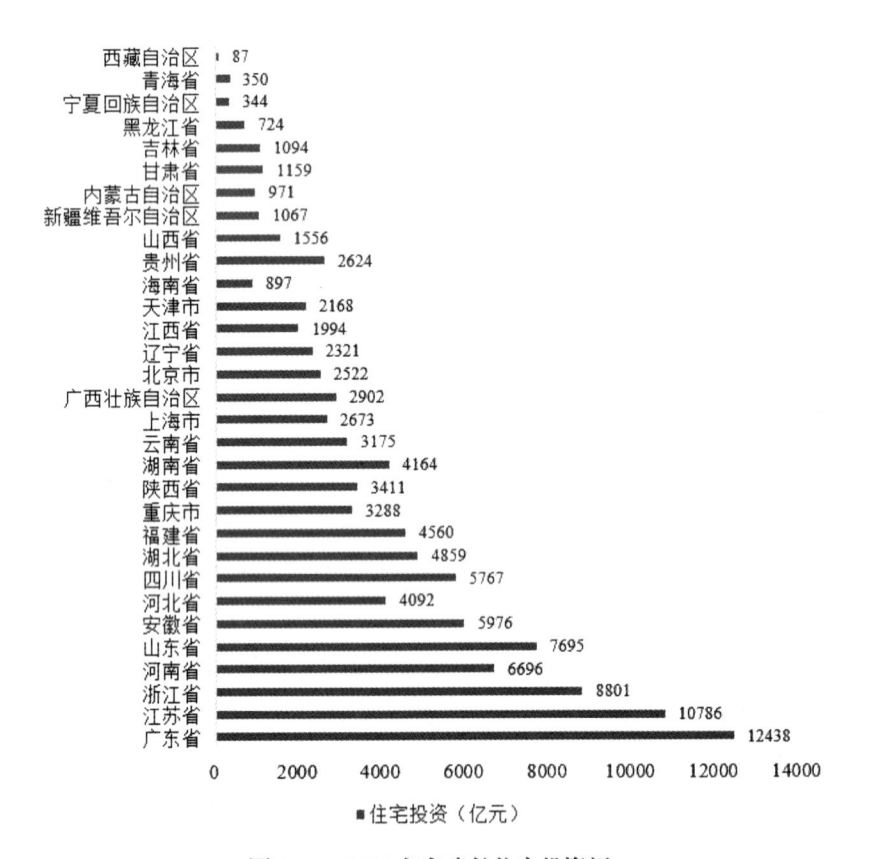

地区	住宅投资（亿元）
西藏自治区	87
青海省	350
宁夏回族自治区	344
黑龙江省	724
吉林省	1094
甘肃省	1159
内蒙古自治区	971
新疆维吾尔自治区	1067
山西省	1556
贵州省	2624
海南省	897
天津市	2168
江西省	1994
辽宁省	2321
北京市	2522
广西壮族自治区	2902
上海市	2673
云南省	3175
湖南省	4164
陕西省	3411
重庆市	3288
福建省	4560
湖北省	4859
四川省	5767
河北省	4092
安徽省	5976
山东省	7695
河南省	6696
浙江省	8801
江苏省	10786
广东省	12438

图 3-4　2021 年各省份住宅投资额

资料来源：《中国统计年鉴（2022）》。

图 3-5 展示的是 2010—2021 年全国住宅新开工面积、施工面积、竣工面积和销售面积。从全国范围来看，住房销售面积保持逐年上升的趋

---

① 张延、张静：《城镇化对房价的影响：理论与实证分析》，《财政研究》2016 年第 6 期。

势，从 2010 年的 9.34 亿平方米增加至 2021 年的 15.65 亿平方米，可见消费者的购房需求总体呈现一个增加的趋势。从图中可以发现，住房销售面积从 2010 年到 2013 年，基本保持缓慢上升的趋势，在 2013 年到 2014 年出现短暂的下降之后，2014—2016 年销售面积急剧增加，2016 年后增速有所放缓。

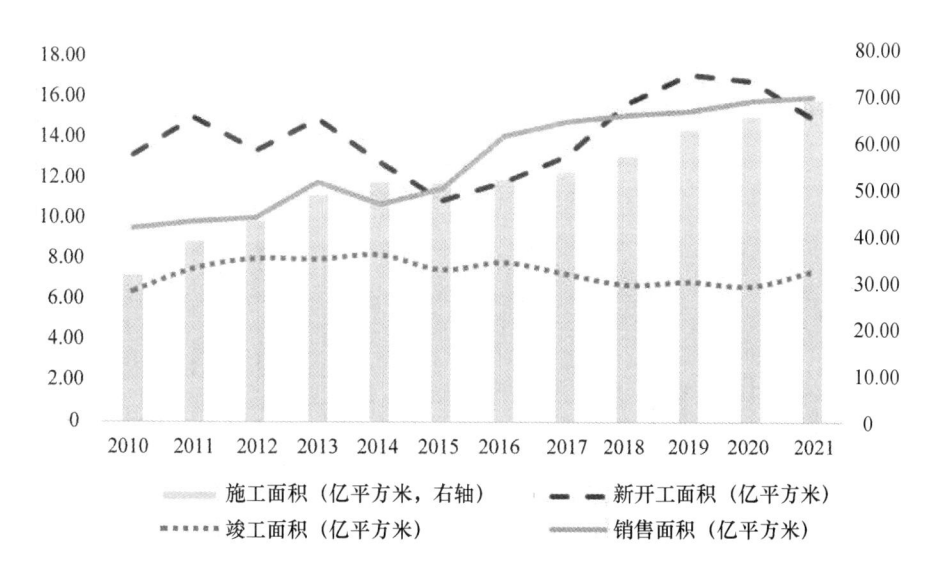

图 3-5 2010—2021 年我国住宅开工、施工、竣工和销售面积

注：鉴于施工面积数额较大，为更好地反映数据变化趋势，将施工面积的数据设为次坐标轴。

住房竣工面积并没有明显的上升或下降趋势，而处于不断的波动之中，2021 年住房的竣工面积为 7.3 亿平方米，但每年的住房竣工面积均低于住房销售面积。住房新开工面积的波动幅度则较大，从 2013 年到 2015 年有急剧的下降趋势，但 2015 年到 2018 年又保持一个快速上升的趋势。至 2019 年，全国住宅新开发面积达到峰值，为 16.74 亿平方米，随后受新冠疫情影响，2021 年全国住宅新开发面积降低至 14.64 亿平方米。但每年新开工的住房面积均大于每年竣工面积，因此总体来看，住房市场的供给还处于不断扩张的趋势。而住房施工面积则呈现较快上升的趋势，且疫情期间仍在不断扩大。从 2010 年的 31.5 亿平方米上升到了

2021 年的 69.03 亿平方米。

图 3-6 展示了住房供给与住房需求之间的差额。其中住房新开发面积与住房竣工面积代表了住房的实际供给，两者之和与住房销售面积之间的差距代表了住房供给与住房需求之间的差额；住房施工面积代表了住房的潜在供给，其与住房销售面积之间的差额代表了住房潜在供给与住房需求之间的缺口或剩余。

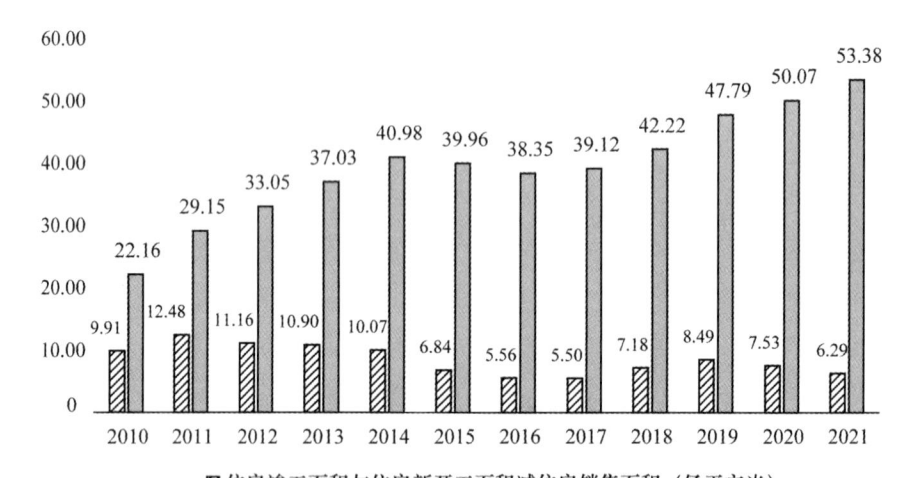

图 3-6 2010—2021 年我国住房供给过剩情况统计

资料来源：《中国统计年鉴（2011—2022）》。

从住房实际供给与需求的差额来看，住房供给大于住房需求。[①] 2011—2017 年，住房供给剩余呈现缩小的趋势，但 2017—2019 年住房供给剩余又增加了，2019 年住房供给剩余为 8.49 亿平方米。2019 年以后，由于疫情影响，住房供给剩余再次减少，2021 年住房供给剩余为 6.29 亿平方米。而住房潜在供给与目前住房需求之间的缺口更大，并呈现逐年递增的趋势，从 2010 年的 22.16 亿平方米增加到了 2021 年的 53.38 亿平方米。从前文分析来看，住房施工面积呈现递增趋势，且平均增长率大于住房销售的平均增长率。在住房需求已经较为稳定和饱和的情况下，

---

① 这里用住房销售面积衡量住房需求。

住房的潜在供给仍然以一个较高的增长率增加，不难推断，随着时间的推移住房实际供给与实际需求之间的差距仍将呈现一个扩大的趋势，住房存在库存积压的风险。

分区域来看，表3-10和表3-11展示了我国各省份住房潜在供给与住房需求之间的差额。从两个表中可以发现，所有省份的住房供给都大于住房需求，但区域差距明显。

从表3-10中可以发现，山东省的住房实际供给与住房需求之前的剩余最大，达到8465万平方米，其次是广东省、江苏省、河南省，分别为5154万平方米、5127万平方米和4414万平方米。而住房实际供给与缺口最小的省份是四川省，仅有13万平方米。供给剩余小于1000万平方米的省份有宁夏回族自治区等9个省份，这些省份的住房实际供给和需求的失衡程度较低。而供给剩余大于3000万平方米的省份包括山东省、广东省等9个省份，这些省份的住房实际供给和需求的失衡程度较高。

表3-11展示了住房潜在供给与住房需求之间的差额，从数据来看，有19个省份的住房潜在供给与住房需求之间的缺口大于10000万平方米，最高的广东省达到了52003万平方米，山东省紧随其后达到了48081万平方米，江苏省达到了36707万平方米，而仅有西藏自治区的缺口小于1000万平方米。从住房潜在供给与住房销售面积之间的缺口可以预测未来各省份住房供给还会呈现上升的趋势，其与住房需求之间的缺口会不断扩大，失衡程度也会不断增加。

表3-10　　　　　2021年各省份住房实际供给与需求差额

地区	供需差额（万平方米）	地区	供需差额（万平方米）	地区	供需差额（万平方米）
山东省	8465	陕西省	1942	宁夏回族自治区	932
广东省	5154	新疆维吾尔自治区	1796	黑龙江省	887
江苏省	5127	福建省	1689	广西壮族自治区	623
河南省	4414	上海市	1614	海南省	449

续表

地区	供需差额（万平方米）	地区	供需差额（万平方米）	地区	供需差额（万平方米）
安徽省	3983	甘肃省	1510	青海省	420
河北省	3317	湖北省	1496	西藏自治区	77
浙江省	3255	天津市	1436	四川省	13
湖南省	3213	吉林省	1372	江西省	-558
云南省	3051	内蒙古自治区	1338	贵州省	-888
山西省	2378	北京市	1130		
辽宁省	2219	重庆市	1010		

资料来源：《中国房地产统计年鉴（2022）》，并由笔者整理得出。

表 3-11　　　　　2021 年各省份住房潜在供给与需求差额

地区	供需缺口（万平方米）	地区	供需缺口（万平方米）	地区	供需缺口（万平方米）
广东省	52003	陕西省	18037	天津市	7448
山东省	48081	福建省	17860	甘肃省	7219
江苏省	36707	云南省	16512	黑龙江省	6627
河南省	36321	辽宁省	15675	上海市	6113
浙江省	28488	山西省	15566	北京市	6019
安徽省	25643	贵州省	15208	海南省	5232
四川省	25241	重庆市	12764	宁夏回族自治区	2915
湖南省	23487	江西省	12603	青海省	2090
河北省	21866	内蒙古自治区	9980	西藏自治区	543
湖北省	21120	新疆维吾尔自治区	8998		
广西壮族自治区	19938	吉林省	7485		

资料来源：《中国房地产统计年鉴（2022）》，并由笔者整理得出。

（三）住房销售套数和住房竣工套数

国家统计局对我国 31 个省份的住房竣工套数和住房销售套数进行

了统计，而住房销售存在现房销售和期房销售，这部分期房销售的数量并不包括在竣工套数内；而住房竣工套数里面，除去用于现房销售以外，还包括往年消费者购买的期房。因此，住房销售套数和住房竣工套数之间并不是实际需求与实际供给相对应的关系，住房销售套数中的期房销售与住房竣工套数里包含的往年已销售出去的期房导致了住房的实际供给与需求出现了偏差。因此，住房销售套数与住房竣工套数能反映市场上消费者的需求和生产者的供给趋势，但无法准确反映出实际供需情况。

（1）住房销售套数

住房销售套数能反映出我国消费者对于住房的需求情况。图3-7展示了我国2010—2021年全国住房销售套数、现房销售套数和期房销售套数的情况，2010—2013年，住房销售套数呈现缓慢上升趋势，2013—2014年住房销售套数首次呈现下降趋势，2014—2017年又呈现较为快速的增长趋势，而2017年后，住房销售套数则呈现出缓慢的下降趋势。从住房销售套数的内部结构来看，住房销售主要是以期房销售的形式进行，现房销售只占其中的一小部分。

从现房销售套数来看，销售量波动幅度并不大。2010—2017年，住房销售套数呈现一个缓慢上升的趋势，但2017—2021年，住房销售套数却出现了急剧下滑的趋势。此外，现房销售套数在总的住房销售套数中的占比呈现下降趋势，2010年现房销售套数为207万套，仅占总住房销售套数的23.47%，到2021年这一比例下降到10.22%。

从期房销售套数来看，2010—2017年，期房销售套数的变化和总销售套数的变化呈现出一样的趋势，但不同的是，2017年以后期房销售套数依旧保持增加的趋势，到2021年期房销售套数达到1225万套，占到总销售套数的89.48%。

总体来看，我国期房销售占比过多，现房销售占比过少，期房可能受房地产公司经营问题、施工方资金链断裂等因素影响不能按时交付，从而影响房地产秩序和整个经济社会的稳定。政府应该调整期房和现房供应量的比率，稳步增加现房销售，减少期房可能引发的多种风险。

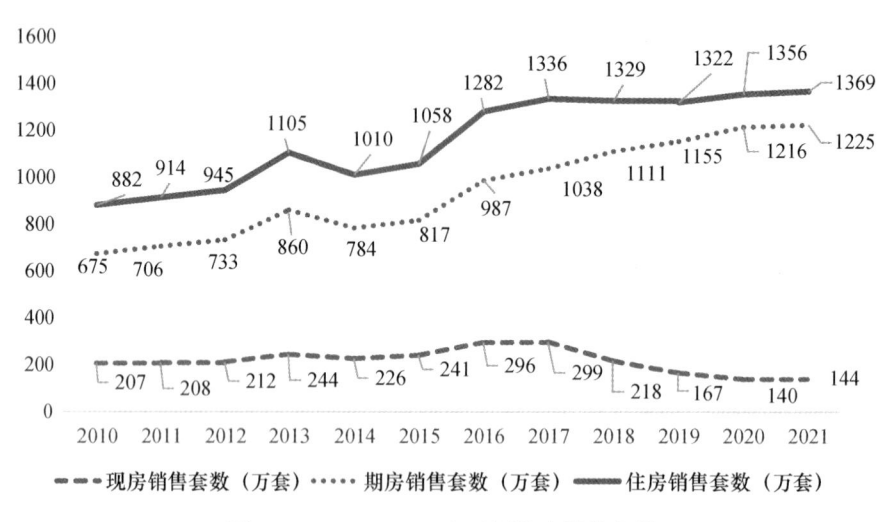

图 3-7　2010—2021 年我国住房销售套数

资料来源：《中国房地产统计年鉴（2011—2022）》，并由笔者整理得出。

分区域来看，在各个省份的住房销售总套数中，期房销售套数占比较大。如表 3-12 所示，2021 年江苏省的住房销售总套数最多，达到 121.15 万套，远大于西藏自治区的 0.96 万套，而且住房销售总套数超过 100 万的仅有 5 个省份，小于 20 万的省份达到 12 个。另外，江苏省、西藏自治区的期房销售套数占到住房销售总套数的比例分别为 85.73%、92.71%，其他省份的期房销售套数占比也均超过 80%，可见我国各省份住房销售市场仍以期房销售为主。

表 3-12　2021 年各省份住房销售套数

地区	现房销售（万套）	期房销售（万套）	总销售（万套）	地区	现房销售（万套）	期房销售（万套）	总销售（万套）
江苏省	17.28	103.86	121.15	辽宁省	5.93	24.28	30.21
广东省	13.30	95.21	108.50	云南省	2.27	23.50	25.78
四川省	3.96	100.98	104.94	山西省	2.05	23.49	25.55
河南省	15.75	88.35	104.09	新疆维吾尔自治区	1.61	17.14	18.75
山东省	9.50	92.49	101.99	甘肃省	2.50	16.02	18.52

续表

地区	现房销售（万套）	期房销售（万套）	总销售（万套）	地区	现房销售（万套）	期房销售（万套）	总销售（万套）
安徽省	7.03	77.01	84.05	吉林省	3.63	12.53	16.15
浙江省	4.40	68.24	72.64	上海市	3.87	11.03	14.90
湖南省	5.39	60.91	66.30	内蒙古自治区	2.10	12.13	14.23
湖北省	5.79	57.38	63.17	天津市	3.07	9.60	12.67
江西省	5.94	51.94	57.88	黑龙江省	4.05	7.75	11.80
福建省	4.09	48.47	52.57	北京市	1.45	6.39	7.84
河北省	3.31	48.16	51.47	宁夏回族自治区	0.96	5.78	6.75
广西壮族自治区	3.86	43.59	47.45	海南省	1.71	4.59	6.30
重庆市	4.69	42.29	46.98	青海省	0.18	2.65	2.84
贵州省	2.69	37.95	40.65	西藏自治区	0.07	0.89	0.96
陕西省	1.91	30.11	32.02				

资料来源：《中国房地产统计年鉴（2022）》，并由笔者整理得出。

(2) 住房竣工套数和住房销售套数

总体来看，住房供给的波动性不大（如图 3-8），2010—2021 年我国住房竣工套数在 600 万至 770 万套之间，但在 2016 年之后出现小幅下降，从 2016 年的 746 万套下降到了 2021 年的 647 万套。对比来看，住房竣工套数和住房销售套数之间的缺口在逐渐扩大，但这并不意味着住房市场上供给小于需求。住房销售数量是已实现的住房交易，尽管在当期住房总销售数量大于住房总供给套数（住房竣工套数），但是住房销售中的现房销售仅占一小部分，大部分都是期房销售，期房销售并不包含在本期的住房竣工套数中。因此，当期的住房竣工套数必然是满足了当期的现房销售套数以及在当年完工的往年期房销售套数。

(四) 住房买卖市场的供给和需求

虽然住房销售套数和住房竣工套数的对比在一定程度上反映了住房买卖市场的供需状况，但计算方式相对粗糙，存在一定的误差。我们借鉴吴璟等（2021）提出的新增住房需求规模的测算方式，对新增住房需

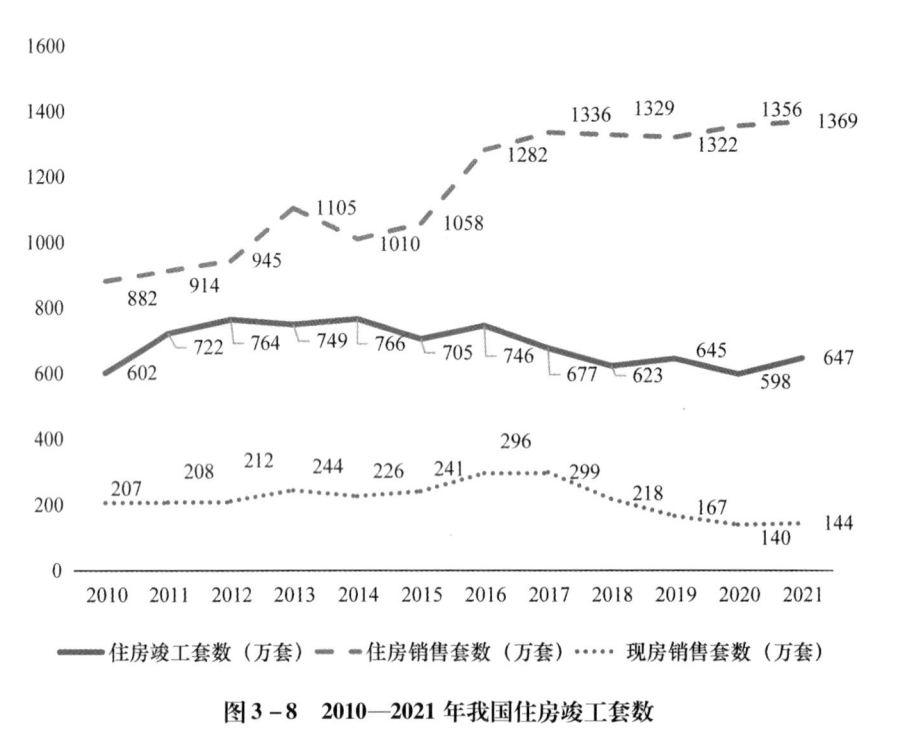

图 3-8　2010—2021 年我国住房竣工套数

资料来源：《中国房地产统计年鉴（2022）》，并由笔者整理得出。

求和住房供给进行补充分析。①

新增住房需求规模的测算方式基于如下假设：①在住房空间市场范围内探讨家庭对住房的需求问题，因此不区分购买或租赁住房；②假设一个家庭在一个时间点上只需要一套住房，不考虑多套住房。在这两个前提条件下，城市居民对住房套数的需求就等于常住城市的家庭户数量，那么"新增住房需求"就应该是新增的家庭数量。新增住房需求可以划分为"新增住房主动需求"和"新增住房被动需求"。主动需求的增加是有城市家庭户数量的增加，具体可能来源于城镇家庭户数量的自然增长或机械增长；被动需求的增加来源于原住房因老化、拆除原因而灭失，由此产生了新的住房需求。基于这一考虑，城市新增住房需求与该市场同一时期内的新竣工的住房套数，即"新增住房供应"可以直接进行对比。但在中国，消费

---

① 吴璟、徐曼迪：《中国城镇新增住房需求规模的测算与分析》，《统计研究》2021 年第 9 期。

者的租赁住房大部分是来源于私人家庭供给,中国的家庭散户出租占了住房租赁市场总量的95%,政府、开发商以及机构化提供的房源只占很小一部分。[①] 因此在新竣工住房中大部分住房是流入了住房买卖市场,"新增住房供给"更适合用于衡量住房买卖市场上的住房供给。相对应地,住房买卖市场上住房需求的计算可以根据全国人口普查中的住房自有率与计算出来的"新增住房需求"相乘而得到。

(1) 全国层面

1) 主动需求规模的测算

理论上,给定时期内新增住房主动需求规模应等于同一时期内城市家庭户的净增加数。利用第六次全国人口普查和第七次全国人口普查数据,我们估算了全国2010年和2020年的新增住房主动需求规模(如表3-13)。2010年末,我国城市家庭户数为13924.41万户,2020年末则增加至22132.09万户,净增8207.68万户。根据表3-4的统计数据,2010年全国住房自有率为72%,2020年住房自有率为68%,按照两年均值69.5%计算,我国2010—2020年间住房买卖市场新增住房主动需求规模为5704.34万套。

表3-13　2010—2020年我国城市家庭住房主动需求增长

城镇家庭户情况	2010年城镇家庭户数（万户）(1)	2020年城镇家庭户数（万户）(2)	2010—2020年家庭户增加数（万户）=(2)-(1)	住房自有率（%）(4)
	13924.41	22132.09	8207.68	69.5
住房买卖市场住房主动需求规模	(5)=(3)×(4)　　5704.34			

2) 被动需求规模的测算

给定时期内新增住房被动需求规模等于期初住房存量在该时期内的

---

① 邵挺:《中国住房租赁市场发展困境与政策突破》,《国际城市规划》2020年第6期。

拆除数量。我们采用城镇住房拆除规模估算方法。① 其基本思路是，针对每一个按所居住住房建成年代划分的城镇家庭组，分别利用期初和期末两次人口普查数据计算其规模，再由其差值计算该组别住房在这一期间的拆除规模，最终加总各住房年代组后获得城镇住房的总拆除规模。由于各普查年份中"按住房建成年代分的家庭户住房状况"仅覆盖部分抽样家庭，首先需要根据抽样比例推算全国范围内不同住房建成年代的住房数量，并对住房空置情况进行调整。其中住房空置率采用黄敬婷等（2016）的测算结果，并假设其在不同建成年代组别之间不存在显著差异。

在 2010 年全国人口普查中，当年统计全国共约有 13924.41 万户城市家庭，数据覆盖其中的 1241.66 万户城市家庭，即抽样比例约为 8.92%。假设该抽样过程无偏差，则该比例将适用于所有建成年代组住房。例如，当年抽样调查户中有 11.83 万套住房在 1949 年之前建成，则可推算全国范围内于 1949 年以前建造完成的住房中有 132.64 万套有人居住（11.83/8.92%≈132.64），按空置率调整后住房总量共计约为 138.05 万套（132.64/（1%—3.9%）≈138.02）。② 类似地，可以计算得到 2020 年全国人口普查时全国范围内 1949 年以前建成的住房总量仅余约 64.74 万套，由此可以计算得到 10 年间全国范围内该建成年代住房被拆除的总量约为 73.28 万套。以此类推，可以计算得到各个建成年代组别住房在 2010—2020 年间的被拆除规模。上述计算过程显然并不适用于 2000 年全国人口普查之后建成的住房。考虑到这部分住房在 2020 年时的使用年限低于 20 年，而我国城市住房的一般使用寿命为 30—40 年，因此我们假设这部分住房在 2001—2020 年间不发生拆除。将 2000 年前所有拆除掉的住房进行汇总后一共是 1450.74 万套，这部分人群有的会选择租房，有的会选择购买自有住房，因此按照住房自有率 69.5% 处理，最后计算出在 2010—2020 年间住房买卖市场上总的被动需求增长为 1008.27 万套（见表 3 - 14、表 3 - 15）。

---

① 黄敬婷、吴璟：《中国城镇住房拆除规模及其影响因素研究》，《统计研究》2016 年第 9 期。

② Wu, J., Gyourko, J. & Deng, Y., "Evaluating the Risk of Chinese Housing Markets: What We Know and What We Need to Know", *China Economic Review*, Vol. 39, 2016.

第三章 我国城市住房市场租售结构失衡的现状考察 111

表3-14 2010—2020年我国城市家庭住房被动需求增长

住房拆除计算	总数	1949年之前建成	1950—1959年建成	1960—1969年建成	1970—1979年建成	1980—1989年建成	1990—1999年建成	2000—2009年建成	2010年之后建成
2010年抽样调查的城市样本住房套数（万套）	(6) 1241.66	(6-1) 11.83	(6-2) 11.25	(6-3) 16.75	(6-4) 58.00	(6-5) 229.49	(6-6) 427.51	(6-7) 486.84	(6-8) —
2020年抽样调查的城市样本住房套数（万套）	(7) 1907.26	(7-1) 5.36	(7-2) 5.51	(7-3) 8.59	(7-4) 34.01	(7-5) 168.66	(7-6) 387.11	(7-7) 626.70	(7-8) 671.31
2010年城市全部家庭户数（万户）	(8) 13924.41	(8-1) 132.64	(8-2) 126.11	(8-3) 187.79	(8-4) 650.14	(8-5) 2572.73	(8-6) 4792.69	(8-7) 5457.81	(8-8) —
2010年城市住房按空置率调整后的家庭户数（万户）	(9) 14484.82	(9-1) 138.02	(9-2) 131.23	(9-3) 195.41	(9-4) 676.53	(9-5) 2677.14	(9-6) 4987.19	(9-7) 5679.30	(9-8) —
2020年城市全部家庭户数（万户）	(10) 22132.09	(10-1) 62.21	(10-2) 63.97	(10-3) 99.68	(10-4) 394.58	(10-5) 1956.63	(10-6) 4490.86	(10-7) 7270.27	(10-8) 7787.79
2020年城市住房按空置率调整后的家庭户数（万户）	(11) 23023.93	(11-1) 67.74	(11-2) 66.57	(11-3) 103.73	(11-4) 410.59	(11-5) 2036.04	(11-6) 4673.11	(11-7) 7565.32	(11-8) 8103.84
城镇家庭户拆除套数（万户） (12-i) = (9-i) - (11-i)	(12) 1450.74	(12-1) 73.28	(12-2) 64.66	(12-3) 91.69	(12-4) 265.94	(12-5) 641.10	(12-6) 314.08	(12-7) —	(12-8) —
住房买卖市场被动需求规模	=(12)×(4) 1008.27								

表 3-15　　　　　2010—2020 年我国城市住房需求增长

新增住房需求（万套）	（A）=（5） 新增主动需求套数	（B）= sum（12-1）：（12-6） 新增被动需求套数	（A）+（B） 新增总需求套数
	5704.34	1008.27	6712.61

根据前文计算出的主动需求增长加总，在 2010 年末到 2020 年末期间（不包括 2010 年的数据），住房买卖市场增加的住房总需求为 6712.61 万套，表 3-16 展示了我国 2011—2020 年新增住房竣工套数用以衡量住房买卖市场上的住房供给，算出我国在 2011—2020 年的住房总供给为 6994.88 万套，大于住房需求，因此从全国层面来看，我国住房买卖市场供过于求，供需缺口为 282.27 万套。

表 3-16　　　　　　2011—2020 年我国住房供给套数

时间	2011	2012	2013	2014	2015	2016	2017	2018	2019	2020	合计
住房竣工套数（万套）	721.92	764.24	749.31	765.94	705.01	745.54	677.06	622.92	645.28	597.66	6994.88

（2）省份层面

根据前文的计算方法，我们接着对我国 31 个省份住房买卖市场从 2011—2020 年间的住房主动需求、住房被动需求、住房总需求以及住房总供给进行测算，表 3-17 展示了我国各省份在住房买卖市场的住房供需情况。值得注意的是，由于在对住宅建成时间统计时进行的是抽样调查，因此样本的选择会极大地影响结果。调查人员对家庭户的选择是随机的，对住房建成时间在同一区间的住房在 2010 年和 2020 年两次人口普查中，抽取的比例在总样本中存在偏差，因此会存在同一时间段建成的住房在 2020 年调查时数量会比 2010 年调查的数量多的情况，最后会导致被动需求统计值偏小或者为负。在计算过程中，天津市、西藏自治区、浙江省、广西壮族自治区、云南省和广东省这几个省份有类似情况出现，某一时间段建成但未被拆除的住房数量在 2020 年统计数据中大于 2010 年相关数据，但这一误差并不影响最终结果。天津市的供给剩余为 64.09 万套，由于需求偏小，这一供给剩余必然偏大，这是因为该市在 1990—1999 年期间修建但未被拆除住房数量在2020年的统计值大于2010年的统计值,多出9496套,实际上2020年应当小于2010年,若按照1980—1989年的供给剩余99732.54套来计算,那么算出天津市最终的供给剩余也大于50万套,处于供大于求的状态;而西藏自治区、浙江省、广西壮族自治区、云南省和广东省的供给剩余量为负,说明供给小于需求,在需求统计偏小的情况下依旧供小于求,那说明实际情况下,供给也是小于需求的,因此这一统计上的误差并不影响我们的最终结果。①

表3–17　　　　　2011—2020年各省份住宅供需情况

	住房主动需求（万套）	住房被动需求（万套）	住房总需求（万套）	住房总供给（万套）	总供需缺口（万套）
安徽省	143.68	61.30	204.99	377.27	172.29
江苏省	388.67	102.10	490.77	643.37	152.60
河南省	255.43	52.64	308.07	434.86	126.79
福建省	111.18	21.20	132.39	209.41	77.03
海南省	35.05	3.07	38.11	110.75	72.63
重庆市	229.20	33.95	263.15	327.81	64.66
天津市	114.01	13.74	127.76	191.84	64.09
山东省	400.08	112.51	512.59	572.54	59.94
上海市	86.18	30.78	116.96	159.99	43.03
宁夏回族自治区	32.25	10.41	42.66	73.82	31.16
湖南省	217.64	30.52	248.15	278.01	29.86
辽宁省	252.45	91.34	343.79	359.66	15.87
北京市	84.56	22.83	107.40	122.89	15.49
内蒙古自治区	73.27	50.99	124.27	128.31	4.05
吉林省	54.42	84.55	138.97	135.85	-3.11
青海省	27.10	4.98	32.08	27.12	-4.96
西藏自治区	8.70	-0.73	7.97	2.34	-5.63
新疆维吾尔自治区	93.89	24.48	118.37	107.07	-11.31

① 计算步骤与全国层面的步骤一样,其中资料来源于2010年和2020年的全国人口普查数据,由于数据量较大,此处只展示最终计算结果。

续表

	住房主动需求（万套）	住房被动需求（万套）	住房总需求（万套）	住房总供给（万套）	总供需缺口（万套）
黑龙江省	92.36	127.33	219.69	207.24	-12.45
浙江省	345.04	-13.94	331.11	315.54	-15.57
贵州省	109.86	15.46	125.31	106.59	-18.72
山西省	145.08	30.86	175.95	152.29	-23.65
甘肃省	71.18	20.90	92.08	62.70	-29.38
广西壮族自治区	167.08	12.21	179.29	147.61	-31.68
河北省	293.21	27.59	320.80	287.55	-33.25
云南省	158.98	1.33	160.31	112.02	-48.29
江西省	170.89	17.64	188.53	134.18	-54.35
四川省	420.14	28.80	448.94	379.44	-69.50
湖北省	241.29	67.98	309.27	223.86	-85.40
陕西省	216.41	14.70	231.11	139.80	-91.31
广东省	554.76	1.04	555.79	463.13	-92.66

资料来源：国家统计局，并由笔者计算得出。

总体而言，我国住房总供给大于住房总需求，但部分省市、自治区也存在供小于求的现象。具体而言，全国有14个省份的住房买卖市场供过于求，而其余17个省份的住房买卖市场供给均小于需求。部分省市供过于求的失衡程度相对较高，以安徽省、江苏省和河南省为例，需求缺口分别为172.29万套、152.6万套和126.79万套。从供小于求的省份来看，广东省的供给缺口最大，有92.66万套，主要原因在于广东省是一个人口大省，其城市人口在2010年和2020年两次人口普查中都位居全国第一，2010—2020年人口增长数为2399.93万人，人口增长率达到了46%，庞大的人口基数和新增人口数量产生了巨大的住房需求，而住房资源的相对紧张导致了广东省总体处于供不应求的状态。但相对于需求缺口最大的安徽省而言，广东省的供给缺口仅达到安徽省需求缺口的一半。

从分区域来看，在供过于求的14个省份中有8个东部省份、3个中部省份和3个西部城市；供小于求的17个省份中有3个东部省份、5个中部省份和 9 个西部省份。东部省份的住房买卖市场主要处于供过于求的状态,这主要是因为东部省份是较为发达的省份,房价较高,同时政府会增加这些地区的供地。虽然这些省份对人口的吸引力很强,但较高的房价与较少的资源导致大部分流动人口无法进入这些省份的住房买卖市场,他们无力支付高昂的房价,因此大部分流动人口会选择进入住房租赁市场。总的来说,虽然东部地区的人口较多,但对于大部分流动人口来说他们的需求并不进入住房买卖市场,因此导致了这些地区处于供过于求的状态。中西部地区的经济发展较为落后、住房负担压力也较小,居民相对购房意愿较高,需求是较为旺盛的。

二 住房买卖市场产品结构失衡

住房买卖上,产品结构的供给失衡主要表现为住房的供给类型与消费者的需求不匹配,我国住房买卖市场上的消费者构成是比较复杂的,居民收入差距较大,地区经济发展差异大,这导致不同的消费者对住房的需求是不同的,但我国住房买卖市场是满足了中高收入群体的需求,但并未满足中低收入群体的需求,使得我国大部分居民背上了沉重的住房负担压力。

(一)房价、收入与消费支出

对比我国居民的收入水平和房价来看,目前我国的大部分居民无法承担高房价收入,为了获得住房所有权,住房支出给消费者带来了巨大的经济负担。

从居民收入水平来看,我国城镇家庭人均可支配收入和五等份收入分组后的人均可支配收入都呈现出逐年递增的趋势,但是每个组的增加速度并不相同。[①] 如图 3-9。2013—2017 年全国城镇家庭人均可支配收入年平均增长率为 7.47%,分组来看,低收入组、中下收入组、中间收入组、中上收入组、高收入组的可支配收入年平均增长率分别为 6.72%、6.56%、7.18%、7.73%、7.54%。2020 年,全国城镇家庭人均可支配

[①] 全国居民五等份收入分组是指将所有调查户按人均收入水平从低到高顺序排列,平均分为五个等份,处于最低 20% 的收入家庭为低收入组,依此类推,依次为中间偏下收入组、中间收入组、中间偏上收入组、高收入组。

收入为 43834 元，高收入城镇家庭的人均可支配收入为 96062 元，低收入城镇家庭的人均可支配收入为 15598 元，低收入家庭约为全国平均水平的三分之一、高收入家庭的六分之一，存在巨大的收入差距。

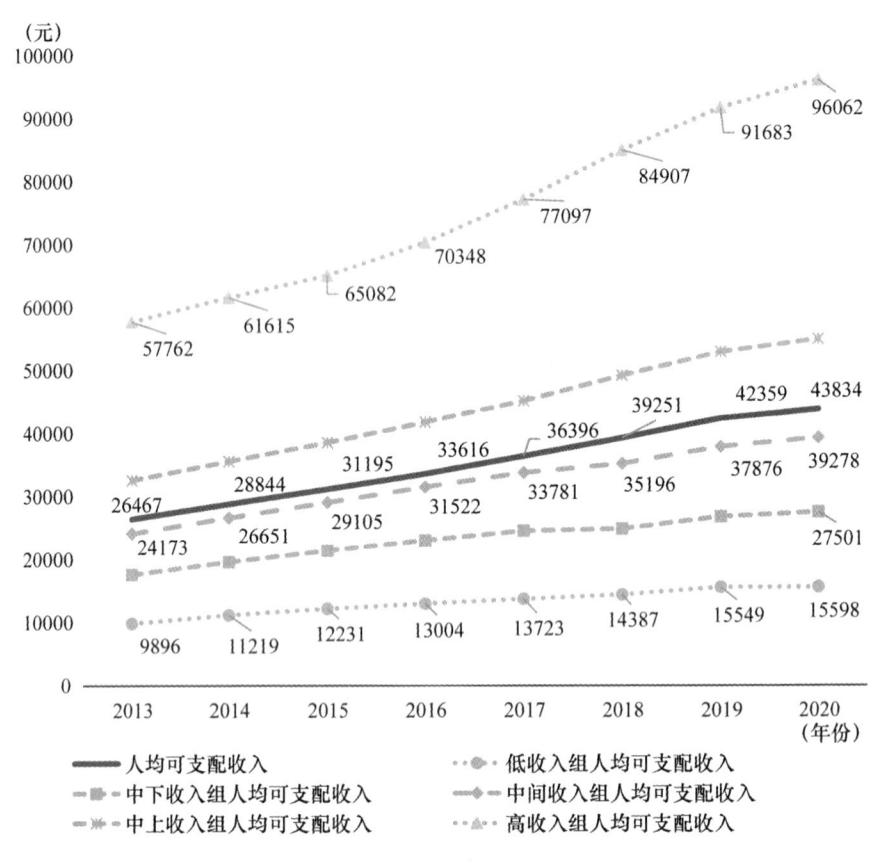

图 3-9　2013—2020 年我国城镇家庭人均可支配收入

资料来源：国家统计局，并由笔者整理得出。

从房价来看，我国的房价水平也在逐年上升（见图 3-10），从 2010 年的 4725 元/平方米上涨到了 2020 年的 9980 元/平方米，年平均增长率为 7.76%，高于全国城镇家庭人均可支配收入的年平均增长率 7.47%。[1] 结合 2020 年我国最低收入群体的年平均可支配收入为 15598 元，最高收

---

[1] 资料来源：国家统计局。

入群体的年平均可支配收入为96062元，而2020年我国平均房价为9980元/平方米，对于低收入家庭来说，一年的收入仅够支付1平方米的住宅，这无疑对他们来说是巨大的负担。2021年，我国平均房价更是上涨为10396元/平方米，加大了低收入家庭的购房经济负担。

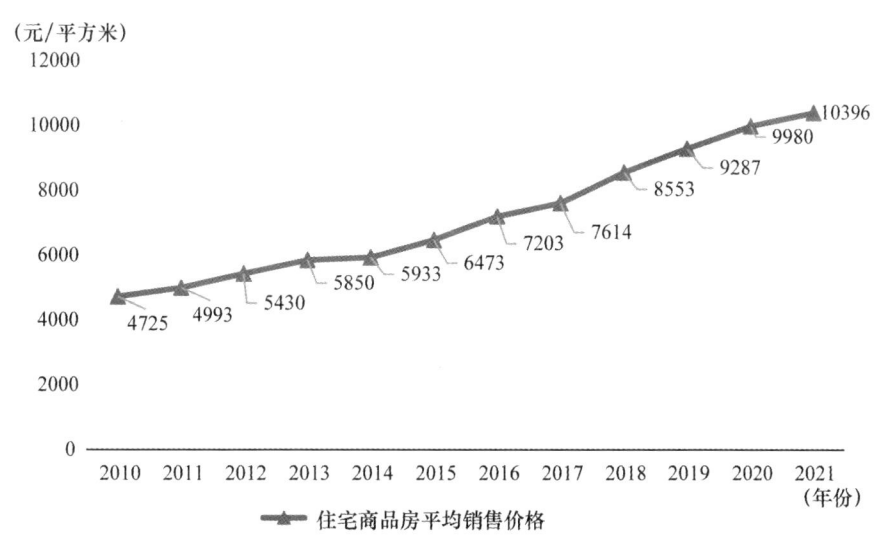

图 3-10　2010—2021 年我国住宅商品房平均销售价格

资料来源：《中国统计年鉴（2011—2022）》，并由笔者整理得出。

从城镇居民消费结构来看，住房居住支出是我国城镇居民的第二大消费支出，而且居住支出在总消费支出的占比呈现上升趋势。具体来看，居住支出从2010年的20.37%上涨到了2021年的24.43%，上涨幅度最大，为4.06个百分点，而医疗保健支出的上涨幅度为1.84个百分点；食品烟酒支出作为我国的第一大消费支出，从2010年的31.85%下降到了2021年的28.63%，下降幅度为3.22个百分点。从以上数据可以看出，我国城镇家庭的人均居住支出不仅在总消费支出中占据较大的份额，同时这一消费支出也在不断地扩大，甚至挤占了必需品的消费支出比例。

表 3-18　　2010—2021 年我国城镇居民各项人均支出占比

时间	食品烟酒支出（%）	居住支出（%）	交通通信支出（%）	教育文化娱乐支出（%）	衣着支出（%）	生活用品及服务支出（%）	医疗保健支出（%）	其他支出（%）
2010	31.85	20.37	12.68	10.61	8.99	6.27	6.48	2.75
2011	32.29	20.23	12.14	10.68	9.17	6.27	6.42	2.78
2012	31.99	20.52	12.50	10.58	8.97	6.20	6.42	2.80
2013	30.13	23.26	12.54	10.75	8.41	6.11	6.14	2.65
2014	30.05	22.49	13.21	10.73	8.15	6.17	6.54	2.67
2015	29.73	22.09	13.53	11.14	7.95	6.11	6.75	2.70
2016	29.30	22.16	13.75	11.43	7.53	6.18	7.07	2.58
2017	28.64	22.76	13.59	11.65	7.19	6.24	7.27	2.67
2018	27.72	23.95	13.30	11.39	6.92	6.24	7.84	2.63
2019	27.56	24.16	13.08	11.86	6.53	6.02	8.14	2.66
2020	29.18	25.76	12.86	9.60	6.09	6.07	8.04	2.39
2021	28.63	24.43	12.97	10.96	6.08	6.01	8.32	2.59

资料来源：国家统计局，并由笔者整理得出。

（二）房价收入比

房价、收入与消费能对我国居民收入情况、消费情况和住房支出有一个大概的描述，但其并不能直观反映我国住房买卖市场内部房价与消费者负担能力的不匹配。而房价收入比指标则是住房"有效供给"与城市居民"有效需求"间的消费现象的质的属性在数量上的反映，是评估一定城市范围内、一定时期的居民住房购买力的重要依据之一（杨文武，2003）。[1] 根据联合国人类住区中心所发布的《城市指标指南》，房价收入比是指"居住单元的中等自由市场价格与中等家庭年收入之比"，这里，"居住单元的中等自由市场价格"是指单元住房价格的中值，而"中等家庭年收入"则指居民家庭年收入的中值。在美国等发达国家，历年这两个中值都有相当准确的统计数据，因而这些国家的房价收入比可以相当精确地测定。而在中国，虽然缺乏房价中值和家庭年收入中值的统计数据，但《中国统计年鉴》对我国各省份各年度城镇居民家庭人均可支配收入进行了

---

[1] 杨文武：《房价收入比指标研究》，《统计研究》2003 年第 1 期。

统计，再将其与全国人口普查数据中的家庭户均人口相乘，即可估算我国各省份城镇居民家庭平均年可支配收入。同时，国家统计局还统计了我国各省份的商品住房平均销售价格，以及商品住房销售总面积和销售套数，笔者通过将房价与单套住房面积相乘，估算得到我国及各省市城镇单元住房价格的平均值。因此，房价收入比的计算方式如下：

房价收入比 =（商品住宅平均销售价格×商品住宅销售总面积/销售套数）/（家庭人均可支配收入×家庭户均人口）

通过这样的计算方式我们得到的房价收入比是两个平均值之比，而不是中值之比，虽然与国际公认的定义存在偏差，但由于我国房价和居民收入的均值都同样地明显高于中值，因此这样得出的房价收入比不仅本质上符合定义，现实中误差也较小，因此可以认为我国房价收入比的测定较为准确。

国际上公认的房价收入比为3—6倍，但目前国内理论界对我国房价收入比值的研究结论分歧较大，主流的观点认为，我国房价收入比明显偏高。其中，有的认为虽然我国目前房价收入比明显高出国际公认的3—6倍，但地区房价收入比差异性较大，一般的中小城市的平均房价收入比基本符合国际公认值，而特大城市和经济发达城市的平均房价收入比远远高于全国平均水平，超出了普通居民实际承受能力。还有一种观点则认为我国目前的房价收入比小于7∶1属于正常范围，几乎接近3—6∶1的国际公认值。但无论是国际合理水平还是以往学者计算出的合理水平，都不完全符合现在中国的实际情况，因此应对房价收入比的合理上限进行探讨。

吕江林（2010）根据我国大部分城镇家庭按揭还款的"等额本息法"构建出了城镇住房合理房价收入比的上限。①

假设 P 为房价，k 为家庭按揭贷款的首付比例，X 为在等额本息法下家庭每月应支付的月供，i 为月利率，n 为还款期限，Y 为城镇居民家庭年可支配收入，m 为城镇居民家庭月可支配收入中可用于支付月供的比例，b 为城镇居民平均消费倾向。

---

① 吕江林：《我国城市住房市场泡沫水平的度量》，《经济研究》2010年第6期。

则有：房价 = 首付款 + 分期付款折现值之和，即：

$$P = kP + \frac{X}{1+i} + \frac{X}{(1+i)^2} + \cdots + \frac{X}{(1+i)^n} = kP + \sum_{t=1}^{n}\frac{X}{(1+i)^t}$$

$$= kP + \frac{X}{i} \times \frac{(1+i)^n - 1}{(1+i)^n} \tag{3.1}$$

假定城镇居民家庭每月可支配收入中除用于消费支出外，全部用来支付月供，则有：

$$X = \frac{Ym}{12} = \frac{Y(1-b)}{12} \tag{3.2}$$

(3.2) 式代入 (1) 式，可得：

$$P = kP + \frac{Y(1-b)}{12i} \times \frac{(1+i)^n - 1}{(1+i)^n} \tag{3.3}$$

(3.3) 式整理可得：

$$\frac{P}{Y} = \frac{(1-b)}{12(1-k)}\left[\frac{(1+i)^n - 1}{i(1+i)^n}\right] \tag{3.4}$$

(3.4) 式即为理论上确定城镇居民能承受的房价收入比合理上限或最高上限值的公式。

根据国家统计局公布的年度数据（见表 3 - 19），我们选取 2010—2021 年城镇居民人均年可支配收入和人均年消费性支出数据计算出我国城镇居民平均消费倾向为 68.24%，近似取 68%，这样 (4) 式中的 $1-b$ 以 32% 代入。我国按揭贷款的期限多为 15 年、20 年和 30 年，对应需要支付 180 个、240 个、360 个月，首付款比例 k 一般为 20%、30% 和 40%，因此住房购买可以分别按照三种期限和三种首付款比例支付。央行 2022 年 6 月 20 日公布的最新贷款市场报价利率（LPR）5 年期以上 LPR 为 4.45%，鉴于房贷利率一般向上浮动 10% 左右，因此我们取房贷五年期以上贷款利率为 4.9%，月利率 $i = 0.41\%$。根据表 3 - 20 计算的结果，我们可以发现在当前 4.9% 的按揭贷款年利率条件下，我国城镇居民能承受的房价收入比，为当首付款比例为 20% 时，最高为 6.27 倍（对应 30 年期限）；当首付款比例为 30% 时，最高为 7.16 倍（对应 30 年期限）；当首付款比例为 40% 时，最高为 8.36 倍（对应 30 年期限）。假设三种贷款期限的比例相同，那么按照平均权重计算，当前我国城镇居民能承受的房价收入比的最高值不应超过 7.26 倍。

表3-19　　2010—2021年我国城镇居民的平均消费倾向

年份	人均年可支配收入（元）	人均年消费性支出（元）	消费倾向（%）	平均消费倾向（%）
2010	18779	13821	73.60	68.24
2011	21427	15554	72.59	
2012	24127	17107	70.90	
2013	26467	18488	69.85	
2014	28844	19968	69.23	
2015	31195	21392	68.58	
2016	33616	23079	68.65	
2017	36396	24445	67.16	
2018	39251	26112	66.53	
2019	42359	28063	66.25	
2020	43834	27007	61.61	
2021	47412	30307	63.92	

资料来源：国家统计局，并由笔者整理得出。

表3-20　　　　　　我国合理的房价收入比水平

	$K=20\%$	$K=30\%$	$K=40\%$
$N=15$ 年，$n=180$	4.24	4.84	5.65
$N=20$ 年，$n=240$	5.08	5.81	6.78
$N=30$ 年，$n=360$	6.27	7.16	8.36

资料来源：国家统计局，并由笔者整理得出。

鉴于我国每十年做一次全国人口普查和全国人口抽样调查，因此对于家庭人均规模户的数据并不连续，2010—2020年这十年期间的相关数据有2010年、2020年两次全国人口普查调查数据和2015年抽样人口调查数据，借此笔者估算了2010年、2015年和2020年全国住房收入比。

表3-21展示了2010年、2015年和2020年三个年份我国房价收入比情况，从表中可以看出三个年份我国的房价收入比分别为9.80倍、7.96倍和10.04倍，不仅高于国际标准的合理水平6:1，同样也高于我国计算出来的合理房价收入比7.26:1。在调查的三个年份中，2015年的房

价收入比最低，也最接近于我国合理房价收入比水平，这主要是因为在这段时间政府不断出台各项政策对住房市场进行调控，抑制了房价的上涨幅度，同时这一时期中国的经济发展较为蓬勃，使得家庭可支配收入有一个较大幅度的提升。而 2020 年房价收入比达到 10.04 倍，处于一个较高水平，这主要是因为 2020 年受疫情影响，国内经济呈现颓势，家庭居民收入增势减缓，而住房在这一时期同样成为稳经济的一种渠道，因此导致这一年的房价收入比较高。房价收入比越高，购买住房给居民带来的压力就越大，说明目前我国住房买卖市场上住房的价格与消费者的负担能力是不相匹配的。住房作为居民消费的必需品，过高的房价使得购买住房成为中国现在重要的一个民生问题，这说明中国的住房市场发展存在不均衡不完善的问题。

表 3-21　　　　　2010 年、2015 年和 2020 年我国房价收入比

指标	2010 年	2015 年	2020 年
家庭人均可支配收入（元/人）	18779	31195	43834
家庭平均规模户（人/户）	2.72	2.77	2.59
住宅平均销售价格（元/平方米）	4725	6473	9980
住宅平均每套销售面积（平方米）	105.90	106.26	114.25
房价收入比	9.80	7.96	10.04

资料来源：国家统计局，并由笔者整理得出。

分区域来看，我国各省份房价收入比普遍较高，仅有个别省份达到本书计算标准（如表 3-22）。其中，北京市的房价收入比最高，达到了 24.93。若房价收入比以 7.26 为衡量标准，我国 31 个省份中有 28 个省份都未达到这一标准，都高于 7.26 这一水平。仅有广西壮族自治区、湖南省、贵州省达到了这一标准。总体来说，我国各省份的房价收入比偏高，居民购房的压力较大。

从重点城市来看（如表 3-23），我国重点 50 城房价收入比处于较高水平。2020 年，受疫情影响，我国居民收入增速相比前几年出现了较大幅度的下滑，而在疫情后宽松的货币政策下，大部分城市房价都出现了一定程度的上涨，因此 50 城房价收入比出现了小幅反弹。

表 3-22　　　　　　　　2020 年我国各省份房价收入比

地区	房价收入比	地区	房价收入比	地区	房价收入比	地区	房价收入比
北京市	24.93	青海省	10.94	河北省	8.91	内蒙古自治区	7.70
上海市	19.49	江苏省	10.77	山西省	8.87	河南省	7.46
海南省	15.76	云南省	10.75	山东省	8.82	江西省	7.45
天津市	15.22	湖北省	10.50	重庆市	8.77	新疆维吾尔自治区	7.41
广东省	13.53	福建省	10.45	宁夏回族自治区	8.75	广西壮族自治区	7.06
浙江省	13.52	吉林省	10.10	甘肃省	8.54	湖南省	6.58
陕西省	11.91	黑龙江省	9.92	四川省	8.51	贵州省	6.29
西藏自治区	11.82	辽宁省	9.86	安徽省	8.41		

资料来源：国家统计局，并由笔者整理得出。

其中，2020 年深圳市的房价收入比最高，为 39.8，长沙市的房价收入比最低，仅为 6.2。原因在于长沙市房价常年处于新一线城市中的较低水平，其居民收入水平又是新一线城市中较高的，高收入、低房价使得长沙市是 50 城中唯一一个房价收入比低于 7 的城市。另外，值得注意的是，广州市房价收入比大幅低于同为一线城市的北京市、上海市和深圳市，而且三亚市的房价收入比超过北京市位列全国第二位。究其原因，广州市土地供应充足，且地价相对北上深较低，使得广州市房价大幅低于北上深，是一线城市中购房难度最小的；三亚市和厦门市是全国著名的旅游城市，外地客户投资需求一直较为旺盛，房价与本地居民收入的关联性相对较小。

分城市等级来看，我国各城市内部差异性明显，按照城市的发展程度划分，经济越发达的城市房价收入比越高。一线城市的房价收入比最高，达到 26.63，其次为新一线城市、二线城市、三四线城市，分别为 12.53、12.14 和 12.08。重点城市房价收入比都远高于我国合理的房价收入比水平 7.26。其中，部分城市虽然房价收入比也高于合理水平，但与一线城市相比，购房压力相对较小。一线城市的人口持续流入与住房资源的稀缺使得居民住房压力不断增加。

表 3-23　　2020 年我国重点 50 城房价收入比

类型	城市	房价收入比	均值	类型	城市	房价收入比	均值
一线	深圳市	39.8	26.63	二线	太原市	12.9	12.14
	上海市	26.2			大连市	12.7	
	北京市	23.8			温州市	12.4	
	广州市	16.7			徐州市	11.5	
新一线	杭州市	18.5	12.53		济南市	10.5	
	东莞市	17.3			无锡市	10.5	
	南京市	15.4			金华市	10.3	
	苏州市	14.5			南昌市	10.3	
	宁波市	14.3			昆明市	10.2	
	合肥市	13.5			哈尔滨市	10	
	天津市	12.8			兰州市	9.7	
	郑州市	12.4			惠州市	9.2	
	武汉市	11.7			沈阳市	9.2	
	佛山市	11.5			贵阳市	7.6	
	西安市	10.7			烟台市	7.5	
	成都市	10.1		三四线	三亚市	27.1	12.08
	重庆市	9.6			海口市	14.0	
	青岛市	9.4			扬州市	12.3	
	长沙市	6.2			芜湖市	11.9	
二线	厦门市	23.1	12.14		莆田市	11.7	
	福州市	19.5			日照市	10.2	
	珠海市	16.1			宜昌市	9.3	
	石家庄市	15.0			洛阳市	9.2	
	南通市	13.9			乌鲁木齐市	7.8	
	南宁市	12.9			韶关市	7.3	

资料来源：《2020 年全国 50 城房价收入比研究报告》，在该报告中房价收入比 = 商品住宅成交均价 × 城镇居民人均住房建筑面积/城镇居民人均可支配收入。

第三节 住房租赁市场的内部失衡

一 住房租赁市场供需数量失衡

我国住房租赁市场的发展起步较晚，2016年6月国务院正式公布了《关于加快培育和发展住房租赁市场的若干意见》，指出"实行购租并举，培育和发展住房租赁市场，是深化住房制度改革的重要内容，是实现城镇居民住有所居目标的重要途径"。自此，中国进入"租购并举"的新时代。然而，此前我国住房租赁市场一直处于落后状况，市场上的参与者十分复杂且缺少统一管理。目前，我国对住房租赁市场发展的统计指标并不完善和全面，对住房租赁市场上供给和需求的测算也存在较大误差，因此在这一部分对我国住房租赁市场上供需数量进行统计分析时，主要是分析变化趋势，而不做直接的对比。

从需求群体来看，我国住房租赁市场上需求巨大。在我国，城市内对住房租赁的主要需求者是流动人口，包括进城务工人员、毕业学生以及举家迁徙的流动人口，根据2018年《中国流动人口发展报告》的数据统计，租住私房是流动人口解决居住需求的首选，流动人口在居住地选择租住私房的比例高达67.3%、购房的比例为8.6%、其他方式（宿舍、工地工棚、生产经营场所）租住比例为23.8%。夏磊（2017）和张东、马学诚（2020）在计算住房租赁市场总规模时提出了流动人口法，他们将城市中的租赁群体主要定位为流动人口，少部分流动人口选择买房的群体和部分本土选择租房的群体相互抵消后的数量忽略不计。[1][2] 基于2010年和2020年全国人口普查数据，我们根据流动人口法估算了居民对租赁住房的需求数量。在全国人口普查数据中，流动人口是指人户分离人口中扣除市辖区内人户分离的人口，2020年在全国城市中，人户分离人口为32348.78万人，市辖区内人户分离人口为10711.37万人，流动人口为21637.40万人，当年全国城市家庭平均家庭户规模为每户2.49人，

---

[1] 夏磊：《住房租赁市场：政策与未来》，《发展研究》2017年第10期。

[2] 张东、马学诚等：《中国住房租赁市场：现状、发展路径和影响因素》，中国财政经济出版社2020年版。

因此可计算出 2020 年全国城市对住房租赁具有需求的家庭户数为 8689.72 万户，同理可计算出 2010 年全国城市对住房租赁具有需求的家庭户数为 4908.78 万户，从 2010 年到 2020 年增加的租赁需求套数为 3780.94 万套。表 3-24 展示了我国 2010 年与 2020 年我国各省份利用流动人口法计算出的我国城市居民对租赁住房的需求套数，从各省份对租赁住房的需求来看，在 2020 年对租赁住房需求最大的几个省份分别为广东省、浙江省、江苏省、四川省和山东省，需求套数分别为 1752.04 万套、655.64 万套、519.33 万套、462.18 万套和 435.98 万套，其中需求量最大的广东省比其次的浙江省多 1096.4 万套；需求最小的几个省份分别为西藏自治区、青海省、宁夏回族自治区、海南省和甘肃省，需求套数分别为 21.52 万套、32.16 万套、41.96 万套、58.44 万套和 89.48 万套。从时间变化趋势来看，各省份从 2010—2020 年对租赁住房的需求呈现上升趋势，广东省的增加值最多，从 2010 年的 1044.03 万套增加到了 2020 年的 1752.04 万套，增加值为 708.01 万套。广东省作为沿海地区，内部有广州市和深圳市两个发达城市，对人口的吸引无疑是巨大的，这不仅使得广东省对租赁住房的需求较高，同时增加趋势也非常明显。其次，浙江省、四川省和江苏省的租赁需求增加的也较多，分别为 276.41 万套、268.08 万套和 192.91 万套。而重庆市在这十年间租赁需求的增加在 31 个省份中是最少的，仅增加了 13.56 万套，一方面是由于重庆市的住房压力并不算大，房价的上涨幅度相对发达城市也不高；另一方面，在成都市以及各一线城市的影响下，重庆市虽然作为直辖市，其吸引力并不足，同时也存在较大的人员外流，综合这些因素导致重庆市的租赁需求增加并不多。租赁需求增加较少的为青海省、西藏自治区和宁夏回族自治区这几个西部省份，这些省份对人口的吸引力也相对较差。总的来说，各省份对租赁住房的需求程度呈现较大的差异。

总的来看，各省份对租赁住房的需求程度呈现较大差异。在较发达地区，居民的租赁需求越来越高，这主要是因为近些年我国人口呈现向大中城市聚集的趋势，特别是向长三角、珠三角、长江中游、京津冀、成渝五个城市群集聚的趋势更加明显。这些城市群的中心城市和周边城市的房价普遍较高，对大部分流动人口来说在这些城市购房需要承担巨大的经济负担，因此租房成为这些流动人口主要的居住选择。另外，由于城市的建成区面积大，城市居民因工作变动、子女入学等问题产生的租赁需求不断增加，多因素的相互叠加导致较发达区域的住房租赁需求相对集中，[1] 从而拉高了这些城市整体的租房需求。

表3-24　　2010年和2020年我国各省份住房租赁需求情况

地区	2010年（万）	2020年（万）	增加值（万）	地区	2010年（万）	2020年（万）	增加值（万）
全国	4908.78	8689.72	3780.94	山西省	82.04	177.23	95.19
广东省	1044.03	1752.04	708.01	新疆维吾尔自治区	86.12	176.79	90.67
浙江省	379.23	655.64	276.41	贵州省	67.50	156.23	88.73
四川省	194.10	462.18	268.08	广西壮族自治区	102.09	188.43	86.34
江苏省	326.42	519.33	192.91	江西省	49.65	127.20	77.55
河南省	144.16	317.59	173.43	福建省	225.80	296.43	70.64
山东省	268.92	435.98	167.06	上海市	271.90	328.22	56.32
辽宁省	169.59	332.70	163.11	内蒙古自治区	113.34	165.96	52.62
河北省	100.75	257.40	156.65	甘肃省	50.44	89.48	39.04
湖北省	172.00	319.87	147.88	北京市	267.36	294.78	27.42
湖南省	126.86	274.09	147.22	海南省	31.94	58.44	26.50
云南省	89.25	231.58	142.33	天津市	103.84	129.72	25.87
陕西省	84.47	213.21	128.74	宁夏回族自治区	22.23	41.96	19.73
黑龙江省	84.46	198.38	113.92	西藏自治区	3.81	21.52	17.71
吉林省	75.60	180.96	105.36	青海省	17.53	32.16	14.63
安徽省	106.47	204.00	97.54	重庆市	92.18	105.74	13.56

资料来源：国家统计局公布的2010年和2020年全国人口普查数据，并由笔者整理得出。

在我国住房租赁市场上，房源供给主要是个人自有住房，我国居民通过房产中介、个人直租等方式将房源向居民出租，据统计居民自有住房出租占住房租赁市场上总供给的89.5%，[2] 而机构化的出租占比较小。房屋供给来源的复杂导致各个数据库无法准确地统计住房租赁市场的实

---

[1]　邵挺：《中国住房租赁市场发展困境与政策突破》，《国际城市规划》2020年第6期。
[2]　金朗、赵子健：《我国住房租赁市场的问题与发展对策》，《宏观经济管理》2018年第3期。

际供给情况，许多研究院近些年也开始对住房租赁市场进行调查，他们的统计数据主要是租赁住房的挂牌数据，但实际上部分住房并未到网上进行登记而是采取直租的方式，因此这些研究院对于住房租赁的套数统计并不完全准确，但相对于目前能够找到的数据指标，这些研究院的数据较为完善和全面，同时这些指标也能在一定程度上反映出住房租赁市场住房供给的时空变化趋势，具有一定的可信度与分析价值。表3-25展示了由禧泰数据库统计的2010—2021年我国31个省份住房租赁市场上新增的挂牌租赁住房供给套数。从各省份来看，2021年江苏省的租赁住房供给最多，达到89万套，其次分别为广东省、山东省和浙江省，分别为82万套、59万套和56万套；而西藏自治区在2021年的新增租赁住房供给最少，仅为1万套。总的来说，我国租赁住房的房源分布主要集中在东部沿海省份与较发达省份，而西部落后省市的租赁房源新增供给依旧较少。从变化趋势来看，2021年新增租赁住房供给较2010年新增租赁住房供给减少的有18个省份，其中北京市在这11年间新增租赁住房的供给数量下降趋势最明显，在2010年北京市的新增供给是178万套，而2021年北京的新增供给为35万套，下降了143万套，从北京市的具体数据来看，从2015年北京市的租赁住房新增供给达到197万套的峰值后就开始了急剧下降的趋势，在6年间新增供给数量就下降了162万套，而北京市是我国流动人口流入最多的城市，相对于庞大的租赁住房需求，北京市的租赁住房存在供给严重不足的状态，2018年末，北京市常住人口2154.2万人，租赁人口占比约34%，以最近一次人口抽样调查得出我国家庭平均规模3人/户计算，大约需要租赁房屋244万套，而市场上可用于租赁的房屋仅有150万套左右，仍存在超过三分之一的供给缺口；[①] 广东省和天津市也分别下降了70万套和28万套。在这十年间，租赁住房新增供给量呈现增加趋势的有13个省份，但增加最多的省份为湖南省，仅增加了7万套，其次为河南省、内蒙古自治区和新疆维吾尔自治区，分别增加了6万套、5万套和5万套，增加的趋势并不明显。

---

① 岳岐峰：《破解住房租赁市场发展困境》，《中国金融》2019年第24期。

表 3-25　2010—2021 年我国 31 个省份新增租赁住房套数　　（万套）

省份	2010	2011	2012	2013	2014	2015	2016	2017	2018	2019	2020	2021
江苏省	159	175	177	177	208	220	240	128	159	173	143	89
广东省	152	187	163	191	199	308	330	168	166	158	128	82
上海市	72	55	45	73	68	241	238	157	122	113	94	55
山东省	71	87	105	94	124	149	165	100	94	105	86	59
浙江省	56	83	88	97	87	131	141	76	90	93	80	56
北京市	178	184	195	177	184	197	187	96	92	81	60	35
四川省	50	61	79	69	77	107	112	53	54	69	56	33
河北省	31	41	54	54	60	81	89	52	48	55	46	27
福建省	38	48	52	57	62	76	91	50	56	57	43	24
河南省	21	30	39	48	64	86	93	43	36	42	38	27
湖南省	13	18	25	32	59	79	77	40	33	41	34	20
辽宁省	46	55	67	63	71	79	83	42	42	48	34	25
安徽省	19	27	41	38	40	55	56	33	29	35	32	22
湖北省	28	44	44	53	57	95	92	43	45	51	29	22
重庆市	16	29	26	27	22	66	63	28	35	37	28	15
陕西省	32	29	30	35	38	63	63	24	29	36	27	19
广西壮族自治区	17	21	24	23	29	43	47	27	32	33	26	17
天津市	43	40	38	44	57	90	74	36	33	34	25	15
云南省	15	18	31	24	27	40	42	22	24	27	23	14
江西省	10	17	20	18	20	29	32	15	13	20	18	12
甘肃省	9	9	11	13	16	21	26	15	13	19	18	9
贵州省	9	10	10	11	15	23	26	15	13	19	18	8
山西省	12	13	19	18	22	32	39	24	21	20	18	11
内蒙古自治区	4	9	12	13	17	20	20	10	10	13	14	9
吉林省	12	14	23	20	21	29	28	15	12	19	14	9
黑龙江省	9	12	17	23	28	30	29	15	16	22	13	8
新疆维吾尔自治区	2	6	9	9	14	20	20	11	11	13	11	7
海南省	11	12	13	11	11	14	16	9	14	13	9	5
宁夏回族自治区	2	4	5	7	9	8	9	5	6	6	5	3
青海省	2	1	1	2	3	4	4	2	3	3	3	2
西藏自治区	—	—	0	0	1	1	1	1	1	1	2	1

资料来源：中国房价行情网，并由笔者整理得出。

总体来看，我国目前住房租赁市场供需矛盾主要集中在一线和新一线城市，这些城市经济较为发达，对人口的吸引力较大，人口流入多，而大部分流动人口无法负担高昂的房价，因此会选择租赁住房，尽管在这些城市租赁住房的供给并不算低，但比起大规模的人口流入，供给数量不足以匹配需求。我国较发达城市住房租赁市场上存在供需数量失衡。

二 住房租赁市场产品结构失衡

（一）供需户型结构错配

从住房的户型来看，我国住房租赁市场供给以大中户型为主，这与大部分流动人口需求的小户型住房之间存在供求结构错配。我国住房租赁需求群体巨大，大部分流动人口都会选择租赁住房居住，根据《中国流动人口发展报告（2018）》显示，我国流动人口落户意愿不高，2016年仅29.6%的流动人口既愿意在当地长期居留（5年以上），也愿意在当地落户，31.1%的流动人口尽管有居留意愿但不愿意或者没想好是否在当地落户，落户意愿不高也就意味着流动人口对在当地买房的动力不大，会选择租赁住房。在租赁住房人群中，不同的群体对租赁住房的类型具有不同的需求，主要分为四类群体：进城务工人员、新就业的大学生、无力购买住房的年轻家庭以及因工作变动的高收入群体。[1]

各群体对租赁住房户型和质量的要求都各不相同，但根据新华网和长租平台自如联合发布的《中国青年租住生活蓝皮书》显示，2018—2019年，20—30岁租客占城市租住群体的84%，90后占比达到了75%，成为城市租住人群的主体，租房群体年轻化特征明显。[2] 对于进城务工人员来说，根据人力资源和社会保障部2022年6月7日发布的《2021年度人力资源和社会保障事业发展统计公报》，2021年全国农民工总量29251万人，比上年增加691万人，增长2.4%，其中，本地农民工12079万人，增长4.1%；外出农民工17172万人，增长1.3%。[3] 这些农民工进城

---

[1] 邵挺：《中国住房租赁市场发展困境与政策突破》，《国际城市规划》2020年第6期。
[2] 资料来源：《中国青年租住生活蓝皮书》。
[3] 资料来源：人力资源和社会保障部。

务工的主要目的是获得城市相对较高的收入，一方面他们没有定居城市的想法，同时也很难负担城市购房的压力，因此他们主要选择租赁住房，为了节约生活成本，他们对租赁住房的需求是租金低、近上班地点，主要需求是"一张床"，并不需要较大的住房面积和较高的住房质量；对于刚毕业的大学生来说，2010—2020年全国普通高校毕业数达到7536.33万人，2021年高达826.51万人，合计8362.84万人。根据张园等（2016）的研究发现，毕业生工作5年后的首套房购置率约为49%，平均需要参加工作5.93年才能实现首套房购置，因此在这段时间内他们主要通过租赁住房解决居住问题。[1] 毕业大学生的收入水平略高，他们对居住面积要求较低但对住房的价格较为敏感，对住房质量、配套设施和交通便利的要求较高，因此他们的需求主要为一间房；对于部分年轻家庭来说，受到高房价、晚婚以及单身观念的影响，大城市中的这部分年轻家庭购买首套房和初婚的年龄都呈推迟趋势，他们主要通过租赁住房来解决生活问题，一方面他们为了购买住房而存钱，因此对租赁住房的价格较为敏感，另一方面他们对住房的质量也存在一定要求，他们更倾向于性价比高的一套房；最后就是因为工作变动的部分高收入群体，他们对于租赁住房的流动性非常高，并不存在长时间的租赁需求，他们对租赁住房的价格不敏感，这部分人倾向于拎包入住，对高质量小户型住房具有较高的需求。总体上看，我国的租客呈现年轻化、流动性强、需求临时性、过渡性的特征，更倾向于一居室的小户型租赁住房，但不同租客群体对租赁住房的品质诉求具有较大的差异化。

根据2017年12月19日发布的《2017—2018中国住房租赁蓝皮书》（以下称"蓝皮书"）显示，在18—35岁的青年租房群体中，独居者占比达到了29%，和伴侣一起租住的达到39%、和长辈孩子一起租住的为27%；同时租房人群家庭化、年轻化特征显著，整租占比达到62%。在租赁群体中，他们最关心的因素是租金，近40%的租户期望月租金在1500元以下，理想月租金超过3000元的租房人群为29%。同时，蓝皮书关于租房人群换房原因的调研结果显示，改善生活环境以41%的占

---

[1] 张园、武永祥：《居民首次购房行为特征及宏—微观影响因素——基于哈尔滨样本的研究》，《系统管理学报》2016年第2期。

比高居首位。租房人群对生活质量要求的逐渐提高，对于具有房源质量高、交通便利、服务优质、周边配套完善等优势的租赁住房成为租住人群的首选。由于需求群体已经呈现年轻化趋势，租赁住房已经成为一种过渡性居住住房，主要目的是便利工作、生活以及节约成本，这就意味着大部分租赁人群对租赁住房具有高性价比的需求，不仅希望租金较低、户型较小，同时也对住房的质量、环境和设施具有一定程度的需求。

而在住房租赁市场上，居民闲置自有住房是我国租赁住房的最主要供给来源，这些闲置住房大多具有较高的年限，当时开发商设计的初衷是为了销售给以家庭为单位的购房客户，而不是出租，因此建筑面积大多在80平方米以上、两居室以上的中大户型住房。[①] 图3-11展示了《2020年住房租赁市场总结》公布的2020年我国租赁房源各面积段供应量占比，从图中可以看出我国小面积房源在50平方米以下的占比35.9%，50—90平方米的房源占比32.6%，90—130平方米的房源占比19.8%，130平方米以上的房源占比11.7%。从租赁房源的面积段划分可以看出50平方米以下的房源占比最多，但实际上只占总房源供给的约1/3，相对于消费者对租赁住房户型的需求，这一供给是远远不够的。表3-26展示了我国2020年住房租赁市场上各省份成交的租赁住房平均户型面积，资料来源于中国房价行情网的相关数据库。从表中可见，全国平均户型面积为85.68平方米，辽宁省和天津市出租的住房平均户型面积最低，为每套71平方米，而最高的西藏自治区为每套106平方米。通过数据可以发现，我国目前住房租赁市场上提供的住房大户型较多，与当前大部分消费者的小户型需求住房不匹配，可能导致合租现象频发。2015年，住建部对16个外来人口集中的大城市进行了专项调查，结果显示，租住房屋需求主要是以中小户型为主，50平方米以下的占到75%左右，但市场上能够租到的中小户型住房比较少，大部分租客会选择合租，合租比例达到了50%。

---

① 金朗、赵子健：《我国住房租赁市场的问题与发展对策》，《宏观经济管理》2018年第3期。

第三章 我国城市住房市场租售结构失衡的现状考察 133

2020年租赁房源各面积段供应量占比（%）
- 0—50平方米：11.70%
- 50—90平方米：35.90%
- 90—130平方米：32.60%
- 130平方米以上：19.80%

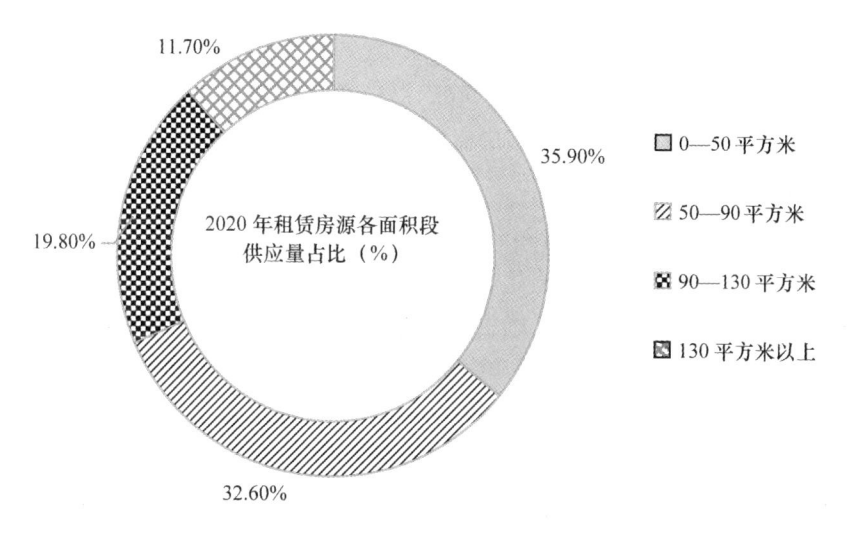

图 3-11　2020 年我国租赁房源各面积段供应量占比

资料来源：58 同城、安居客发布的《2020 年住房租赁市场总结》。

表 3-26　　　　2020 年各省份住房租赁市场平均户型面积

地区	平均户型面积（平方米）	地区	平均户型面积（平方米）	地区	平均户型面积（平方米）
西藏自治区	106	河北省	87	广东省	85
贵州省	97	江苏省	87	浙江省	84
山东省	93	福建省	87	湖北省	83
河南省	92	海南省	87	上海市	82
云南省	91	青海省	87	甘肃省	82
江西省	90	宁夏回族自治区	87	重庆市	76
湖南省	90	四川省	86	吉林省	73
山西省	89	新疆维吾尔自治区	86	黑龙江省	72
陕西省	89	北京市	85	天津市	71
安徽省	88	内蒙古自治区	85	辽宁省	71
广西壮族自治区	88			全国平均	85.68

资料来源：中国房价行情网，并由笔者整理得出。

从供需现状来看，消费者更倾向于小户型、一居室住房，市场上的房源主要是两居室以上的中大户型住房，住房租赁市场上供给和需求出现了结构性不匹配，一方面中低收入群体租房困难，适租房屋存在严重供给不足；另一方面，中大型房屋的租金较高，与消费者的需求不匹配，因此又存在大量住房空置。

（二）供需品质结构错配

从住房品质来看，普遍租赁住房的品质较差，与消费者的居住需求不匹配。从需求层面来看，随着租赁群体的年轻化，消费者对住房的品质要求也呈现出上涨趋势。根据新华网与长租平台自如联合发布的《2019中国青年租住生活蓝皮书》数据，在2018—2019年度，消费者更换租赁住房的首要原因为"工作变化"，占比达到57%，而"改善住房条件"，则超越"房租变化"上升至第二位，占53%，房租变化、房东不再续租以及其他原因则分别占比38%、23%和9%（见图3-12）。可见，对于我国租赁消费者来说，对居住住房的品质要求越来越高，已经超越了租金对消费者的影响，同时与排名首位的工作换房相差也不大。相较于节衣缩食也一定要买房的"房奴"一代，当代青年的租住理念也在发生变化，超七成青年租客认为不一定要买房，在租来的房子里依旧可以拥有好生活。因此，这些青年消费者在打造品质租住空间方面更加积极。自如优品数据显示，有近八成的受访者表示会用心布置租来的房间。调查同时显示，过去一年中，在布置房间上花费了3000元以下的受访者占到80%，花费3000—5000元占到13%，另有10%的租客布置房间花费5000元以上。根据《2020中国青年租住生活蓝皮书》数据，在房屋配置上，越来越多的消费者希望提升住房品质，特别是选择通过安装智能家居来提升住房的品质。数据显示，超过六成的租客更愿选择配备智能家居的房源。同时，超四成租客愿为智能家居设备支付更多房租，其中，超过75%的租客愿为此每月多支付300元以上房租。此外，新生代租客在追求租住品质的同时，仍将"通勤时长"和"房租占工资比"作为最终的选房考量因素。调研数据显示，近八成新生代租客希望将通勤时间控制在30分钟以内，近九成希望将月房租控制在月收入的30%以内，"30分钟以内通勤+30%工资以内房租"共同构成了城市租住幸福的"双30法则"。综上所述，消费者对租赁住房的住房品质、住房配置、住

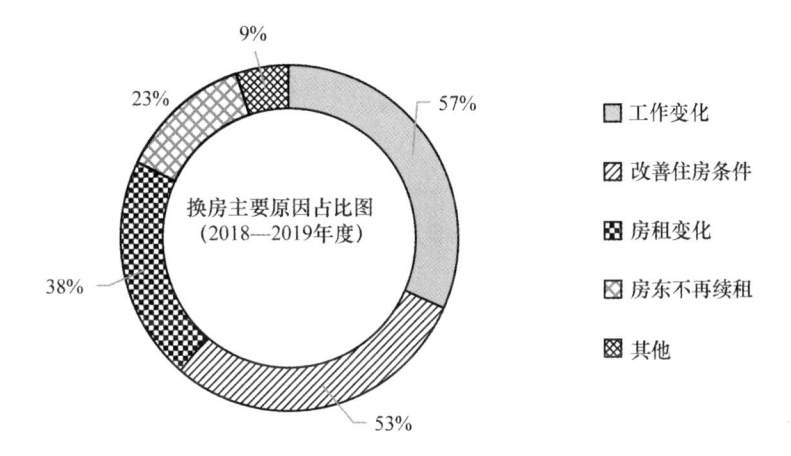

第三章 我国城市住房市场租售结构失衡的现状考察 ◇ 135

图 3-12 2018—2019 年我国租赁群体换房主要原因

资料来源：《2019 中国青年租住生活蓝皮书》。

房地理位置都提出了较高的需求。

但从供给层面来看，我国住房租赁市场上供给的住房品质整体还不够高，与消费者的需求匹配程度较低。我国住房租赁市场上的住房主要是私人提供，这些住房都是居民将自己多余的住房出租，其中不乏老旧住房，因此房屋的品质参差不齐。根据《2020 年住房租赁市场总结》上公布的数据，租客在租房时遇到的问题当中，其中房屋设备损坏没人维修占比达到 44.6%，高居榜首，合适的房源少以 36.9% 的比例占据第二，噪声问题的占比也高达 20.7%，说明当前的租赁供给房源很容易出现损坏问题且得不到合理的解决，品质还不够高。《一线城市存量房市场白皮书》对部分一线城市的存量房市场进行了调查研究，包括广州市、上海市和深圳市。由于流动人口主要是流入发达城市，租赁的住房大部分也是私人提供的存量房，同时囿于数据的可获得性，因此在本部分我们根据《一线城市存量房市场白皮书》对广州市、上海市和深圳市的住房质量进行描述，从一定程度上能反映中国住房租赁市场的住房质量。首先，从房龄来看（见图 3-13），广州市、深圳市和上海市的住房存量房龄在10 年内的占比都约为五分之一，分别为 20%、23% 和 20%；10—20 年的住房占比都最高，分别为 48%、40% 和 34.2%；20—30 年房龄的住房占比也分别达到了31%、23%和30.8%;30年以上的住房占比都最低,分别为1%、14%和16%。总体来说,在已有调查的3个一线城市中,10年内的住房占比都处于较低水平,10年内修建的住房一般品质较高、设施较全;10—20年的住房占比最高,这部分住房虽然呈现一定的老旧,但总体品质也较高;20年以上的住房就会存在不同程度的质量问题,总体的质量不算高,这部分住房是很容易被实现改善性住房的居民用于出租。其次,从城市存量房小区的住房品质来看(见图3-14),我国各重点城市的品质不算高。58 安居客房产研究院按照物业管理费将小区划分为低品质、中品质、中高品质、高品质。广州市低品质小区住房的占比为57%,已超过半数,这部分住房房龄基本都超过20年。而高品质的住房占比最少,不足5%。深圳市低品质小区的占比为40%。上海市低品质小区住房的占比高达59%,这部分小区大多分布在市中心,房龄较老,大多数建成在1990年之前,以售后公房为主,这些小区的基础设施相对较老,也无电梯等设备维护运行费用,其物业服务基本上都为简单的小区保洁,其他服务相对较少。总体来说,这几个一线城市低品质住房的占比都较高,不能满足居民的消费需求。

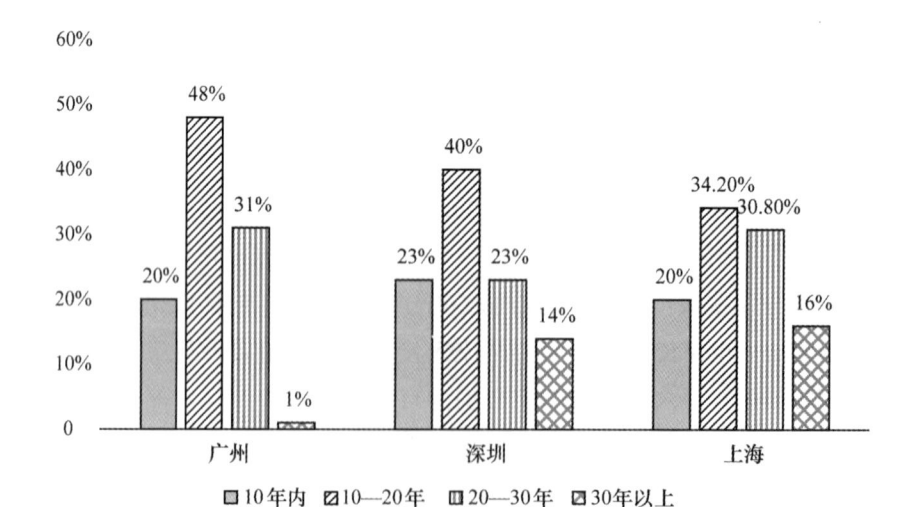

图3-13 2020年部分重点城市房屋房龄结构

资料来源:《一线城市存量房市场白皮书》,并由笔者整理得出。

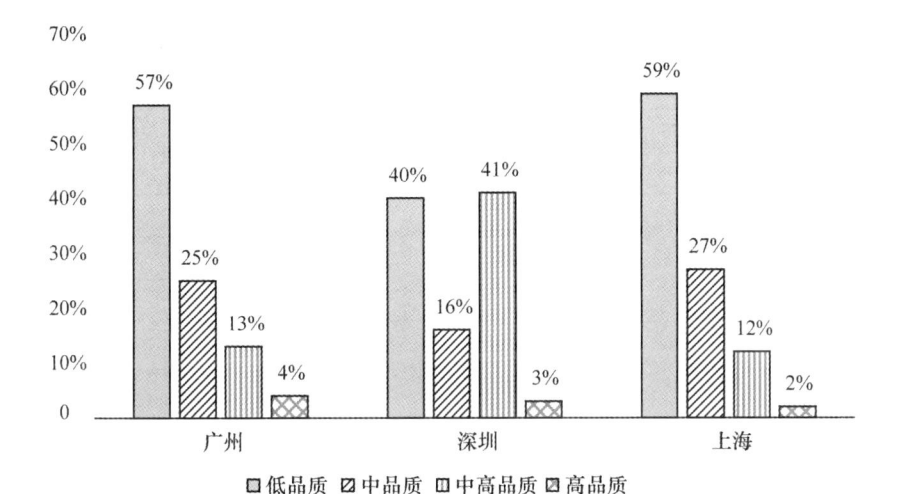

第三章 我国城市住房市场租售结构失衡的现状考察 137

```
70%
        57%                              59%
60%
50%
40%              40%     41%
30%    25%                            27%
20%         13%     16%         12%
10%             4%           3%           2%
 0%
       广州          深圳          上海
    □低品质 ▨中品质 ▨中高品质 ▩高品质
```

图 3-14　2022 年部分重点城市各小区住房品质

注：低品质小区：物业管理费小于 1 元/平方米×月；中品质小区：物业管理费在 1—2 元/平方米×月；中高品质小区：物业管理费在 2—5 元/平方米×月；高品质小区：物业管理费大于 5 元/平方米×月，剔除无物业费的小区。

资料来源：《一线城市存量房市场白皮书》，并由笔者整理得出。

从住房的地理位置来看，我国居民上班通勤还存在通勤时间较长、通勤距离较远的问题。住房和城乡建设部交通基础设施检测与治理实验室、中国城市规划设计研究院和百度地图 2022 年 7 月联合发布了《2022 年度中国主要城市通勤监测报告》，该报告选取了中国 44 个主要城市，展示了包括通勤时间、通勤空间、通勤交通三个方面在内的 9 项指标，呈现了 2021 年度中国城市职住空间与通勤特征变化，该报告虽没有将消费者住房区分为租赁住房和自有住房，但是对总体情况的描述也能够反映当前租赁住房的通勤情况。首先，从通勤时间来看，45 分钟以内可达通勤是衡量城市效率的标准，而需要超过 60 分钟的通勤则是极端通勤，对于特大、超大城市来说，80% 的通勤者能在 45 分钟内可达是衡量城市运行效率和居民生活品质的标准。表 3-27 和表 3-28 分别展示了中国部分重点城市在 45 分钟以内的通勤比重和在 60 分钟以上的通勤比重情况。在 44 个中国主要城市中 76% 的通勤者 45 分钟以内可达，深圳 45 分钟通勤比重为 77%、杭州为 79%，分别是超大、特大城市的最高水平。42 个年度可对比城市中 22 个城市 45 分钟以内通勤比重下降，其中 16 个集中

表3-27　2019—2021年我国城市45分钟以内通勤比重年度变化　　（%）

城市规模	城市	2019年	2020年	2021年	城市规模	城市	2019年	2020年	2021年
超大城市	深圳市	76	77	77	Ⅰ型大城市	佛山市	—	84	82
	上海市	68	69	69		东莞市	—	84	81
	广州市	75	71	69		徐州市	81	80	80
	北京市	58	57	55		乌鲁木齐市	80	81	79
特大城市	杭州市	77	79	79		合肥市	77	81	79
	郑州市	78	77	78		长沙市	79	80	79
	西安市	78	79	77		石家庄市	81	79	78
	南京市	71	73	75		济南市	80	80	77
	沈阳市	78	76	73		哈尔滨市	79	77	77
	武汉市	73	70	72		大连市	76	73	73
	天津市	74	72	70		长春市	78	76	73
	成都市	71	70	70	Ⅱ型大城市	海口市	88	91	88
	青岛市	74	70	69		宁波市	83	86	86
	重庆市	70	68	68		呼和浩特市	85	86	85
Ⅰ型大城市	温州市	—	89	88		银川市	83	83	83
	常州市	—	88	88		兰州市	83	83	83
	无锡市	—	86	86		南宁市	83	84	82
	厦门市	81	84	84		西宁市	80	81	81
	太原市	85	86	83		福州市	83	82	81
	昆明市	83	83	83		贵阳市	80	80	80
	苏州市	—	82	82		南昌市	81	81	79

资料来源：《2022年度中国主要城市通勤监测报告》。

在特大和Ⅰ型大城市。沈阳市、太原市、东莞市、济南市、长春市、海口市6个城市同比降低3个百分点。南京市、武汉市和郑州市3个城市45分钟以内通勤比重增长。南京市是唯一连续2年保持增长的城市。广州市45分钟通勤比重2年持续下降，从2019年的75%降低到69%，下降了6个百分点。北京市45分钟通勤比重55%，为主要城市中最低，同比下降2个百分点。对于特大、超大城市来说，并没有达到80%的通勤者能在45分钟内可达的标准，因此总体来看我国目前的通勤时间较长。而通勤时间超过60分钟的即为极端通勤（见表3-28），在中国44个主

表3-28 2019—2021年我国主要城市60分钟以上通勤比重年度变化 （%）

城市规模	城市	2019年	2020年	2021年	城市规模	城市	2019年	2020年	2021年
超大城市	深圳市	13	12	12	Ⅰ型大城市	石家庄市	9	8	9
	广州市	14	13	15		苏州市	—	8	9
	上海市	19	17	18		徐州市	9	8	9
	北京市	26	27	30		长沙市	9	9	10
特大城市	西安市	10	8	10		东莞市	—	8	10
	郑州市	11	10	10		佛山市	—	8	10
	杭州市	12	11	11		合肥市	10	9	10
	南京市	15	13	13		济南市	10	8	10
	成都市	15	13	13		哈尔滨市	10	10	11
	沈阳市	10	12	14		大连市	12	13	13
	武汉市	14	14	14		长春市	9	11	14
	青岛市	15	14	16	Ⅱ型大城市	海口市	5	3	4
	天津市	15	15	17		呼和浩特市	6	5	6
	重庆市	16	17	17		南宁市	6	5	6
Ⅰ型大城市	常州市	—	5	6		宁波市	8	6	7
	温州市	—	6	6		福州市	8	7	8
	太原市	6	5	7		贵阳市	9	7	8
	无锡市	—	7	7		兰州市	9	7	8
	厦门市	10	7	7		西宁市	10	7	8
	昆明市	8	7	8		银川市	9	7	8
	乌鲁木齐市	8	7	8		南昌市	8	8	10

资料来源：《2022年度中国主要城市通勤监测报告》。

要城市中超过1400万人承受极端通勤，60分钟以上通勤比重13%，同比增加1个百分点。其中，超大城市平均水平19%，同比增加2个百分点，特大城市14%，同比增加1个百分点。42个年度可对比城市中32个城市的极端通勤比重增加。北京60分钟以上通勤比重30%，是全国极端通勤人口最多的城市，同比增加3个百分点。广州市、青岛市、沈阳市、天津市、西安市、长春市、东莞市、佛山市、济南市、太原市、南昌市等城市极端通勤比重也同比增加2个百分点以上，只有深圳市、南京市、杭州市、郑州市和厦门市5个城市极端通勤连续3年持续降低。①

其次，是住房与工作地点的通勤距离，总体来看我国居民的通勤距离较长。5千米以内的通勤可以反映就近职住、可以慢行的通勤距离，又称"幸福通勤"，是城市宜居性的重要测度。5千米以内通勤比重越高说明城市能够就近职住、绿色出行，拥有幸福通勤体验的人口比重越高。表3-29展示了中国主要城市在2021年居民的平均通勤距离与通勤距离在5千米以内的比重。从表中数据可以发现，超大城市的平均通勤距离为9.4千米，特大城市的平均通勤距离为8.7千米，Ⅰ型大城市的平均通勤距离为7.8千米，Ⅱ型大城市的平均通勤距离为7.6千米，可见城市的发展程度越高，总体通勤距离越长。北京平均通勤距离11.3千米，仍是通勤距离最长的城市。重庆市、成都市、上海市、广州市平均通勤距离超过9千米，温州市和呼和浩特市的平均通勤距离小于7千米，总的来说，越发达的城市居民的住房与工作地点相隔越远，通勤距离较长，给居民的出行造成了一定压力。从5千米以内通勤比重来看，44个主要城市中只有51%的通勤人口享受5千米以内的幸福通勤，超大城市为48%，特大城市为49%，Ⅰ型大城市为54%，Ⅱ型大城市为56%，可见越发达的城市通勤距离在5千米以内的比重越低，在特大城市中深圳的幸福通勤比重为58%，是超大、特大城市的最高水平，北京仅为37%，是所有城市中的最低水平，重庆市、成都市、南京市、上海市的这一比重也较低；在调查的44个城市中，温州市的幸福通勤距离占比最高，为64%，其次为海口市的61%。总的来说，我国重点城市的5千米幸福通勤占比不够高，在越发达的城市这一比例越低，我国大部分城市居民的住房离工作地点较远。②

---

① 资料来源：《2022年度中国主要城市通勤监测报告》。
② 资料来源：《2022年度中国主要城市通勤监测报告》。

表 3-29　2021 年我国主要城市平均通勤距离与 5 千米内通勤比重

城市规模	城市	平均通勤距离（km）	5 千米内通勤比重（%）	城市规模	城市	平均通勤距离（km）	5 千米内通勤比重（%）
超大城市	深圳市	8.0	58		长春市	8.0	48
	广州市	9.1	50		苏州市	8.4	52
	上海市	9.5	46		徐州市	8.7	50
	北京市	11.3	37		长沙市	8.6	52
特大城市	西安市	8.6	49	Ⅰ型大城市	东莞市	9.2	53
	郑州市	8.9	51		佛山市	8.3	57
	杭州市	7.8	54		合肥市	7.6	52
	南京市	8.9	48		济南市	8.1	54
	成都市	9.5	43		哈尔滨市	7.5	52
	沈阳市	7.8	50		大连市	7.7	52
	武汉市	8.5	49		海口市	7.2	61
	青岛市	8.6	49		呼和浩特市	6.8	55
	天津市	8.7	51		南宁市	7.3	53
	重庆市	9.5	45		宁波市	7.1	58
Ⅰ型大城市	常州市	7.0	59	Ⅱ型大城市	福州市	7.1	60
	温州市	6.8	64		贵阳市	7.8	54
	太原市	7.3	55		兰州市	7.7	60
	无锡市	7.4	55		西宁市	8.9	52
	厦门市	7.1	58		银川市	8.6	54
	昆明市	7.6	58		南昌市	7.6	53
	乌鲁木齐市	7.6	51		洛阳市	7.7	58
	石家庄市	8.2	53		绍兴市	7.8	56

资料来源：《2022 年度中国主要城市通勤监测报告》。

总的来说，从住房的地理位置来看，我国大部分城市的住房地理位置距离工作地点较远、通勤距离较长，同时特大城市、超大城市的严峻程度高于Ⅰ型大城市和Ⅱ型大城市，越发达的城市住房的地理位置越不符合居民的需求，大部分城市的通勤距离能够在 5 千米以内可达的幸福通勤距离占比较低，通勤时间也未达到 80% 的通勤者能在 45 分钟内可达工作地点。

从住房周边的设施来看，设施还不够完善。本部分选取住房周边的公共交通服务来衡量住房周边的设施，在《2022年度中国主要城市通勤监测报告》上对中国44个重点城市居民住房附近的公共交通设施以及公共交通出行时间都进行了统计。表3-30展示了中国重点城市轨道800米通勤覆盖比重与45分钟公共交通可达比重。从表中可以看出，40个运营地铁城市中800米轨道覆盖通勤比重总体平均水平是17%，同比增加2个百分点。超大城市达到28%，同比增加2个百分点，其中，广州市的覆盖率最高，为31%，位列重点城市第三，而北京的覆盖率最低，为21%；特大城市轨道覆盖通勤比重同比提升4个百分点，达到21%，成都市800米轨道覆盖通勤比重达到34%，同比增加8个百分点，跃升成为轨道覆盖通勤比重最高的城市。此外，武汉市达到32%，位列重点城市第二，同比增加5个百分点，而特大城市中沈阳市的轨道覆盖率最低，仅有10%；Ⅰ型、Ⅱ型大城市的轨道覆盖通勤比重的最高水平首次提高到20%以上，苏州市轨道覆盖通勤比重达到20%，同比提高5个百分点，超越长沙市成为Ⅰ型大城市的最高水平；Ⅱ型大城市中最高水平的南宁市，轨道覆盖通勤同比提高9个百分点，达到27%，但Ⅰ型、Ⅱ型大城市的总体轨道覆盖率依旧较低，只有9%。公共交通能在45分钟内到达则是合理通勤的基本保障，从表中可以看到在2021年44个中国主要城市中使用公共交通出行的通勤者中45%能够在45分钟以内到达，深圳市45分钟公交通勤能力占比达到56%、郑州市为47%、温州市为58%、海口市为54%，分别是目前各类规模城市中公交保障的最好水平，而北京市为32%、南京市为41%、乌鲁木齐市为36%、呼和浩特市为40%，分别是当前各类规模城市中公交保障的最差水平。[①]

总的来说，从轨道覆盖比例来看，超大城市和特大城市的覆盖比率相对较高，Ⅰ型、Ⅱ型大城市的轨道覆盖率相对较低，但总体800米以内有轨道的比例只有17%，并不算高；从公共交通服务来看，我国大部分城市中居民通过公共交通去上班所花费的时间在合理通勤时间45分钟以内的比例不足一半，这两项指标体现出了居民住房周围具有公共交通设

---

① 资料来源：《2022年度中国主要城市通勤监测报告》。

施的比例较低，对于大部分租赁群体来说，公共交通是他们的主要出行方式，交通的不便利程度较高体现出了住房周围的基础设施建设不够充足，这与消费者的需求不匹配。

表3-30　　　2020—2021年我国重点城市轨道800米通勤覆盖比重与45分钟公共交通可达比重

城市规模	城市	2020年轨道800米覆盖比重（%）	2021年轨道800米通勤比重（%）	2021年45分钟公交可达比重（%）	城市规模	城市	2020年轨道800米覆盖比重（%）	2021年轨道800米通勤比重（%）	2021年45分钟公交可达比重（%）
超大城市	深圳市	29	29	56		石家庄市	9	11	44
	广州市	30	31	49		苏州市	15	20	43
	上海市	26	30	41		徐州市	5	13	40
	北京市	20	21	32		长沙市	19	19	49
特大城市	西安市	12	17	45	I型大城市	东莞市	2	2	51
	郑州市	12	19	47		佛山市	4	6	47
	杭州市	14	19	46		合肥市	12	17	44
	南京市	16	16	41		济南市	1	2	42
	成都市	26	34	43		哈尔滨市	3	8	46
	沈阳市	10	10	42		大连市	11	11	41
	武汉市	27	32	44		长春市	9	9	37
	青岛市	14	21	44		海口市	—	—	54
	天津市	13	15	41		呼和浩特市	3	3	40
	重庆市	21	22	42		南宁市	18	27	47
I型大城市	常州市	3	5	46	II型大城市	宁波市	9	16	48
	温州市	1	1	50		福州市	14	14	53
	太原市	0	3	41		贵阳市	4	12	44
	无锡市	7	9	42		兰州市	7	7	50
	厦门市	12	14	53		西宁市			46
	昆明市	17	17	47		银川市			41
	乌鲁木齐市	3	3	36		南昌市	—	—	46

资料来源：《2022年度中国主要城市通勤监测报告》。

总的来说，在住房租赁市场上，我国消费者对住房的品质要求较高，但我国大部分租赁住房是由私人出租，这部分住房多数是闲置的老旧住房，住房品质无论是从住房内部的质量还是地理位置抑或是周围的设施都不够高，与消费者的需求并不匹配。

（三）住房供给主体和产品类型单一

从住房租赁市场的产品类型来看，住房租赁市场供应主体单一，机构化住房、保障性租赁住房发展不足。我国住房租赁市场起步较晚，自2015年，我国开始大力支持住房租赁的发展，在同年年底召开的中央经济工作会议上首次提出"租购并举"，党的十九大报告中提出了住房发展新的思路与目标包括"房住不炒、租购并举"，我国的住房租赁市场实际上从这一时期才从国家层面开始重视起来。在此之前，我国住房租赁市场的发展出于市场的自发性，缺少政府对其的干预，再综合各项原因，导致我国住房租赁市场存在很多问题。实际上，我国的住房租赁市场是一块大蛋糕，存在许多的需求，但供给层面却无法与其完全匹配。2016年中央提出"房住不炒，租购并举"的重大方针政策以来，国家出台各项政策来构建以保障性租赁住房为主体的住房保障体系。2021年，中央明确了以公租房、保障性租赁住房和共有产权房三位一体的保障性住房体系，主要由租赁类住房承担保障性居住问题的解决，这些做法都是为了保障我国低收入群体的住房问题，但我国的公租房、保障性租赁住房依旧发展落后。接下来，本部分将从租赁市场供给主体单一、机构化租赁住房发展不足与保障性租赁住房发展不足两方面详细展开论述。

（1）租赁市场供给主体单一、机构化租赁住房发展不足

自房改以来，我国大力发展住房买卖市场，居民的住房自有率大大提升，而住房租赁市场的发展是在流动人口增加、购房压力增大的情况下促进的，在2015年以前，国家发展租赁市场的措施较少；同时，在我国经济发展的过程中，房地产逐渐成为调控经济的一种手段，住房的投资属性逐渐重于消费属性，投资者去投资住房买卖所获得的收益率高于投资租赁住房的收益率，因此在很长一段时间内，我国租赁住房的来源主要集中在家庭的自有住房，专业的租赁机构发展不理想。2015年以来，国家意识到了租赁住房的重要性，开始大力发展住房租赁市场，但机构化的租赁住房市场占比仍然较低，根据住建部的摸底调查，2018年，30个大城市住房租赁机构出租的住房约为116万套，占这些城市市场租赁住

房总量的不足5%。① 根据《2021年租赁市场报告》数据，我国的住房租赁企业主要集中分布在沿海地区，分布在长三角、东南沿海及环渤海地区的租赁企业超过六成。租赁企业数量最多的前五个城市分别为广州市、重庆市、上海市、苏州市和天津市；按照区域分布，租赁企业分布呈现"东—中—西"依次减弱的特征，由于东部地区较为发达，流动人口较多，因此租赁需求旺盛。大城市租赁人口以外来人口为主，我国东部吸纳流动人口的比例自1990年开始就领先中部、西部，虽然经历了快速增长又下降的过程，但2015年东部吸引流动人口的比例仍然达到54.8%，而流动人口多以租赁方式解决居住问题。

表3-31展示了中国2017年重点十城的租赁住房供给结构，从表中可以看出，我国租赁住房的来源主要包括私人提供的个人普租、租赁城中村的住房、租赁分散式品牌公寓和租赁集中式品牌公寓。分散式和集中式两种品牌公寓都属于机构化租赁住房。分散式租赁机构一般通过签订长期合约从个人业主手中获取房源，扮演着"二房东"的角色，并不直接提供房源，而是对房屋进行标准化的配套设施改造，通过集中租赁平台出租给租客；而集中式机构租赁通常会新建租赁物业，或者对空置的办公楼、废旧厂房进行整体改造，为住房租赁市场提供增量房源，租赁机构获得整个物业的运营权，在统一品牌和标准下进行改造和家具装潢后提供给租客，通常还会向租客提供家政和物业等增值性服务。相对而言，分散式机构租赁的经营模式有着轻资产化的优点，而集中式经营模式享有更高的收益率。从住房租赁十个热点城市的机构化占比来看，从十城整体来看，个人普租和城中村是供应主体。其中个人普租占比近2/3，城中村占比超过1/4，机构化房源占比不足一成。且城市间差别很大，深圳市城中村比例最高，近70%的租赁住房供应集中在城中村，北京市这一比例也超过1/3；个人普租仍是大多数城市的主流，苏州市这一比例最高，超90%。北京市和长三角地区城市机构化占比明显领先，北京市机构化租赁住房占比最高，为10.3%，是唯一一超过10%的城市，而最低的天津市不足1%。长三角四城（平均6.9%）高于京津冀（平均5.6%）、珠三角（平均2.6%），杭州市、上海市、南京市、苏州市位列

---

① 邵挺：《中国住房租赁市场发展困境与政策突破》，《国际城市规划》2020年第6期。

前茅，远远领先珠三角和中西部地区城市。但总体来看，这些城市基本都是经济较发达地区，其机构化比例仍普遍低于10%，十城的平均机构化水平为4.79%，大部分居民主要是选择个人普租的方式。

表3-31　　　　2017年我国重点十城租赁住房供给结构

城市	租赁人口（万）	租赁折算住宅（万间）	个人普租（万间）	城中村（万间）	分散式品牌公寓（万间）	集中式品牌公寓（万间）	机构化比例（%）
上海市	951	528	448.7	39.1	30	10.3	7.6
北京市	862	479	242.3	187.4	45	4.1	10.3
广州市	490	327	218.6	100	5	3	2.4
深圳市	590	393	127.8	255	8	2.5	2.7
成都市	465	310	221.8	82.8	4	1.4	1.7
天津市	449	299	226.0	70	2	0.6	0.9
苏州市	248	165	153.7	4.6		2	4.2
武汉市	299	199	147.6	47	3.6	0.9	2.3
杭州市	236	157	103.6	39.4	12	2.4	9.2
南京市	212	141	124.1	7.9	7	2.3	6.6

资料来源：《2018年中国住房租赁白皮书》。

在国外，贝壳找房统计数据显示，美国房屋租赁行业主体中，机构出租方占比达30.4%，其中机构自持并运营的比例为8.0%，机构托管成包租的比例为22.4%，其余为个人房源；2013年，日本有35.8%的租赁住房由专业机构管理；[①] 而我国北京市和上海市为10%和8%，住房租赁市场上机构化仍处于较低水平。而由个人出租房屋占据了市场的主导则会出现很多问题，基数庞大的出租者会导致素质良莠不齐，甚至部分出租者缺乏法律意识和契约精神，私自转售、违约或者欺压租客的现象也层出不穷。管理流程相对规范的机构化租赁住房占比较小以及专业化租

---

① 邵挺：《中国住房租赁市场发展困境与政策突破》，《国际城市规划》2020年第6期。

赁机构发展不足，意味着政府对租赁市场的管理难度增加。此外，个体出租虽然能为租赁市场供给房源，却缺乏为租赁住房提供各项服务的时间、精力和专业技能，包括建筑装修改造、家具电器维护、保洁管理等各类日常运营的配套服务。与住房租赁市场较为发达的国家相比，我国缺乏既能为租客提供相关配套服务又能为个人房东提供房屋托管服务的专业化租赁托管中介机构，这可能导致个人房东在出租时面临着租金滞纳、房屋损坏等风险，出租意愿容易受挫，导致市场运行效率不高。

近年来我国大力培育和发展住房租赁市场，党的十九大以来，"加快建立多主体供给、多渠道保障、租购并举的住房制度"成为我国住房制度改革的主要发展方向，大部分机构化租赁企业集中成立在2020年和2021年，这两年成立的企业数量占比超过八成。回顾行业发展历程，2010年少量企业开始试水长租房业务后，租赁行业经历了从萌芽期到快速发展阶段；2016年以来，在"租购并举"的政策东风之下，长租房市场上创新创业主体的活力被激发；2017年党的十九大报告提出"加快建立多主体供给、多渠道保障、租购并举的住房制度"，2017—2019年大型房企集中涉足长租房业务，长租房已经成为机构化租赁住房的主力选择。2019年和2020年中央分两批明确24个租赁市场发展试点城市，三年示范期内共安排中央财政租赁专项奖补资金600亿元，推动试点城市从租赁房源筹集、培育租赁企业方面大力发展租赁市场，近两年租赁企业数量呈现爆发式增长，2021年成立的企业数量占企业总数量的五成，2020年成立的企业占比则超过三成。[①] 但近几年由于受到疫情的影响，一线城市对机构化长租公寓项目开工、开业进度阶段性受到影响，导致近些年住房租赁企业开业规模增速并不高，新一线城市和省会城市逐渐成为长租公寓品牌布局的新选择。

表3-32展示了由迈点研究院最新独家发布的2022年1—6月我国长租公寓的规模榜单情况，国内长租公寓主要分为"集中式"和"分散式"两类。集中式主要以传统的商业地产运作模式，利用自持土地开发或楼宇整租改造方式进行运营；分散式主要从租赁中介业务延展而来，依靠整合户主房源进行重新装修管理，类似"二房东"。

---

① 资料来源：《2021年租赁市场报告》，贝壳研究院。

表 3-32　　　　　　2022 年 1—6 月我国长租公寓规模

集中式长租公寓品牌			分散式长租公寓品牌	
品牌名称	开业规模（间）	品牌名称	管理规模（间）	品牌名称	管理规模（间）
泊寓	161216	泊寓	208700	牛油果管家	61000
冠寓	110000	魔方生活服务集团	77352	建方长租	4488
魔方生活服务集团	77184	窝趣集团	72892	可加公寓	3000
乐乎集团	65840	乐乎集团	65840	宁巢公寓	2122
窝趣集团	46131	碧家	60000	缤纷公寓	718
招商伊敦公寓	27000	华润有巢	55000		
牛油果青年社区	24194	承寓	45595		
华润有巢	23033	方隅公寓	40000		
城家公寓	20454	招商伊敦公寓	39000		
乐璟生活社区	20394	城方	32005		

资料来源：迈点研究院，并由笔者整理得出。

从集中式长租公寓品牌的开业规模来看（见表 3-32），TOP10 品牌开业规模门槛为 2.03 万间，泊寓和冠寓遥遥领先，开业规模均超过 10 万间，在竞争中具有较强的优势。2022 年 1—6 月，冠寓主要集中发展长租公寓市场，陆续在大连市、福州市、广州市、杭州市和合肥市等十余个城市共布局了超过 6500 间白领公寓。随着住房租赁市场规模化、专业化的脚步不断加快，龙湖冠寓将迎来新的发展阶段。另外，深耕上海市的牛油果青年社区，首次进入开业规模 TOP10，2022 年 1—6 月，牛油果青年社区在全国累计开业门店数 87 家，累计投放白领公寓房源 2.4 万间。从 TOP10 品牌新开业项目分布地区来看（见图 3-15），一线城市仍为头部品牌首选布局区域。40% 的开业项目集中在上海市、北京市、广州市、深圳市等一线城市，32% 的开业项目分布在杭州市、成都市、青岛市、郑州市等核心的新一线城市，其余分布在大连市、合肥市、沈阳市等其他城市。面对一线城市人口外流，新一线城市和部分人口密集的省会城

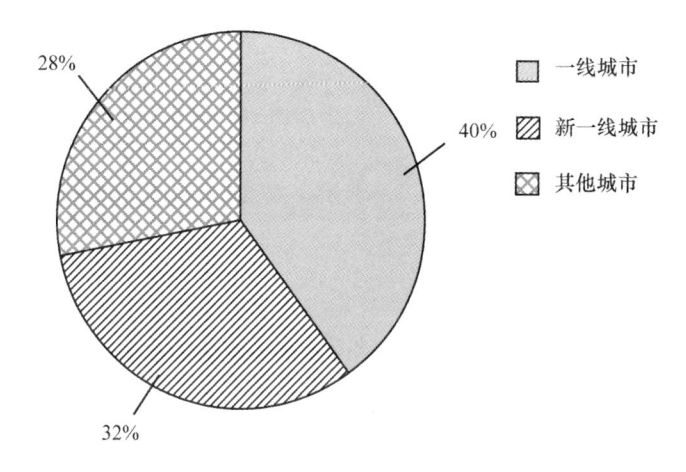

图3—15 2022年1—6月前十品牌新开业项目分布

资料来源：迈点研究院，并由笔者整理得出。

市正在逐渐成为长租公寓品牌布局的新选择。

从集中式长租公寓品牌的管理规模来看（见表3-32），2022年1—6月，排名前三十的长租公寓品牌累计管理规模91.97万间，前十名品牌贡献了69.64万间的管理规模，占比总管理规模的七成以上，其中泊寓以20.87万间的管理面积位居第一。另外，乐乎集团和窝趣公寓管理规模增加最快，新增管理房源均超过5000间。从这些品牌所代表的背景来看（见图3-16），房企系管理规模占比44%；创业系管理规模占比21%；央企系管理规模占比14%；国企系管理规模占比11%；酒店系管理规模占比10%。虽然房企系公寓品牌管理房源规模占比最高，达到40%以上，但近些年创业系、国企央企系为代表的公寓品牌上升趋势明显。

从分散式长租公寓品牌来看（见表3-32），2022年1—6月，牛油果管家累计管理房源规模超过6.1万间；建方长租累计管理房源规模超4488套。另外，地方国企表现也较为亮眼，宁巢公寓1—6月累计管理房源规模2122间，正式突破2000间分散式公寓的管理规模。得益于地方政策、土地资源的支持，地方国企正在成为一股新兴力量，而政府与企业的关系升级，有利于充分发挥长租公寓市场化力量，提高租赁市场的活力。

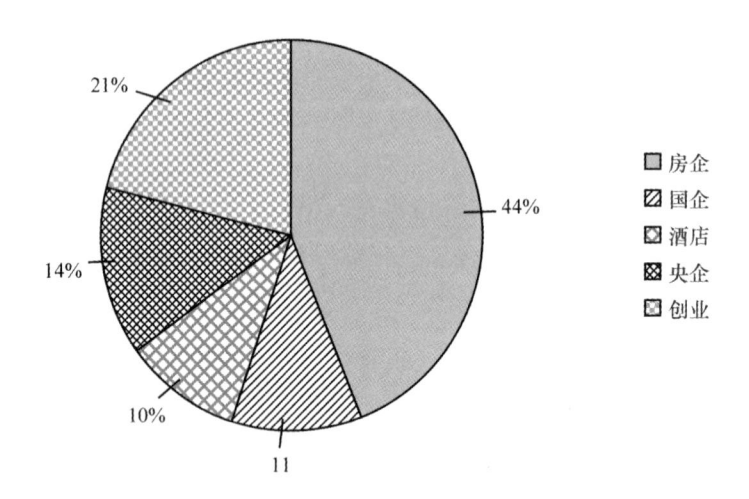

图 3-16　2022 年 1—6 月长租公寓管理规模前十品牌背景分布

资料来源：迈点研究院，并由笔者整理得出。

总的来说，在中央政策的引导下，越来越多的房企、央企与地方国企和创业者进入住房租赁市场，推动了以长租公寓为主的机构性租赁住房的发展。为了满足租房市场需求，长租公寓企业聚焦租赁人口密集的一线城市、新一线和其他省会城市，并推出了青年公寓、人才公寓、租赁社区、中高端白领公寓等全周期产品。

但近几年，长租公寓"爆雷"的事情时有发生，例如国内知名的住房租赁企业蛋壳公寓。同样，在美上市的青客公寓已经连续三年亏损，2019 年净亏损达 4.98 亿元，行业老大自如也不断被曝出"涨租""解约""租金贷"纠纷。而还有更多的中小型长租公寓没有熬过行业寒冬，据统计，2020 年全国发生运营危机的长租公寓超过 20 家。2018—2020 年已有 170 家长租公寓企业消失。"租金贷"是引起长租公寓第一轮问题爆发的导火索，一些运营商强迫或诱导租客大量使用"租金贷"，让金融机构一次性付清租期内所有租金，却让租客背上贷款；对房东则采取月付方式，其中就出现了不少圈钱跑路的 P2P 公司，导致市场对于长租公寓的态度趋于谨慎。虽然长租公寓未来仍然有很大的发展空间，但强化监管保障行业运营十分重要，要扩大机构化租赁市场的份额需要更规范完善的市场环境。

（2）保障性租赁住房发展不足，尚处于起步阶段

2021年，住建部提出加快建立以公租房、保障性租赁住房和共有产权住房为主题的保障性住房体系，住建部部长王蒙徽表示，公租房主要是为了解决城镇住房和收入双困家庭，目前，对于城镇户籍的低保、低收入住房困难家庭已经做到了应保尽保，基本上解决了城镇住房和收入双困家庭的居住问题；而保障性租赁住房重点是要解决人口净流入的重点城市，主要是大中城市，特别是这些城市的新市民和青年人的住房问题；共有产权住房是由城市政府因地制宜，帮助有一定经济实力但买不起住房的居民能够尽快改善居住条件。可见，在我国最新确立的保障性住房体系中是以租赁性住房为主体解决居民的居住问题，在其中目前还存在的最大问题是保障性租赁住房的供给无法满足大中城市流动人口的需求。

保障性租赁住房起源于公租房，2010年国家推出了公租房政策，在这一政策中，保障范围包括城市中低收入和住房困难的双困家庭、新就业无房职工和具有稳定工作的外来务工人员，但在实际政策的执行过程中大部分城市里外来人口并没有购买公租房的资格，这说明公租房政策并不能解决大城市中以"新市民""新青年"为主体的流动人口的住房问题。2020年11月出台的"十四五"规划建议首次提出"保障性租赁住房"这一概念；2021年国务院办公厅印发的《关于加快发展保障性租赁住房的意见》明确指出，保障性租赁住房主要是解决符合条件的新市民、青年人等群体的住房困难问题，以建筑面积不超过70平方米的小户型为主，租金低于同地段同品质市场租赁住房租金。可见，保障性租赁住房是一种介于公租房和市场租赁住房之间的新兴的租赁形式，具有政府支持、低于市场租金水平等特点，受众群体主要是大城市中的流动人口。但目前来看，保障性租赁住房从供给（如政府、市场关系）、需求（如租户准入标准），到产品（如租期长短设置）、价格（如起始租金设定及后续调整），再到政府规制等一系列制度安排都尚在建设之中。[1]

从保障性租赁住房的需求层面来看，我国流动人口规模在逐渐扩大（见图3-17）。流动人口是我国住房租赁市场上的第一大群体，虽然流动

---

[1] 马秀莲：《保障性租赁住房：一个中间租赁的国际比较视角》，《行政管理改革》2022年第7期。

人口数量从2015年开始呈现出持续下滑的趋势，同时再加上近几年受到疫情的影响，人口流动呈现一定的下降趋势，但流动人口仍然保持在2亿以上，2021年我国流动人口规模达到3.85亿人，我国住房租赁市场上仍然有旺盛的需求。图3-18展示了2010—2021年我国全国普通高校毕业生人数，从表中可以看出我国高校毕业生人数一直保持上升趋势，到2021年已经有909万人，再创历史新高，这部分年轻群体毕业后会产生巨大的租赁住房需求。

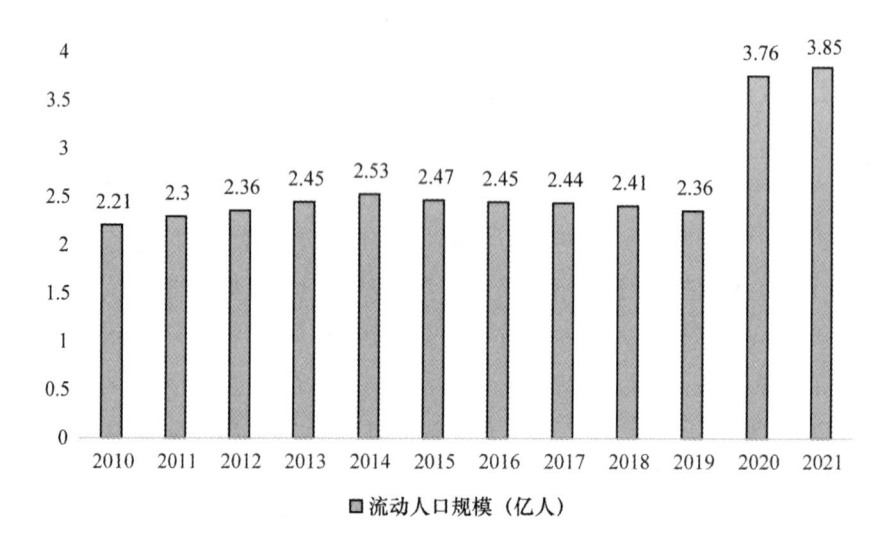

图3-17　2010—2021年我国流动人口规模

资料来源：国家统计局，并由笔者整理得出。

相对于如此庞大的租赁住房需求，我国的保障性租赁住房尚处于起步阶段。"十四五"期间，全国计划筹集建设保障性租赁住房870万套间，预计可帮助2600多万新市民、青年人改善居住条件。根据住房和城乡建设部最新数据显示，全国已有近30个省区市出台了加快发展保障性租赁住房的实施意见，40个重点城市提出了"十四五"保障性租赁住房的发展目标，计划新增保障性租赁住房650万套。2020年，40个重点城市计划筹集建设保障性租赁住房190万套（间）。图3-19展示了我国部分省份在"十四五"期间的保障性租赁住房筹集计划，从中可以看出，广东省和浙江省的保障性租赁住房计划筹集数量最高，分别为129.7万套和

120万套，其次是江苏省58万套，北京市、上海市、重庆市分别为40万套、47万套和40万套，总的来说在我国的发达省份，租赁住房的需求更高，因此在这些地方的计划供应量也相对较大。

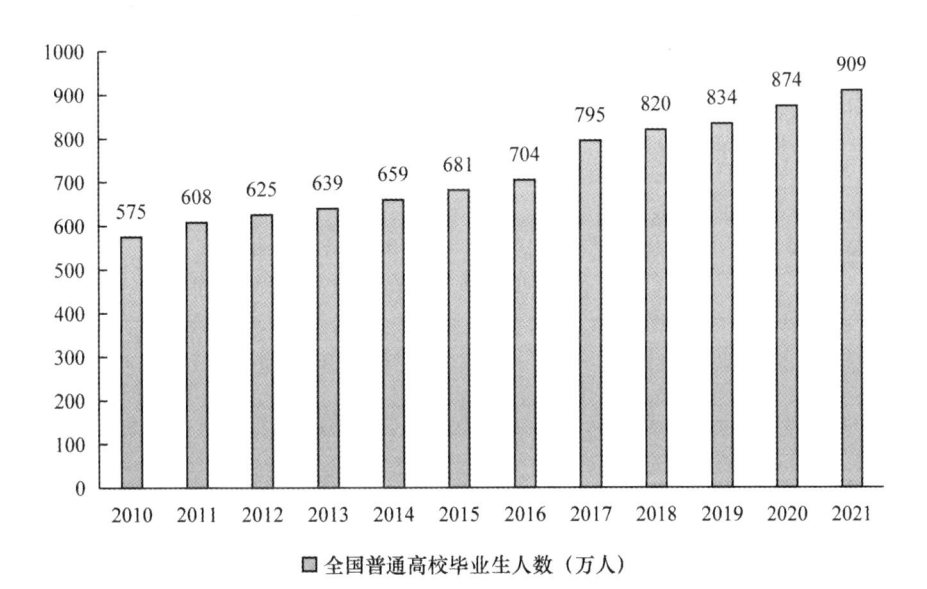

图3-18 2010—2021年我国普通高校毕业生人数

资料来源：中华人民共和国教育部，并由笔者整理得出。

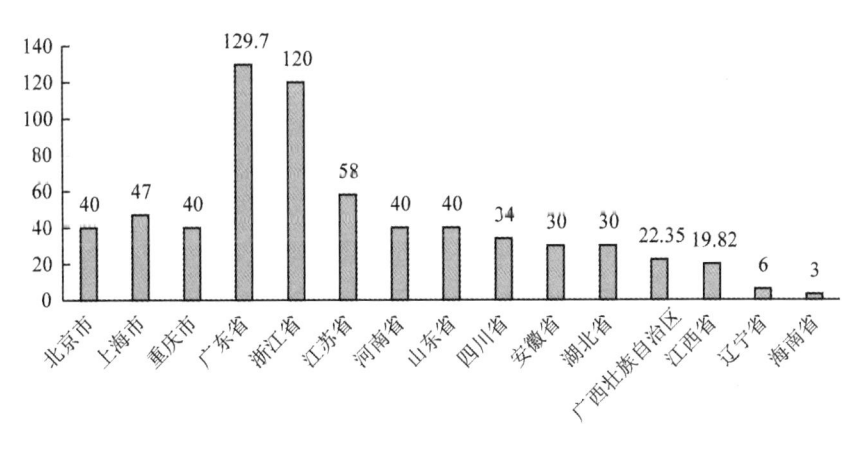

图3-19 "十四五"期间部分省份保障性租赁住房筹集计划

资料来源：各省份人民政府，并由笔者整理得出。

表3-33展示了"十四五"期间上海市、广州市、南京市和青岛市四个城市的新建住宅供应计划，上海市、广州市、南京市和青岛市对保障性租赁住房的计划建设量分别是47万套、60万套、13万套和20万套，分别占总住宅供应量的43%、46%、17%和29%。上海市和广州市对保障性租赁住房的计划供应量所占计划供应总量的比重远高于南京市和青岛市的相关数据，这缘于上海市和广州市是人口流入的主要城市，对保障性租赁住房的需求更高。

表3-33　"十四五"期间上海市、广州市、南京市和青岛市新建住宅供应计划

城市	住宅供应	供应套数（万套）	比重（%）	城市	住宅供应	供应套数（万套）	比重（%）
上海市	各类住宅总计	110	100	南京市	各类住宅总计	77	100
	保障性租赁住房	47	43		商品住房	40	52
	商品住房	40	36		共有产权住房	17	22
	共有产权住房	23	21		保障性租赁住房	13	17
广州市	各类住宅总计	131	100		市场化租赁住房	7	9
	商品住房	65	50	青岛市	各类住宅总计	70	100
	保障性租赁住房	60	46		商品住房	44	63
	公共租赁住房	3	2		保障性租赁住房	20	29
	共有产权住房	3	2		共有产权住房	6	8

资料来源：各省份人民政府，并由笔者整理得出。

总的来说，在中央政策以及地方政府的大力推进下，我国保障性租赁住房正迎来了发展的黄金阶段，特别是发达城市更在大力推进保障性租赁住房的建设。但由于保障性租赁住房发展的起步时间太短，与我国市场上庞大的租赁需求相比，我国保障性租赁住房的供给还处于不足的阶段，要使我国住房租赁市场均衡发展还有很长的路要走。

第四章

我国城市住房市场租售结构失衡的原因

探究住房市场租售结构失衡的原因需要追本溯源,从历史演进的动态视角展开分析。特别是对于中国而言,我国的住房市场从无到有、从建立到发展都经历了漫长的过程,更体现了分阶段分析的重要性。从分析的层次来看,住房市场涉及多层次、多主体的利益关系,其发展的关键不仅仅在于其本身,而且还关系到国家这一宏观和个体这一微观层面。[①] 因此,也需要从多层次视角深入挖掘住房市场租售结构失衡的原因。本章将基于国家、市场和个体三个层面对我国住房市场租售结构失衡的原因做深入、细致的剖析,为后续城市住房市场租售结构失衡长效机制的构建奠定基础。

第一节 国家层面:具体的制度安排

过去几十年,中国取得了举世瞩目的经济成就,这与我国的基本经济制度存在必然联系。社会基本经济制度体现的是"生产什么、怎样生产以及怎样交换产品",即由所有制结构、分配制度和经济体制所构成。为什么"市私"模式[②]眼中看似不适合的体制却支撑起了瞩目的改革成

---

① 易宪容:《中国住房市场的公共政策研究》,《管理世界》2009年第10期。
② 该提法来自德国学者韩博天(Heilmann, Sebastion)(2009),指的是"市场化加私有化"(Maketization-cum-privatization paradigm)。

就?[①] 这引发了国内外广泛关注。

与西方资本主义国家建立的"生产资料私有制为基础的混合经济"的基本经济制度不同，我国逐步建立并形成了"公有制为主体、多种所有制经济共同发展，按劳分配为主体、多种分配方式并存，社会主义市场经济体制"三位一体的基本经济制度，这是由我国的基本国情和发展阶段所决定的。不同的基本经济制度环境中，政府与市场在国家发展过程中扮演的角色、所处的地位以及发挥的作用存在显著差异。而依托于社会主义基本经济制度，我国在发展过程中开创了有效市场与有为政府相结合的中国特色社会主义市场经济。[②] 正因政府与市场逐渐达成有机结合、依存共生、协调共进的状态，我国的社会经济发展才取得了震惊世界的成果。

我国的住房市场经济作为社会主义市场经济的有机组成部分，住房市场的形成、培育和发展离不开社会主义有为政府发挥的决定性作用。在历史进程中，政府通过一系列体现国家和政府意志的制度安排，深刻影响了住房市场的发展和租售结构。因此，有必要从国家层面探讨住房市场租售结构失衡的成因。具体而言，下文主要从我国特殊的制度环境和具体的制度安排进行阐述和分析。

一 特殊的制度环境

（一）社会主义基本经济制度下的政府与市场关系

随着我国对社会主义基本经济制度的探索建立和创新改革，对"政府与市场的关系"这一命题的理解不断深入。作为一类组织形式，政府是一个国家发展过程中最重要的制度条件，对于国民的生活和生产是必不可少的。同时，市场存在自身难以克服的缺陷，这就需要发挥政府的作用。[③]

[①] Xu, C., "The Fundamental Institutions of China's Reforms and Development", *Journal of Economic Literature*, Vol. 49, No. 4, 2011.

[②] 卢福财、王守坤：《历史脉络与实践视野下的有为政府——中国特色社会主义政治经济学的核心命题》，《管理世界》2021年第9期。

[③] 曾祥炎：《基于合作生产视角的政府与市场关系再定义》，《中国特色社会主义研究》2015年第5期。

不同的基本经济制度下,中国与西方资本主义国家在"政府与市场关系"命题的理解上存在一些异同点。相同的是,中国与西方资本主义国家都肯定了政府和市场在经济体制中的必要性。[1] 这是因为政府与市场作为两种不同的配置方式,在经济社会发展过程中展示了各自的优势并发挥了决定性作用。[2] 不同的是,中国与西方资本主义国家对政府和市场关系的认知及定位存在差异。以生产资料私有制为基础的资本主义经济制度,决定了西方的经济发展模式局限于自由主义藩篱。西方主流经济学一直致力于限制政府对市场经济运行的干预,强调"自由市场"和"有限政府"的角色定位,以寻求个人权利和政府权力的平衡。[3] 虽然西方学者也认识到了政府在市场失灵时的重要性,但是对政府介入市场经济,始终持有消极或否定的态度。他们认为政府作用与市场作用是零和博弈、此消彼长的关系,只有限制政府干预,才能提高自由市场经济的效率。[4] 而在社会主义基本制度中,政府与市场的关系并非如西方主流经济学所界定的那样。自中华人民共和国成立以来,政府一直发挥着主导和引领作用,特别是在高度集中的计划经济阶段,政府更是扮演了大包大揽的角色。而在改革开放后,我国根据基本国情,从辩证的角度看待政府与市场的关系。政府的角色开始发生转变,对于资源配置和经济社会事务的管理也逐步从直接管控转向宏观调控,逐渐发挥市场在资源配置中的决定性作用。[5] 但政府并不局限于一般性市场经济所要求的"补充"功能,还承担着培育市场体系、实施产业政策、促进微观市场主体发展、推动科技创新以及完善宏观治理等广泛职责。[6] 政府与市场之间逐渐形成有机统一的协调关系,既可以充分利用市场配置资源的高效率,

---

[1] 马理文:《市场经济与社会主义的结合——马克思主义百年回眸之三(上)》,《马克思主义研究》2001年第5期。

[2] 胡乐明:《论马克思主义政治经济学的新境界》,《马克思主义研究》2021年第8期。

[3] 杨春学:《新古典自由主义经济学的困境及其批判》,《经济研究》2018年第10期。

[4] 方福前:《论建设中国特色社会主义政治经济学为何和如何借用西方经济学》,《经济研究》2019年第5期。

[5] 刘凤义:《论社会主义市场经济中政府和市场的关系》,《马克思主义研究》2020年第2期。

[6] 卢福财、王守坤:《历史脉络与实践视野下的有为政府——中国特色社会主义政治经济学的核心命题》,《管理世界》2021年第9期。

也可以发挥社会主义政府的制度优越性，强调"有为政府"和"有效市场"相结合。因此，政府可以合乎逻辑地将经济发展作为根本职能，形成"发展是第一要务"的举国凝聚力，而市场活力和潜力也得以充分激发，从而在后续发展中取得举世瞩目的经济成就。

（二）社会主义基本经济制度下的政府干预与住房市场

住房市场具有一般商品市场的特点，住房商品的特殊性决定了住房市场的特殊性，世界大多数国家政府都要对住房市场进行必要的干预。[①]因此，住房市场是在政府各项法规严格控制下运行的、有限开放的市场体系。而政府干预是指政府对住房市场的管理和调控，是政府根据不同发展阶段社会经济的宏观目标，通过行政、法律、经济等手段对整个住房市场的供求状况进行控制和调节的方法。[②]在我国社会主义基本经济制度建立和发展的过程中，政府对住房市场的干预由始至终。

1. 政府干预下住房市场的缺位

中华人民共和国成立之初，我国处于新民主主义阶段时，政府在一定程度上推动了住房租赁市场的建立，承认和保护住房私有制，允许私有住房出租的同时，对租约签订和租金数额等进行了规定，但这仅是政府缓解住房紧张、居民居住困难问题的权宜之计。而在1956年至改革开放前的很长一段时间里，我国逐步形成了"单一公有制、平均分配方式、高度计划经济体制"的社会主义基本经济制度，政府在理论和实践上都盲目追求"一大二公"，认为社会主义条件下住房不能私人所有，否定了住房的商品属性。住房被视为政府或政府机构（如工作单位和房管部门）向家庭提供的一种福利。因此，住房无法按照商品经济规律实行等价交换，禁止了住房所有权的交易行为，完全阻碍了住房买卖市场的形成。而在该时期实行的国家经租房机制以及单位住房制度，前者实际上是对出租房屋进行私有化改造，房主可以在一定时期内获得固定租金，后者是单位职工从单位组织中以低租金租借住房，单位体制外的城市居民依据城市户籍身份向当地政府房管部门租住公房。以上租金并非基于市场

---

① 王松涛：《中国住房市场政府干预的原理与效果评价》，《统计研究》2011年第7期。

② 陈星：《从住房市场的特点看政府对住房市场的干预和作用》，《社会学研究》1998年第6期。

供求关系形成的价格,更多体现的是计划经济下的泛福利特征,因此也并不存在住房租赁市场。

实际上,完全否定私人所有制和市场经济,是该阶段对马克思主义基本原理的一种误解。马克思在《资本论》中谈到"在协作和对土地及靠劳动本身生产的生产资料的共同占有的基础上,重新建立个人所有制"①。对此,恩格斯解释道:"公有制包括土地和其他生产资料,个人所有制包括产品即消费品。"② 决定社会性质的并不是消费资料所有制,而是生产资料所有制。住房作为一种消费品,并非生产资料,在社会主义条件下,应当允许个人所有。③ 正因如此,在传统的计划经济体制中,政府完全否定并阻碍了住房市场的形成。

2. 政府干预下住房市场的建立

随着改革开放的提出和推进,我国开始由计划经济体制向市场经济体制转轨,政府也开始逐渐推动建立适应社会主义市场经济体制的商品化住房市场。改革开放初期,住房商品化成为城镇住房制度改革的核心。针对过去长期否认住房的商品属性,住房商品化改革就是要把原来当作福利的城市住房逐步变为商品,而这一目标的实现需要国家承认住房的私有产权,并允许产权让渡。因此,原房主的住房所有权重新获得承认,并将政府机关、军队以及个人挤占的私人房产逐渐归还原主。并且,政府进一步通过城市私房政策,鼓励私人投资建房。在住房私有权得以重新确立后,以公房出售为重要内容的住房商品化改革拉开序幕。20世纪80年代初,党中央、国务院在《全国基本建设工作会议汇报提纲》中正式提出"准许私人建房、私人买房,准许私人拥有自己的住宅",政府试图通过补贴售房的政策来鼓励职工购房,但收获的成效较弱。邓小平同志曾指出:"住宅出售后,要联系房价调整房租,使人们考虑到买房合算,因此要逐步提高房租。房租太低,人们就不买房子了。"因此,各地进行试点提高租金,发放住房补贴,以鼓励城镇居民买房。1988年1月,

---

① [德]卡尔·马克思:《资本论》,中共中央马克思恩格斯列宁斯大林编译局译,人民出版社2018年版。

② 中共中央马克思恩格斯列宁斯大林著作编译局编:《马克思恩格斯选集》第三卷,人民出版社1972年版。

③ 蔡德容:《住宅经济学》,辽宁人民出版社1993年版。

《关于在全国城镇分期分批推行住房制度改革的实施方案》明确将现行关于住房的实物分配逐步改变为货币分配，由住户通过商品交换取得住房的所有权或使用权，意味着住房市场在全国范围内的逐步建立。

由此可以看出，我国在建立住房市场的过程中，政府的工作重心主要是鼓励私人自有住房和促进公房出售，虽然也将改革低房租制放在了突出的地位，但本质上是提高租房成本，促进人们购买并自有住房和以售带租。政府主要通过行政规划、住房政策等手段来调节公有住房的投资额度以及政府对机构、私人建房和购房的投资和补助额度，从而改变住房市场结构。因此，相较住房买卖市场，政府对住房租赁市场的关注度较低，采取的一系列干预措施形成了以住房买卖市场为主的发展导向，是导致我国住房市场租售结构失衡的基础。

3. 政府干预下住房市场的发展

20世纪90年代，中国改革开放进入新阶段，公有制经济体制开始改革，非公有制经济进一步繁荣，一部分经济效益较好的行业以及私营企业经营者阶层产生了对高品质住房的需求，城市住房投资、建设、销售逐渐兴起。随着住房福利制度的终结和以普通商品住房为主要渠道的住房供给模式的形成，住房市场更是进一步发展。特别是房地产业成为我国国民经济支柱性行业后，掀起了持续性的住房投资热潮。为抑制房价上涨势头和住房投机行为，防范房地产泡沫风险，政府对住房市场发展的引导主要有以下三个方面：一是调节住房供求差距。房价过快上涨导致大量中、低收入家庭买不起房、住不起房，中国政府通过建立以经济适用住房为主的住房供应体系和以廉租房和公租房为主的保障性住房制度体系来保障中低收入人群的住房需求。二是规范住房市场运行。随着住房热潮的掀起，城市住房市场运行过程中各种乱象不断涌现，住房炒作、地王、天价住房、购房"假离婚"、住房公积金套现等现象频频发生，对住房市场运行的规范迫在眉睫。政府主要通过限购限贷、限价限售等住房政策，限制土地供给等土地规划手段，规范住房金融业务和房地产信贷业务等金融手段，对家庭购买行为和企业开发投资行为进行双向调控。三是调整住房市场结构。我国城市住房市场发展客观上存在"购售一只腿长、租赁一只腿短"的租售失衡特征。为平衡租售市场发展，2015年后政府开始逐渐加强行业规范和市场监管，制定法律、金融、财税、土地等配套法规政策来促进住房租赁市场发展。

总体来看，在我国城市住房市场发展过程中，政府既是调控者也是监管者，承担了保障居民住房需求、稳定住房市场环境、监督引导住房市场发展的重要任务。但客观上来看，由于住房租赁市场发展起步较晚、基础薄弱且配套制度不完善，因此，相比较为成熟的住房买卖市场，住房租赁市场发展需要获得政府的更多关注，才能实质上促进我国住房市场结构更加均衡和解决住房问题。

二 具体的制度安排

社会主义基本经济制度环境下，政府在我国发展过程中扮演着至关重要的角色，所形成的一系列制度安排发挥了关键作用。因此，有必要梳理我国特殊的制度环境下，政府所形成的具体制度安排对住房市场的影响，系统分析中国住房市场租售结构失衡的制度成因。具体而言，我们将从宏观角度出发，探究住房制度、户籍制度、土地制度和金融制度对住房租售结构的影响。

（一）住房制度

住房制度是国家干预和调节住房市场的核心手段，是关于住房建造、流通、分配、消费、管理和保障的基本制度安排。中华人民共和国成立以来，我国的住房制度经历了深刻变革。由于在不同时期，我国的政治经济环境和社会经济发展目标不同，因此，由政府主导的住房制度安排也存在明显的阶段性特征。

1. 住房制度安排中的住房属性认知

住房制度实质上也是关于住房属性的规定。从政府的角度来看，住房具有经济和社会的双重属性。住房的经济属性是指住房作为消费品和投资品，其开发建设对经济具有直接和间接的贡献。住房的社会属性是指住房的社会功能和民生保障作用。而从消费者的角度来看，住房包括居住属性和投资属性。住房的居住属性是指住房为居民提供住所，满足居住需求的最基本功能。住房的投资属性则是指住房作为一种资产，具有保值和增值的功能。在住房制度安排的阶段化演进过程中，其实反映出了政府和消费者对住房属性认知的变化。

（1）1949—1957年，我国的住房制度安排主要反映出政府对住房社会属性以及消费者对居住属性的关注。中华人民共和国成立初期，战后的国民经济处于萧条状态，住宅稀缺且居住条件普遍较为恶劣。在战争威胁尚未完全消除的国际大环境下，国防建设是关乎国家兴衰存亡的重要问题，国家将资源、资金等要素主要用于发展与国防密切相关的重工业产业。[①] 财政严重不足的情况下，政府在新建住房供给上则是心有余而力不足。如何解决国民住房困难成为政府的难题。政府将注意力放在对原有住房的统筹安排上：一方面，政府没收了官僚资本家、战犯、反革命分子等对象的住房，并进行统一监管和分配；另一方面，承认并适当保护私有住房，但严格限制住房投机。因此，该时期的住房制度安排下，公有和私有住房并存，居民主要通过公房配给和租赁私房的方式来解决居住问题。

在该时期，政府关注的是住房保障民生的社会属性，但却忽视了住房开发建设对经济的贡献，即忽视了住房的经济属性。而国民刚从战争的残酷中解放出来，也只期望"吃饱住暖"，并且在政策规定下，住房主要发挥基本的居住功能。虽然该住房制度安排下，形成了住房租赁市场的雏形，但由于政府对住房租赁的管制较强，而对住房私有权的保护有限，导致住房租赁乱象丛生，实质性发展停滞不前。仅从1949年下半年开始不到一年的时间，北京市和上海市的住房租赁纠纷案件数量就分别达到了3000余例和9000余例。[②]

（2）1958—1977年，形成的住房制度安排体现了政府对住房属性的认知由社会属性上升为全福利属性，消费者仍然关注的是住房的居住属性。由于我国正处于经济短缺状态，物资、资金、技术人员在总量上长期需求大于供给，为实现技术赶超和规模经济，必须发挥强大的政府传统优势。[③] 苏联"十月革命"的成功经验成为我国走向计划经济道路的重要参照。在完成三大改造后，我国完成了由新民主主义向社会主义的过渡，逐渐建立了传统的社会主义基本经济制度。"一大二公"思想逐渐向

---

① 陈斌开、林毅夫：《发展战略、城市化与中国城乡收入差距》，《中国社会科学》2013年第4期。

② 济南市史志编纂委员会：《济南市志》（第2册），中华书局1997年版。

③ 武力：《中国计划经济的重新审视与评价》，《当代中国史研究》2003年第4期。

住房领域渗透，住房私有权被彻底否定。1956年中共中央书记处转批《关于目前城市私有房产基本情况及进行社会主义改造的意见》。而从1958年开始，中国开始实施私有出租住房的社会主义改造，对全国所有城市和1/3的镇进行了私房改造，涉及房屋约1亿平方米，[①] 相当大比例的公有住房使得私有住房的存在已没有太大意义。[②] 与平均主义分配方式相辅相成的是，住房成为完全的生活必需品，形成的住房福利制度确立了住房的全福利性质。该时期逐渐形成了"统一建设、统一管理、统一分配、以租养房"的住房制度安排。

在这一阶段，政府赋予了住房作为完全公共物品的全福利性质，将住房保障民生的社会属性上升为全福利属性，对住房的建设、分配和管理实现了"大包干"，这种住房供给方式符合高度集中的计划经济体制下"优先发展工业"的目标，发挥了我国"集中力量办大事"的制度优势，在一定程度上保障了当时城镇居民的住房需求。[③] 但是这一过程几乎改造掉了住房的商品属性，也不存在实际的住房市场，住房的经济属性被忽视且无以实现。而城市居民的主要居住类型包括两类：一是职工从单位组织中以低租金租借住房；二是单位体制外的城市居民依据城市户籍身份向当地政府房管部门租住公房。由此，居民对住房属性的认知和住房功能的使用也仅限于居住。

（3）1978—1997年，住房商品化萌芽，住房的经济属性逐渐引起政府关注，但仍以社会属性为主，消费者主要关注的是住房的居住属性。计划经济时期的住房制度安排具有"低租金、高福利、实物分配"的典型特征。住房开发建设靠的是国家的财政拨款，而住房分配则是由单位以基本无偿的方式，按照职级、贡献及实际的住房需求分配给职工，只收取象征性的租金（房租占城市居民家庭收入的比重不足1%）。[④] 福利

[①] 国家城市建设总局房产住宅局、北京日报社理论部编：《城镇住房问题》，北京日报出版社1981年版。

[②] Zhang, X. Q., "Privatization and the Chinese Housing Model", *International Planning Studies*, Vol. 5, No. 2, 2000.

[③] 周加来、周慧、周泽林：《新中国70年城镇化发展：回顾·反思·展望》，《财贸研究》2019年第12期。

[④] Mak, S. W. K., Choy, L. H. T. & Ho, W. K. O., "Privatization, Housing Conditions and Affordability in the People's Republic of China", *Habitat International*, Vol. 31, No. 2, 2007.

化的制度安排导致住房资金没有回收渠道，国家背上沉重的财政负担，且在住房仍严重短缺的情况下已有住房条件十分落后。政治形势的变化为住房问题的解决打开了机会之窗。一是我国开始打破高度集中的计划经济体制，不再将社会主义等同于高度集中的计划经济，[①] 不再将社会主义与市场经济完全对立；二是党和国家将工作重心从阶级斗争转移到了经济建设上来，对经济效益和经济发展给予了更加充分的关注。[②] 因此，我国的住房制度安排逐渐由福利化转向市场化，期望发挥市场配置资源的高效来解决住房问题。首先是从承认住房私有权开始，1980年6月《全国基本建设工作会议汇报提纲》，正式提出"准许私人建房、私人买房，准许私人拥有自己的住宅"，住房私有权得以重新确立。其次是提倡以市场化手段解决住房需求，试点措施从鼓励私人建房到全成本售房、三三制售房（政府、单位、个人各负担三分之一），公房出售成为住房商品化变革的重要内容。住房是商品的观念逐渐被人们所接受，大多数家庭通过购买房改私房、经济适用住房等方式满足居住需求。住房市场逐步发展，房地产业增加值由1980年的96.2亿元提高至1998年的3427.7亿元，但所占GDP比重分别仅有2.1%和4.0%。[③]

随着我国政治观念和形势的转变，政府不再将住房视作完全公共产品，认识到住房其实是一种符合商品价值规律，可以进行等价交换的商品。政府推动住房商品化，既是为了缓解住房包干和经济建设"两头抓"带来的财政压力，也是为了通过市场手段实质性解决住房严重短缺的问题。由此，政府对住房属性的关注由全福利属性转向了社会属性和经济属性，且以社会属性为主、经济属性为辅。在住房商品化的萌芽期，居民购房也主要是满足自身的居住需求，在当时的制度环境和住房政策导向下，居民并未将住房视为一种投资品。

（4）1998—2007年，政府开始注重住房的经济属性，在解决居民居住问题的同时，关注和强调住房在经济运行中的重要作用。消费者对住

[①] 邓小平：《邓小平文选（一九七五——九八二年）》，人民出版社1983年版。

[②] 柏必成：《改革开放以来我国住房政策变迁的动力分析——以多源流理论为视角》，《公共管理学报》2010年第4期。

[③] 数据来源：国家统计局，http://www.stats.gov.cn/。

房属性的关注不仅限于居住属性，对住房投资属性的关注度日益提高。1997年亚洲金融危机全面爆发，打破了亚洲经济急速发展的景象，对我国宏观经济运行产生极大影响，逐步出现了通货紧缩的局面。寻找新的经济增长点以拉动内需成为我国政府的理性选择。由于住房产业关联度高，对相关产业具有极强的带动作用，被我国政府视为一个新的经济增长点。由于单位分配住房仍然存在，很多职工仍在等待着通过单位分配来获得住房，[①] 因此需要新的住房制度安排来刺激居民购房需求。1998年7月颁布的《国务院关于进一步深化城镇住房制度改革加快住房建设的通知》提出"停止住房实物分配，逐步实行住房分配货币化"，意味着住房"双轨制"的结束和住房福利制度正式终结，这也意味着职工将要通过市场来满足自身的住房需求。随着以经济适用住房为主的住房供应体系的形成，住房市场得以发展，规模不断扩大。随着住房市场的发展壮大，房价过高和房地产投资过热的住房问题日益凸显，对社会经济的平稳运行存在隐患。因此，政府的工作重心由促进住房市场发展转变为调控住房市场发展。在2003年下发的《国务院关于促进房地产市场持续健康发展的通知》中首次提出"房地产业已经成为国民经济的支柱产业"，需要对房地产市场进行调控和监管，以促进经济平稳发展。对住房市场的调控也一直延续至2008年。

该阶段住房制度的改革反映出了政府对住房市场在社会经济发展中的重视。在这一过程中，政府继续保持了对住房社会属性的关注，但同时体现了政府对住房经济属性关注的变化。2003年起所实施的一系列调控政策也旨在通过弥补住房市场之不足，完善市场化的住房制度，最终促使住房经济的平稳运行和住房市场的健康发展，其焦点仍然落在住房市场对于经济运行的重要性上。消费者对住房属性的认知也有所变化。在政府鼓励购买住房、房价不断上涨的现实环境下，人们开始意识到，住房不单单是保障居住需求的商品，更是有利可图的投资品，对住房投资属性的偏好逐渐深入人心。

（5）2008—2012年，政府先是进一步强调住房的经济属性，然后回

---

① 田吉龙：《加快城镇住房制度改革　使住宅业真正成为新的经济增长点》，《中国软科学》1998年第2期。

归社会属性。消费者在满足居住需求后，将更多的目光投向住房投资属性。全球性金融危机的爆发使得许多国家经济衰退，国际经济环境明显恶化，我国包括房地产业在内的许多行业都受到很大影响。为避免国际金融危机对国内经济运行的影响进一步扩大，2008年下半年政府相继发布了《关于调整房地产交易环节税收政策的通知》和《国务院办公厅关于促进房地产市场健康发展的若干意见》，期望通过降低住房交易税负、提高住房消费信贷支持力度、支持房地产企业融资等措施来刺激不景气的住房市场，从而实现经济的恢复。2008—2009年，住宅商品房销售面积由59280.35万平方米增长到86184.89万平方米，全国住宅商品房平均销售价格也由3576元/平方米上涨至4459元/平方米。2009年末，为遏制房价上涨趋势，国家出台了一系列调控措施，主要包括限购、限贷以及差别化的贷款和税收政策，政府对住房属性的关注逐渐回归社会属性。尽管住房调控政策不断升级，但住房市场依旧火热，房地产业增加值占GDP比重由2009年的5.44%增长到2012年的5.8%，住宅商品房销售面积从2010年的93376.6万平方米增长到2012年的98467.51万平方米，住房供给稳步增长。同时，房价增长趋势明显，从2010年的4725元/平方米增长到2012年的5429.93元/平方米。

该阶段政府对住房属性关注度的变化与1998—2008年期间存在相似之处，在面临金融危机波及我国经济运行时，政府都选择拉动内需，刺激购房需求的方式维持经济稳定，在渡过难关后又重新回归对住房社会属性的关注。不同的是，消费者对住房属性关注的变化。在经历上一阶段的发展后，本阶段的住房市场更加成熟稳定，且随着拥有住房家庭比例的不断提高，以及居民收入水平和消费能力的提高，人们对住房的要求不仅仅局限于满足基本的居住需求，而是对改善住房条件有更大的需求，同时也更加关注住房的保值和增值性质，即住房的投资属性。

（6）2013年至2024年，政府开始在住房的社会属性和投资属性之间寻找平衡点，逐渐形成了租购并举、市场配置与政府保障并重的住房制度安排。大量的投资、投机性购房需求引起城市房价不断上涨，城市住房消费两极分化现象严重、中低收入群体住房问题突出、流动人口住房问题引起重视，① 政府更加关注住房发展不平衡和不充分的问题。我国开始逐步建立市场配置和政府保障相结合的住房制度，在推进住房市场健康发展的同时加强保障性住房的建设和管理。针对住房市场运行，政府主要通过增加普通商品房用地供应、支持房地产企业合理融资需求来促进住房市场的发展，通过调整首付和贷款比例来抑制住房市场投资投机需求。同时，于 2015 年发布的《住房城乡建设部关于加快培育和发展住房租赁市场的指导意见》提出要加快培育和发展住房租赁市场；于 2018 年从土地供给侧改革来推动住房租赁市场发展，即利用集体建设用地建设租赁住房，以丰富住房供给结构，满足不同人群的住房需求；于 2024 年，中国人民银行和国家金融监督管理总局共同发布的《关于金融支持住房租赁市场发展的意见》进一步加大了住房租赁开发建设的信贷支持力度，以满足住房租赁市场的多元化投融资需求。在住房保障体系建设上，政府加快了保障性安居工程的规划建设，通过建设公租房、全方位支持保障性租赁住房的发展，满足新市民、青年人、低收入人群等群体的住房需求。

在该阶段，从住房问题来看，政府开始回归重视住房的居住属性和社会属性，在关注住房经济属性的同时合理抑制住房投资属性。总体上来说，住房制度的改革使得我国住房制度建设更加完善，促进了住房市场平稳发展，不仅提高了住房总体数量，还极大提升了人均住房居住面积，改善了居民生活居住环境。

2. 住房制度安排对我国住房市场租售结构的影响

总体而言，不同时期下形成的住房制度安排体现了政府对住房属性的侧重各有不同，在政策倾向下，消费者对住房属性的认知也存在差异。可以说，正是因为政府对住房属性认知和关注的变化，才在不同阶段形成了不同的反映国家和政府意志的住房制度安排，并由此对我国住房市场的租售结构产生影响。纵观住房制度改革的历史过程，自中华人民共和国成立以来，政府对不同住房属性侧重下的住房制度安排使我国的住房市场租售结构呈现出"有租无售"—"无租无售"—"重售轻租"—

---

① 刘宝香、吕萍：《转型时期我国城市住房问题思考——基于发展住房租赁市场的视角》，《现代管理科学》2015 年第 5 期。

"租购并举"的变化过程。

具体来看，1949—1956 年，我国住房市场处于"有租无售"阶段。在该阶段初期，我国根据基本国情，建立并形成了新民主主义经济制度。为缓解财政压力，同时解决居民的住房问题，政府将住房的社会属性摆在首位，承认并保护住房私有权，且允许私有住房出租，但否定了住房所有权的交易。私有住房出租的市场行为一直延续至 1956 年的私有住房社会主义改造，客观上该阶段存在住房租赁市场而不存在住房买卖市场，且由于该时期政府对私有住房出租限制过多，因此住房租赁市场的发展相当有限。具体表现为私有住房的租金一般比公租房租金高出 30% 以上，并且私有住房的条件相比公租房较差，1956 年公租房的人均居住面积为 3.95 平方米，而私房的人均居住面积为 3.4 平方米。[①]

1957—1978 年，我国并未形成或建立实质上的住房市场，因此处于"无租无售"阶段。在该阶段，我国建立了"单一公有制、平均分配方式、高度计划经济体制"的传统社会主义基本经济制度，完成了对私人住房的社会主义改造，政府将住房视为福利性质的完全公共产品，强调住房的全福利属性，否定住房的商品属性，形成了福利分房制度。

1979—2012 年，我国住房市场处于"重售轻租"阶段。在该阶段，我国对社会主义基本经济制度进行了改革和创新，围绕政府保障和市场配置并举的思想形成了与中国特色社会主义市场经济体制相适应的住房制度安排。在面临 1998 年和 2008 年的金融危机时，政府首先强调住房的经济属性，即通过一系列政策刺激购房需求，以拉动经济增长，而在度过危机后再度回归住房的社会属性，即通过政策抑制住房投资投机行为，使住房回归基本的居住功能。但这只是有限地削弱了住房市场的投资热情，房价仍在不断上涨，购房需求持续上升。相较住房买卖市场，住房租赁市场的培育和发展并未得到政府重视。而政府于 1998 年和 2010 年所发展的廉租房和公共租赁住房则更是对市场化租赁住房形成替代和挤出效应，这使得市场化租赁住房并未成为居民除购房外的唯一住房选择。因此，在该阶段住房租赁市场发展十分滞后，且规模有限。

2013 年至今，我国提出并不断强调住房市场"租购并举"。在该阶

---

① 《国民经济统计报告资料选编》，统计出版社 1958 年版，第 146 页。

段，政府将更多注意力放在对住房社会属性和经济属性的平衡上，在意识到我国住房市场存在供应总量不平衡、供应结构不合理、供给主体单一的问题后，提出通过发展住房租赁市场来解决不同需求居民的住房问题，通过"租购并举"来实现住房经济属性和社会属性的并重。但住房租赁市场起步较晚，且缺乏完善的配套制度，住房租赁市场的发展仍然需要时间和实践。

因此，随着政府住房属性认知的不断变化，所形成的住房制度安排实质上导致了住房租赁市场发展的滞后，是住房市场租售失衡的深层次原因。

(二) 土地制度

土地是住房开发建设所必需的核心要素，土地制度是指约束人—地经济关系的规则的集合，是围绕土地所有、利用、收益而发生的生产关系制度，即反映着人与人之间的土地经济关系。[①] 土地制度的构成包括土地所有制度、土地使用制度以及土地国家管理制度，是国家治理体系中最为敏感、最为独特、最为复杂的制度安排。[②] 土地制度与住房制度关联密切，它们共同促进了我国城市房地产市场的快速繁荣。

我国土地制度安排的历史演进过程较为复杂。在中华人民共和国成立前，中国共产党第一次全国代表大会就提出了"土地社会公有"的新思想，为中华人民共和国成立后的土地制度建设打下了基础。[③] 而在中华人民共和国成立后，我国逐步建立了城市土地国家所有和农村土地集体所有的土地公有制。由于改革开放前，我国建立了"单一公有制、平均分配方式和高度集中计划经济体制"的社会主义基本经济制度，无论是土地还是住房在很大程度上都不允许进行买卖和私人租赁，因此并未形成实质上的土地市场和住房市场，土地制度安排对住房市场的影响也就无从谈起。这样，我们将重心主要放在分析改革开放后，政府形成的土地制度安排对住房市场租售结构的影响上。具体而言，我国的土地制度安排在变迁过程中，对住房市场租售结构的影响主要包括以下两个方面：

---

① 毕宝德、柴强、李玲等编：《土地经济学（第7版）》，中国人民大学出版社2016版。
② 严金明、郭栋林、夏方舟：《中国共产党土地制度百年演变：影响历史进程的十大标志性事件》，《中国土地科学》2022年第2期。
③ 董昕：《新中国成立前中国共产党的土地工作思想》，《城市与环境研究》2021年第3期。

一是单一化的土地供给导致住房市场租售结构失衡。改革开放后，随着社会主义市场经济体制的逐步建立，我国的土地资源配置更多地依赖于市场机制，呈现典型的渐进市场化改革特征。[①] 一方面，我国在法规政策和实践层面确立了城市土地国有制、分离了土地所有权和土地使用权、实现了城市土地使用权的有偿有期限和可流转，从土地供给侧支持住房市场发展，激发了住房市场的巨大活力。另一方面，随着土地制度的变迁，我国实际上形成了单一化的土地供给，即单一化的土地供给来源和单一化的土地供给主体，并由此对住房市场结构产生了极大影响。

就单一化的土地供给来源来看，自中华人民共和国成立以来，我国逐渐形成的城乡二元体制导致了城乡土地市场的分割和地政管理的分治，[②] 而城乡二元化的土地制度安排则赋予了城市国有土地和农村集体土地在土地市场上不同的权利。[③] 长期以来，农村集体土地用途受到严格管制，且仅允许在村集体内部进行流转，而不允许在市场上自由买卖和出租。因此，长期以来，城市国有土地成为住房市场上唯一的土地供给来源。

就单一化的土地供给主体来看，在城市土地国家所有的制度安排下，确立了政府在土地一级市场上的垄断地位，即政府是土地一级市场上唯一的土地供给者。[④] 在土地储备和土地供应计划制度下，政府可以严格控制建设用地供应总量，实现"由供给确定需求"的土地供给方式。[⑤] 在2004年土地招拍挂制度全面推行后，土地财政逐渐成为地方政府赖以维持财力的主要方式，更进一步激励了政府对土地供给的掌控动机。

单一化的土地供给使得政府可以通过控制（增加或减少）土地供应（总量、结构和时序）来把握住房市场的发展方向。其中，对土地的具体

---

① 钱忠好、牟燕：《中国土地市场化改革：制度变迁及其特征分析》，《农业经济问题》2013年第5期。

② 魏后凯：《新常态下中国城乡一体化格局及推进战略》，《中国农村经济》2016年第1期。

③ 国务院发展研究中心农村部课题组、叶兴庆、徐小青：《从城乡二元到城乡一体——我国城乡二元体制的突出矛盾与未来走向》，《管理世界》2014年第9期。

④ 孙秀林、周飞舟：《土地财政与分税制：一个实证解释》，《中国社会科学》2013年第4期。

⑤ 毛蒋兴、小培、王爱民等：《20世纪90年代以来我国城市土地集约利用研究述评》，《地理与地理信息科学》2005年第2期。

用途、容积率等规划指标的制定将影响住房市场中不同类型住房的供给数量，这也是政府干预住房市场最直接的手段。[①] 在我国不同阶段的发展过程中，政府会根据自身对住房属性的理解和侧重，通过土地供给手段来实现住房市场发展目标。具体而言，改革开放后，特别是1997年亚洲金融危机爆发后，政府更加注重住房的经济属性，将"刺激居民购房，拉动经济增长"作为住房市场的发展目标。国土资源统计年鉴数据显示，2004—2008年政府土地供给主要以普通商品房建设用地为主，普通商品房建设用地出让面积占住宅用地面积比例的五年平均值为84.12%。在政府为住房市场提供大量商品房建设用地的情况下，住房买卖市场快速发展，日益繁荣。根据中国房地产统计年鉴数据，我国住宅商品房销售面积由2004年的3.38亿平方米增长至2008年的5.92亿平方米；而至2008年，住宅出租面积仅有0.047亿平方米，不足住宅商品房销售面积的1%。2008年美国次贷危机引发的全球性金融危机爆发，对我国的经济运行产生了极大影响。政府为防止金融危机对我国经济社会发展的影响程度进一步扩大，再次释放政策红利刺激居民购房，同时也在《国务院办公厅促进房地产健康发展若干意见》中提出"保证房地产开发用地供应的持续和稳定"，住房市场开始回温并逐渐过热。虽然在此期间，我国至2017年，政府通过出让方式提供商品住宅用地面积6.96亿平方米，占住房用地出让面积的76.9%。住宅商品房销售面积达到14.48亿平方米，而住宅出租面积仅0.03亿平方米。从住房销售面积和住房出租面积的绝对量来看，我国住房市场租售结构失衡的现象愈发严重。虽然2020年发布的新《土地管理法》从法律上破除了集体经营性建设用地进入市场的障碍，在消除城乡土地二元体制方面具有里程碑的意义，但是由于集体经营性建设用地入市牵涉到农民、集体、政府等诸多复杂利益关系的调整，因此具体效果还需未来在实践中进行检验，通过土地供给侧改革实现住房市场土地供给的多元化，缓解住房市场租售失衡现状仍有很长一段路需要走。

二是规模化的土地财政加剧了住房市场租售结构失衡。"土地财政"

[①] 凌维慈：《规制抑或调控：我国房地产市场的国家干预》，《华东政法大学学报》2017年第1期。

是在我国的财税制度、政治晋升制度和土地制度的特殊安排下所催生的具有鲜明中国特色的政府行为。唐在富（2012）将土地财政定义为：一种高度依赖土地资源、土地相关财政收支在政府总收支中占比较高的财政运行形态。[①] 特别是自1994年分税制实行以来，中央和地方在职能划分上并未做到明晰合理，地方政府承担的职能相较更多，财权事权的不对等导致在预算内收入无法满足收入增长和财政支出的需求时，以土地出让金等预算外收入为主的土地财政就成为地方政府的着眼点。[②] 在现行土地制度安排下，地方政府可以凭借在土地一级市场上的垄断地位，通过土地招拍挂等出让方式获取高昂的土地出让金，以此达到缓解财政压力、促进经济建设的目标。而土地财政的规模化主要表现在两个方面：一是纵向的土地财政规模化，即随着城镇化、工业化进程的不断推进，各省市的土地财政规模和水平呈棘轮式攀升的趋势。[③] 财政部数据显示，[④] 我国土地出让收入由2008年的10375.3亿元增加到2020年的84142.3亿元，土地出让收入与地方一般公共预算收入的比值也从2008年的36.2%上升到2020年的84%。主要原因在于，不论是为弥补财政缺口的无奈之举，[⑤] 还是提高政治锦标赛竞争力的内在冲动，[⑥] 地方政府都有通过"经营土地"获取巨额土地财政的强烈动机，由此形成地方政府以地生财的发展模式，对土地财政产生路径依赖。[⑦] 二是横向的土地财政规模化，即随着"以地谋发展"模式的兴起，在空间分布上会有越来越多的城市和地方政府不断扩大土地财政规模和提高土地财政水平。原因在于，一方面，相邻城市在行政区划、区位、政策、社会经济条件和资源禀赋上具

---

① 唐在富：《中国土地财政基本理论研究——土地财政的起源、本质、风险与未来》，《经济经纬》2012年第2期。
② 周业安：《县乡级财政支出管理体制改革的理论与对策》，《管理世界》2000年第5期。
③ 雷潇雨、龚六堂：《基于土地出让的工业化与城镇化》，《管理世界》2014年第9期。
④ 数据来源：中华人民共和国财政部，http://www.mof.gov.cn/index.htm。
⑤ 孙秀林、周飞舟：《土地财政与分税制：一个实证解释》，《中国社会科学》2013年第4期。
⑥ 杜雪君、黄忠华、吴次芳：《中国土地财政与经济增长——基于省际面板数据的分析》，《财贸经济》2009年第1期。
⑦ 邵朝对、苏丹妮、邓宏图：《房价、土地财政与城市集聚特征：中国式城市发展之路》，《管理世界》2016年第2期。

有一致性或相似性，由此，理性驱动下相邻地区的地方政府综合各方条件制定的土地财政策略类似；另一方面，在追求经济绩效和城市建设的过程中，相邻地区的土地财政行为存在示范模仿效应，[①] 土地财政收益较高的地区往往因其经济增长的利好趋势对其他地区形成土地财政策略选择的空间传导机制。

规模化的土地财政使得城市地价和房价不断攀升，既刺激了地方政府进一步以地谋财的动机，也提高了企业和居民的住房投资热情。根据2005—2018年国土资源统计年鉴和中国房地产统计年鉴数据，国有土地出让均价由2004年的353.27元/平方米上涨至2017年的2251.4元/平方米，其中住宅商品房用地均价由669.79元/平方米上涨至5305.63元/平方米，而房价则由2608元/平方米上涨至7614元/平方米，住宅开发投资由8836.95亿元提高至75147.88亿元。在土地财政驱动下，住房买卖市场日益火热，并掀起了住房开发投资的热潮。而对于住房租赁市场而言，直至2021年，市场化租赁住房的土地供给才上升到国家战略层面，包括北京、上海、杭州等城市在内的22个城市相继发布住宅用地出让"两集中"的新规，并对租赁住房用地占比进行了规定。相较住房买卖市场，住房租赁市场的土地供给明显滞后，且规模较小，从而导致住房租赁市场发展受限。因此，土地财政实质上促进了住房买卖市场发展，而制约了住房租赁市场发展。究其原因主要在于：一是城乡割裂的二元土地市场决定政府是城市住房市场上几乎唯一的土地供给者。在分税制的财政压力和经济发展的晋升激励下，导致地方政府有极强的动机扩张土地交易的规模，推动房价上涨以此来推高土地价格，并推出更多的购房优惠政策刺激居民购买住房，从而发展地方经济。[②] 而住房租赁市场由于长期受到忽视，本身发展滞后，租金水平与房价水平存在巨大差距，对于地方政府而言，出让土地用于建设市场化租赁住房并不能很好地提高土地出让收益。根据前文第三章部分数据，2020年我国重点50城平均租售比

[①] 李郇、洪国志、黄亮雄：《中国土地财政增长之谜——分税制改革、土地财政增长的策略性》，《经济学（季刊）》2013年第4期。

[②] 易宪容、郑丽雅：《中国住房租赁市场持续发展的重大理论问题》，《探索与争鸣》2019年第2期。

和租金收益率分别为 1∶611 和 1.96%。地方政府对土地出让收益的执念导致我国住房市场结构以住房买卖市场为主。二是非对称的成本收益促使房地产企业在土地开发建设中作出理性选择。自实行城市土地的有偿有期限使用以来，城市土地价格的不断上涨给房地产企业带来严峻的成本挑战，促使房地产企业成为理性经济人，在进行土地开发建设前综合考虑项目成本、收益和风险。高昂的土地成本和开发建设成本以及高负债、高杠杆和高周转的运营模式使得他们在理性驱使下会选择项目收益更高、资金回笼更快的方案。与此同时，房价上涨和住房需求增加的预期驱动下，房地产企业可能存在错估风险的非理性投资行为。因此，相比建设和出租租赁住房，建设和出售商品房显然是符合房地产企业对成本、收益和风险要求的更优产品选择。这就导致我国城市住房市场的供给结构以商品房为主，市场化租赁住房供给有限。

（三）户籍制度

户籍制度作为中国社会一项基本的制度安排，它调节着人口在城乡之间和城市之间的流动分布，并且控制城市内部的福利分配。[①] 人口迁移是城镇化的重要内容，伴随人口迁移的是迁移人口的住房问题。因此，我国的户籍制度与住房问题存在密切关联。户籍不仅具有赋予公民身份证明、公共福利附着等多重功能，还将这些功能与住房相挂钩，这使得户籍制度在宏观和微观层面对我国的住房市场产生了广泛而深远的影响。

中华人民共和国成立以来，以人口迁移和福利分配调整为逻辑主线的户籍制度改革呈现出明显的阶段性特征。[②] 梳理户籍制度的阶段性特征有助于更清晰地分析户籍制度安排对住房市场租售结构影响的历史过程。具体来看，户籍制度安排的变革对住房市场租售结构影响的时间节点主要在改革开放后，这是因为中华人民共和国成立至社会主义改造完成（1949—1957 年）期间虽然存在短暂的住房租赁市场，即政府承认并在有限程度内保护住房私有权，允许私人住房出租但否定住房买卖，相关配

---

① 邹一南：《户籍制度改革的内生逻辑与政策选择》，《经济学家》2015 年第 4 期。
② 张国胜、陈明明：《我国新一轮户籍制度改革的价值取向、政策评估与顶层设计》，《经济学家》2016 年第 7 期。

套制度极不完善，租房乱象层出不穷，住房市场并未取得实质性发展。而户籍制度的正式形成是在1958年，我国已经开始私有住房的社会主义改造，住房租赁市场也不复存在，住房市场缺位一直持续到了改革开放。因此，在这段时期内，户籍制度安排并未对住房市场的租售结构产生实质影响。改革开放后，户籍制度安排对住房市场租售结构的影响大致可以分为两个阶段：①

1. 1978—2011年：二元户籍制度的有限突破与住房市场的"重购轻租"

该阶段户籍制度安排的变革主要表现为人口迁移的逐步自由与非对等城市福利分配的日益改善，实质上促进了住房市场的"重购轻租"。具体表现为以下两个方面。

一是该阶段户籍制度安排通过促进人口流动提高城市住房需求，从而促进住房市场的"租"与"购"，且"购"大于"租"。随着社会主义市场经济体制的逐步建立，工业化进入产业扩张阶段，对劳动力产生大量需求。同时，农村家庭联产承包责任制的推广使得粮食安全得以保障，由此产生大量农村剩余劳动力。在此背景下，政府对人口流动的态度产生了由"紧"向"松"的转变，开始逐步解除限制农村劳动力流动的户籍制度约束，城镇人口的跨区域就业已经基本不存在制度壁垒，打破了过去严格的城乡二元割裂的制度安排。特别是，东部沿海地区作为户籍制度改革的"先行地"，开始吸纳大量的流动人口参与就业，形成了跨区域、跨城乡的"民工潮"现象。因此，户籍制度安排下人口的自由迁移会产生大量的住房需求。但总体来看，产生的购房需求要大于租房需求，主要原因在于：一方面，1998年和2008年金融危机后，在政府鼓励购房的政策导向下，住房市场逐渐火热且房价不断上涨，人们逐渐认识到住房具有保值增值功能，即便将住房作为投资品具有一定风险，但购房也最起码能保障基本的居住需求；另一方面，改革开放后，相比市场化租赁住房，政府住房保障体系中的廉租房和公共租赁住房具有租金低于市场价、租约稳定②

---

① 赵军洁、范毅：《改革开放以来户籍制度改革的历史考察和现实观照》，《经济学家》2019年第3期。

② 曾德珩、全利：《关于公租房社区的居住与就业空间匹配问题——以重庆市为例》，《城市问题》2014年第2期。

和制度成熟[①]的比较优势，对于大量的中低收入人群、务工人群以及收入水平有限的青年人群而言，或许是租房的更优选择。因此，廉租房和公共租赁住房实际上分担了部分租房需求。根据前文第三章部分的统计数据，2000年的租房家庭比例为23%，其中16%的家庭都是租赁廉租房或公共租赁住房；2005年我国租房家庭比例为20%，而租赁廉租房或公共租赁住房的家庭比例达到8%。

二是该阶段户籍制度安排在社会福利分配上的不对等，既抑制了租房需求，也刺激了购房需求。改革开放初期，农村劳动力可以相对自由地向城市迁移，但他们中的大多数仍然因没有城市户籍而不能享受城市户籍居民相应的就业保障、住房、医疗、教育、社保等城市福利。虽然随着户籍制度改革的深入推进，附加在户籍上的社会福利开始被剥离，如取消了近40年的"户粮挂钩"政策，但实质上并未改变城乡居民的身份差异、社会地位和利益差异，且居住地户籍利益二元化问题仍然突出，尤其是在部分大城市和超大城市，户籍利益的差异在就业准入、子女教育等方面表现十分明显。因此，该阶段户籍制度安排通过社会福利分配的差异对住房市场的租售结构产生影响。主要原因是：一方面，长期以来的户籍制度改革虽然在剥离户籍附加的社会福利上取得了进展，但尚未完全实现常住人口和户籍人口的公共服务均等化和普惠化，[②] 这并不利于人口流动的积极性，而流动人口恰恰是租房需求的主力军，[③] 因此会对租房需求产生一定的抑制作用。另一方面，在该阶段我国的户籍制度安排中，租房和购房这两种不同房屋占有形式享受的公共服务权益存在差距，户籍制度及公共政策赋予了房屋所有权远超过其居住功能的价值，住房所有权捆绑了过多的福利与权益，包括教育权益、社区服务权益和公积金权益等。[④] 鉴于城市的公共服务和社会福利大多附着于区位，享受

---

① 田焱：《关于公共租赁住房保障流程管理技术路径及措施的思考》，《经济体制改革》2017年第5期。

② 伍骏骞、何伟、储德平等：《产业集聚与多维城镇化异质性》，《中国人口·资源与环境》2018年第5期。

③ 李在军、尹上岗、张晓奇等：《中国城市流动人口房租收入比时空格局及驱动因素》，《地理科学》2020年第1期。

④ 黄静、崔光灿：《"租购同权"对提升居民幸福感的影响》，《城市问题》2019年第12期。

城市公共服务往往需要以购房为前提条件,[①] 所以相比租房,购房意味着享受一系列优质的社会福利和公共服务,同时也可以提高流入人口的社会融入度,[②] 这主要表现为购房本身以及购房带来的社会福利给流动人口带来了心理上的自我身份认同。[③] 因此,对于有长期居留意愿的非本地户口居民而言,他们往往更关心住房产权的附属条件,例如位置、居住环境和学区,租房只是过渡性的暂时选择,而购房才是更长远的打算,[④] 从而刺激购房需求。

2. 2012年至2024年:基本公共服务均等化建设与住房市场"租购并举"

该阶段的户籍制度安排主要表现为自由的人口迁移和均等化城市福利的建设。随着社会主义市场经济体系的逐步完善,我国实现了大规模的流动人口转移就业,已经基本实现了城乡统一劳动力市场的阶段性政策目标。党的十八大报告提出,要加快改革户籍制度,有序推进农业转移人口市民化,努力实现城镇基本公共服务常住人口全覆盖。在这一背景下,户籍制度改革的政策重心也从促进流动人口的空间自由流动并构建城乡统一劳动力市场向构建基本公共服务均等化制度过渡。该阶段开始逐步将户籍附加的社会福利功能剥离出来,特别是在新型城镇化推进过程中逐步放宽落户条件、全面实施居住证制度,推进了社会福利和城镇基本公共服务常住人口全覆盖。但居住地户籍利益二元化问题仍然突出,尤其是在部分大城市和超大城市,户籍利益的差异在就业准入、子女教育等方面表现得十分明显。[⑤] 自2015年底中央经济工作会议首次提出"租购并举"的住房市场发展方向后,政府开始重视对住房租赁市场的发展。显然,现行户籍制度安排中,将租房与购房这两种不同的住房占有形式所绑定的社会福利和公共服务差异化,与我国住房制度的改革方向并不相符。因此,我国部分城市已经开始尝试进一步将附加在户籍

[①] 郑思齐、廖俊平、任荣荣等:《农民工住房政策与经济增长》,《经济研究》2011年第2期。

[②] 邹一南:《购房、城市福利与农民工落户意愿》,《人口与经济》2021年第3期。

[③] 陆万军、张彬斌:《就业类型、社会福利与流动人口城市融入——来自微观数据的经验证据》,《经济学家》2018年第8期。

[④] Chen, G., "The Heterogeneity of Housing-Tenure Choice in Urban China: A Case Study Based in Guangzhou", *Urban Studies*, Vol. 53, No. 5, 2016.

[⑤] 谭崇台、马绵远:《农民工市民化:历史、难点与对策》,《江西财经大学学报》2016年第3期。

的社会福利剥离，提高各种公共服务和社会保障的灵活性和广泛性，减少对承租人和产权人的差别对待。① 2017 年，广州市和上海市相继把"租购同权"作为促进住房市场"租售并举"的新举措。广州市发布的《广州市加快发展住房租赁市场工作方案》提出"赋予符合条件的承租人子女享有就近入学等公共服务权益"，而上海市发布的《关于加快培育和发展本市住房租赁市场的实施意见》则详细阐明上海市常住居民租房居住者享有基本公共服务的内容。2024 年国务院印发的《深入实施以人为本的新型城镇化战略五年行动计划》将租购同权纳为新型城镇化建设的重点任务，从国家战略层面强调逐步使租购住房群体享有同等公共服务权利。通过均等化社会福利和公共服务建设实现"租购同权"，进而实现住房市场"租购并举"，已经成为现阶段我国户籍制度改革的重要目标。

但是，就目前而言，仅有少部分城市开展了"租购同权"的尝试，并且同权的标准和程度存在较大差异，大多数同权城市实质上只是在一定条件下的、单一方面的"同权"。例如，2017 年广州市政府发布的《加快发展住房租赁市场工作方案》提出，赋予符合条件的承租人子女就近入学等权益，保障教育层面的"租购同权"。但仔细分析则可以发现，广州市规定的条件是，具有本市户籍的适龄儿童少年、人才绿卡持有人子女等政策性照顾借读生、符合市及所在区积分入学安排学位条件的来穗人员随迁子女，其监护人在本市无自有产权住房，以监护人租赁房屋所在地作为唯一居住地。因此，通过户籍制度改革带来"租购同权"和"租购并举"的实现，改变我国住房市场租售结构失衡现状仍任重道远。

（四）住房金融制度

住房市场是一个资金密集型市场，其培育和发展离不开金融支持，这主要表现在两个方面：一是住房开发建设需要巨额资金，且开发周期较长，资金回笼较慢，因此需要巨额外部融资支持；二是住房作为一种昂贵的商品，大部分居民无法采取即时消费的方式，因此需要金融支持来实现居民住房消费。金融制度作为"金融活动的规则"，是采用法律形式建立的统一金融体系，它规定了金融交易各方的权利和责任，这种规

---

① 黄燕芬、王淳熙、张超等：《建立我国住房租赁市场发展的长效机制——以"租购同权"促"租售并举"》，《价格理论与实践》2017 年第 10 期。

定同时也决定了资金供给者和需求者所要承担的风险以及相关的金融交易费用。[①] 正式的金融制度安排包括金融机构（如商业银行、证券公司、保险公司等）、金融市场（货币市场、资本市场）、金融工具（债券、股票、贷款、存款等）、金融监管（监管机构、监管法规等）。[②] 在我国住房市场的培育和发展过程中，政府为充分发挥金融业对住房市场的支持作用，形成了与住房制度相辅相成的住房金融制度框架，并由此对住房市场租售结构产生影响。

由于经济发展水平、金融体制和政治体制等存在差异，世界各国在住房金融制度的框架搭建上各有侧重。具有代表性的框架主要有以下三种：[③] 一是以发达的住房抵押贷款市场为主的美国住房金融体系；二是以住房自愿储蓄和贷款契约为特征的德国住房金融体系；三是住房金融体系中以强制储蓄发挥主导作用的新加坡公积金制度。而我国的住房金融体系处于混合发展状态，包含了以上三种模式的特点。目前，我国住房金融制度安排的基本结构是以商业性住房金融为主，而以政策性住房金融为辅。下面我们将分别结合商业性住房金融体系和政策性住房金融体系的演变历程，探讨我国住房金融制度何以造成住房市场租售结构的失衡。

1. 商业性住房金融

商业性住房金融体系包括众多的银行、储蓄机构和证券公司，我国的商业性住房金融是以商业银行为主体。从商业性住房金融的发展过程来看，其业务主要是围绕住房开发及买卖展开。改革开放后，随着住房商品化的不断推进，部分城市已经打破单一的、传统的由财政负担的住房建设模式，逐渐产生了以银行信贷为主的多种商业性住房金融业务，还包括房地产信托和房地产债券等间接和直接融资方式开始介入住房产业，并由此对我国住房市场租售结构产生影响。下面我们主要分析银行信贷对住房市场租售结构的影响。

改革开放初期，住房信贷业务的重心以发放商品住房开发贷款为主，

[①] 林毅夫、孙希芳、姜烨：《经济发展中的最优金融结构理论初探》，《经济研究》2009年第8期。

[②] 吴军、何自云：《金融制度的激励功能与激励相容度标准》，《金融研究》2005年第6期。

[③] 杨明秋：《住房金融的制度分析》，博士学位论文，复旦大学，2003年。

基本没有消费性贷款，同时信贷规模较小且承担住房信贷业务的仅有建设银行。1978—1984 年，建设银行累计发放的商品住房开发贷款不足 15 亿元。[①] 但这标志着银行信贷资本首次进入住房市场，为商品住房开发建设提供了资金支持。随后，烟台、蚌埠市成立了我国第一批专业性的地方住房金融机构——住房储蓄银行，在 1988 年实施住房制度改革后，建设银行的各城市分行也开始设立专业化的房地产信贷部，所涉及的业务包括住房生产、消费资金的筹措、融通和信贷结算。这意味着我国的住房资本市场开始逐渐萌芽，实质上通过资金支持推动了商品住房开发建设，从住房供给端促进了住房买卖市场的发展。根据统计资料，[②] 我国住宅销售面积由 1988 年的 2549.1 万平方米提高至 1991 年的 2745.2 万平方米。至 1991 年，国务院发布的《关于继续积极稳妥地推进城镇住房制度改革的通知》中首次提出要"开展个人购房建房储蓄和贷款业务，实行抵押贷款购房制度"。1992 年建行房地产信贷部发布的《职工住房抵押贷款暂行办法》对贷款对象、条件、程序、期限以及利率等都作出了相应规定，标志着住房信贷业务开始介入个人住房消费领域。1994 年国务院发布的《关于深化城镇住房制度改革的决定》进一步提出要"促进住房商品化和住房建设的发展"，随后中国人民银行发布的《商业银行自营性住房贷款管理暂行规定》基本确立了以商业银行自营性信贷业务与委托性住房存贷业务相结合的住房融资体系。该时期住房制度安排的重点在于通过提租增资促进公房出售，鼓励居民购房，因此政府发展住房金融市场的侧重在于引导住房投资和消费。直至 1998 年，随着住房制度改革的深化，住房分配从福利分房制转变为住房货币化，公房出售和提租增资等房改措施以及商业性住房金融在促进住房买卖市场发展上取得了不错的效益。相比之下，由于早期政府并未重视住房租赁市场发展，并且在政府政策推广和激励下，居民的租房选择多以政府提供的廉租房为主，[③] 因此市场化租赁住房的开发建设以及消费较少获得银行资本的青

---

① 杨明秋：《住房金融的制度分析》，博士学位论文，复旦大学，2003 年。
② 国家统计局国民经济综合统计司编：《新中国六十年统计资料汇编》，中国统计出版社 2010 年版。
③ 朱多刚、胡振吉：《中央政府推进政策扩散的方式研究——以廉租房政策为例》，《东北大学学报》（社会科学版）2017 年第 4 期。

昧。随后，个人住房贷款逐渐成为消费贷款发展的重点，规模不断扩大。据统计，① 我国住房信贷余额由1998年的514亿元上涨至2002年的8269亿元。但是，在住房抵押贷款市场快速发展的同时，也出现了商业银行放松贷款条件、违规发放贷款以及零首付贷款等不良现象。从2001年开始，央行、中国人民银行和银监会相继发布《关于规范住房金融业务的通知》《关于进一步加强房地产信贷业务管理的通知》《商业银行房地产贷款风险管理指引》等文件加强住房消费贷款管理和减少商业银行风险。而从2004年开始，住房市场进入频繁调控时期。相应地，央行和银监会也通过频繁调整住房抵押贷款等商业性住房金融业务的相关政策，包括利率、首付款比例等，来调控住房市场发展。

通过银行信贷资本介入住房市场的发展过程可以看出，长期以来以银行资本为主展开的商业性住房金融业务，将目光集中于住房开发建设和以购房为主的个人住房消费上，为住房开发建设以及居民购房提供了充足的资金来源，持续刺激了房地产开发商的住房开发投资热情和居民的购房需求。而相比之下，至2015年，住建部发布的《住房城乡建设部关于加快培育和发展住房租赁市场的指导意见》才提出加强对住房租赁市场的金融支持，意味着通过商业性住房金融业务扶持住房租赁市场的发展仍然是一个持续摸索、不断实践的过程。

2. 政策性住房金融

政策性住房金融体系的主体是住房公积金制度，与商业性住房金融类似，长期以来住房公积金制度更多关注的是住房开发建设与居民购房，而不是住房市场化租赁。从住房公积金制度的发展过程来看，1991—1993年为住房公积金制度的初步建立阶段。1991年，《上海市住房制度改革实施方案》（以下称"方案"）正式出台，首次提出了"公积金"这一说法，与配套实施的《上海市公积金暂行办法》（以下称"办法"）对公积金的定义、对象和范围、缴纳、管理和使用进行了具体规定。其中，方案和办法都对住房公积金的使用作出了限制，提出公积金只能支付职工家庭购买自住住房、私房翻建和大修、自建自住住房等费用，而不能用于支付包括住房内部装修、房屋养护、住房租金、认购住宅建设债券

---

① 数据来源：中国人民银行，http://www.pbc.gov.cn/。

等在内的其他费用。因此，在住房公积金制度的最初建立上，就否定了其对住房租赁市场的金融支持作用。至1993年末，全国已有131个城市建立了住房公积金制度，归集住房公积金达110亿元。在1994—1998年，住房公积金制度进入全面建设阶段。1994年国务院颁布的《关于深化城镇住房制度改革的决定》中，正式肯定了住房公积金制度的作用，并要求在全国推行建立住房公积金制度。同年11月，《建立住房公积金制度的暂行规定》对住房公积金的支付和使用作了进一步的规定，明确规定职工个人住房公积金只能用于家庭购买、建造自住住房及家庭自住住房大修理支出，单位购买和建设住房也以住房公积金进行抵押贷款。至1998年底，全国231个地级以上城市建立了住房公积金制度，全国住房公积金缴存总额达到1231亿元。① 1999—2014年，住房公积金制度进入全面完善阶段。1999年国务院正式通过了《住房公积金管理条例》，标志着住房公积金制度的法治化和规范化，形成了由国家、单位、个人三者合理负担的体制，② 并且规定在"房租超出家庭工资收入的规定比例的"情况下，职工可以提取住房公积金。这一规定在加强住房租赁市场金融支持上具有突破意义。2002年，《国务院关于修改〈住房公积金管理条例〉的决定》进一步扩大了缴存范围，将民办非企业单位、社会团体也纳入了归集范围。截至2002年底，全国住房公积金归集总额达到4131亿元，个人贷款总额达1592亿元，相比1998年底分别增长了2.4倍和7.6倍。③ 2002年以后，相继发布的《关于进一步加强住房公积金管理的通知》《关于完善住房公积金决策制度的意见》《关于住房公积金管理机构调整工作的实施意见》《关于加强住房公积金管理等有关问题的通知》等政策文件，进一步加强了对住房公积金的管理与监督，使其在支持居民住房消费方面发挥了巨大作用。而在2010年，随着公共租赁住房进入住房保障体系，政府也开始逐步探索住房公积金参与公共租赁住房建设和运营的可行性。至2011年，住建部副部长齐骥表示，住建部正在联合各

---

① 王先柱等：《建立公开规范的住房公积金制度研究》，经济科学出版社2020年版。
② 蒋佳琪、谢勇：《住房公积金缴存促进了农民工购房吗》，《农业技术经济》2021年第1期。
③ 路君平、李炎萍、糜云：《我国住房公积金制度的发展现状与对策研究》，《中国社会科学院研究生院学报》2013年第1期。

个部门，研究修订公积金条例工作中，放开个人提取公积金用于支付住房租金的规定。2015 年至今，住房公积金制度为完善发展阶段。2015 年，为改进住房公积金提取机制，促进住房租赁市场发展，住房城乡建设部、财政部和中国人民银行下发《关于放宽提取住房公积金支付房租条件的通知》，提出职工在连续足额缴存住房公积金满 3 个月且本人及配偶无自有住房而租赁住房的情况下，可提取夫妻双方住房公积金支付房租。但同时也根据租赁住房属性进行了区分，若职工租住公共租赁住房，则可以按照实际房租支出全额提取住房公积金。而租住商品住房的职工，则需要各地住房公积金管委会根据当地市场租金水平和租住住房面积，确定租房提取额度。随后，2015 年底发布的《住房公积金管理（修订送审稿）》以及 2019 年颁布的《住房公积金管理条例》（2019 年修订）进一步简化了存缴手续，从强化管理监督、维护缴存者权益和解决住房问题等方面进行了发展和完善。根据《全国住房公积金 2019 年年度报告》数据，2019 年住房公积金缴存额达到 23709.67 亿元，全年住房公积金提取人数 5648.56 万人，提取额 16281.78 亿元。其中，全国住房公积金支持 1013.82 万人住房租赁提取住房公积金 937.83 亿元，支持人数比上年增长 32.28%。[1] 由此可见，住房公积金制度在支持住房租赁市场发展上已取得了一定成效。

住房公积金制度具有强制性和专用性的特点。强制性即城镇在职职工及其单位都必须按比例缴纳住房公积金，专用性即住房公积金定向用于职工买房、建造、翻建和大修自住住房，这在很大程度上提高了居民的购房意愿，[2] 且在大中城市中，住房公积金制度甚至显著提高了房价。[3] 以住房公积金为主的强制性缴存基金缺乏进入房屋出租业的良好通道。目前我国的养老金、社保基金、住房公积金等各类强制性缴存基金数额巨大，但大多存在资金贬值、资金运用率不高等问题。从适用性角度看，养老金、社保基金、住房公积金等强制性缴存基金投资于租

---

[1] 数据来源：《全国住房公积金 2019 年年度报告》，http://www.gov.cn。
[2] 李伟军、吴义东：《住房公积金、金融知识与新市民住房租购决策——基于 CHFS 的证据》，《中南财经政法大学学报》2019 年第 4 期。
[3] 顾澄龙、周应恒、严斌剑：《住房公积金制度、房价与住房福利》，《经济学（季刊）》2016 年第 1 期。

赁市场，不仅有助于解决当前发展住房出租业面临的缺乏长期资金来源问题，也在一定程度上有助于提高养老金、社保基金、住房公积金的资金运用效率，起到保值增值的效果。但是目前，这类基金进入住房租赁领域还存在诸多制度上的阻碍。以住房公积金为例，现有《住房公积金管理条例》第五条规定："住房公积金应当用于职工购买、建造、翻建、大修自住住房，任何单位与个人不得挪作他用。"只有当房租超出家庭工资收入的规定比例时，租房者才可以提取职工住房公积金账户内的存储余额来支付房租，并且各地区的标准存在较大差异。

（五）住房财税制度

住房市场调控涉及多个职能部门，需要多部门联合协作。财税是政府控制和调节住房市场的重要政策手段，财税制度反映了国家和公民经济关系的关键制度安排，涉及国家、集体、个人的利益分配，涉及当期和未来之间的利益分配。[1] 我国通过财税制度改革，发挥住房市场对国民经济的重要影响力，实现住房社会属性与经济属性、居住属性与投资属性之间的侧重与平衡，从而形成了与住房制度相协调的住房财税制度安排。由于财税体制并不是永久不变的，而是会随社会思潮和经济发展而进行阶段性改革，且市场应当可以预期到制度变迁的时间和方向。[2] 因此，在探讨住房财税制度对住房市场租购结构的影响前，首先要对住房财税制度的形成和发展过程进行梳理。

1. 住房财税制度的形成与发展

与财税体制构成类似，住房财税体制所覆盖的内容复杂且广泛。从实质层面上看，住房财税体制主要包括三个方面的基本内容：[3] 首先，政府在住房市场上取得收入和拨付支出是两个最基本的线索，围绕住房财政收入和财政支出就形成了相应的制度规范，即住房财政收入体制和住房财政支出体制，这是住房财税体制的两个基本内容。其次，无论财政

---

[1] 陈昌盛、李承健、江宇：《面向国家治理体系和治理能力现代化的财税改革框架研究》，《管理世界》2019年第7期。

[2] 付敏杰：《新一轮财税体制改革的目标、背景、理念和方向》，《经济体制改革》2014年第1期。

[3] 高培勇：《由适应市场经济体制到匹配国家治理体系——关于新一轮财税体制改革基本取向的讨论》，《财贸经济》2014年第3期。

收入还是财政支出，都要纳入以政府预算为主体的制度体系加以管理。因此，围绕政府预算的编制、审批、执行和决算形成了预算管理体制。最后，不同层级政府之间存在财政收支往来关系，围绕处理不同层级政府之间收支关系形成了财政管理体制。

围绕以上三项基本内容，我国的住房财税制度安排经历了深刻变革。主要可以划分为以下四个阶段。

（1）1949—1956年：住房财税制度的初步尝试阶段

中华人民共和国成立后，我国的住房财政收入体制由房地产相关的各种税收构成。第一届全国税务工作会议将房地产税作为一个基本税种，初步形成了全国统一的房地产税制。具体过程而言，1950年政务院发布了《全国税政实施要则》，确定全国税收的范围为房产税、土地税、交易税、契税等14个税种。随后，又将房产税和土地税合并为房地产税。1951年8月正式发布了《中华人民共和国房地产税暂行条例》并在全国范围内实施。此外，与房地产相关的其他税种也在建设之中，政务院和财政部相继公布的《工商业税暂行条例》《印花税暂行条例》《印花税暂行条例实施细则》中，契税和印花税种都列有房地产或房地产代理的税目。因此，这标志着我国以城市房地产税收为主，契税、印花税和工商业税为辅的住房财政收入体制的形成。而我国的住房财政支出主要花费在购买住房、兴建新房和旧房改造上。据初步统计，[①] 以北京市为例，各级机关、部队、团体购房共1800余起，付出房款达3300余亿元。1949年6月到1951年9月，公家共买房6.3万多间。在该阶段，我国的财政管理体制和预算管理体制表现为划分收支、分级管理。1951年底，北京市由财政开支或投资和公私合资增建的工人宿舍、市民住宅和劳动人民旅店共7270间，国有企业新建职工宿舍4303间。1952年，新建市民住宅1941间，各企业单位新建工人宿舍2.7万间。此外，1950年北京市民政局还发放修房救济金1.2亿元，安全修缮房屋约45700间。1951年政务院颁发了《关于1951年度财政收支系划分的决定》，将国家财政分为中央、大行政区、省（市）三级，将工商业税和印花税列为

[①] 杨宗儒：《新中国成立初期北京的城市住房问题与住房保障》，《北京档案》2018年第3期。

中央和地方的比例解留收入，而房地产税和契税则划归大行政区或省（市）收入。

(2) 1957—1978 年：住房财税制度的发展停滞阶段

社会主义改造基本完成后，我国形成了以住房财政支出体制为主体的住房财税制度。我国进入社会主义阶段后，生产关系和经济结构发生了重大变化，之前建立的多税种、多征次的住房财税制度已不适应。因此，我国对住房相关税种进行了合并，城市房地产税和印花税最终被合并到工商税中，契税仍然是单列的一个税种，形成了以工商税和契税为主的住房财政收入体制。但由于该阶段我国实行土地公有制，一律不许买卖和出租，住房也基本退出了商品流通领域，几乎不存在城市房地产交易行为，以房屋和土地为课税对象的税种已名存实亡，因此，住房财政收入体制实质上受到了很大的破坏。而建立的福利分房制度使得我国的住房财政支出体制以建设住房支出为主，住房支出规模大幅上涨，造成政府财政负担过重。根据统计资料显示，至 1978 年，政府财政支出总额达到 1122.09 亿元，而 1956 年的政府财政支出仅为 298.52 亿元。而全国城市住宅总面积达到 14 亿平方米，约为中华人民共和国成立初的 2.2 倍，城市人口达 1.7 亿，约为中华人民共和国成立时的 2.5 倍。[1] 此外，该阶段的中央政府权力高度集中，因此我国住房财政管理体制和预算管理体制也表现出统收统支的特征。

(3) 1979—1993 年：住房财税制度的改革调整阶段

改革开放后，我国将工作重点转移至建设社会主义经济体制上，围绕着"改革、开放、搞活"的方针，对住房财税制度进行了全面改革和调整。首先，在住房财政收入体制上，重新建立了多税种、多层次的住房税收体系。截至 1993 年，直接的房地产税种包括房产税、城镇土地使用税、契税、耕地占用税等，而与房地产紧密相关的税种包括城市维护建设税、固定资产投资方向调节税、营业税、印花税、企业所得税、外商投资企业和外国企业所得税等。[2] 其次，在住房财政支出体制上，政

---

[1] 国家统计局国民经济综合统计司编：《新中国六十年统计资料汇编》，中国统计出版社 2010 年版。

[2] 邓宏乾：《中国房地产税制研究》，华中师范大学出版社 2000 年版。

府不再大包大揽，完全承担住房供给的角色，而是以支持住房市场经济建立为主，通过"三三制"售房等住房补贴方式鼓励居民购房。最后，在住房财政管理体制和预算管理体制上，我国适当进行了放权让利、扩大企业经营自主权和地方财权，实行了"分灶吃饭"的财政包干管理体制，将营业税、所得税和城市维护建设税划为中央财政固定收入，而将房产税、印花税、耕地占用税、契税、城镇土地使用税等划归地方财政固定收入，同时也将城市维护建设费和价格补贴支出划归地方财政支出。

（4）1994—2013年：住房财税制度的改革突破阶段

1994年，中央政府改革财政管理体制正式实行分税制。在地方政府财政收入份额减少的同时，也加剧了地方财政负担。土地财政也在这一阶段登上历史舞台，地方政府凭借对土地所有权的垄断，利用土地招拍挂等市场化方式高价出让商业、服务业和住宅用地，以获得较高的土地出让金，致使土地的资本价值不断攀升。由于涉及房地产相关的营业税、印花税、契税等部分税种（以房地产交易环节的税种为主）在分税制中属于地方税，以房地产和基建为主的投资驱动型经济发展模式逐渐占据越来越重要的地位。至2011年，中央决定在上海和重庆施行对个人住房征收房产税的试点方案，使房地产税费结构发生了根本性的改变，意图先通过对个人住宅征税的试点，开启破冰之门，然后再逐步扩大试点范围，条件成熟后在全国推广。沪渝房产税试点的重心在于实现平抑房价、组织财政收入、调节财富分配、优化税制结构等多重目标。同时，越来越多的证据表明"土地财政"具有不可持续性，土地出让成为官员彰显政绩而采取的短期行为，以后政府将无地可卖，因此必须为地方政府寻找合法而稳定的税源以逐渐弱化地方财政对土地出让的依赖。

（5）2013年至2024年：住房财税制度的改革深化阶段

2013年，党的十八届三中全会明确提出"加快房地产税立法并适时推进改革"目标，兼具地方税和直接税特点的房地产税备受关注，改革思路也由过去房地分离模式改为房地合一。2015年，十二届全国人大常委会把房地产税立法正式列入五年立法规划。同年房产税、土地增值税、城镇土地使用税、耕地占用税以及契税的收入总额为14020.88亿元，占我国地方税收收入的比重达到22.4%。① 为了实现增值税对服务业的全覆盖，2016年"营改增"范围进一步扩大到了房地产业、建筑业等行业。自此，房地产企业向地方政府支付的土地出让金可以作为土地价款用于抵扣销项税款，工商企业从房地产企业购置不动产的进项增值税可以抵扣产品销售阶段的销项增值税，一系列改革措施有效降低了房地产企业税负。至此，"营改增"之前的五大税种——增值税、营业税、消费税、企业所得税和个人所得税，"营改增"之后仍实行分税制度的仅为消费税一个税种，税率也有所变化，例如增值税由原两档税率（17%、13%）变为四档税率（17%、13%、11%、6%）。近年来，中央仍在加速推进以房地产税立法和试点工作为重心的住房财税制度改革，以为房地产长效机制建设提供立法保障。例如，2024年财政部、税务总局、住房城乡建设部发布的《关于促进房地产市场平稳健康发展有关税收政策的公告》从契税和增值税方面提出多项优惠政策，通过调整和完善房地产税收体系支持房地产市场平稳健康发展。

2. 住房财税制度安排对住房市场租购结构的影响

自中华人民共和国成立以来，中国住房财税体制不断完善，在提高住房资源配置效率、保障政府财政收入和促进住房市场发展等方面发挥了重要作用。其中，住房财税制度安排对住房市场租购结构的影响主要表现为两个方面：一是促进了住房买卖市场的长足发展。长期以来，特别是实行分税制后，政府对房地产领域的财税收入依赖十分严重。2010年，与土地及房产相关的税收（例如土地使用税、契税等）在地方政府税收中占比高达16%，税收额超过6500亿元，来自建筑业与房地产等行业的营业税、企业和个人所得税的税收高达6800亿元。而土地出让金规模更是达到3万亿元左右。经济增长和社会稳定作为地方政府追求的主要目标，地方政府更有动力推动住房买卖市场发展，以促进城镇房价和地价的持续上涨，这为地方政府提供了更多的房地产税额和土地出让收入。二是限制了住房租赁市场的发展空间。我国的住房财税制度在房地产交易环节设置了大量的主要税种。在早期的税率设定上，在营业税中对房地产租赁收入的课税率为5%，在个人所得税中对房地产租赁所得额

---

① 数据来源：国家统计局，http://www.stats.gov.cn/。

的课税率为20%，而在房产税中对房产租金的课税率为12%。[1] 高昂的税负使得租金收益并不可观，许多拥有房产的居民不愿意将房屋出租或避税出租，不仅导致房屋空置率的提高，也致使住房租赁市场滋生灰色地带且乱象丛生。直至2016年"营改增"推广至房地产业后，住房租赁税负才有所减少。在取消营业税及其附加、改征增值税后，对住房租赁企业的租金课税率为4%，对个人出租住房收入的课税率为10%，房产税课税率为4%。

第二节 市场层面：外部环境和内生发展

住房租赁市场和住房买卖市场是两个同等重要且相互关联、协调和制约的子系统，[2] 各子系统的过度或者滞后发展都会造成整个住房市场的结构失衡，不利于住房市场长期稳定和健康发展。住房市场的运行和发展轨迹，既受市场内部因素的影响，也受市场外部环境因素的影响。[3] 因此，下面我们主要从市场外部环境和内生发展角度来分析住房市场租售失衡的原因。

一 市场外部环境

市场外部环境是指相对市场内部而言，影响市场运行、发展的外生环境系统。有关住房市场运行和发展的外部环境包括制度、社会经济、法律和文化等方面。[4] 其中，我国制度环境对城市住房市场的影响已在第一节部分进行了分析，因此，本节主要探讨的是社会经济和法律等外部环境对我国城市住房市场租售结构的影响。

---

[1] 吴旭东、李晶：《房地产各环节税种设置与税负分配研究》，《财经问题研究》2006年第9期。

[2] Guo, X. T., Liu, X. J., Chen, S. Q., Li, L. Y. & Fu, H. L., "China's Housing Provision System: Evolution, Purchase-Rental Gap Measurement, and Optimization Strategy", *Journal of Urban Planning and Development*, Vol. 147, No. 4, 2021.

[3] 胡晓添、濮励杰、赵静：《特定时期住房市场差异演变研究——以江苏省苏州、南通、徐州三市比较为例》，《中国土地科学》2010年第3期。

[4] 刘洪玉：《住房市场调控应注意几个问题》，《中国金融》2010年第14期。

（一）社会经济环境

社会经济与住房市场之间既相辅相成，也相互制约。一方面，社会经济环境不仅是住房市场运行和发展的助推器，也可以对其形成重要的约束条件；另一方面，住房市场也会对社会经济产生重大影响，[1] 它可以推动社会经济发展，而其波动会对社会经济发展的可持续性和稳定性造成冲击。[2] 由于社会经济与住房市场之间的关系复杂多样，我们着重从经济增长和社会结构等宏观方面来分析社会经济环境对住房市场租售结构的影响。

（1）长期以来，以经济增长为重要内容的发展目标，强化了住房买卖市场发展的重要性，[3] 弱化了住房租赁市场发展的地位。1997年，以泰铢的美元汇率暴跌为标志的亚洲金融危机全面爆发，并且迅速向周边国家扩散和传导，导致周边国家的经济出现严重衰退，[4] 对我国经济运行造成了一定影响。在1998年，我国宏观经济处于内需不足的状态，表现出宏观总体供给过剩、消费需求不足、银行存款滞留和企业投资意愿不足的经济不景气特征。[5] 为适应国民经济整体发展的需要，我国住房制度改革的政策核心是促使住房产业成为新的经济增长点，实现这一目标的重要前提就是充分释放人们对商品住房的购买需求。[6] 1998—2003年间中央政府工作报告中关于住房市场的陈述主要使用了诸如"使住房建设成为经济增长点""支持居民购买住房""使住房建设真正成为重要产业""鼓励居民扩大住房，培育新的消费热点"等语句，表明这期间我国发展住房市场的逻辑起点是一种单向的GDP增长逻辑，[7] 即为满足经济增长需要而发展住房买卖市场。而对住房租赁市场发展的描述则为"满足部

---

[1] 周华东、高玲玲：《中国住房"财富效应"之谜——基于中国住房制度改革的检验》，《中国经济问题》2018年第4期。

[2] 国务院发展研究中心课题组、李剑阁、任兴洲等：《中国住房市场发展的基本判断与住房政策走向前瞻》，《改革》2007年第12期。

[3] 易宪容：《中国住房市场的公共政策研究》，《管理世界》2009年第10期。

[4] 范爱军：《金融危机的国际传导机制探析》，《世界经济》2001年第6期。

[5] 吕冰洋：《中国财政政策的需求与供给管理：历史比较分析》，《财政研究》2017年第4期。

[6] 柏必成：《改革开放以来我国住房政策变迁的动力分析——以多源流理论为视角》，《公共管理学报》2010年第4期。

[7] 黄新华、屈茹：《中央政府房地产调控政策决策逻辑的理论解释——基于1998—2013年间相关政策文本的研究》，《厦门大学学报》（哲学社会科学版）2014年第4期。

分居民租赁住房的需求，开辟新的投资渠道，以存量带增量"①"活跃房地产二级市场"② 等，并未将住房租赁市场发展置于重要的战略地位。在此之后，城市住房销售、信贷和消费水平不断提高，住房买卖市场对经济增长的贡献度也在不断上涨，住房产业已成为中国经济增长的重要来源。③ 至2008年，由于美国次贷危机引发的全球性金融危机对我国经济产生了巨大的负面影响，导致我国外部需求急剧收缩、出口下滑，工业生产大幅回落，房地产市场不景气。④ 对此，我国采取了宽松的货币政策和经济刺激政策促进住房市场领域投资，并以此拉动内部消费需求和经济增长。

总体来看，在外部经济环境的驱动下，我国住房市场发展，特别是住房买卖市场发展被赋予了沉重的、拉动经济增长的特殊使命，从而导致住房买卖市场的迅速和过度发展。相反，住房租赁市场在我国经济发展中的战略地位长期被忽视，因此在以经济增长为重要目标的住房市场发展过程中，住房租赁市场并未得到足够发展。

（2）一直以来，以社会结构多元化为主的发展趋势，⑤ 推动了住房买卖市场的迅速发展，而住房租赁市场发展缓慢。改革开放以后，我国的社会结构发生了历史性的大变迁，加快了由传统的农业农村社会向工业化、城镇化的现代社会转型。⑥ 而社会结构变迁形成的多元化特征主要体现在人口结构、就业结构、城乡结构和社会阶层结构四个方面，⑦ 这对住房供求产生了深刻影响。

从人口结构上来看，在实施计划生育政策后，催生了大量独生子女家庭，加速并加剧了中国家庭的小型化和老龄化。⑧ 根据第三次和第六次

---

① 资料来源：《建设部关于调整住房租赁市场税收政策有关情况的说明》。
② 资料来源：《中华人民共和国国民经济和社会发展第十个五年计划纲要》。
③ 况伟大：《房价变动与中国城市居民消费》，《世界经济》2011年第10期。
④ 王一鸣：《百年大变局、高质量发展与构建新发展格局》，《管理世界》2020年第12期。
⑤ 任新民：《政治价值整合：执政党提高执政能力的重要课题》，《社会主义研究》2006年第1期。
⑥ 徐小明：《试论转型期统一战线的战略地位》，《社会主义研究》2007年第5期。
⑦ 陆学艺：《中国社会结构的变化及发展趋势》，《云南民族大学学报》（哲学社会科学版）2006年第5期。
⑧ 彭希哲、胡湛：《当代中国家庭变迁与家庭政策重构》，《中国社会科学》2015年第12期。

全国人口普查数据，① 1982—2010 年，我国的户均人口规模由 4.41 人下降至 3.09 人，1—3 人户占总家庭比重由 34.1% 上升至 64.9%，户均老年人（65 岁以上）数量由 0.22 人提高至 0.41 人，户均孩子（14 岁以下）数量由 1.48 人降低至 0.51 人。至 2010 年，有 60 岁和 65 岁及以上老年人的家庭数量分别达到 1.23 亿户和 8803.6 万户，分别占全部家庭的 30.6% 和 21.9%。而家庭规模小型化和人口老龄化也加速并促进了家庭财富的积累和转移。② 根据生命周期理论，家庭财富是随着年龄的增加而不断积累，并在退休之前达到最高值，③ 但中国城镇家庭的财富积累却表现出不同的特点，父母对子女教育、成家立业的代际支持和家庭消费支出会大幅度增加，储蓄显著下降。④ 正是由于财富的不断积累，家庭对资产投资的组合和风险态度会有所不同，⑤ 住房成为大多数家庭重要的投资品，这是因为家庭可以通过贷款进行投资，并且住房除了是投资品以外还是消费品。⑥ 同时，与西方靠租金收益折现的假设和实践不同的是，我国的住房投资以住房买卖获得投资收益为主。⑦ 而当住房作为投资品和投机品时，租赁住房对购买住房并不具有替代效应，租房不能很好地满足投资需求。⑧ 因此，在人口结构的变迁过程中，较大程度地促进了住房买卖市场的发展。

从就业结构、城乡结构和社会阶层结构来看，自城乡分割的户籍制度作出突破性调整以来，大量的农村剩余劳动力向城市转移就业，使中

---

① 数据来源：国家统计局，http://www.stats.gov.cn/tjsj/pcsj/。

② 王丰、安德鲁·梅森、沈可：《中国经济转型过程中的人口因素》，《中国人口科学》2006 年第 3 期。

③ Modigliani, F. & Brumberg, R. E., *Utility Analysis and the Consumption Function: An Interpretation of Cross-Section Data*, Rutgers University Press, 1954.

④ 李实、魏众、B. 古斯塔夫森：《中国城镇居民的财产分配》，《经济研究》2000 年第 3 期。

⑤ Cohn, R. A., Lewellen, W. G., Lease, R. C. & Schlarbaum, G. G., "Individual Investor Risk Aversion and Investment Portfolio Composition", *Journal of Finance*, Vol. 30, No. 2, 1975.

⑥ 吴卫星、易尽然、郑建明：《中国居民家庭投资结构：基于生命周期、财富和住房的实证分析》，《经济研究》2010 年第 S1 期。

⑦ 周密、刘秉镰：《供给侧结构性改革为什么是必由之路？——中国式产能过剩的经济学解释》，《经济研究》2017 年第 2 期。

⑧ 李素文：《中国一线城市房租形成机理和调控对策》，《财经理论与实践》2014 年第 6 期。

国的城镇化和工业化进入了新阶段。根据国家统计局数据，2011年我国的城镇人口规模首次超过农村人口规模，城镇化率超过50%，并且自2009年起，我国二、三产业占GDP比重超过90%，而自2002年以后，我国的二、三产业就业人员规模也超过了第一产业就业人员规模。随之而来的是，居民总体收入和消费水平的不断提高，2002—2015年，城镇居民人均可支配收入由7652元上涨至31195元，城镇居民恩格尔系数由36.4%降低至29.7%。在此条件下，我国的社会阶层结构也有了很大的变化，这主要体现在中产阶层规模的扩张上。2010年我国中产阶层[1]的规模约为总人口的23%，而在大城市中的这一比率还要更高，[2] 并且我国的社会阶层结构也在不断向"中间大两头小"的橄榄形结构转变。[3] 社会收入水平和消费能力的不断提高以及中产阶层群体的不断壮大，使得人们对住房的非刚性需求（改善性和投资性需求）日益增加，导致住房开发建设的标准不断提高，相比之下，新建住房的质量和条件总体而言优于存量住房。因此，对于既包含新建商品住房，又包括存量二手住房的住房买卖市场而言，发展的机遇和空间比只以剩余存量住房为主体的住房租赁市场更大，因为在一定的预算约束条件下，人们在住房买卖市场上更容易挑选符合自身需求特征的住房产品。

（二）法律环境

世界各国在住房市场建立和发展的推进过程中，都坚持立法先行的基本原则，我国也并不例外。法律环境已成为影响住房市场运行和发展的重要外部条件。良好的法律环境为住房市场的健康运行和持续发展提供了必要保障，这不仅需要较为健全的法律体系，还需要较高的执法效率。但在我国的法律体系中，对住房买卖市场和住房租赁市场的法律保障力度不尽相同，甚至存在较大差距。而法律环境的差异也直接影响着住房买卖市场和住房租赁市场的发展，从而转化为住房市场中两个子市场的发展差距。具体而言，住房买卖市场和住房租赁市场在法律环

---

[1] 中产阶层是一群相对富有，有较高的文化修养和高质量的生活，对社会主流价值和现存秩序有较强的认同感，并且为全社会收入中等水平的群体。
[2] 陆学艺：《中国当代社会结构》，社会科学文献出版社2010年版。
[3] 陆学艺：《中国社会结构的变化及发展趋势》，《云南民族大学学报》（哲学社会科学版）2006年第5期。

境的差异主要表现在市场主体的权利义务和市场行为的监督规范两个方面。

（1）从市场主体的权利义务上看，有关住房租赁市场的法律规定相对住房买卖市场更加模糊。现行的《城市房地产管理法》《城市房地产开发经营管理条例》《商品房销售管理办法》《商品房预售管理办法》《合同法》等法律法规对于住房买卖市场中各主体权利义务的规定已较为明晰。其中的《城市房地产管理法》和《合同法》以及专门的《城市房屋租赁管理办法》和《商品房屋租赁管理办法》则对住房租赁市场中主体的权利义务作出了相关规定，但这些规定在确定出租人和承租人的权利义务范围上存在一定的模糊性。

就出租人的权利义务而言，主要表现为两方面：一方面，租金收益权利范围模糊。虽然《合同法》《城市房地产管理法》《商品房屋租赁管理办法》和一些地方性规章都不同程度地对租金作出了原则性规定，例如《商品房屋租赁管理办法》第九条规定"房屋租赁合同期内，出租人不得单方面随意提高租金水平"，但这并没有对出租人收取租金的标准和提高租金的条件以及幅度作出具体规定。另一方面，对出租人出租住房的"适租"义务未作详细规定。尽管《城市房屋租赁管理办法》和《商品房屋租赁管理办法》中列举了"房屋不得出租"的几种情形，这些都是一些间接性、任意性规范，缺乏对住房条件制定直接性、强制性规范，对出租人提供的租赁住房出租标准的设定十分模糊。[①]

就承租人的权利义务而言，现行法律法规对承租人的权利义务规定存在范围过窄和模糊性：一是承租人权利范围过窄。由于租金和支付方式完全是由当事人双方自行约定，承租人对于出租人的租金上涨和驱逐行为缺乏对抗性权利，即现行法律法规没有规定合同解除前通知租客的时间点，并且解除合同的具体理由和程序没有详细规定，也没有禁止出租人驱逐房客。[②] 二是承租人权利义务范围模糊。《城市房屋租赁管理办法》《合同法》等都规定承租人具有合理利用和保护租赁住房免受损害的

[①] 张衍熠：《私有住房租赁市场监管法律问题研究》，硕士学位论文，天津工业大学，2020年。

[②] 黄新安：《论我国住房租赁立法的完善》，硕士学位论文，华南理工大学，2018年。

义务，也规定了承租人在获得出租人许可的前提下可以将租赁住房转租给第三人。但转租后，承租人并未退出原租赁合同关系，而是在承租人与次承租人之间再度设立新租赁权，这样承租人就既具有原租赁合同中规定的承租人权利义务，也具有新租赁合同中的出租人权利义务。而根据《民法典》中，还存在租约转让的规定，这则在合同客体上完全不同于转租，租约转让是将原租约的权利义务主体变更为租约受让人，即转让的客体是承租人的权利义务，而转租的客体则是租赁物的部分或全部。① 正是由于转租和租约转让分属不同的法律关系，因此容易导致承租人的权利义务模糊。

（2）从市场行为的监督规范上看，相较住房买卖市场，对住房租赁市场行为的监管规范存在更多法律问题。主要表现在以下几个方面。

一是缺乏统一完备的专门立法，法律位阶较低。《合同法》中对租赁合同的规定在监管规范租赁市场行为上起着重要作用，但单单依靠租赁合同的监管规范效力显然是不足的。② 而《城市房地产管理法》对住房租赁仅有四条规定，且四条规定所涉及的内容十分宽泛，《商品房租赁管理办法》虽然对住房租赁问题的规定相对全面，但仍存在概念笼统、操作性有限的问题，例如《商品房租赁管理办法》提出了房屋租赁实行登记备案制度，但实际上并不具备强制性，致使政府对住房租赁市场的监管有限。③ 此外，《住房租赁和销售条例（征求意见稿）》虽然对住房租赁行为的监管作出了一定补充，但对于网络签约、网络登记备案等新型租赁住房交易方式的监管方面仍存在空白，也未对长租公寓等新兴住房租赁企业的资格准入、融资运营过程中的监管问题作出具体规定。④ 相反，地方性规范性文件的监管内容更为具体和全面，可操作性更高，但由于立法位阶较低，容易受到行政壁垒的限制，所以在权威性和普适性上相

---

① 冯兴俊：《我国租约转让与租赁物转租制度的完善——兼论我国〈合同法〉第 224 条的修改》，《法学评论》2015 年第 5 期。
② 戴炜：《住房租赁契约管制研究》，中国社会科学出版社 2017 年版。
③ 邵挺：《中国住房租赁市场发展困境与政策突破》，《国际城市规划》2020 年第 6 期。
④ 易成栋、陈敬安：《增加租赁住房有效供给的现实困境和优化路径研究》，《行政管理改革》2021 年第 9 期。

对不足，导致法律效力大打折扣。①

二是缺乏专门的住房租赁监管机构，监管职责模糊。由于住房租赁市场的监管涉及市场主体权利义务保障、中介服务机构管理和租赁住房管理等多方面内容，因此需要规范化、专门化的监管机构专门负责。但从我国相应的法律规定来看，虽然《商品房屋租赁管理办法》第四条规定，"国务院住房和城乡建设主管部门负责全国房屋租赁的指导和监督工作，县级以上地方人民政府建设（房地产）主管部门负责本行政区域内房屋租赁的监督管理"，但并未成立专门的住房租赁监管部门予以统一管理，这使得单一部门的行政事务更加繁杂，难以将具体政策措施落实到位。同时，大部分地区还存在多个部门协同监管的"多头监管"模式，对住房租赁市场的监管体制构建还停留在搭建政府住房交易服务平台，建立多部门联合监管体制阶段，例如，南京市房产部门是房屋租赁的主管部门，负责一系列监督管理工作，同时也建立了房屋租赁管理联席会议制度，联合市发改委、消防、城市管理、市场监督等多个部门共同处理房屋租赁管理问题，此外还存在住房租赁行业协会记录机构和从业人员的"白名单"和"黑名单"。这使得监管权过于分散，并且多个部门的同时监管容易造成混乱甚至难以协调、各自为政的"踢皮球"局面，最终降低监管效力。究其原因在于政府在住房租赁市场监管中的角色定位存在模糊、重合，缺乏政府监管责任划分的详细规定。②

二 市场内生发展

在住房市场体系中，住房买卖市场和住房租赁市场是两个重要的子系统，这两个子系统发展差距的逐渐拉大是导致住房市场结构从均衡走向失衡的"导火索"。而除了外部环境影响之外，两个子系统的内生发展状况也是形成发展差距的重要原因。下面，我们将从两个子系统的内部生态和内生动力两个层面来分析住房市场租售结构失衡的内生原因。

---

① 王者洁：《房地产法诸问题与新展望》，知识产权出版社2016年版。
② 黄健雄：《住房租赁市场的政策定位与法治保障》，《现代法制研究》2017年第4期。

（一）内部生态

市场内部生态即市场内部环境，是指对市场发展产生直接或间接影响的内部客观条件和因素。[1] 外部环境和内部生态之间联系紧密，存在循环互动的联动机制。在外部环境的刺激或影响下，住房市场资源、需求和机会更加丰富，市场善用资源、适应需求等把握发展机会的能力对于市场能否得到进一步发展至关重要。此外，在外部环境的干涉下，市场的内部运行状况和效益状况也是决定市场本身发展的关键。因此，我们主要从市场机会和运行环境两个方面来分析住房市场租售结构失衡的内在原因。

（1）相比住房买卖市场，住房租赁市场获得发展机会的时机较晚，且后发劣势使其把握机遇的能力有限，导致住房租赁市场发展成为住房市场的短板。改革开放以来，随着城镇化的不断推进以及住房市场的逐步建立，创造了大量的市场住房需求，也吸引了大量资本注入。在这一过程中，住房市场首先需要解决的是住房短缺造成的居民居住困难问题。[2] 因此，新建商品房销售市场作为住房增量市场具有先发优势，并且这一优势也随着住房金融化进程的推进而不断扩大。[3] 而随着普遍性住房短缺问题的解决，我国的住房市场逐渐由增量市场向存量市场过渡，流动人口规模不断增长，住房租赁存在巨大的潜在需求，住房租赁市场迎来较大的发展机遇。[4] 但与此同时，住房租赁市场的后发劣势逐渐显现，整体状况并不具备把握机遇的能力。这是因为，由于我国房地产业已然形成了高杠杆、高负债、扩张快的发展特征，房地产企业基本偏好资金回笼更快、投资回报率更高的住房"开发—销售"模式，特别是"以地谋发展"的地方发展模式下，更是强化了地方政府对住房"开发—销售"模式的支持。[5] 因此，住房租赁市场本身的规模和发展程度均不能满足要

---

[1] 罗党论、唐清泉：《市场环境与控股股东"掏空"行为研究——来自中国上市公司的经验证据》，《会计研究》2007年第4期。

[2] 叶剑平、李嘉：《完善租赁市场：住房市场结构优化的必然选择》，《贵州社会科学》2015年第3期。

[3] 李嘉、董亚宁、贺灿飞：《越负债，越投资？——住房金融化下的房企负债—投资行为与空间分异》，《经济管理》2020年第8期。

[4] 周小寒：《住房租赁新政下住房租赁市场的机遇和挑战研究》，《建筑经济》2017年第3期。

[5] 郑思齐、孙伟增、吴璟等：《"以地生财，以财养地"——中国特色城市建设投融资模式研究》，《经济研究》2014年第8期。

求日益提高的、巨大的社会住房需求，也就形成了住房租赁市场不温不火、发展缓慢的局面。

（2）从运行环境来看，住房租赁市场比住房买卖市场存在更多难以解决的复杂乱象，且涉及多方主体权益问题。具体来看，住房租赁市场主要存在以下几种有损主体权益的乱象。

一是住房租赁登记备案问题。尽管《城市房屋租赁管理办法》和《商品房屋租赁管理办法》都规定了房屋租赁需要进行登记备案，但实际办理情况却不容乐观，租赁双方考虑到避税、保密等因素，不积极申请登记备案，① 从而出现未经房屋管理部门允许或登记注册的住房租赁黑市现象，② 不仅降低了对承租人合法权益的保护效力，同时也损害了政府的财政收入权益。

二是信息不对称问题。住房租赁市场的信息不对称现象主要发生在中介机构、出租人与承租人之间。就中介机构和承租人之间来看，房地产经纪机构掌握了丰富的房源信息（包括价格、位置、面积、设施条件、周边环境等等），相比之下承租人获取房源信息的途径和时间有限，存在部分企业或平台利用信息差，不顾消费者权益、强行上架不合格租赁住房、发布虚假房源信息等。③ 以2018年杭州市的自如"甲醛门"为例，机构正是试图利用信息不对称来隐瞒信息，并从中获利。同样地，从出租人和承租人之间来看，出租方对住房的详细情况更加了解，而承租方只能通过短暂的观察来了解住房的大致情况，而只有在入住后才能真正逐渐了解住房的真实情况，而在签订租赁合同之前，住房的一些隐藏弊端可能被出租人选择性回避。

三是地位不对等问题。该问题主要发生在出租人与承租人之间，在签署住房租赁合同的协商谈判过程中，承租人总是处于相对弱势的地位。究其原因，是因为法律方面对承租人权益保护不够，导致租赁关系不稳定，出租人有相对较大和较自由的租金上涨空间，并且承租人也面临

---

① 卢正敏：《执行程序中的虚假租赁及其法律应对》，《中国法学》2013年第4期。
② 黄燕芬、王淳熙、张超等：《建立我国住房租赁市场发展的长效机制——以"租购同权"促"租售并举"》，《价格理论与实践》2017年第10期。
③ 罗珊、刘双良：《租赁住房"甲醛门"：信息不对称困境下的委托代理模型》，《重庆社会科学》2020年第4期。

"被驱逐"风险。[1] 但也存在相反的情况，即出租人也可能面临"坏租户"风险，[2] 比如租户过度使用住房、家具等，致其折旧严重，或者租户退租后卫生脏乱，留下"一地狼藉"，这在一定程度上会降低出租人对住房的出租意愿。

(二) 内生动力

市场发展的驱动力分析是一个复杂的系统性问题，从动力来源来看，除了外部环境形成的驱动力以外，更重要的是推动市场发展的内生力量。一般而言，市场内生动力是指促进市场发展的内部驱动因素，基于系统性思考，我们认为住房市场的内生动力包括效益激励、要素供给和品牌效应等。因此，下面主要从效益动力要素动力两个层面来分析住房市场租售失衡的内部成因。

(1) 从效益动力看，住房买卖市场对市场主体的效益激励比住房租赁市场更大，推动住房租赁市场发展的效益动力不足。根据参与和推动住房市场建设和发展的主体来看，对于地方政府而言，在财政压力和晋升激励的驱动下，会激励地方政府扩张性的财政行为。[3] 特别是，由于分税制改革明确了地方政府可以独享土地出让金及房地产业、建筑业的营业税，住房买卖市场成为政府偿还城市基础设施投资巨额贷款和实现土地出让收入的重要通道，[4] 并且房价上涨会带动地价提高，[5] 更进一步刺激了地方政府对住房买卖市场的建设和发展的偏好。国家统计局和中国国土资源统计年鉴数据显示，2002—2015 年，全国地方政府房产税由 282.38 亿元上涨至 2050.9 亿元，土地出让收入由 2416.79 亿元提高至 31220.65 亿元。对于房地产企业而言，房地产行业过去的门槛相对较低，房地产企业数量增长较快，且商品房预售制度使得大多数房地产企业可以通过负债经营的方式不断壮大。[6] 国家统计局数据显示，2002—2015

---

[1] 刘洪玉：《什么因素阻碍了租房市场健康发展》，《人民论坛》2017 年第 24 期。
[2] Rubaszek, M. & Rubio, M., "Does the Rental Housing Market Stabilize the Economy? A Micro and Macro Perspective", *Empirical Economics*, Vol. 59, No. 1, 2020.
[3] 周黎安：《中国地方官员的晋升锦标赛模式研究》，《经济研究》2007 年第 7 期。
[4] 娄成武、王玉波：《中国土地财政中的地方政府行为与负效应研究》，《中国软科学》2013 年第 6 期。
[5] 况伟大、李涛：《土地出让方式、地价与房价》，《金融研究》2012 年第 8 期。
[6] 郑适、汪洋：《中国产业集中度现状和发展趋势研究》，《财贸经济》2007 年第 11 期。

年，我国房地产开发企业数量由 32618 个增长至 93426 个，投资总规模由 32189.1 亿元扩大至 536853.75 亿元。此外，从房地产企业的营业收入来看，商品房销售收入由 6145.8 亿元上涨至 65861.3 亿元，而至 2015 年，房屋出租收入仅 1600.42 亿元。同时，在租售比畸形发展下，发展住房租赁业务显然不如商品房销售盈利，房地产企业并不具备足够的经济效益动力参与到住房租赁市场的建设和发展中。对居民而言，由于住房租赁市场不具备良好的法律环境，且市场乱象丛生，所产生的负面品牌效应容易使居民对租赁住房或出租住房产生排斥心理。同时，考虑到折旧损耗对住房价值的影响，较低的租金收益率使得投资者购房用以出租的意愿并不强。①

（2）从要素动力看，土地和资金分别是住房市场运行和发展的最基本和重要的因素，② 我国的土地供给和融资模式使得土地和资金更多地流入住房买卖市场，而住房租赁市场的要素动力显得不足。从土地要素动力来看，我国的土地供给模式单一，长期以来城市住房市场的土地供给来源是唯一的，即由政府统一出让土地给企业。该供给模式容易抬高地价，并使地价成为住房建设成本的重要组成部分，特别是一些土地需求旺盛的大中城市，地价上涨幅度非常之大。根据中国国土资源统计年鉴数据，2008—2015 年，北上广深等一线城市土地出让价格年均上涨率分别为 25%、19%、39% 和 46%，地价的增长幅度远远超过了经济增长速度。地价上涨不仅给地方政府带来了可观的财政收入，也促进了房价上涨，满足了房地产企业的盈利需求。无论是政府还是房地产企业，都更愿意将土地用于住宅商品房开发建设项目而不是市场化租赁住房建设，因为将土地用于租赁住房开发建设意味着地方政府需要以低价出让土地以吸引房地产企业，同时需要大量财政投入完善租赁住房的公共资源和服务配套，其收益远不如住房买卖市场，且住房租赁市场的发展还可能对住房买卖市场形成挤出效应，影响房价高位运行，与其政治目标和企业的盈利目标并不相符。③ 此外，我国的土地供给长期存在严重的工业化

---

① 高波、王文莉、李祥：《预期、收入差距与中国城市房价租金"剪刀差"之谜》，《经济研究》2013 年第 6 期。
② 易宪容：《中国住房市场的公共政策研究》，《管理世界》2009 年第 10 期。
③ 吴宾、齐昕：《政策扩散阻滞：何以发生又如何消解？——自 2016—2019 年中国住房租赁政策的观察》，《公共行政评论》2020 年第 5 期。

配置倾向，居住用地占比相对较低，强化了居住用地的稀缺性，导致居住用地进一步向住房买卖市场集中。① 从资金要素动力来看，我国城市住房市场的融资模式是以商业银行贷款为主体。该模式使得房地产企业和居民可以以较低的自有资金比例参与到住房投资建设和交易中来，主要表现为：一是房地产企业以较低的门槛获取银行信贷资金，并大量投入房地产领域。② 在这一过程中，为降低以商业银行贷款为源头的资金链的断裂风险，房地产企业自然而然会选择将资金注入资金回笼更快、投资收益更高的住房买卖市场。二是在银行信贷的支持下，为居民的住房消费，特别是购房提供了长期、稳定的资金支持，而居民的住房租赁消费往往得不到银行信贷支持，这也使得大部分居民通过银行贷款，将资金投入购房消费中。2009—2016年，我国房贷余额的年均增速为22%，至2016年，房贷余额增速高达35%，住房按揭贷款余额规模为19.14万亿元，占GDP的比重达到8.5%。③

第三节 个体层面：制度、市场和心理导向下的租购选择

一 制度导向下的居民租购偏好

正如本章第一节所述，我国特殊的制度环境决定了政府干预对住房市场具有极大影响。政府在干预住房市场的过程中形成了一系列具体的制度安排，这些体现政府意志的制度安排不仅深刻影响了住房市场的结构和发展，所形成的导向也在微观层面对居民的住房选择机制产生了影响。因此，我们认为制度导向是导致居民租购决策偏好，进一步影响住房市场租售结构失衡的重要原因。

---

① 郑思齐、师展：《"土地财政"下的土地和住宅市场：对地方政府行为的分析》，《广东社会科学》2011年第2期。

② 秦岭、姚一旻：《我国银行信贷与房地产价格关系研究》，《经济社会体制比较》2012年第2期。

③ 郭克莎、黄彦彦：《从国际比较看中国房地产市场发展的问题及出路》，《财贸经济》2018年第1期。

（一）住房属性侧重与居民租购偏好

大多数观点都认为住房兼具社会和经济的二重属性。早在恩格斯发表的《论住宅问题》一文中，就体现了住房社会和经济二元属性的思想。[①] 在后续的研究中，大多学者认为住房的经济属性是指住房开发建设对经济具有直接和间接的贡献，而住房的社会属性是指住房的社会功能和民生保障作用。[②] 但这主要是以政府角度而言的，而从消费者的角度来看，住房还包括居住属性和投资属性的二重属性。[③] 住房的居住属性是指住房为居民提供住所，满足居住需求的最基本功能。住房的投资属性则是指住房作为一种资产，具有保值和增值的功能。

在我国住房制度的变迁过程中，不同阶段的制度安排都反映出了政府对住房属性的不同认知及侧重，形成的制度导向则深刻影响了居民对住房属性的认识和偏好，并由此对居民的住房租购选择偏好产生影响。根据第一节中住房制度的相关内容可知，改革开放以来，政府更多关注的是住房的经济属性，将住房买卖市场视为新的经济增长点，并基于此形成了总体上"重购轻租"的住房制度安排。在政府"重买卖"而"轻租赁"的制度导向下，居民对住房属性的认识和偏好也发生了极大转变。总体来看，从改革开放以来，居民对住房属性的认识和偏好以及形成的居民住房租购偏好大致经历了以下四个阶段：（1）1978—1998年，居民对住房属性的认识和偏好均以居住属性为主，在住房选择偏好上则由租转购。在该阶段，我国的住房市场处于起步阶段，政府围绕"提高租金、出售公房"的主要内容逐步摸索并建立住房市场经济。但由于该阶段住房市场机制极不完善，导致住房严重缺乏流动性，居民连住房居住的改善性需求都无法满足，更无法关注或实现住房的投资需求了。以上海为例，根据调查显示，20世纪90年代中后期有近80%的消费者有改善住宅的强烈愿望，但是由于住房市场极其缺乏流动性使居民难以实现"卖小

[①] 段莉群：《恩格斯的住宅属性思想及其当代价值》，《马克思主义理论学科研究》2018年第4卷第2期。

[②] 吕萍、邱骏、丁富军等：《住房属性困境、产权残缺与住房制度改革——基于中国住房政策演变和调整讨论》，《公共管理与政策评论》2021年第5期。

[③] 张翔、李伦一、柴程森等：《住房增加幸福：是投资属性还是居住属性？》，《金融研究》2015年第10期。

买大、卖远买近、卖旧买新"的强烈愿望。① 同时,在政府"以售带租、提租售房"的政策导向下,随着租房成本的提高以及政府针对售房释放的政策利好,例如三三制售房、提供购房补贴等等,居民满足基本居住需求的方式也逐渐由租赁公房向购买公房转变。截至 1998 年年底,上海累计出售公房 72.39 万套,已售公房占可售公房的 45%;而截至 1998 年 6 月底,北京累计出售旧公房 82 万套,占可售公房的 43%。(2) 1999—2008 年,居民开始关注住房的投资属性,但偏好于居住属性,在住房选择上仍然偏好于购房。在该阶段,政府更多关注的是住房的经济属性。为了降低亚洲金融危机对国内经济运行的影响,将住房产业视为新的经济增长点,通过一系列政策刺激居民购房,以拉动内需和稳定经济。2003 年更是首次将房地产业定义为国民经济的支柱性产业,由此掀起了住房开发投资和买卖的热潮。随着住房市场机制的逐步完善以及房价的不断上涨,居民逐渐形成日益强烈的房价上涨预期,从投资的角度看待住房消费行为,住房开始被视为一种保值增值的投资品。但由于房价上涨过快,对于大部分居民而言负担较重,因此居民购房仍以满足居住需求为主,只有少部分意识超前且负担能力较强的居民实施住房投资行为。再加上政府后期实施了一系列房地产市场降温的调控政策,例如调整住房转让环节营业税、严格房地产开发信贷条件和有区别地适度调整住房消费信贷政策等。居民的住房投资行为实质上受到了很大程度的抑制。政府对住房经济属性的极大关注引起了居民对住房投资属性的关注,在很大程度上刺激了居民的购房需求,因此在该阶段居民更加偏好于购房。(3) 2009—2013 年,居民开始偏好住房投资属性,在住房选择上更加偏好于购房。2008 年美国次贷危机引发的金融危机席卷全球,对住房市场产生较大冲击。住宅商品房销售面积由 2007 年的 70135.88 万平方米下降至 2008 年的 59280.35 万平方米,住宅商品房平均销售价格也由 3645.18 元/平方米下跌至 3576 元/平方米。随后,政府通过加大自住型和改善型住房消费的信贷支持力度,同时对住房转让环节营业税暂定一年实行减免等一系列政策来鼓励商品房消费,从而拉动经济增长,实现金融危机

---

① 桑荣林、张永岳、彭加亮:《上海房地产二三级市场联动的由来及其发展》,《城市开发》1999 年第 8 期。

下的经济软着陆。然而,扩大内需刺激住房消费的政策导致了更大幅度的房价上涨,①住房市场逐渐过热。尽管政府采取了限制异地购房、实施差别化住房贷款政策和税收政策等措施,但房价仍然不停上涨。根据国家统计局数据,住宅商品房平均销售价格由 2008 年的 3576 元/平方米上涨至 2013 年的 5850 元/平方米。同时,至 2013 年,拥有二套以上住房家庭的比例达到了 18.4%。②这意味着居民逐渐生成了较强的住房投资性需求,居民对购房的偏好逐渐加深。(4) 2013 年至 2024 年,居民仍偏好住房投资属性,但对购房的偏好有所缓解,租房逐渐成为可替代方案。居民仍偏好住房投资属性,但对购房的偏好有所缓解,租房逐渐成为可替代方案。党的十八届三中全会后,政府开始寻求住房的经济属性与社会属性平衡,继续严格执行商品住房限购措施,实施差别化住房信贷政策,同时发挥税收政策的调节作用。但实际效果有限,特别是 2014 年二套房认定标准由"认房又认贷"改为"认贷不认房",释放了人们的住房投资需求,而首付比例的降低进一步刺激了居民家庭利用信贷杠杆进行住房投资与投机。③至 2015 年,拥有二套以上住房家庭的比例达到了 21.6%。2024 年,中国社会科学院财经战略研究院发布的《2025 年中国住房市场调查报告》显示,这一比例已经提高至 41.5%。同时,2015 年政府开始强调住房租赁市场发展,在"房住不炒"的思想下相继提出"租购并举""租购同权"的住房制度改革新思路,租房逐渐成为居民解决居住需求的可替代方案。根据第三章的数据,租赁住房家庭比例由 2015 年的 21% 上涨至 2020 年的 26%。尽管如此,住房买卖市场仍然十分火热,住宅商品房平均销售价格由 2015 年的 6473 元/平方米上涨至 2020 年的 9980 元/平方米,居民仍然存在较强烈的房价上涨预期,住宅商品房销售面积也由 2015 年的 112412.29 万平方米上涨至 2020 年的 154878.47 万平方米。综上所述,现阶段居民仍然热衷于通过购房满足住房投资需求,但

---

① 王京滨、夏贝贝:《中国房地产改革 40 年:市场与政策》,《宏观经济研究》2019 年第 10 期。

② 李凤、罗建东、路晓蒙等:《中国家庭资产状况、变动趋势及其影响因素》,《管理世界》2016 年第 2 期。

③ 吕萍、邱骏、丁富军等:《住房属性困境、产权残缺与住房制度改革——基于中国住房政策演变和调整讨论》,《公共管理与政策评论》2021 年第 5 期。

在政府的政策导向下，一定程度上调控了住房投资行为和房价过快上涨，并且随着住房租赁市场的发展，居民开始将租房作为可替代方案。然而，虽然居民在"租房"与"购房"之间选择的差距有一定程度的缩小，但是居民住房选择仍表现为"购多租少"的偏好。

（二）租购权利差异与居民租购偏好

我国的城市福利制度、教育制度、医疗制度与户籍制度密切相关，这种制度结构安排下所形成的导向，使得"拥有一套属于自己的住房"成为有效解决公共服务需求的必要条件。[①] 从不同角度来看，居民通过租房和购房分别获得的权利存在差异。

从法理层面来看，居民购房所获得的权利是住房所有权，本质上是一种物权，购房者可以依法对自己的住房享有占有、使用、收益和处分的权利，其权利的实现方式包括出租、抵押、赠与和继承等，是一种全面支配住房的权利。而居民租房所获得的权利是住房使用权，本质上是一种债权，租房者仅拥有使用权和有限的占有权，而不能进行收益或处分，也不能通过出售、抵押、赠与和继承等方式来实现权利。与购房相比，通过租房所获得的住房权利本身并不完整，租房者在行使权利时必然会受到所有权和契约的限制。此外，由于缺乏专门的法律法规保障房东和租户的合法权益，租房和购房在法律保障上也存在差异。[②] 正是由于"租房"和"购房"在法理层面的产权界定和保护存在差异，导致租房者比购房者更担心在行使权利时受到过多限制或者侵犯。加上租赁市场信息不对称问题可能导致租房者在协商博弈过程中处于弱势地位，[③] 造成租户体验不佳。因此，从租房和购房在法理层面的权利差异而言，居民在住房决策中会偏好于购房而不是租房。

从社会保障层面来看，租购权利差异主要体现在教育和医疗等公共服务的获取上。从教育权利获取上看，国家负有重要的教育保障责任，但优质的教育资源往往是稀缺的，势必导致教育资源获取上的竞争。而

---

① 黄燕芬、王淳熙、张超等：《建立我国住房租赁市场发展的长效机制——以"租购同权"促"租售并举"》，《价格理论与实践》2017年第10期。
② 邵挺：《中国住房租赁市场发展困境与政策突破》，《国际城市规划》2020年第6期。
③ 曾飞、许志勇：《以供给侧改革推动住房租赁市场健康发展》，《人民论坛·学术前沿》2019年第24期。

在我国的户籍制度安排往往将住房产权和教育资源牢牢地捆绑在一起，特别是在教育资源优质的大城市中，居民获得教育保障的情况并不是很理想。虽然近年来我国通过居住证制度逐渐剥离户籍与城镇基本公共服务的关联，并对教育等城镇基本公共服务覆盖常住人口等方面作出了详细解读与规定，① 但是居住证制度的引入实际上是将附加在户籍上的教育等公共服务转移到了居住证上，使其与常住人口相挂钩，② 租房者和购房者在受教育权利上仍然表现出较大差异。根据《居住证暂行条例》规定，非本地户籍的租户必须满足各地的前提条件后才能申领居住证，再按照当地入学规定，才能有条件地享受义务教育。例如《2022年广州市义务教育学校招生工作指导意见》提出"各区应以居住证为主要依据、以积分制为主要办法，积极稳妥做好来穗人员随迁子女接受义务教育工作"，而在广州市各区的入学积分制规定中，在"合法稳定住房"这一项指标上，购房者持有房产所获得的积分明显高于租房者。以广州市白云区为例，《广州市白云区2022年来穗人员随迁子女积分制入学实施办法》规定，居民若拥有合法产权住所则可以直接获得20分，而合法租赁住房每1年计5分，最高不超过20分。由此可见，租房者和购房者在受教育权利上仍然处于非对等地位。医疗资源也是公共服务资源的重要组成部分，大城市往往拥有更优质的医疗资源，包括先进的技术、经验丰富的医护人员及较高的医疗水平。但目前我国医疗服务大多仍通过户籍或者居住证与住房挂钩，相较于购房者，租房者更难享有大城市中同等的社区医院和就近就医等权利。③ 由于医保制度的"身份"和"地域"存在差异，使得同一地区不同身份的基本医保制度和不同地区同一基本医保制度在起付线、封顶线、个人自付比例、门诊统筹、慢病以及门特病种等方面的规定不尽相同，影响了医疗保障的实质公平。④ 并且，医保制度碎片化

---

① 李爱民、年猛、戴明锋：《我国农业转移人口深度市民化研究》，《中国软科学》2022年第8期。

② 辜胜阻、李睿、曹誉波：《中国农民工市民化的二维路径选择——以户籍改革为视角》，《中国人口科学》2014年第5期。

③ 黄燕芬、王淳熙、张超等：《建立我国住房租赁市场发展的长效机制——以"租购同权"促"租售并举"》，《价格理论与实践》2017年第10期。

④ 申曙光：《我们需要什么样的医疗保障体系？》，《社会保障评论》2021年第1期。

还影响了流动人口的参保,居民医保对参保人户籍的限制以及职工医保与劳动合同相关联的缴费性质,使流动人口付出的成本均要高于当地居民及职工医保参保人,而流动人口正是租赁住房的主要群体,这也就导致购房者和租房者在获得医疗资源上的权利不对等。我国的制度安排所形成的政策导向,使得"租房"和"购房"在住房产权上的差异清晰地反映在居民获得的公共服务差异上,形成了住房产权与公共服务的捆绑关系,在这样的关系中,租房显然是处于弱势地位,由此导致居民更偏好于自有住房产权,以获得更优质的教育、医疗等公共服务资源。

二 市场导向下的居民租购偏好

根据市场非均衡理论,市场总是不完善的,且价格体系也并非是完全灵敏的。[1] 非均衡即市场体制以及价格体系不完善的条件下而出现的市场常态。[2] 在我国,无论是住房买卖市场还是住房租赁市场,在供需关系上表现出不同程度的非均衡状态,这也是造成房价和租金不同弹性的主要原因。[3] 从供需关系上看,相比住房买卖市场,我国住房租赁市场起步较晚,市场机制不完善,供需失衡也更为严重,这严重影响了居民在住房选择上的偏好。而从价格机制上看,根据住房租买选择理论,租金和房价具有一定差异,但两者都是对住房商品价值的货币表现,因此房价与租金之间的关系也影响着居民的住房租购决策。[4] 下面我们将分析购房市场和租房市场的不同发展状况对居民租购偏好的影响。

(一) 购房市场过热与居民重购

改革开放以来,我国在不断推动住房商品化和市场化的过程中,将目光主要聚焦在住房买卖市场的建立、发展和调控上,逐渐形成了较为完善的运行机制和配套制度。同时,在这一过程中,政府形成的一系列

---

[1] 张昌彩:《企业融资结构与资本市场发展》,《管理世界》1998 年第 3 期。
[2] 谢波、施建刚:《房地产市场非均衡度与政府干预时机——基于上海房地产市场非均衡模型与短边规则的实证研究》,《上海经济研究》2013 年第 7 期。
[3] 路畅、武建新:《预期、市场非均衡与住房价格波动——来自 35 个大中城市的数据研究》,《求索》2013 年第 12 期。
[4] 李丹萍:《郑州市商品住宅市场租购失衡与纠正对策研究》,硕士学位论文,郑州大学,2018 年。

政策的导向，使住房买卖市场逐渐繁荣甚至过热。① 而购房市场繁荣和过热所形成的市场导向则使得居民在住房选择上更加偏好于购房。下面主要从供需关系和价格机制两个方面展开分析。

从供需关系上看，购房市场供给端可以更好地满足居民多层次、多样化的住房需求，从而导致居民偏好于购房。基于效用的住房选择理论认为，人们对住房的需求实质上取决于对住房属性的需求，住房选择实际上是在一定的预算约束条件下，通过寻找合适特征的住房来实现自身效用最优化的行为。② 改革开放早期，在住房市场刚建立、以公房出售为主，且大多数家庭经济条件有限的情况下，居民主要通过租赁或购买公房来解决基本性居住需求。结合住房过滤理论，随着社会经济发展水平、居民收入水平的提高以及住房市场的不断完善，城市居民对住房的需求量和需求结构会有所变动和分化，③ 部分收入较高的居民逐渐产生对住房的改善性需求，④ 居民对住房条件的改善性需求大幅度增加也推动了房价进一步上涨，而房价上涨的财富效应会进一步拉动消费需求和促进投资性需求产生，⑤ 但同时也导致社会财富重新分配，使财富差距越来越大，中低收入群体购房变得越来越困难。⑥ 因此，我国逐渐形成了供给主体和产品多元化的购房市场来满足不同群体多层次、多样化的住房需求。根据第六次和第七次全国人口普查数据，在设施配套上，同时拥有厨房和厕所的城市购房家庭户数由 2010 年的 638.7 万户⑦上涨至 2020 年的 1109.6 万户⑧。在

---

① 季晓旭：《人口老龄化、房价与区域城乡收入差距——基于我国省际面板数据的实证研究》，《财经科学》2016 年第 8 期。

② Fallis, G., "Housing Tenure in a Model of Consumer Choice: A Simple Diagrammatic Analysis", *Real Estate Economics*, Vol. 11, No. 1, 1983.

③ 何流、崔功豪：《南京城市空间扩展的特征与机制》，《城市规划汇刊》2000 年第 6 期。

④ 李超、倪鹏飞、万海远：《中国住房需求持续高涨之谜：基于人口结构视角》，《经济研究》2015 年第 5 期。

⑤ 陈彦斌、刘哲希：《推动资产价格上涨能够"稳增长"吗？——基于含有市场预期内生变化的 DSGE 模型》，《经济研究》2017 年第 7 期。

⑥ 卢驰文：《遏制房价过快上涨的有效策略研究》，《财政研究》2011 年第 10 期。

⑦ 数据来源：第六次全国人口普查资料，http://www.stats.gov.cn/tjsj/pcsj/rkpc/6rp/indexch.htm。

⑧ 数据来源：第七次全国人口普查资料，http://www.stats.gov.cn/tjsj/pcsj/rkpc/7rp/zk/indexch.htm。

住宅面积上,根据2012—2020年中国房地产统计年鉴,2011—2019年,90平方米以下住宅销售套数由375.68万套下降至283.92万套,而144平方米以上住宅销售套数由90.46万套上涨至122.15万套,别墅、高档公寓销售套数由19.19万套上涨至26.05万套。这也表明购房市场很好地满足了不同群体的多层次、多样化住房需求,因此居民更偏好通过购房来满足需求。至2020年,通过购房方式满足住房需求的城市家庭比例达到58.36%。

不同层次的住房供给和不同层级的住房需求之间通过价格机制由市场进行匹配。[1] 从价格机制上看,购房市场通过房价上涨预期刺激企业进行住房开发投资,同时也刺激了居民的投资性需求,使居民倾向于作出购房决策。[2] 随着城镇化进程的不断推进,居民居住需求的增加促进房价逐渐上涨,在满足居民需求的同时也使人们认定住房是值得投资的资产之一。[3] 随之而来的是居民非刚性住房需求(包括改善性和投资性住房需求)的不断增长,企业投资开发建设的住房标准也在相应提高以满足居民的住房需求,使得房价早就上涨到了完全远离居民满足居住需求的价格水平。[4] 这主要是因为,开发商通常根据市场情况相互竞争,将目光放在利润丰厚、面向中高收入群体的中高档商品住房上,导致针对低收入家庭的商品房供应不足的同时也大幅度地拉高了城市住房均价。[5] 多年来的房价持续上涨也进一步使得企业和居民形成强烈的房价上涨预期。根据清华大学中国经济社会数据中心住房课题组与国家统计局联合开展的"中国城镇居民房价预期与购房行为专项调查"[6] 数据,2012—2013年,认为房价短期上涨的居民比例呈现明显的上升趋势,至2013年,各城市预期房价在短期内上涨的人数比例都超过了70%。而大部分城市中预期房价长期上涨的居民比例都在50%以上。[7] 而房价预期也通过资本利得效

---

[1] 张国武、谢宏坤:《城镇住房市场分割与运作机制演变研究》,《城市规划》2016年第7期。
[2] 肖卫国、郑开元、袁威:《住房价格、消费与中国货币政策最优选择:基于异质性房价预期的视角》,《经济评论》2012年第2期。
[3] 胡明志、陈杰:《住房财富对创业的异质性影响》,《社会科学战线》2019年第8期。
[4] 易宪容、郑丽雅:《中国住房租赁市场持续发展的重大理论问题》,《探索与争鸣》2019年第2期。
[5] 陈燕:《大城市住房价格影响因素的动态分析》,《南京社会科学》2011年第12期。
[6] 该调查范围包括北京、上海、天津、成都、沈阳、武汉、西安等7个城市。
[7] 孙伟增、郑思齐:《居民对房价的预期如何影响房价变动》,《统计研究》2016年第5期。

应影响家庭住房租购决策，使得家庭倾向于通过购房获取投资收益。[①]

（二）租房市场滞后与居民轻租

长期以来，在政府导向下，中国住房市场主要是以商品住房购买为主导，造就了国内商品住房市场空前繁荣与发展的同时，也使得住房租赁市场处于自发性发展状态，租赁立法滞后，金融、土地、税收等政策体系不健全，发展滞缓，成为住房制度体系中的最大短板。[②] 而住房租赁市场发展的滞后不仅难以满足居民的住房需求，更由于缺乏经济激励和权益保障使得居民不愿租房。[③] 下面我们主要从供需关系和市场环境分析住房租赁市场滞后对居民租房选择的影响。

（1）从供需关系上看，租房市场供给与居民住房需求不匹配，导致居民并不倾向于租房。住房租赁市场的供需不匹配主要表现在两方面：一方面，市场供给数量短缺，难以满足大量住房需求。根据第三章中计算出的数据以及禧泰数据库统计数据[④]，2010 年我国的租赁住房需求约为 4908.78 万套，而市场上挂牌的租赁住房供给数量约为 1142.24 万套，2020 年我国的租赁住房需求约为 8689.72 万套，而租赁住房供给数量约为 1176.54 万套，由此可见，十年间住房租赁市场的供需缺口呈扩大趋势，由 2010 年的 3766.54 万套扩大至 2020 年的 7513.18 万套。这主要是因为，在房价、地价双双攀升的形势下，将土地资源用于租赁住房建设在经济上不具有合理性，特别是在一二线和部分三线城市，地方政府并不倾向于将土地用于租赁住房开发，[⑤] 企业在高昂的成本约束下也不愿选择资金回笼慢、经营风险大且盈利前景模糊的市场化租赁住房建设项目。[⑥] 同时，我国的市场化租赁住房供给呈分散化特征，以私人出租为主，专业化住房租赁企业起步较晚，专业化、规模化的租赁机构占比较低，出租房源数量并不多，由此导致居民在住房租赁市场上的选择有限。

---

① 王振坡、郄曼、王丽艳：《住房消费需求、投资需求与租买选择差异研究》，《上海经济研究》2017 年第 8 期。

② 邵挺：《中国住房租赁市场发展困境与政策突破》，《国际城市规划》2020 年第 6 期。

③ 叶剑平、李嘉：《我国商品性住房租赁市场发展的制度约束与个体行为分析——基于 2014 年北京市租赁市场调查数据》，《贵州社会科学》2016 年第 1 期。

④ 数据来源：禧泰数据库，http://www.cityre.cn/。

⑤ 邵挺：《中国住房租赁市场发展困境与政策突破》，《国际城市规划》2020 年第 6 期。

⑥ 邵林：《我国住房租赁市场金融支持问题解决及国际借鉴》，《理论探讨》2018 年第 3 期。

另一方面，市场供给结构不匹配，难以满足多样化住房需求。不同群体对租赁住房户型和质量的要求存在差异，但由于市场化租赁住房大多来源为私人出租，房源分散且质量总体较低，难以为租户提供专业化的优质服务和住房品质，较难满足部分居民（无力购房的年轻家庭和因工作变动的高收入群体）对宜居的需求。根据第六次全国人口普查和全国1%人口抽样调查数据，2010年市场化租赁住房的家庭中，同时拥有厨房和厕所的比例不超过57.82%。至2015年，这个比例虽然提高至66.23%，但仍意味着有近1/3的租户面临厨房和厕所不全的条件。此外，租赁住房的户型、面积等条件也与居民住房需求存在不匹配。这主要是因为，住房租赁市场的房源供给主要来自私人拥有的富余存量住房，主要是多居室较大户型的房屋。房地产开发商设计和建设住房的初衷是为了迎合以家庭为单位的主力购房客户的偏好。[①] 根据禧泰数据库统计，2010—2020年，我国挂牌的市场化租赁住房平均户型面积都在85平方米以上，这与大部分居民（包括进城务工人员和新就业大学生）的租房需求并不相匹配，因为他们只需要租金较低、面积较小的住房来满足基本需求即可。

（2）从市场环境上看，住房租赁市场混乱的运行环境和不确定的经济前景导致居民不偏好租房。就市场运行环境而言，由于我国尚未制定专门的住宅租赁法，既有法律位阶不高，多是地方性法规和具备法律效力的通知文件等，住房租赁市场法律保障和监管体系并不健全，导致租房市场在运行过程中乱象丛生。根据北大法宝数据库检索，2010—2020年，因房屋租赁合同产生的民事纠纷审结案例由6333件上涨至184222件，其中不乏房东与租户之间、租户与房地产中介机构之间以及房东与专业化租赁机构之间因租金缴付、租期约定、押金退还、经济损失以及转租等产生的民事纠纷，这意味着住房租赁市场在运行过程中存在各种乱象。随着长租公寓的兴起，一些住房租赁企业通过"租金贷"长收短付来建立资金池，不仅损害了租户利益，还存在较大金融风险。[②] 因此，住房租赁市场运行中的种种乱象使得居民在作出租房决策时会更加犹豫，

[①] 金朗、赵子健：《我国住房租赁市场的问题与发展对策》，《宏观经济管理》2018年第3期。
[②] 易宪容、郑丽雅：《中国住房租赁市场持续发展的重大理论问题》，《探索与争鸣》2019年第2期。

甚至在某种程度上反而强化了购房的偏好。

就经济前景而言，相比购房市场，居民在租房市场投资或投机的可能性更低且获利更小，使得中高收入水平的居民并不偏好租房。这主要是因为，快速的城镇化和过热的购房市场使得人们产生了强烈的房价上涨预期，而租房市场面向的群体往往收入较低、消费能力较弱，加上不完善的住房租赁市场反而制约了居民租房需求，导致房价与租金呈现巨大的"剪刀差"特征。① 根据国家统计局和禧泰数据库统计数据，2010 年、2015 年和 2020 年我国的住宅商品房平均销售价格分别为 4725 元/平方米、6473 元/平方米和 9980 元/平方米，而市场化租赁住房的平均租金价格分别为 21.14 元/月/平方米、26.01 元/月/平方米和 29.01 元/月/平方米，房价租金比分别为 223.55、248.84 和 343.98，这意味着房价与租金的差距在进一步扩大。房价与租金的巨大差距以及租金本身的上涨幅度较小弱化了居民的租金上涨预期和收益预期，难以满足居民的住房投资获利需求。因此，相比购房，除了满足自身居住需求外，居民租房显然无利可图。

三 心理导向下的居民租购偏好

个体决策的过程实际上包括认识过程和评价过程，这意味着人们在作出决策时不完全遵循个人利益最大化的理性原则，以情感、认知等为主的心理因素也会发挥重要作用。② 宏观层面的制度导向和市场导向主要是通过影响消费者理性判断来影响居民租购偏好，但住房不仅仅是满足居住和投资需求的消费品，更是文化情感寄托和地位象征的载体。尤其是在中国丰富且悠久的传统文化中，情感、社会地位认知等心理因素也会深刻影响居民租购选择偏好。因此，我们主要从文化情感和住房地位两个层面来分析心理导向下的居民租购偏好。

（一）文化情感与居民租购偏好

人们所进行的任何经济活动背后都具有一定的传统文化背景，文化

---

① 高波、王文莉、李祥：《预期、收入差距与中国城市房价租金"剪刀差"之谜》，《经济研究》2013 年第 6 期。

② 关涛：《房地产经济周期的微观解释：行为经济学方法与实证研究》，博士学位论文，复旦大学，2005 年。

通过制约人的思维情感、价值取向和行为模式而影响和制约经济活动。因此，任何经济活动不仅仅是完全理性的物质活动，也是蕴含着"文化情感"的活动。①而文化情感对个体行为的影响尤其表现在消费行为方面，个体在消费过程中，潜意识会受到消费品特征中所包含的文化情感因素的影响，住房消费也并不例外。学者们通过研究也发现，住房租购选择其实是一个充满情绪、价值表现和思想博弈的过程，且往往在文化差异上有所体现。②

中国是"家文化"传统最为悠久和深厚的国家，在中国传统文化中，居住与"家"的概念是紧密联系在一起的。"家"作为社会的基本细胞，是人们的生活场所和社会的基本单位，它不仅仅是生育养育功能的承担者，更是人们的精神港湾和情感归宿。③而居所则是"家"赖以支撑的重要物质条件，所以居所就成了人们精神寄托、情感抒发的物质载体。同时，居所需要具备一定的稳定性和私密性，即具有明晰的产权以及一定程度的排他性，才能真正使居所成为家的物质保证。因此，在文化、情感等因素的影响下，城市居民对"租赁"和"购买"这两种获得居所的不同消费方式存在偏好。具体来看，主要表现为以下两个方面。

一是"有恒产者有恒心"的传统产权观念使居民更偏好拥有完整产权的住房，导致居民偏向于购房。居民通过购房获得的住房产权是一种完整的财产权，即居民在法律允许的范围内，可以自由占有、使用、收益和处分自己的住房，产权完整、清晰并且具有排他性。此外，购房获得的住房产权还具有延续性，父母还可以通过自有住房的财富积累和传递（或继承）满足子女的居住和经济等需求，形成代际支持，④符合人们拥有"恒产"实现稳定"安居"的传统观念。而居民通过租房仅能获得一定期限的住房使用权，租户仅能在法律和所有权的约束下，有期限、

---

① 秦永红：《宗教文化与旅游经济》，《西南民族学院学报》（哲学社会科学版）1998年第3期。
② Isaac, T., "Buying Versus Renting-Determinants of the Net Present Value of Home Ownership for Individual Households", *International Review of Financial Analysis*, Vol. 48, 2016.
③ 陈延斌、张琳：《建设中国特色社会主义家文化的若干思考》，《马克思主义研究》2017年第8期。
④ 钟晓慧：《"再家庭化"：中国城市家庭购房中的代际合作与冲突》，《公共行政评论》2015年第1期。

有限制地行使占有、使用、处分的权利。并且由于缺乏专门的立法规定，承租人的权利义务相对模糊，同时其权利的行使容易受到所有权者的干预和限制，并不具有严格的排他性和良好的隐私性，[1] 导致居民产生"无恒产无恒心"的心理。因此，大部分居民并不会将租赁住房作为长久的居住选择，而是始终以购房为目标持续奋斗，住房所有权上的附属条件和权利更是强化了他们这一思想和购房偏好。[2]

二是"有房才有家"的传统文化观念使居民更偏好自有住房，导致居民在住房选择上偏向购房。"有房才有家"的观念将居民对"家"的情感与住房这一载体紧密相连，居民期望从住房上获得的情感包括归属感、安全感和幸福感等。[3] 通过对比自有住房和租赁住房在满足人们情感需求上的差异，可以发现两者都可以为居民提供基本的居住生存条件和安全条件，但自有住房通常能提供安全稳定的产权保障，租赁住房则面临着到期迁出、住房条件不佳、居住环境不宜等问题，因此自有住房会使居民更具归属感和安全感。[4] 同时，由于居住稳定性和良好的社区环境，自有住房家庭的子女能够在更好的环境中成长和接受教育，[5] 且在中国租购权利差异较大的现实环境中，城市租户在一定程度上无法享受与自有住房业主同等的教育、医疗等公共服务资源，导致租户幸福感程度较低。[6] 因此，相比租房，购房更能满足居民对"家"的情感需求，由此导致居民更偏向于购房。

（二）住房地位与居民租购偏好

社会地位是指个人或群体在社会结构中所处的社会位置，包括主观

---

[1] 李响：《法律理性视角下租购同权政策的名与实》，《中国高校社会科学》2018 年第 3 期。

[2] Chen G., "The Heterogeneity of Housing-tenure Choice in Urban China: A Case Study Based in Guangzhou", *Urban Studies*, Vol. 53, No. 5, 2016.

[3] Ben-Shahar, D., "Tenure Choice in the Housing Market Psychological Versus Economic Factors", *Environment and Behavior*, Vol. 39, No. 6, 2007.

[4] Kingston, P. & Fries, J., "Having a Stake in the System: The Sociopolitical Ramifications of Business and Homeownership", *Social Science Quarterly*, Vol. 75, No. 3, 1994.

[5] Green, R. K., "Homeowning, Social Outcomes, Tenure Choice, and U. S. Housing Policy", *Cityscape: A Journal of Policy Development and Research*, Vol. 5, No. 2, 2001.

[6] 易成栋、任建宇、高璇：《房价、住房不平等与居民幸福感——基于中国综合社会调查 2005、2015 年数据的实证研究》，《中央财经大学学报》2020 年第 6 期。

社会地位和客观社会地位。前者是人们的心理状态和对外界的主观认知和评价,后者是将研究对象按照经济收入、教育水平和职业等所确定的社会位置,他们共同影响着人们的行为。[1] 主观社会地位作为对客观社会地位的一种主观感知,属于居民的一种心理认知。[2] 早在 1967 年,社会学家雷克斯和摩尔在《种族、社区与冲突》(Race, Community and Conflict)一书中首次提出了"住房阶级"(housing class)理论,将住房水平与阶层分化联系起来,认为人们因住房的不同可以划分为多个阶级。[3] 住房作为居民保障基本生活的物质载体和昂贵的消费品,逐渐在社会生活中具有了社会经济和社会身份地位的符号意义,住房地位成为人们的多种社会地位之一,从侧面反映出人们的社会位置。[4] 而影响住房地位的因素众多,包括住房产权、价格、地理位置、社区环境、文化特征等多方面的因素。

在中国,住房作为身份地位象征的历史十分悠久。在传统王权/皇权社会的礼制中,宅第的社会地位象征意义深入人心,住宅的图像叙事(包括建筑结构、装饰意象等)、民居的朝向布局等被视为一种结构性的等级关系,进而体现人与人之间的身份地位,例如围合型四合院建筑就是一种明确而典型的、表征权力关系的住宅类型。[5] 而改革开放以来,中国的城市住房体制发生了根本性变革,城市住房地位凸显,住房逐渐成为判定一个家庭社会与经济地位的最直接指标。[6] 住房分化也成为社会分层、分化的重要内容之一。在这样的背景下,居民会更深入地考虑住房的居住条件和获得渠道,以获得更高的住房地位来提升家庭的社会经济地位。因此,居民基于对住房地位的认知和比较,对"租"和"购"这

---

[1] 华红琴、翁定军:《社会地位、生活境遇与焦虑》,《社会》2013 年第 1 期。

[2] 徐淑一、王宁宁:《经济地位、主观社会地位与居民自感健康》,《统计研究》2015 年第 3 期。

[3] Rex, J. & Moore, R., Race, Community and Conflict, London: Oxford University Press, 1967.

[4] 李强:《转型时期城市"住房地位群体"》,《江苏社会科学》2009 年第 4 期。

[5] 陈晓屏:《权力空间化的视觉转译及其表征——近代中国图像叙事的空间再现研究》,《社会科学研究》2016 年第 2 期。

[6] 张海东、杨城晨:《住房与城市居民的阶层认同——基于北京、上海、广州的研究》,《社会学研究》2017 年第 5 期。

两种不同的住房获取方式会有所偏好。下面我们主要从两个方面来分析住房地位对居民租购偏好的影响：

一是相比租房，通过购买获得的自有住房在婚姻市场上的地位更高，使得男性居民在住房选择上偏好于购房；而女性开始逐渐脱离婚姻束缚，将购房作为自己未来生活的保障。根据国家统计局数据，2002—2019 年，我国男女比例均值为 1.05∶1，男性和女性人口数量之差的均值为 3593 万人。[①] 这意味着我国的男女性别比持续偏高，积累了大量的"男性剩余人口"，而婚龄人口性别比与婚姻机会和家庭组建直接关联，在男女比例失衡的情况下，婚姻市场竞争更加激烈。[②] 学者们通过研究发现，性别比偏高地方的女性在婚姻市场上有更高的议价能力，[③] 并且随着生育率下降，更是给男性婚姻带来了巨大挑战。为此，男性必须在社会经济活动方面表现出与其他男性相比更有效率、更有竞争力的优势，以获得婚姻市场上女性的青睐。而住房作为一种可以传递社会地位和经济状况信息的昂贵消费品，[④] 是否自有住房以及住房质量如何就成为婚姻市场竞争的重要指标之一。[⑤] 根据全国妇联中国婚姻家庭研究会和百合婚恋网联合发布的《2010 年全国婚恋调查报告》统计，70.8%的女性认为结婚的前提条件是男性必须有房。结合中国家庭金融调查数据，在独生子女家庭中，随着性别比的提高，男孩家庭比女孩家庭更倾向于投资住房。[⑥] 然而，并不仅仅是男性为了提高婚姻市场上的竞争力而偏好购房。随着女性个体独立性、职业和经济能力以及购房意愿的增强，逐渐打破了男性作为购房主力的传统。越来越多的青年女性选择独身或晚婚，中国的结婚率呈下降

---

① 数据来源：国家统计局，http://www.stats.gov.cn/。
② 刘中一：《社会风险的专家知识与公众感知：以性别比失衡为例——兼论婚龄性别比失衡社会治理策略选择》，《社会科学研究》2022 年第 5 期。
③ Angrist, J., "How Do Sex Ratios Affect Marriage and Labor Markets? Evidence from America's Second Generation", *The Quarterly Journal of Economics*, Vol. 117, No. 3, 2011.
④ 张安全、张立斌、郭丽丽：《性别比例失衡对房价的影响及其门槛特征》，《财经科学》2017 年第 5 期。
⑤ 方丽、田传浩：《筑好巢才能引好凤：农村住房投资与婚姻缔结》，《经济学（季刊）》2016 年第 2 期。
⑥ 魏下海、万江滔：《人口性别结构与家庭资产选择：性别失衡的视角》，《经济评论》2020 年第 5 期。

趋势。根据中国民政部统计数据，我国的结婚率由 2010 年的 9.3‰ 降低至 2019 年的 6.6‰。① 而出于对自身主体性的追求，以及规避可能因婚姻破裂而导致的丧失住房产权，越来越多的未婚女性采取婚前置业的方式来为自己未来的生活提供保障。② 根据贝壳研究院发布的《女性居住现状调查报 (2020)》③，66.14% 的女生认为婚前需要有一套属于自己的房子，而购房者中女性占比高达 47.5%，女性购房者中 29 岁以下的占比 48.99%。根据安居客房产研究院发布的《女性置业报告 (2020)》数据④，81.7% 的女性计划在 5 年内购房，57% 的女性自有住房，43% 的女性租赁住房。因此，对于逐渐脱离婚姻束缚的女性而言，她们也更加偏向于购房。

二是相比租房，自有住房可以提高城市身份认同以更好融入社会，使得居民在租购选择中更倾向于购房。身份认同是个人对自己在社会中的地位、形象和角色以及与他人关系的性质的接受程度，⑤ 能够深刻影响个体的经济行为。⑥ 当城市住房与户籍、公共服务资源绑定后，逐渐成为居民社会地位的重要表征，是衡量个人经济能力和成就的重要标准，⑦ 同时也决定了人们能否认同城市身份，进一步融入本地社会生活。特别是对于非本地户籍的流动人口而言，住房状况较好的流动人口更容易在产生拉近与当地城市居民距离的心理，主观上接受自己的本地城市群体身份，⑧ 从心理、文化、身份和经济等方面融入社会生活。⑨ 根据国家卫计委发布的《中国流动人口发展报告》数据，我国的流动人口规模由 2000

---

① 数据来源：中国民政部，https://www.mca.gov.cn/。
② 梁延润雨、吴开泽、郭圣莉：《社会变迁、角色变换与城市青年女性住房获得》，《公共行政评论》2022 年第 4 期。
③ 资料来源：贝壳研究院，https://research.ke.com/121/ArticleDetail?id=297。
④ 资料来源：安居客房产研究院，https://ai.anjuke.com/introduce/article/10101。
⑤ 王宁：《消费与认同——对消费社会学的一个分析框架的探索》，《社会学研究》2001 年第 1 期。
⑥ Akerlof, G., Kranton, R., "Economics and Identity", *Quarterly Journal of Economics*, Vol. 115, No. 3, 2000.
⑦ 张文宏、刘琳：《住房问题与阶层认同研究》，《江海学刊》2013 年第 4 期。
⑧ 李宝礼、邵帅、裴延峰：《住房状况、城市身份认同与迁移人口环境行为研究》，《中国人口·资源与环境》2019 年第 1 期。
⑨ 张庆武：《青年流动人口社会融入问题研究——以北京市为例》，《青年研究》2014 年第 5 期。

年的1.02亿人上涨至2015年的2.47亿人，产生了大量的住房需求，因此流动人口需要作出相应的租购决策来满足自身的住房需求。由于户籍制度的局限性，流动人口较难或只能有条件地获得与本地居民平等的公共服务资源，包括子女教育、社会保险、公共医疗、住房保障等等，阻碍了流动人口的社会融入。[1] 自有住房对流动人口而言，即拥有了固定的、产权完整的居所，在心理上意味着漂泊的结束和稳定生活的开始，[2] 在文化上意味着对城市的认可程度和参与意愿，在身份上意味着来自本身和他人的身份认同以及"过客"心理的削弱，在经济上意味着拥有符合当地准入条件的经济实力和地位。总体而言，拥有住房使得流动人口在各个方面与本地人口相似或相同，即产生"同群效应"[3]。而租赁住房由于产权不完整，且租户难以享受均等的公共服务待遇，流动人口反而会觉得自己是城市的"二等公民"[4]。此外，随着租金的上涨，会对流动人口的非住房消费产生挤出效应，加剧城市中流动人口与本地居民的居住分异，并由此降低流动人口的社会融入度。[5] 因此，居民为进一步融入社会生活，提高生活稳定性，特别是有长期居留意愿的流动人口，会更偏向于购房。

---

[1] 陈云松、张翼：《城镇化的不平等效应与社会融合》，《中国社会科学》2015年第6期。
[2] 杨菊华：《制度要素与流动人口的住房保障》，《人口研究》2018年第1期。
[3] 陆铭、张爽：《"人以群分"：非市场互动和群分效应的文献评论》，《经济学（季刊）》2007年第3期。
[4] 胡光志、张剑波：《中国租房法律问题探讨——现代住房租住制度对我国的启示》，《中国软科学》2012年第1期。
[5] 孙伟增、张思思：《房租上涨如何影响流动人口的消费与社会融入——基于全国流动人口动态监测调查数据的实证分析》，《经济学（季刊）》2022年第1期。

第 五 章

我国城市住房市场租售结构失衡治理的社会经济效应

第四章已证实中国城市住房市场租售结构存在失衡现象，而治理住房市场租售结构失衡的关键在于发展住房租赁市场。住房租赁市场的发展对社会经济会产生何种影响效应、这种影响效用的传导机制是什么，都是亟待探讨的问题。本章通过选取具有代表性的城市进行统计调查和实证检验，重点考察住房租赁市场发展在平抑经济波动、稳定房价和影响居民居住消费方面的社会经济效应，从而为把握住房市场租售结构失衡治理的主要方向和实施"租购并举"住房制度的改革战略提供实证支持与科学的支撑。

第一节 住房租赁市场发展对区域经济稳定的影响

我国城市住房市场租售结构失衡引发了一系列社会经济问题，例如房地产业负债规模和房价棘轮式攀升。根据国家统计局数据，[①] 房地产企业资产负债由2000年的1.9万亿元上涨至2020年的85.7万亿元，资产负债率高达80.7%，住宅商品房平均销售价格也由2122元/平方米上涨至9980元/平方米。房地产企业所采取的"高杠杆、高负债、高周转"的运营模式积累了较大的金融风险，而房价过高则导致了家庭"购房难、住房难"。这也使得我国高位运行的住房市场容易引发经济波动和威胁社会稳定。因此，政府开始尝试从完善和优化住房供应体系、结构入手。2015年，中央政府发布的《加快培育和发展住房租赁市场的指导意见》将"购租并举"作为深化住房制度改

---

① 资料来源：国家统计局，http://www.stats.gov.cn/。

革的重要内容，近年来更是将"房住不炒"的指导思想以及"租购同权"作为住房制度改革的核心，期望以此完善住房供应体系，降低住房市场波动和风险，促进经济平稳发展。2016年5月，国务院办公厅出台了《关于加快培育和发展住房租赁市场的若干意见》，对培育和发展住房租赁市场作出整体性部署；2017年10月，党的十九大报告中明确指出："坚持房子是用来住的、不是用来炒的定位，加快建立多主体供给、多渠道保障、租购并举的住房制度，让全体人民住有所居"，在接下来几年中，中央对加快推进住房租赁市场建设提出了一系列决策部署。到了2021年，中央经济工作会议再次强调"坚持租购并举，加快发展长租房市场，推进保障性住房建设"。从长期来看，发展住房租赁市场，构建房地产业平稳健康发展的长效机制必然会成为中国房地产市场实现高质量发展的必然要求。

本章重点选取区域经济发展水平、住房价格和居民消费水平三个具有代表性的指标，采用实证验证的方式分别考察住房租赁市场发展对它们的影响，以此探明租售结构失衡治理的社会经济效应。

一 文献综述

尽管现有研究已经广泛且深入地讨论了住房市场对宏观经济的重要性，但主要是围绕住房买卖市场展开的。而住房租赁市场作为住房市场的重要组成部分，其与宏观经济关系的研究仍然较少。原因在于相较于住房销售市场，许多国家住房租赁市场的培育和发展较为滞后，其在宏观经济中的作用往往受到忽视。现有关于住房租赁市场与宏观经济关系的研究主要集中在以下三个方面：一是住房租赁市场与经济周期的关系。在经济体经历经济危机或受到外部冲击后，一些学者尝试从住房市场灵活性的角度来探讨不同国家在经济周期中的弹性差异。Kofner（2014）认为，在经历2008年的金融危机后，德国住房租赁市场的长期发展使其宏观经济并未出现紧张局势，这与许多其他欧洲国家形成了鲜明对比，这表明住房租赁市场的发展可以提高住房市场的灵活性，为稳定抵押贷款市场和宏观经济作出决定性贡献。[1] IMF（2014）也表达了类似的观点，即房地产市场繁荣带来的经济增长是不可持续的，由于西班牙住房市场

---

[1] Kofner, S., "The German Housing System: Fundamentally Resilient?", *Journal of Housing and the Built Environment*, Vol.29, No.2, 2014.

灵活性不高，在经历金融危机后，其经济陷入了深度衰退期。[1] Vinicius（2020）利用美国数据，构建和估计了包含住宅租金的动态随机一般均衡模型，发现住房租赁市场确实会对实际商业周期产生影响。[2] 二是住房租赁市场对住房部门的影响。部分研究从不同层面探讨了住房租赁市场对房价[3]、房地产泡沫[4]、建筑业活动[5]的影响，认为住房租赁市场发展能够降低房价及其波动幅度，抑制房地产泡沫和建筑业活动。三是部分学者提供了关于住房租赁市场与不同的宏观经济基本面关系的更多见解。Cuerpo（2014）发现更严格的租金管制会增强房价对人口增长、住房投资、实际利率波动和收入变化等社会经济变量的反应，使得房价波动性更强。[6] Rubaszek等（2020）从微观和宏观相结合的视角，发现住房租赁市场规模可以弱化房价对宏观经济基本面变化的反应，且住房租赁市场改革有利于稳定宏观经济。[7] 孙伟增等（2020）则从微观层面验证了租金对居民总消费、消费结构以及消费不均等的影响效应及作用机制。[8]

综上，现有研究主要集中于住房买卖市场（例如房价、住房投资、住房供给等变量）与宏观经济之间的关系，而关于住房租赁市场与宏观经济关系的研究则主要是探讨了住房租赁市场与经济周期、住房部门以及不同宏观经济基本面之间的关系，但并未直接揭示住房租赁市场对经济波动的影响，其作用机制的论证也有待补充。此外，目前有关中国住房租赁市场与宏观经济关系的经验证据寥寥，有待进一步补充。

---

[1] International Monetary Funding, *Spain: Selected Issues*, IMF Staff Country Reports, 2014.

[2] Albuquerquemello, V. P. D. & Besarria, C., "Rental Market and Macroeconomics: Evidence for the US", *Journal of Economic Studies*, Vol. 48, No. 3, 2020.

[3] 陈卓、陈杰：《租住家庭占比、租房供应主体与房价》，《统计研究》2018年第7期。

[4] Arce, O. & Lopez-Salido, D., "Housing Bubbles", *American Economic Journal-Macroeconomics*, Vol. 3, No. 1, 2011.

[5] Rubio, M., "Housing-market Heterogeneity in A Monetary Union", *Journal of International Money and Finance*, Vol. 40, 2014.

[6] Cuerpo, C. & Pontuch, P. & Kalantaryan, S., "Rental Market Regulation in the European Union", *Directorate General Economic and Financial Affairs (DG ECFIN)*, European Commission, Economic Papers 515, 2014.

[7] Rubaszek, M. I. & Rubio, M., "Does the Rental Housing Market Stabilize the Economy? A Micro and Macro Perspective", *Empirical Economics*, Vol. 59, No. 1, 2020.

[8] 孙伟增、邓筱莹、万广华：《住房租金与居民消费：效果、机制与不均等》，《经济研究》2020年第12期。

二 理论机制分析

(一) 住房租赁市场与经济波动

住房市场通常具有明显的周期性特征,与经济波动紧密关联。[①] 住房市场体系中,住房买卖市场和住房租赁市场是两个相互关联的子系统,它们在发展过程中既相互制约也相互协调,但市场特征存在显著差异。住房买卖市场包括新建住房和存量二手房的交易,充分体现了住房消费和投资的双重属性。与住房买卖市场不同,住房租赁市场作为住房存量市场,主要体现的是住房的消费属性,人们主要通过租房来满足居住需求,而非投资、投机需求。因此,住房买卖市场和住房租赁市场在宏观经济运行中发挥了不同作用。

一方面,一些欧美国家的基本事实表明,过高的住房自有率和家庭杠杆率容易导致房价和信贷泡沫的破裂,[②] 而重要的、多样化的住房租赁市场可以对稳定抵押贷款和住房市场作出决定性贡献。[③] 相比购房,租赁住房不会过度扩大家庭债务规模,这在一定程度上可以避免银行债务违约风险。另一方面,在中国背景下,政府干预使得租赁住房逐渐成为城市居民满足刚性和改善性居住需求的可替代方案,为广泛的目标群体提供了更多的住房选择。这符合中国住房制度改革的趋向,因为相比购房,租房更能满足中低收入群体的居住需求和偏好,[④] 而这一群体占中国总人口的60%以上。此外,住房租赁市场发展可以缓解中国住房市场的结构性失衡问题,并对住房买卖市场产生部分替代效应,有利于形成一个结构相对均衡的住房市场。根据双市场一般均衡理论,买卖市场和租赁市场既相互制约也互补协调,可以有效缩小住房供需缺口,在市场力量下

[①] 张勇:《房地产市场会压垮中国吗——房地产市场、货币市场波动和经济波动动态关系研究》,《财政研究》2015年第9期。

[②] International Monetary Funding, *Spain: Selected Issues*, IMF Staff Country Reports, 2014.

[③] Kofner, S., "The German Housing System: Fundamentally Resilient?", *Journal of Housing and the Built Environment*, Vol. 29, No. 2, 2014.

[④] 易宪容、郑丽雅:《中国住房租赁市场持续发展的重大理论问题》,《探索与争鸣》2019年第2期。

通过动态调整达到供求和价格均衡,①由此提高经济运行效率。因此,住房租赁市场的发展既可以有效降低住房系统面临贷款政策变化和其他外生冲击时的反应程度,防范房地产泡沫和金融风险,也可以促进住房市场的均衡和协同发展,提高宏观经济运行的效率。结合国外经验证据和中国现实背景,我们认为住房租赁市场对于宏观经济运行的重要性在于,住房租赁市场可以平抑经济波动。据此提出:

假说1:住房租赁市场发展对经济波动具有显著的平抑作用。

(二) 住房租赁市场对经济波动影响的作用机制

住房市场具有杠杆高、波动大、与宏观周期不完全同步的特点,且住房投资和价格通常对货币政策变化的反应非常敏感。②在货币渠道的放大作用下,中国产出波动中40%来自房地产投资和房价的异常波动。③因此,我们认为房价和住房投资是住房市场波动影响经济波动的两个重要渠道,我们主要从房价和住房投资两个角度来分析住房租赁市场对经济波动的作用机制。

(1) 住房租赁市场通过房价渠道影响经济波动

我们认为,住房租赁市场发展可以通过以下两个途径影响房价:一是租赁市场对买卖市场的竞争挤出效应。在住房总需求相对稳定的情况下,中国住房租赁市场发展的政策倾斜以及租房对购房的替代效应会降低消费者、投机者对房价上涨的预期,消费者在作出租购决策以及投机者在实施投机行为时会趋于理性,缓解房价上涨趋势。此外,随着"租购并举、租购同权"的推进,住房租赁制度的顶层设计、市场运行环境和权益保障不断得到完善,有利于转变城市居民偏好自有住房的传统观念,即便当货币政策放松和住房信贷负担能力提高时,也不会过度刺激购房需求,从而抑制房价大幅上涨。④二是租赁市场对买卖市场的需求替

---

① 崔裴、胡金星、周申龙:《房地产租赁市场与房地产租买选择机制——基于发达国家住房市场的实证分析》,《华东师范大学学报》(哲学社会科学版) 2014年第1期。
② 黄志刚、许伟:《住房市场波动与宏观经济政策的有效性》,《经济研究》2017年第5期。
③ 张勇:《房地产市场会压垮中国吗——房地产市场、货币市场波动和经济波动动态关系研究》,《财政研究》2015年第9期。
④ 樊茂清、任若恩:《基于异质性偏好的中国城镇居民消费结构研究》,《中国软科学》2007年第10期。

代效应。在中国，每年都有大量人口（主要是农村人口和非当地户籍人口）流入大中城市，受限于户籍制度和经济实力，新流入人口可能不具备买房资格或买不起房，即便部分人口（例如高校毕业生）在父母的经济支持下买得起住房，但购房的贷款压力仍然会严重加剧家庭负担，因此住房问题成为流动人口面临的现实困境。[①] 然而，住房租赁市场的发展使租房逐渐成为购房的可替代方案，[②] 并且相较于还贷压力，租金负担显然在经济上更能接受。因此，租赁市场可以吸收一部分住房需求的增长，从而防止人们涌入买卖市场导致的房价大幅上涨，抑制房地产泡沫。

已有研究对房价与经济波动的关系进行了广泛而深入的探讨。住房既是家庭的消费品和抵押品，同时也是企业的产品和抵押品，房价波动会对银行的信贷供给、居民消费和企业的生产投资产生结构影响。当房价上涨幅度过大时，会加重家庭债务，通过住房抵押渠道对家庭的非住房消费产生挤出效应，[③] 违约风险上升，长此以往对经济稳定造成危害；对企业而言，房价大幅上涨会吸引资本向房地产市场过度配置，挤占用于支持实体经济发展的资金源，整体经济脱实向虚，[④] 融资、贷款以及资金流动的压力不断提高，信贷风险不断积累，影响金融稳定性；而对银行而言，房价的剧烈波动容易引发系统性金融风险，可能导致社会、经济遭受重大损失。基于上述分析提出：

假说2：住房租赁市场发展能够抑制房价上涨，进而平抑经济波动。

（2）住房租赁市场通过住房投资渠道影响经济波动

住房租赁市场对住房投资的影响主要有两个方面：一是住房租赁市场发展的政策效应可以转移住房投资倾向。中国住房制度改革的重心已由提高住房拥有率向大力发展住房租赁市场转变，自2018年以来，中央政府已选定17个租赁市场发展试点城市，发展了3个专门的非营利组织

---

① 于潇、徐英东：《流入城市对流动人口居留意愿的影响——基于家庭生命周期理论的分解》，《人口研究》2021年第1期。

② Mills, E. S., "Housing Tenure Choice", *The Journal of Real Estate Finance and Economics*, Vol. 3, No. 4, 1990.

③ Iacoviello, M., "House Prices, Borrowing Constraints, and Monetary Policy in the Business Cycle", *American Economic Review*, Vol. 95, No. 3, 2005.

④ 孟宪春、张屹山、李天宇：《有效调控房地产市场的最优宏观审慎政策与经济"脱虚向实"》，《中国工业经济》2018年第6期。

和现有非营利组织中的14个新部门,[①] 增加了住房租赁相关渠道、运营和服务的需求。在住房需求和政策导向的双轮驱动下,与住房租赁行业相关的企业预期争夺住房租赁市场发展带来的红利,通过多渠道的融资方式发展住房租赁业务,在一定程度上会驱使住房投资由增量市场向存量市场转移,即减少住房开发建设投资,增加住房改善和维修投资。中国部分企业的做法是通过预付房租的形式从私人手中获得住房(包括未经装修的住房),然后根据户型特征对其进行装修或修缮,最后以整租或分租的形式出租给租户获得租金收益。这就有利于稳定住房投资的整体规模和增速,降低住房开发和投资的盲目性,减少非理性住房投资行为,防范大规模建筑业热潮。二是住房租赁市场发展会对住房投资产生挤出效应。投资者主要基于风险感知和预期投资回报率作出投资决策,住房租赁市场的发展和规模扩张会促使投资者更加谨慎地将住房投资纳入投资组合决策中,这是因为随着租房对购房的替代性不断增强,房价上涨或许不再是理性预期。[②] 在中国更是如此,中央政府"房住不炒"的指导思想以及针对性的货币政策,使得住房不再是预期回报高而风险低的投资品,家庭偏好和投资偏好的转变使得非住房投资对住房投资形成替代和挤出。[③]

现有文献对住房投资与经济波动的关系也进行了许多探讨。住房投资对总体经济活动的影响与非住房投资完全不同。住房投资对金融市场环境,特别是对货币政策工具的反应程度较大,而非住房投资对货币政策变化的响应并不那么敏感,[④] 这就导致住房投资对经济的影响远比非住房投资更为显著。而在中国的经验证据中,证实了住房投资对经济的双

[①] Guo, X. T., Liu, X. J., Chen, S. Q., Li, L. Y. & Fu, H. L., "China's Housing Provision System: Evolution, Purchase-Rental Gap Measurement, and Optimization Strategy", *Journal of Urban Planning and Development*, Vol. 147, No. 4, 2021.

[②] 叶剑平、李嘉:《完善租赁市场:住房市场结构优化的必然选择》,《贵州社会科学》2015年第3期。

[③] Cuerpo, C. & Pontuch, P. & Kalantaryan, S., "Rental Market Regulation in the European Union", *Directorate General Economic and Financial Affairs (DG ECFIN)*, European Commission, Economic Papers 515, 2014.

[④] Iacoviello, M. & Neri, S., "Housing Market Spillovers: Evidence from an Estimated DSGE Model", *American Economic Journal: Macroeconomics*, Vol. 2, No. 2, 2010.

重作用,即住房投资既促进了经济增长,也导致了经济波动。[①] 因此,我们认为住房租赁市场发展可以通过转移和挤出住房投资,实现对经济波动的平抑作用。据此提出:

假说3:住房租赁市场发展能够稳定住房投资,进而平抑经济波动。

三 研究设计

(一) 研究模型

我们设定基准回归模型如下:

$$EF_{it} = \beta_0 + \beta_1 RMS_{it} + \beta_2 X_{it} + c_i + \varepsilon_{it} \tag{5.1}$$

式中,第 t 和 i 分别代表时间和城市,EF_{it} 代表经济波动,RMS_{it} 代表住房租赁市场发展,X_{it} 代表控制变量集,c_i 代表城市固定效应,ε_{it} 为随机扰动项。模型(5.1)中的 β_1 是我们重点关注的参数,其符号若为正,则表示住房租赁市场发展会增强经济波动,若为负,则表示住房租赁市场发展会平抑经济波动。由于本节的被解释变量,即经济波动,已经通过 HP 滤波法剔除了时间趋势,故此处不宜加入时间固定效应。

(二) 数据来源及处理

本节的研究区域是 2010—2019 年中国国家统计局选定的 70 个大中城市。这些城市均匀分布于中国各个省份,它们的共同特点是经济实力较强、房地产投资占比高、房价波动强且人流量大,在全国具有很好的代表性,与本书的研究需求相契合。由于云南省大理市的数据缺失严重,故对其进行剔除,保留其余 69 个大中城市作为研究对象。

本节实证研究的被解释变量为经济波动(EF),参照 Blanchard(2001)的做法,[②] 我们采用 HP 滤波法剔除实际 GDP 中的趋势成分,保留实际 GDP 的波动项,并取其绝对值作为经济波动的表征指标。本节的核心解释变量为住房租赁市场发展(RMS),现有研究主要采用市场化租

[①] 刘超、李江源、王超等:《房地产发展、经济增长动力要素、外部环境与经济增长效应研究——来自 2000—2016 年经济运行数据实证》,《管理评论》2018 年第 8 期。

[②] Blanchard, O. J. & Simon, J. A., "The Long and Large Decline in U.S. Output Volatility", *Brookings Papers on Economic Activity*, Vol. 2001, No. 1, 2001.

住家庭比例这一指标来表征,[①] 而我们选取"租赁住房挂牌总套数/总家庭户数"这一指标从供给端来衡量住房租赁市场发展,主要原因如下:第一,在中国官方统计中,租住家庭比例这一指标不具有连续性,且来源多样,不同来源的数据存在差异,容易导致结果偏误。第二,从供给端培育和发展住房租赁市场是我国住房制度改革的重要内容,因此在现阶段,市场化租赁住房供给规模更好地反映了住房租赁市场发展成效。另外,住房供给很大程度上考虑了需求偏好,因此租赁住房供给规模变化也在一定程度上反映出居民在住房需求端的变化。第三,流动人口是租赁住房需求的主体,由于中国户籍制度的限制,流动人口往往缺乏工作稳定性,[②] 在一年之中,他们可能因为更换工作、生活压力等原因转租或退租已有租赁住房,转而租赁其他房源。因此,一年之中同一套房源可能在住房租赁市场上多次挂牌,相比租住家庭户数,租赁住房挂牌总套数更能反映住房租赁市场的绝对规模。为进一步控制影响经济波动的其他因素,我们对产业结构、[③] 金融支持度[④]、资本存量率、失业率、投资开放程度、地方政府财政自由[⑤]和经济发展水平进行了控制。

本节的变量设计具体如表5-1所示。描述性统计如表5-2所示。

表5-1 变量设计

变量	变量符号	变量名称	变量设计
被解释变量	EF	经济波动	通过HP滤波法分解出实际GDP的波动项成分,然后取绝对值
核心解释变量	RMS	住房租赁市场发展	租赁住房挂牌总套数/总家庭户数

---

① 陈卓、陈杰:《租住家庭占比、租房供应主体与房价》,《统计研究》2018年第35卷第7期。

② Liao, Y. & Zhang, J. F., "Hukou Status, Housing Tenure Choice and Wealth Accumulation in Urban China", *China Economic Review*, Vol. 68, No. 101638, 2021.

③ 干春晖、郑若谷、余典范:《中国产业结构变迁对经济增长和波动的影响》,《经济研究》2011年第5期。

④ Gonzalez, F. & Quast, T., "The Relationship between Abortion Rates and Economic Fluctuations", *Economics and Human Biology*, Vol. 46, No. 101120, 2022.

⑤ 周业安、章泉:《财政分权、经济增长和波动》,《管理世界》2008年第3期。

续表

变量	变量符号	变量名称	变量设计
控制变量	IS	产业结构	第三产业增加值/第二产业增加值
	FS	金融支持度	金融机构贷款余额/名义 GDP
	COR	资本存量率	资本存量/名义 GDP
	UR	失业率	城镇登记失业率
	FDI	投资开放程度	实际利用外资额/名义 GDP
	FA	地方政府财政自由	一般预算收入/一般预算支出
	ED	经济发展水平	实际人均 GDP 的对数

表 5–2　描述性统计

变量	观测值	均值	标准差	最小值	最大值
EF	690	0.0204502	0.0170782	0.0000483	0.1113009
RMS	690	0.0888426	0.1179064	0.000756	1.035129
IS	690	1.219546	0.6905532	0.3757404	5.169242
FS	690	1.837838	0.8393688	0.4982934	7.203206
COR	690	2.439577	0.8152923	0.798254	6.459846
UR	690	2.953725	0.8036485	0.9	6.9
FDI	690	0.003815	0.0031334	0.00000436	0.0194454
FA	690	0.6289244	0.2111778	0.0269715	1.848309
ED	690	10.99341	0.5037977	9.488881	12.22279

我们使用的租赁住房总套数数据来自中国房价行情网（https://www.creprice.cn/）。实际 GDP 和实际人均 GDP 数据均由名义 GDP 和名义人均 GDP 通过 GDP 指数（2010 年 = 100）进行平减得出。各城市的资本存量采用 Goldsmith（1951）的永续盘存法进行测算，具体测算方式可参考张军等（2004）的研究。[①] 城市层面的控制变量中，产业结构、金融支持度、地方政府财政自由和经济发展水平数据均来源于国家统计局（http://www.stats.gov.cn/）、2011—2020 年中国区域经济统计年鉴和中

[①] 张军、吴桂英、张吉鹏：《中国省际物质资本存量估算：1952—2000》，《经济研究》2004 年第 10 期。

国城市统计年鉴，失业率和投资开放程度数据则来源于各城市统计年鉴及统计公报。

(三) 内生性问题

本节实证研究可能面临的内生性问题主要来自两个方面：第一，随着住房租赁市场的发展，住房租赁市场供给端的变化不仅会直接影响经济波动，相反，经济波动会对住房市场产生冲击，进而对住房租赁市场产生影响，即可能存在反向因果问题；第二，经济波动不仅会受到住房租赁市场的影响，也会受到其他社会经济因素的影响，这些因素与住房租赁市场也可能存在关联，即可能存在遗漏变量问题。

为缓解内生性问题，我们采用工具变量法对模型进行估计。在工具变量选择上，首先，我们选择住房租赁市场发展的滞后一期作为工具变量，这是一种常见的做法，其理由在于：滞后一期的住房租赁市场发展与当期规模具有很强的相关性，而当期的经济波动对前一期的住房租赁市场发展则没有影响，这就可以缓解反向因果问题。其次，我们利用北大法宝 (https://home.pkulaw.com/) 的司法案例检索功能，获取了2010—2019年各城市的房屋租赁合同纠纷结案数量，取其对数来表征租赁住房法律保障程度，并作为住房租赁市场发展的工具变量，其逻辑在于：有效的法律监管有利于住房租赁市场的良好运转和规模扩张，并为住房市场和宏观经济带来稳定，满足工具变量的相关性要求，而租赁住房法律保障程度与经济波动并不存在理论上的直接关联，作为一个相对外生的变量，满足工具变量的外生性要求。为进一步缓解可能的遗漏变量导致的内生性问题，我们在进行工具变量估计时，对城市固定效应进行了控制。

四 实证结果及分析

(一) 平稳性检验

首先，为避免因数据非平稳而导致伪回归，我们采用 LLC、IPS、Breitung、Fisher-PP 和 Fisher-ADF 等方法对各变量进行了面板单位根检验。结果如表 5-3 所示，所有变量的统计值均至少在 5% 的水平上拒绝原假设，表明各变量均为平稳序列，可以进行回归分析。

表 5-3　　　　　　　　　　　　面板单位根检验

变量	LLC 统计值	P 值	IPS 统计值	P 值	Breitung 统计值	P 值	Fisher-PP 统计值	P 值	Fisher-ADF 统计值	P 值
EF	-21.2926	0.0000	-8.9187	0.0000	-6.9482	0.0000	26.9651	0.0000	9.6089	0.0000
RMS	-18.8374	0.0000	-2.5876	0.0048	-2.5972	0.0047	2.0931	0.0182	3.2057	0.0007
IS	-4.2330	0.0000	-5.9117	0.0000	-2.1227	0.0169	2.4197	0.0078	6.5631	0.0000
FS	-4.6222	0.0000	-2.0509	0.0201	-3.1062	0.0009	2.0691	0.0193	1.9298	0.0268
COR	-5.8540	0.0000	-5.9290	0.0000	-3.1354	0.0009	6.4016	0.0000	3.1352	0.0009
UR	-58.3699	0.0000	-12.1435	0.0000	-2.4085	0.008	18.9265	0.0000	10.6232	0.0000
FDI	-29.5183	0.0000	-7.0015	0.0000	-1.7615	0.0391	6.5857	0.0000	18.3434	0.0000
FA	-17.2691	0.0000	-4.2209	0.0000	-1.9675	0.0246	7.7627	0.0000	18.7886	0.0000
ED	-34.5627	0.0000	-4.0675	0.0000	-2.1212	0.0170	7.7627	0.0000	23.4910	0.0000

（二）基准回归结果

在进行基准回归前，为避免变量之间存在多重共线性而导致估计结果失真，我们首先进行了 VIF 检验。结果显示，解释变量的平均 VIF 值为 1.89，最大值为 2.48，均小于 5，表明解释变量间并不存在多重共线性，可以进行回归估计。

住房租赁市场发展对经济波动影响的基准回归结果如表 5-4 所示。其中，模型（1）为未加入控制变量，且未控制城市固定效应的结果。模型（2）对城市固定效应进行了控制，但未添加控制变量。模型（3）则对城市固定效应及其他影响经济波动的因素进行了控制。三列结果显示，住房租赁市场发展的系数均至少在 5% 的水平上显著为负，表明住房租赁市场发展对经济波动存在平抑作用。从系数大小来看，住房租赁市场发展每提高 1%，就会使经济波动降低 0.0174%。

模型（4）为工具变量回归结果。一阶段回归结果显示，上一期住房租赁市场发展和租赁住房法律保障对本期住房租赁市场发展的影响在 1% 的水平上显著为正，同时一阶段回归的 Cragg-Donald Wald F 统计量和 Kleibergen-Paap Wald rk F 统计量均大于 10，且 p 值均小于 0.01，说明不存在弱工具变量问题。同时，Hansen J 统计量为 0.496，p 值为 0.4814，表明接受所有工具变量均为外生的原假设。因此，工具变量估计是有效的。第二阶段的回归结果显示，从系数符号和显著性来看，住房租赁市场发展的系数在1%的水平上显著为负,证明住房租赁市场发展可以显著平抑经济波动。从系数绝对值的大小来看,住房租赁市场发展的系数的绝对值从0.0174增加至0.0551,表明基准模型结果低估了住房租赁市场对经济波动的平抑作用。综上所述,假说1得到验证。

表5-4　　　　　　　　　　基准回归结果

EF	模型（1）	模型（2）	模型（3）	模型（4）
RMS	-0.0256***	-0.0226**	-0.0174***	-0.0551***
	(0.0084)	(0.0104)	(0.0065)	(0.0197)
控制变量	N	N	Y	Y
城市固定效应	N	Y	Y	Y
城市数量	69	69	69	69
观测值	690	690	690	621
F统计量	10.12***	4.69**	10.25***	4.24***
R^2	0.0058	0.0058	0.1059	—
一阶段回归结果：				
RMS_{-1}				0.6466***
LP				0.0033**
Cragg-Donald Wald F				161.0600***
Kleibergen-Paap Wald rk F				19.8700***

注：括号内为稳健标准误,*、**、***分别表示在10%、5%和1%置信水平下显著,下同。

（三）作用机制检验

我们采用与基准回归相同的方法检验住房租赁市场发展与中介变量（房价波动和住房投资波动）的因果关系,而房价、住房开发投资与经济波动之间的因果关系已在理论机制部分进行了阐述。

（1）变量选取及数据来源

基于数据的可得性和连续性,我们使用住房销售总额/住房销售总面积计算得到各城市的房价。房价和住房开发投资额均以GDP指数（2010年=100）进行平减,最后取对数得到相应指标。以上指标数据均来自2011—2020年中国城市统计年鉴以及各城市统计公报。

(2) 估计结果

房价和住房开发投资渠道的检验结果如表 5-5 所示。其中，模型（5）和模型（6）报告了住房租赁市场发展对房价影响的估计结果。模型（5）结果表明，在控制城市固定效应和其他影响因素后，租赁住房与家庭户数的比值每提高 1%，会导致实际房价对数降低 0.535%，进行换算后，即导致实际房价显著降低 1.707%。模型（6）采用工具变量的估计结果表明，租赁住房与家庭户数的比值每提高 1%，会导致实际房价对数显著降低 0.833%，即导致实际房价降低 2.300%。上述结果表明住房租赁市场发展对房价上涨存在显著的抑制作用，因此假说 2 得到验证。

模型（7）和模型（8）汇报了住房租赁市场发展影响住房开发投资的估计结果。模型（7）结果表明，租赁住房与家庭户数的比值每提高 1%，会对实际住房开发投资额对数产生 0.377% 的负向影响，即导致实际住房开发投资降低 1.457%。而模型（8）采用工具变量估计后，这一弹性的绝对值有所提高，租赁住房与家庭户数的比值每提高 1%，会导致实际住房开发投资对数显著降低 0.480%，即降低 1.616% 的实际住房开发投资。以上结果表明住房租赁市场发展对住房开发投资具有显著的抑制作用，可以有效防止住房开发投资规模的无序扩张，从而稳定经济，因此假说 3 得到验证。

通过对比模型（5）—（8）的估计结果可知，住房租赁市场对房价的抑制作用比对住房开发投资的抑制作用更大，因此，在住房租赁市场影响经济波动的作用机制中，房价渠道占据主导地位。

表 5-5　　　　　　　　　作用机制检验结果

	模型（5） 房价	模型（6） 房价—Ⅳ回归	模型（7） 住房开发投资	模型（8） 住房开发投资—Ⅳ回归
RMS	-0.5350 * (0.3090)	-0.8330 ** (0.4000)	-0.3770 ** (0.1450)	-0.4800 *** (0.1860)
控制变量	Y	Y	Y	Y
城市固定效应	Y	Y	Y	Y
城市数量	69	69	69	69
观测值	690	621	690	621

续表

	模型（5）	模型（6）	模型（7）	模型（8）
	房价	房价—Ⅳ回归	住房开发投资	住房开发投资—Ⅳ回归
F 统计量	2.58**	6.24***	109.27***	196.96***
R^2	0.1260	—	0.7130	—

（四）稳健性检验

我们主要通过以下方式来检验住房租赁市场对经济波动影响结果的稳健性。

（1）替换被解释变量

除了以"实际GDP波动项的绝对值"这一指标表征经济波动，部分研究还使用"GDP增长率的绝对值"[1]和"实际GDP波动项的三年标准差"来表征经济波动[2]，故我们分别采用"GDP增长率的绝对值"和"实际GDP波动项的三年滚动标准差"作为被解释变量，来估计住房租赁市场对经济波动的影响。估计结果如表5-6中的模型（9）和模型（10）所示，在替换被解释变量后，住房租赁市场发展的系数仍至少在5%的水平上显著为负，未改变本节得出的相应结论，表明结果是稳健的。

（2）替换核心解释变量

核心解释变量的测度对本节的回归结果至关重要。为验证基准回归结果的稳健性，我们参照已有研究，采用"租住家庭比例"指标表征住房租赁市场发展，进行稳健性回归。该指标数据来源于2013年、2015年、2017年和2019年中国家庭金融调查（CHFS），这是一项具有全国代表性的家庭调查，调查范围也涵盖了中国69个大中城市。由于部分城市以及部分年份的调查家庭样本较少，因此我们剔除了调查家庭户数小于100户的城市样本，最终保留了55个城市，162个观测样本，进行非平衡

---

[1] 詹新宇、崔培培：《中国省际经济增长质量的测度与评价——基于"五大发展理念"的实证分析》，《财政研究》2016年第8期。

[2] 郭婧、马光荣：《宏观经济稳定与国有经济投资：作用机理与实证检验》，《管理世界》2019年第9期。

面板估计。估计结果如表 5-6 模型（11）所示，在替换核心解释变量后，租住家庭比例仍然对经济波动存在显著的负向影响，表明前文结论是稳健的。

表 5-6 稳健性检验结果

	模型（9）	模型（10）	模型（11）	模型（12）	模型（13）	模型（14）	模型（15）	模型（16）
	GDP 增长率绝对值	实际 GDP 波动项的三年标准差	替换核心解释变量	2010—2015 年	一、二线城市	三线城市	东部城市	中西部城市
RMS	-0.0243**	-0.0433***	-0.1230***	-0.0356*	-0.0125**	-0.0925***	-0.0142*	-0.0448*
	(0.0101)	(0.0079)	(0.0431)	(0.0182)	(0.0061)	(0.0271)	(0.0071)	(0.0234)
控制变量	Y	Y	Y	Y	Y	Y	Y	Y
城市固定效应	Y	Y	Y	Y	Y	Y	Y	Y
城市数量	69	69	55	69	35	34	36	33
观测值	690	690	162	414	350	340	360	330
F 统计量	112.85***	14.43***	6.30***	15.34***	7.93***	9.37***	4.02***	9.76***
R^2	0.7638	0.2050	0.1540	0.1740	0.1080	0.1490	0.0830	0.1590

（3）缩短样本期

考虑到样本期的选择可能对本节的结论产生影响，因此，我们选择 2010—2015 年 69 个大中城市作为样本重新进行回归。其逻辑在于：中国经济的波动存在明显的政治周期性，[1] 不同时期的产业政策对经济和企业融资的影响存在明显差异，中国的产业政策与"五年规划"密切关联。[2] 2010—2015 年包含了"十二五"规划从规划起草到实施结束的完整过程，存在一个相对完整的政治经济周期。估计结果如表 5-6 模型（12）所示，住房租赁市场发展仍然对经济波动存在显著的平抑作用，表明结论是稳健的。

---

[1] 梅冬州、王子健、雷文妮：《党代会召开、监察力度变化与中国经济波动》，《经济研究》2014 年第 3 期。

[2] 陈冬华、姚振晔：《政府行为必然会提高股价同步性吗？——基于我国产业政策的实证研究》，《经济研究》2018 年第 12 期。

(4) 基于城市级别和地理区位的分样本检验

根据国家统计局的标准,我们对 69 个大中城市进行了划分,并进行分样本回归检验。我们分别按照城市级别和地理位置的不同,将城市划分为一线、二线和三线城市以及东中西部城市,以观察不同级别和位于不同地理位置的城市中,住房租赁市场能否对经济波动产生平抑作用。为保证划分样本数量相对均衡,我们将一线和二线城市样本合并为一、二线城市,将中部和西部城市样本合并为中西部城市。如表 5-6 模型 (13)—(16) 所示,结果表明无论在一、二线城市、三线城市、东部城市还是中西部城市,住房租赁市场发展的扩大都有益于平抑经济波动,表明结果是稳健的。

值得注意的是,部分稳健性估计结果中,核心解释变量系数的绝对值大小与基准回归存在明显差异,主要原因是:第一,替换的被解释变量和核心解释变量在测度方式上与基准回归的被解释变量和核心解释变量不同,导致变量测度的值域范围存在差异,这一差异也反映在系数大小上;第二,样本期和分样本的差异导致住房租赁市场发展对经济波动的影响存在异质性。由于在上述几组稳健性回归检验中,核心解释变量的系数始终显著为负,所以我们认为本节的结论具有较好的稳健性。

(五) 进一步分析

为进一步考察不同住房租赁市场发展对经济波动的抑制作用是否存在异质性,我们利用 K-means 聚类算法,根据住房租赁市场发展水平的相似度对城市进行聚类,将 69 个城市划分为住房租赁市场发展水平较高 (40 个城市) 和住房租赁市场发展水平较低 (29 个城市) 两个簇。估计结果如表 5-7 模型 (17) 和 (18) 所示,在住房租赁市场发展相对较弱的城市中,住房租赁市场发展对经济波动的平抑作用更大。我们认为,产生这一结果的原因与城市的经济发展水平存在关联,经济发展水平越高的城市,平抑经济波动的手段越丰富,[①] 且宏观调控下的政策组合兼顾多重目标,在政府有效干预下,可以弱化宏观经济基本面对住房市场波

[①] Bejan, M., *Trade Openness and Output Volatility*, Germany: University Library of Munich, 2006.

动（包括房价波动和住房开发投资波动）的反应[1]，由此住房租赁市场对经济波动的平抑效应被稀释。

表5-7 异质性检验结果

EF	模型（17）住房租赁市场发展较强	模型（18）住房租赁市场发展较弱	模型（19）住房租赁市场发展较强且经济发展较好	模型（20）住房租赁市场发展较弱且经济发展较差
RMS	-0.0130*	-0.0574**	-0.0164***	-0.1480*
	(0.0069)	(0.0265)	(0.0055)	(0.0747)
ED	-0.0199***	-0.0231***	-0.0220***	-0.0244***
	(0.0063)	(0.0048)	(0.0046)	(0.0053)
控制变量	Y	Y	Y	Y
城市固定效应	Y	Y	Y	Y
城市数量	43	26	30	39
观测值	430	260	300	390
R^2	0.1130	0.1010	0.1210	0.1420

为进一步验证上述解释的合理性，我们将经济发展水平纳入聚类分析的标准，最终将69个大中城市划分为两个簇：即住房租赁市场发展水平和经济发展水平较高的城市（30个城市）和住房租赁市场发展水平较低且经济发展水平较低的城市（39个城市）。如表5-7模型（19）和（20）所示，结果显示，在住房租赁市场发展较强且经济发展水平较高的城市中，住房租赁市场发展对经济波动的平抑作用明显更小，住房租赁市场发展每提高1%，会导致经济波动降低0.0164%，而在住房租赁市场发展较弱且经济发展水平较低的城市中，则会导致经济波动降低0.148%。因此，证明上述解释具有一定的合理性。此外，我们认为可能还存在一种解释，即随着经济发展水平的提高，中国住房租赁市场发展对经济波动的平抑效应存在边际递减。这一解释的依据在于，中国政府的宏观调控对经济发展和房地产市场具有主导作用。房地产业作为资本密集型行业，政府可以通过政策工具组合调控房地产价格水平和房企融

---

[1] 王松涛：《中国住房市场政府干预的原理与效果评价》，《统计研究》2011年第1期。

资,以此达到稳定宏观经济运行的目标[①]。因此,政府可以通过多种调控手段平抑经济波动。在住房租赁市场配套制度长期缺位和监管体系不健全的现实情况下,住房租赁市场发展对经济波动的平抑作用存在瓶颈,边际效应会随住房租赁市场供给端的发展而逐渐减弱。突破这一瓶颈的关键在于通过顶层设计完善制度配套和监管体系,提高住房租赁市场效率,形成新的边际效应规律。

五 研究结论

全球许多国家的经验证据表明,住房租赁市场在宏观经济运行中发挥着重要作用。我们首先从理论层面分析了住房租赁市场对经济波动的影响及其作用机制,然后利用中国69个大中城市的面板数据,构建并估计了住房租赁市场发展对经济波动影响的计量经济模型。从理论和实证研究中得出以下结论:①住房租赁市场供给端发展显著抑制了经济波动,住房租赁市场供给端发展每扩大1%,会降低0.0551%的经济波动;②住房租赁市场发展主要通过抑制房价上涨和稳定住房投资两个渠道对经济波动产生平抑作用,且前一个渠道占主导效应;③进一步分析表明,在住房租赁市场发展较弱且经济发展相对落后的城市中,住房租赁市场发展抑制经济波动的边际效应更强。

上述结论表明,在中国的社会经济背景下,住房租赁市场具有经济稳定器的作用,并且随着经济发展和住房租赁市场供给端的发展,这种作用在逐步削弱。这意味着,目前中国住房制度改革的思路和方向与现阶段经济发展目标相契合,即中国从依靠房地产业拉动经济的快速增长阶段逐步转变为减轻房地产非理性繁荣维持经济平稳的高质量发展阶段。发展住房租赁市场是中国实现这一目标的重要手段。但需要注意的是,相较于一些发达国家和欧美国家,中国的住房租赁市场的配套制度缺位严重,这是中国在发展住房租赁市场过程中所面临的基本而又关键的长期问题。因此,不能片面追求住房租赁市场供给端的发展,首先应从顶

---

① Chen, D., Li, J., Liang, S. & Wang, G., "Macroeconomic Control, Political Costs and Earnings Management: Evidence from Chinese Listed Real Estate Companies", *China Journal of Accounting Research*, Vol. 4, No. 3, 2011.

层设计出发，从法律层面构建完整的监管及保障体系，规范市场行为，明晰权利义务，保障住房租赁市场参与主体的权益；其次从市场激励入手，在已有的政策导向的基础上，进一步释放政策红利，开展多渠道金融支持，例如鼓励商业银行开发多种住房租赁贷款品种、鼓励民营资本进入住房租赁市场等，激发住房租赁市场活力；最后从民生视角考虑，基于现阶段各地区居民的负担能力和多样化住房需求，推进多元化的租赁住房供给，缓解不同地域、不同群体的住房供需问题。我们认为，通过以上渠道可以改善住房租赁市场的发展环境和现状，巩固中国住房市场的稳定性，进而促进经济平稳发展。

第二节 住房租赁市场发展对房价的影响

一 文献综述

与本节研究直接相关的是关于住房租赁市场和房价之间关系的研究。在这一方面，已有研究多集中在住房租赁市场内部因素如租金与房价之间的研究上：Dipasquale 和 Wheaton（1992）创造性地提出了四象限模型，将住房交易市场和住房租赁市场联系在一起，并提出了房价与租金之间相互影响的机制，[1] 但后续也有研究发现，四象限模型在解释房价决定时效果较好，但在解释租金决定时效果欠佳；[2] 后来有学者在 D-W 模型的基础上进一步提出了双市场理论，并据此对房价和租金之间的关系进行实证辨析；董藩等（2010）通过对中国现实数据进行实证分析后发现，中国的房价与租金呈现出一种显著的背离现象；[3] 高波等（2013）等则从预期和收入差距入手来对中国房价与租金走势中的"剪刀差"现象进行解释。[4] 相较于房价和租金之间丰富的研究而言，关于住房租赁市场的发

---

[1] Dipasquale D. & Wheaton W. C., "The Markets for Real Estate Assets and Space: A Conceptual Framework", *Real Estate Economics*, Vol. 20, No. 2, 1992.

[2] Staikos, D. & Xue, W. J., "What Drives Housing Prices, Rent and New Construction in China", *International Journal of Housing Markets and Analysis*, Vol. 10, No. 5, 2017.

[3] 董藩、刘建霞：《我国住房价格与租金背离的行为解释》，《改革》2010 年第 2 期。

[4] 高波、王文莉、李祥：《预期、收入差距与中国城市房价租金"剪刀差"之谜》，《经济研究》2013 年第 6 期。

展对房价影响的研究却比较匮乏,在仅有的几篇文献中,外国学者Turnbull等(2012)使用美国20年的房屋交易数据,从微观层面进行分析,发现住房租赁对当地社区的房地产价格具有明显的负外部性存在。[1] Arce和López Salido(2011)建立了一个理论模型,表明出租住房的可用性可以降低房价泡沫的风险。[2] Rubaszek(2020)利用28个欧盟国家自2004—2017年的面板数据进行回归后发现私人租赁市场规模的增加有助于削弱房价对宏观经济基本面的反应。[3] 需要注意的是,相较于其他发达国家而言,中国的住房租赁市场发育程度较低,由此带来的租买选择机制缺失是导致中国房价不受租赁市场的租金制约而快速上涨的重要原因。[4] 那么,发展住房租赁市场是否真的有助于平抑中国的房价上涨呢?国内学者如陈卓等(2018)结合中国2002—2009年的微观调查数据进行研究后发现住房租赁比例的提高有利于抑制房价上涨,并且供应主体的市场化程度越高,这种抑制作用就越明显。[5] 鞠方等(2021)则使用双重差分模型对"租购同权"政策进行评估,发现租购同权政策的实施能够显著抑制试点城市的房价上涨速度。[6]

通过对已有文献进行总结来看,关于住房租赁市场对房价影响的研究仍然相对较少,并且其中大多数文献只研究了住房租赁市场的内部因素对房价的影响,或者从微观角度证明了住房租赁对房价的外部性作用,抑或把住房租赁市场当作是一个类似于"稳定器"的存在,分析其在缓冲宏观经济对房价波动的影响方面发挥的作用,而少有把住房租赁市场本身当作房价的影响因素。在分析住房租赁市场本身对房价的作用时,

---

[1] Turnbull, G. K. & Zahirovic-Herbert, V., "The Transitory and Legacy Effects of the Rental Externality on House Price and Liquidity", *Journal of Real Estate Finance and Economics*, Vol. 44, 2012.

[2] Arce, O. & López Salido, D., "Housing Bubbles", *American Economic Journal-Macroeconomics*, Vol. 3, No. 1, 2011.

[3] Rubaszek, M. & Rubio, M., "Does the Rental Housing Market Stabilize the Economy? A Micro and Macro Perspective", *Empirical Economics*, Vol. 59, No. 1, 2020.

[4] 崔裴、胡金星、周申龙:《房地产租赁市场与房地产租买选择机制——基于发达国家住房市场的实证分析》,《华东师范大学学报》(哲学社会科学版)2014年第1期。

[5] 陈卓、陈杰:《租住家庭占比、租房供应主体与房价》,《统计研究》2018年第7期。

[6] 鞠方、白怡颖、许依玲:《"租购同权"政策对我国大中城市房价的影响研究》,《财经理论与实践》2021年第5期。

已有文献虽然从实际上证明了这种作用的存在，但由于所使用数据的时间跨度较为久远，无法将近年来我国在住房租赁方面的政策发力阶段包括进去，并且尚未对这种影响的理论内涵和因果逻辑进行一个清晰的梳理。有鉴于此，我们使用 2010—2019 年的数据进行分析，首先从理论上分析了住房租赁市场的发展对房价的影响，然后通过实证的方式证明这种影响的存在并探讨可能的传导路径。

二 理论机制分析

根据房地产市场传统理论，住房市场可根据交易性质划分为住房买卖市场和住房租赁市场。从理论上来讲，住房买卖市场和租赁市场之间存在一种由房价和租金共同作用于供求所产生的再平衡机制，即这两个市场在理想状态下可以自动达到一种相对稳定的均衡状态。[①] 这种均衡状态依赖于住房所特有的两种天然属性：作为消费品满足居住需求的消费属性和作为投资品产生收益和增值的投资属性。然而，随着房地产市场的持续发展，城镇化进程不断推进，在土地稀缺和人口流入的大背景下，一些城市特别是大中城市出现了房价快速上涨的现象，人们逐渐意识到住房持有背后的巨大升值空间，并滋生了一系列疯狂购房的投机行为，进一步导致房价逐渐大幅偏离其基本价值，也就产生了所谓的房地产泡沫现象。[②] 住房投机行为的存在使得住房买卖市场和住房租赁市场原有的自动调节机制遭到破坏，相对均衡状态也不复存在，租金和房价的走势差距逐步扩大并呈现出"剪刀差"就是其中一个显著表现。[③]

（一）住房租赁市场发展对房价的影响

在住房市场存在投机空间的前提下，我们可以将对住房的需求进一步细分为居住需求、投资需求和投机需求三类，其中居住需求可以由购买或者租赁住房的方式予以解决，投资需求指住房消费者购买住房后进

[①] 杨赞、张欢、赵丽清：《中国住房的双重属性：消费和投资的视角》，《经济研究》2014年第 S1 期。

[②] Plazzi, A., Torous, W. & Valkanov, R., "Expected Returns and Expected Growth in Rents of Commercial Real Estate", *Review of Financial Studies*, Vol. 23, No. 9, 2010.

[③] 高波、王文莉、李祥：《预期、收入差距与中国城市房价租金"剪刀差"之谜》，《经济研究》2013 年第 6 期。

行出租以获取租金收益所产生的需求，而投机需求则只能由购买产权住房来得到满足。住房租赁市场作为住房买卖市场的补充部分，其发展是一个综合性的概念，不仅包括租赁住房可得性的增加，也囊括了租赁服务优化、租户权益保障等多方面的内涵。租赁住房在满足居住需求方面可以作为产权住房的替代品，因此，根据传统经济理论，认为住房租赁市场的发展会影响住房买卖市场及反映其供求关系的房价这一假设在理论逻辑上是可行的。关于住房租赁市场的发展对房价的影响机制，现有文献尚未进行系统性的梳理和总结，我们基于住房租赁市场发展的内在特征以及已有文献关于房价影响因素的分析，从两个市场相互影响的角度来分析住房租赁市场的发展对房价的影响渠道。

首先，住房租赁市场的发展意味着在房屋租赁方面的制度更加完善、服务更加周到、权益更加有保障，在这种情况下，消费者租赁同一住房将会获得比以往更大的效用，尤其是在我国许多地区，公共服务的享有权往往与是否在当地拥有一套产权住房联系在一起。在这种情况下，发展住房租赁市场有利于破除这种社会公共服务壁垒，使得社会公共服务惠及全体人民。效用的增加会使越来越多的人选择采取租赁的方式满足自己的居住需求，租房不再是买不起房后的被迫选择，而是成为一种真的能够让消费者进行权衡的选项。

在短期，租赁住房的供给不会有太大变化，此时对租赁住房需求的增加将会使租金上涨，上涨的租金一方面会将一部分需求推向产权住房市场，另一方面会直接增加依靠出租房屋从而获得租金收益的房东群体的收入，进而刺激其改善性住房需求，从而在这个方面会通过替代品之间的替代效应以及在房东群体中的收入效应推高房价。但基于我国住房市场的特殊情况，特别是租赁住房对产权住房的替代效果较弱，租金的上涨在推高房价方面动力不足，租赁需求增加的另一面便是消费者产权住房的需求减少，这是因为住房租赁市场的发展意味着租赁住房对产权住房可替代性的增强，这将导致相当一部分应然性消费者，即那些有能力购房但还处于观望状态的潜在购房者的居住需求会从住房买卖市场中流出，然后流向住房租赁市场，在供给不变的情况下会抑制房价上涨。据此，我们提出：

假说1：住房租赁市场的发展会对房价上涨产生抑制作用。

(二) 预期作用下住房租赁市场发展对房价的直接影响

预期是房价上涨至关重要的因素,[①] 在房价快速上涨的大背景下,消费者会形成对房价继续上涨的预期,这种预期会进一步强化消费者对产权住房的购买欲望,这种购买欲望一方面来自规避未来耗费更多成本的前向选择,另一方面也来自投资房地产获取财富增值的投机行为,不断得到强化的购买欲望会推动房价上涨并反过来不断强化消费者的预期,这种预期的自我实现效应会推动房地产价格偏离其基本价值,[②] 进而产生泡沫危机,威胁到我国宏观经济的稳定运行。

当住房租赁市场不断完善发展时,通过租房这一方式来满足居住需求的群体规模将会增加,此时会有更多的房屋进入租赁市场,在一定程度上降低购房需求。当越来越多的人通过租房来满足居住需求时,会给房地产市场当中的消费者发送一种房价将会趋于稳定的信号,特别是当我国发展住房租赁市场的政策往往与稳定房价联系在一起时,这种信号将会更加强烈,市场当中的消费者接收到这种信号,并逐渐意识到房产投机利润空间的减少以及投资风险的扩大,此时消费者将会降低自己的乐观情绪,继而调整自己对于房价走向的预期使其回归到理性区间,预期的下降将会减少房地产市场的过度投机行为,一方面有利于住房供给更多的匹配于那些对住房有着刚性需求的无房家庭,另一方面也会对房价上涨产生平抑作用。据此,我们提出:

假说2:住房租赁市场的发展会通过影响房价预期来平抑房价。

(三) 人口流动及财政压力下住房租赁市场发展对房价的直接影响

住房租赁市场发展对房价的影响在不同条件下可能发生变化。20世纪90年代末,我国开始实行财政分税制改革,虽然较好地解决了中央集权与财政分权的问题,但同时由于事权和财权的不对等,地方政府面临的财政压力也随之增加。[③] 在我国地方政府相互竞争的体制下,较大的财政压力一方面会促使地方政府缩减开支,节约用度,另一方面则会激励

[①] Kuang, W. D., "Expectation, Speculation and Urban Housing Price Volatility in China", 5th International Conference on Management of Technology, Taiyuan City, 2010.

[②] Hui, E. C. M. & Gu, Q., "Study of Guangzhou House Price Bubble Based on State-Space Model", *International Journal of Strategic Property Management*, Vol. 13, No. 4, 2009.

[③] 吴群、李永乐:《财政分权、地方政府竞争与土地财政》,《财贸经济》2010年第7期。

地方政府寻求新的收入来源来提高自己的财政收入。此时，通过出让土地获取土地出让金等预算外收入和扩大房地产业税收等预算内收入的土地财政就成为地方政府缓解财政压力的重要手段，而与土地财政相伴而生的则是一轮又一轮的房价上涨。[1] 换句话说，财政压力越大，地方政府通过土地财政模式来提高收入的激励就越大，即便这样做的代价是房价快速上涨。那么我们有理由认为，在财政压力较大的城市，住房租赁市场的发展对房价的作用机制会受到一定程度的阻力从而无法得到充分的发挥，而在财政压力较小的地区，地方政府对土地财政的依赖度较低，不需要通过出让土地、提高房价的方式来增加收入，发展住房租赁市场对房价的作用也会更有效果。

除了制度性因素外，人口结构也会对房价上涨产生一定的影响，[2] 其中，在控制了其他因素的条件下，外来人口占比越高的地区，房价也相应地越高，[3] 而且近年来我国人口流动呈现出由中西部欠发达地区流向东部地区、由农村流向城市的典型特征。[4] 不断涌入城市的流动人口，一方面为城市的发展注入了新的活力；另一方面，也带来了许多严峻的住房问题，在一个城市的常住人口当中，外来人口中选择租房来满足自己居住需求的人数占比显著高于户籍人口，这一点在一线城市尤为如此[5]。也就是说，租赁住房所面向的受众群体更多的是那些以外来务工人员和刚毕业的大学生为主的流入人口，而住房租赁市场影响房价的前提条件就是存在较大规模的住房租赁需求群体，因此，在人口流入地区，住房租赁市场发展对房价产生影响的机制才能够更好地发挥作用。

假说3：地方政府财政压力越小、城市流入人口越多，则住房租赁市场发展对房价的抑制作用将会越大。

---

[1] 徐璐、周健雯、施雨欣：《地方政府财政压力、土地财政与房价》，《政治经济学评论》2020年第4期。

[2] 陈斌开、徐帆、谭力：《人口结构转变与中国住房需求：1999—2025——基于人口普查数据的微观实证研究》，《金融研究》2012年第1期。

[3] 李嘉楠、游伟翔、孙浦阳：《外来人口是否促进了城市房价上涨？——基于中国城市数据的实证研究》，《南开经济研究》2017年第1期。

[4] 王桂新：《中国人口流动与城镇化新动向的考察——基于第七次人口普查公布数据的初步解读》，《人口与经济》2021年第5期。

[5] 王卫东、胡以松：《一线城市住房租赁市场调查研究》，《调研世界》2019年第4期。

三 研究设计

（一）模型设定

本节研究的核心问题是，住房租赁市场的发展是否能够有效地抑制房价过快上涨。为了考察住房租赁市场的发展与当地城市房价的关系，我们采用面板固定效应模型（FE）来估计住房租赁市场的发展对房价的影响，并引入如下基准计量模型：

$$hp_{it} = \beta_0 + \beta_1 rms_{it} + \rho X_{it} + \mu_i + \eta_t + \varepsilon_{it} \tag{5.2}$$

其中hp_{it}为本节衡量第t年i城市房价水平的被解释变量，rms_{it}为本节的核心解释变量，衡量住房租赁市场的发展程度，X_{it}为控制变量，代表一系列影响城市房价的基本面因素，包括地区生产总值、常住人口数、第三产业与第二产业的比值、金融机构年末贷款余额占GDP的比重、教育水平、医疗水平和人力资本水平。μ_i控制了城市层面不随时间变化而变化的特征，η_t则控制了时间层面不随地区变化而变化的特征，ε_{it}为随机干扰项。rms_{it}前的系数β_1为本节关注的核心参数，表示住房租赁市场的发展对城市房价的影响方向及影响程度。

（二）数据设置

被解释变量。城市房价水平hp为被解释变量，我们用商品房销售价格来进行衡量。

核心解释变量。rms为本节核心解释变量，代表住房租赁市场的发展，我们用城市当年挂牌租赁房屋套数占家庭户数的比重来进行衡量。

控制变量。城市房价水平受到诸多因素的影响，借鉴以往研究的做法，我们对以下变量进行控制：（1）地区生产总值（gdp），地区生产总值代表了一个国家或地区的经济状况，地区经济水平越高，在其他条件不变的情况下，房价水平也越高，相较于GDP总值而言，人均GDP可以更好地衡量一个地区的经济状况。（2）常住人口数（population），地区人口数一定程度上能够代表对该地区住房需求的大小，从而影响房价。（3）产业结构（industry structure），地区产业结构也会对房价产生影响，我们用第三产业总产值与第二产业总产值之比代表地区的产业结构。（4）金融机构贷款余额与地区生产总值之比（finance support），该指标代表了金融层面的信贷约束力度，信贷约束往往与消费者购买住房时的购房成本和房地产开发商进行房地产开发时的融资成本息息相关，因此也会对房价产生影响。（5）教育水平（education），我国住房产权往往与子女入学等问题联系在一起，地区教育水平的高低也会影响区域房价的大小。（6）医疗水平（medical care），医疗问题是社会广泛关注的问题，当地医疗设施的完备和医疗水平的高低往往与房价联系在一起。（7）人力资本水平（human capital），人力资本水平衡量了一个城市所有人口中高素质人才所占的比重，这一类人往往具有较高的收入水平，对住房的购买能力较强，人力资本水平越高，相应的城市房价也会越高。

（三）数据说明及描述性统计

本书通过使用中国 70 个大中城市中除却大理外的其余 69 个城市 2010—2019 年的面板数据来评估住房租赁市场规模对房价的影响，之所以把大理从中剔除是因为大理各年数据特别是核心解释变量数据缺失严重，而并未使用 2020 年及其之后的数据则是为了剔除 2020 年暴发的新冠疫情的影响。

出租房屋挂牌套数数据来源于禧泰数据库，该指标在以往研究中也得到了广泛使用。城市房价水平数据以及其他相关数据来自中国区域经济统计年鉴及各城市统计公报。

需要说明的是，我们对城市商品房销售均价、地区生产总值、常住人口数均进行了对数化处理，并且为了剔除通货膨胀因素，我们对所有的名义变量均按照 CPI 以 2010 年为基期进行了平减处理。表 5-8 对主要变量进行了描述性统计后的结果展示：

表 5-8　　　　　　　主要变量说明及描述性统计

变量名称	变量描述	平均值	标准差	最小值	最大值
hp	商品房销售均价取自然对数	8.730	0.495	7.568	10.72
rms	住房租赁交易套数/家庭户数	0.0871	0.106	0.00228	0.740
gdp	人均地区生产总值取自然对数	10.91	0.494	9.489	12.97
$population$	常住人口取自然对数	6.382	0.626	4.227	8.047
$industry\ structure$	第三产业增加值/第二产业增加值	1.220	0.691	0.376	5.169

续表

变量名称	变量描述	平均值	标准差	最小值	最大值
finance support	金融机构贷款余额/地区生产总值	1.818	0.865	0.0296	7.203
education	每万人中小学生数	7.093	0.270	6.559	8.223
medical care	每万人医院床位数	3.967	0.350	3.002	4.864
human capital（%）	高素质人才占比	3.767	2.853	0.311	12.76

四 实证结果及分析

（一）基准回归结果分析

为了避免出现伪回归问题，本书对所使用的面板数据进行了面板单位根检验，所有变量均至少在5%的显著性水平上拒绝存在单位根的原假设，因此可认为变量均为平稳序列，此外在进行 Hausman 检验时，检验结果强烈拒绝原假设，证明了本书使用固定效应模型进行回归的合理性。

表5-9报告了利用面板固定效应模型进行回归后的结果。第（1）列是不包含任何控制变量的基准模型，第（2）列为增加了人均 GDP、常住人口数、产业结构、金融机构贷款余额占比、每万人中的中小学生数、每万人医疗机构床位数以及人力资本水平等控制变量。根据表5-9中模型一和模型二的回归结果，我们可以看到核心解释变量住房租赁市场规模前的系数均在5%的显著性水平上显著为负，且系数大小在第（1）列和第（2）列中无明显变化，这在一定程度上也体现了估计结果的稳健性。

在第（2）列中，核心解释变量 rms 前的系数在5%的显著性水平上显著为负，说明在一个城市当中，住房租赁市场的规模与当地的房价呈现负相关，住房租赁市场规模越大，房价水平越低，至此，假说一得到验证。具体而言，核心解释变量前的参数为 -0.4454，其含义为在控制其他条件不变的情况下，住房租赁市场的规模每提高1%，则当地房价就会下降0.4454%。究其原因，一方面是由于，随着住房租赁市场规模的扩大，租赁住房对产权住房的"替代效应"增强，有利于吸收更多的住房需求；另一方面，住房投资者通过购房获得高附加值收入的投机动机被削弱。这样一来，投机需求就会减少，从而对房价起到抑制作用。

表 5-9　　　　　　　　　面板固定效应模型回归结果

Variable	（1）	（2）
rms	-0.4945**	-0.4454**
	(-2.09)	(-2.35)
控制变量	NO	YES
观测值	690	690
R^2	0.602	0.619
城市数量	69	69
城市固定效应	YES	YES
年份固定效应	YES	YES

（二）稳健性检验

本节通过以下方式对住房租赁市场发展与房价的因果关系进行稳健性检验：

（1）调整研究样本。住房租赁市场发展对房价的影响与该城市在住房租赁方面的着力程度具有较大关系，如果该城市在住房租赁方面着力较大，那么扩大住房租赁市场发展对房价的影响可能会得到一定程度的夸大。因此，为了剔除这一影响，增强回归结果的稳健性，本书根据住建部2017年选取的首批开展住房租赁试点城市名单，将研究样本中广州、深圳等10个包括在首批试点名单中的城市从样本中删除。估计结果如表5-10中第（1）列所示，与基准回归结果一致。

（2）更换时间范围。通过对住房租赁市场的相关制度进行梳理后可以发现，我国是从2015年开始大力发展住房租赁市场的，在2015年前后，由于政策性因素的影响，回归结果可能会存在一定差异，从而对本书研究结论的稳健性带来干扰，为了识别扩大住房租赁市场发展对房价的抑制作用是否会随着样本时间区间的变化而变化，本书以2015年为节点，向前和向后各延伸3年和4年，分别进行回归。回归结果如表5-10中第（2）列和第（3）列所示，可以看到，住房租赁市场发展前的系数并没有发生显著变化，证明基准结果稳健。

（3）基准回归模型中的控制变量包括城市经济指标，与房价高低之间可能存在一定的反向影响。为了进一步降低潜在的内生性问题，将所有的控制变量均滞后一期处理,回归结果如表 5 – 10 中第 (4) 列所示。同样,住房租赁市场规模对房价的影响系数显著为负,再次证明了基准回归结果的稳健性。

表 5 – 10　　　　　　　　稳健性检验回归结果

Variable	(1) 剔除试点城市	(2) 2012—2018	(3) 2011—2019	(4) 控制变量滞后一期
rms	-0.5365**	-0.3672**	-0.4102**	-0.3878**
	(-2.50)	(-2.13)	(-2.35)	(-2.10)
控制变量	YES	YES	YES	YES
观测值	590	483	621	621
R^2	0.594	0.559	0.630	0.630
城市数量	59	69	69	69
城市固定效应	YES	YES	YES	YES
年份固定效应	YES	YES	YES	YES

(三) 内生性处理

本节的内生性问题主要存在于两个方面:一方面,影响房价的因素有很多,包括政治、经济、文化、制度等多方面因素,在一个模型当中将所有影响房价的因素囊括进去是不现实的,因此可能存在遗漏变量所带来的相关性问题;另一方面,根据房地产市场理论,住房市场和租房市场二者之间并不是相互隔绝的,恰恰相反,一个市场的变化往往会通过某些渠道从而影响另一个市场。从直观逻辑出发,房价上涨意味着购房成本增加,特别是面临资金困难和信贷约束的低收入群体,此时不得不选择租房居住,这会导致在整个城市层面,租房家庭比重增加,因此,本书也可能面临由于双向因果而带来内生性问题。

虽然本节已经使用双向面板固定效应模型,在一定程度上有利于减少内生性问题,但为了使估计结果更加准确,本节将采用工具变量法对模型进行再次估计,以检验固定效应模型的估计结果,使用样本范围内该城市所在省份其他城市住房租赁比重的均值和租房合同纠纷案件审理数作为该城市住房租赁比重的工具变量。之所以这样处理,一方面是因为同一省份各个城市之间在政治、经济、文化等方面的特征比较相近，并且租房合同纠纷数量越多，代表该地区住房租赁法律保障越不完善，租客在条件允许的情况下，更不愿意租房居住，从而租赁比重将会降低，满足相关性要求；而另一方面，省内其他城市的住房租赁比重和该城市租房合同纠纷审理数与该城市本身的经济、人口、教育、医疗等特征无太大关联，满足外生性要求。此外，在对所使用的工具变量进行检验时，相关检验均得到通过，这也证明了工具变量选取的合理性。

表5-11前两列为使用工具变量进行两阶段回归后的全样本回归结果，其中第（1）列为只加入核心解释变量 rms 的回归结果，第（2）列为在第（1）列的基础上加入控制变量后的全样本回归结果。比较表5-9和表5-11可以发现，不管是固定效应回归，还是工具变量法进行回归，核心解释变量前的系数均显著为负，这也证明了固定效应模型回归的稳定性。比较表5-11第（2）列和表5-9第（2）列中 rms 前的系数大小可以发现，工具变量法下 rms 的系数值要显著大于固定效应前的系数大小，这也说明在固定效应模型中，住房租赁市场的规模对城市房价的影响确实是被低估了。

表5-11 工具变量两阶段回归结果

Variable	(1)	(2)
rms	-0.6950***	0.7618
	(-4.72)	(0.95)
控制变量	YES	YES
观测值	690	690
城市数量	69	69
城市固定效应	YES	YES
年份固定效应	YES	YES

（四）异质性分析

由于不同城市在经济水平、基础设施、要素禀赋和地理环境等方面存在较大的差异，这些异质性的因素可能会导致住房租赁市场规模对区域房价的影响效果存在差异，因此有必要对基准回归结果进行异质性分析。考虑到城市层次差异，本书将从城市级别进行考察，旨在解决这一问题：扩大住房租赁市场规模对房价的平抑作用在不同层次的城市中是否会有所不同？

每一个城市都有其独特的经济特质，并且不同城市的经济水平、基础设施、教育医疗、社会保障水平等往往存在巨大的差异。总体来说，较为发达的一、二线城市在各个方面均显著优于相较而言欠发达的其他城市。本书根据国家统计局在70个大中城市房地产价格统计中的城市划分，将69个样本城市划分为一、二线城市和三线城市，表5－12中的(1)、(2)分别为在双向固定效应模型下对一、二线城市和三线城市进行分组回归后的估计结果，表5－12中的(3)、(4)则是在工具变量法下，对一、二线城市和三线城市进行两阶段回归后的结果。根据估计结果我们可以清楚地看到，不管是固定效应模型还是工具变量法进行估计，在一、二线城市，扩大住房租赁市场规模对房价上涨有着显著的抑制作用，而在三线城市，前者对后者却并无这种抑制作用，甚至系数值为正，但是却不显著。这可能是由于相较于一、二线城市，三线城市的房价水平大体保持在可接受范围，基于租赁住房和产权住房某些属性的天然不同，在住房可负担的情况下，扩大住房租赁市场规模并不会对人们的购房选择产生显著影响。

表5－12　　　　　　　　　异质性分析结果

Variable	基准回归		工具变量法	
	(1)	(2)	(3)	(4)
rms	－1.5925***	－1.6391***	－1.1241***	1.7389
	(－4.00)	(－3.91)	(－4.09)	(1.00)
控制变量	YES	YES	YES	YES
观测值	690	690	350	340
城市数量	69	69	35	34
城市固定效应	YES	YES	YES	YES
年份固定效应	YES	YES	YES	YES

(五) 机制检验

1. 中介机制检验

上述分析证明了住房租赁市场的发展对城市房价确实存在显著的负向作用,即住房租赁市场的发展有利于抑制房价上涨,进一步地,为了检验住房租赁规模通过影响房价预期来对房价产生影响的这一机制,我们参考 Baron 和 Kenny (1986) 的中介机制检验模型设计,[①] 构建如下检验方程:

$$hp_{it} = \alpha_1 + C_1 rms_{it} + +\rho X_{it} + \mu_i + \eta_t + \varepsilon_{it} \quad (5.3)$$

$$hp_{it} = \alpha_2 + \beta_1 rms_{it} + \rho X_{it} + \mu_i + \eta_t + \varepsilon_{it} \quad (5.4)$$

$$hp_{it} = \alpha_3 + C_2 hp^e_{it} + +\rho X_{it} + \mu_i + \eta_t + \varepsilon_{it} \quad (5.5)$$

$$hp_{it} = \alpha_3 + C_3 rms_{it} + \beta_2 hp^e_{it} + \rho X_{it} + \mu_i + \eta_t + \varepsilon_{it} \quad (5.6)$$

其中,hp^e 为本节的中介变量:房价预期,在预期理论中,关于房价的预期主要有理性预期和适应性预期,且相较而言,适应性预期对房价上涨的解释能力更强。因此,根据适应性预期理论,借鉴 Clayton (1997)[②] 的做法,房价的预期可以表示为:

$$hp^e_{t+1} = hp_t + 0.5 (hp_t - hp_{t-1}) \quad (5.7)$$

表 5-13 为对中介机制进行逐步回归后的结果,可以看到,在第 (2) 列中,rms 对房价预期的影响显著为负,说明住房租赁市场的发展对房价有着显著的抑制作用,住房租赁市场越发展,越能够抑制房价上涨;在第 (3) 列中,房价预期对房价的影响显著为正,说明对房价上涨的预期越强烈,房价就会越高,这也证明了在房价方面预期自我实现效应的存在。在第 (4) 列中,同时将住房租赁市场发展和房价预期加入模型当中,可以看到住房租赁市场发展的系数显著为负,而房价预期前的系数则显著为正,按照温忠麟等 (2004) 的中介机制检验程序,[③] 表 5-13 的

[①] Baron, R. M. & Kenny, D. A., "The Moderator Mediator Variable Distinction in Social Psychological-Research-Conceptual Strategic and Statistical Considerations", *Journal of Personality and Social Psychology*, Vol. 51, No. 6, 1986.

[②] Clayton, J., "Are Housing Price Cycles Driven by Irrational Expectations?", *Journal of Real Estate Finance and Economics*, Vol. 14, No. 3, 1997.

[③] 温忠麟、张雷、侯杰泰等:《中介效应检验程序及其应用》,《心理学报》2004 年第 5 期。

结果证明住房租赁市场的发展不仅本身可以对房价产生抑制作用，而且也可以通过向下调整人们对于房价上涨的预期从而对房价产生影响，研究假说2得到了验证。

表5-13　　　　　　　　　中介机制检验回归结果

	(1)	(2)	(3)	(4)
	hp	hp^e	hp	hp
rms	-0.4454**	-0.8413**		-0.2434*
	(-2.35)	(-2.31)		(-1.70)
hp^e			0.2484**	0.2401**
			(2.51)	(2.44)
控制变量	YES	YES	YES	YES
常数项	3.9951**	4.2052**	2.6622*	2.9853**
	(2.38)	(2.12)	(1.76)	(2.14)
观测值	690	690	690	690
R^2	0.619	0.456	0.668	0.670
城市数	69	69	69	69
城市固定效应	YES	YES	YES	YES
年份固定效应	YES	YES	YES	YES

2. 调节机制检验

正如上文理论分析部分所述，我国地方政府的财力之间存在较大的差异，在财政自给度较低的地区，地方政府迫于财政压力，将有更大的积极性去推行"土地财政"，即通过出让辖区内土地的方式获取土地出让金从而增加自己的财政收入。但同时，过度的土地出让会提高房地产开发企业的拿地成本，房地产企业为了保证自己的盈利空间，会通过提价的方式将这一部分成本转嫁到消费者身上，从而推高房价。此外，城市流入人口越多，住房租赁市场能够发挥作用的时间也就越大，从而其对房价的影响可能也就越好。为了验证住房租赁规模对房价的作用是否会受到地方政府财政压力和人口流入的影响，我们构建如下方程式：

$$hp_{it} = \gamma_0 + \delta_1 rms_{it} + \delta_2 T_{it} + \rho X_{it} + \mu_i + \eta_t + \varepsilon_{it} \quad (5.8)$$

$$hp_{it} = \gamma_1 + \delta_3 rms_{it} + \delta_4 T_{it} + \delta_5 rental_{it} \times T_{it} + \rho X_{it} + \mu_i + \eta_t + \varepsilon_{it} \quad (5.9)$$

其中，T_{it}为本节所使用的调节变量，代表了地方政府的财政自给度或人口净流入比率，前者用地方政府的财政收入和财政支出的比值来表示，该值越大，说明地方政府土地配置自给度越高，相应地，所面临的财政压力就越小；后者则用城市净流入人口占常住人口的比重来表示，其中净流入人口用常住人口减户籍人口所计算得到，该值为正，则说明该城市为人口净流入城市，且该值越大，说明这个城市当中流入人口占比越高。

表 5-14 为对上述方程进行回归后的结果，其中（1）和（3）分别为在基准模型的基础上加入了调节变量 FS（Fiscal Stress）和 FP（Floating Population）后的回归结果，（2）和（4）为分别在（1）和（3）的基础上加入核心解释变量和调节变量的交互项后的回归结果，并且为了避免多重共线性问题，我们对交互项中的变量进行了中心化（去均值）处理。可以看到，在（2）和（4）中，交互项前的系数都显著为负，说明财政压力和人口流入在住房租赁规模对房价影响中的调节作用确实存在，并且地方政府自给度越高，即财政压力越小，或者在城市人口结构中，流入人口占比越大，那么发展住房租赁市场对房价的抑制作用就越大，至此，假说 3 得到验证。

表 5-14　　　　　　　　调节机制检验回归结果

hp	(1)	(2)	(3)	(4)
rms	-0.4493**	0.0808	-0.4420**	0.0779
	(-2.40)	(0.44)	(-2.33)	(0.29)
FS	0.0473	0.0596		
	(0.77)	(0.97)		
rms×FS		-2.0953***		
		(-5.37)		
FP			-0.0275	-0.0128
			(-0.13)	(-0.06)
rms×FP				-1.4326***
				(-2.91)

续表

hp	（1）	（2）	（3）	（4）
控制变量	YES	YES	YES	YES
常数项	3.9701**	5.0795***	3.9678**	4.3736***
	(2.36)	(3.37)	(2.36)	(2.77)
观测值	690	690	690	690
R^2	0.619	0.632	0.619	0.624
城市数	69	69	69	69
城市固定效应	YES	YES	YES	YES
年份固定效应	YES	YES	YES	YES

五　研究结论

随着城镇化过程的不断推进，一些城市特别是大中城市的房价快速上涨，大大增加了城市居民的居住成本和心理负担，如何平稳房价成为社会各界重点关注的问题。2015年以来，政府相继出台一系列政策来推动住房租赁市场的发展，作为房地产市场的另一重要组成部分，住房租赁市场的发展对房价会有什么影响，这种影响在不同条件下是否会有所差异，对于应对我国目前房价高企的问题进而提高居民居住幸福感来说具有重要意义。我们使用2010—2019年中国69个大中城市的房价数据以及住房租赁比重数据，系统考察了住房租赁市场的发展对区域房价的影响。研究发现：首先，住房租赁市场的发展对房价上涨存在显著的抑制作用，异质性的研究结果显示，在各方面都比较发达的一、二线城市，发展住房租赁市场可以对房价起到更加明显的抑制作用，而在欠发达的三线城市，却并无显著影响；其次，房价预期在这种影响过程中也起着重要的传导作用，住房租赁市场的发展本身不仅可以抑制房价上涨，而且还可以降低人们对于房价上涨的预期，从而对房价产生平抑作用；最后，住房租赁市场的发展对房价的抑制作用效果还会受到地方政府财政压力和城市人口流入的影响，具体来说，在财政压力较小、人口流入较大的城市，通过住房租赁市场的发展来抑制房价上涨可以起到更好的作用。

在经济水平不断提高的过程当中，切实照顾到城市居民的生活水平和生活质量，是实现可持续发展的必然要求，在房价上涨的大背景下，要想舒缓人们不断增加的居住成本，政府可以通过发展住房租赁市场来满足部分群体特别是流动人口的居住需求。同时，为了转变长久以来我国居民"重购轻租"的思想观念，更好发挥住房租赁对房价上涨的抑制作用，增加租赁住房供给应当与提高租赁住房服务质量、落实租赁合同备案登记制度、公共服务享有权相对均等化、完善法律法规和制度保障、优化住房租赁供应主体结构等措施同步进行。另外，在政策实施时充分考虑预期因素的重要性，在加快建设住房租赁市场的同时，严厉打击任何形式的炒房行为，合理规范和引导社会公众对房价上涨的预期，使住房回归其居住属性，推动构建住房市场平稳运行的长效机制。最后，考虑城市之间的异质性特征，政策实施不应一概而论，而要对不同城市应进行差异化的政策设计，综合考量地方政府的财政压力和城市人口流入的特征，因地制宜，最大限度地发挥租赁住房的效用。

第三节　住房租赁市场发展对居民消费的影响

一　文献综述

作为拉动经济增长三驾马车之一，居民消费一直以来都是学术界研究的热点。宏观经济政策、城市特征、家庭资产、个人消费偏好都是影响居民消费的重要因素。许多学者将研究视角放到家庭和个人层面，得出的结论是劳动力供给[1]、生命周期[2]、幸福感[3]、社会保障等因素对消费总量和结构会产生重大影响。宏观经济政策上，Sun 等学者（2022）指出财政、税收、产业、投资等政策会对居民消费产生影响。关于财政支出对居民消费的影响，不同学者持有不同观点。[4] Chen 等学者（2011）

---

[1] Blundel, R. & Pistaferri, L. & Preston, I., "Consumption Inequality and Partial Insurance", *American Economic Review*, Vol. 98, No. 5, 2008.

[2] Yang, B. & Ching, A. T., "Dynamics of Consumer Adoption of Financial Innovation: The Case of ATM Cards", *Management Science*, Vol. 60, No. 4, 2014.

[3] Blundell, R. & Pistaferri, L. & Saporta-Eksten, I., "Children, Time Allocation, and Consumption Insurance", *Journal of Political Economy*, Vol. 126, No. S1, 2018.

[4] Luo, S., Sun, Y. & Zhou, R., "Can Fintech Innovation Promote Household Consumption? Evidence from China Family Panel Studies", *International Review of Financial Analysis*, Vol. 82, No. 102137, 2022.

运用空间计量方法发现,二者具有长期均衡的关系,财政支出对家庭消费有正向影响,但边际效应递减,并且受到邻省财政支出的影响。[1] Kuncoro(2018)采用几乎理想需求系统(AIDS)模型,分析政府支出对家庭消费、投资、政府支出和进口的影响,发现政府支出对家庭消费存在挤出效应,政府支出相对于收入的弹性最低,对于投资的弹性最高。[2] 此外,在异质性研究方面,经济发展水平高的地区,地方财政支出对居民消费的影响一般低于经济发展水平低的地区。Bachmann(2012)认为政府支出的增加会坚定消费者的信心,从而导致消费的持续增加,特别是在经济萧条的时候,政府支出的增加可以提升生产率。[3] 此外,部分学者认为城市特征中的劳动力市场和住房市场的某些因素可能才是导致居民消费变化的源头。对于流入劳动力,Huang 和 Pan(2014)通过分析劳动力流入对农村居民消费结构的影响发现劳动力流入会提升流入居民的文娱、服装和医疗方面的消费,但是会降低他们的居住和食物方面的消费。[4] 对于本地居民,劳动力流入可能通过减少本地居民的收入压缩本地居民的消费,Laamanen(2017)研究发现:劳动力供应的增加可能会在当地劳动力市场产生负外部性。[5] 当一组人增加其劳动力供应和工作时,其他个人可能因此而被取代。换句话说,劳动力流入可能会导致更高的工作强度和更低的工资。房价对家庭消费的作用及机制的研究相对来说较为丰富,[6] 他们将房价对家庭消费的效应分为"财富效应""房奴效

---

[1] Chen, J., Zhu, H. & Cheng, T., "An Empirical Study on Elastic Effect of Fiscal Expenditure To Household Consumption in China", *Advances in Multimedia*, *Software Engineering and Computing*, Vol. 1, 2011.

[2] Kuncoro, H., "The Impact of Government Consumption on the Private Expenditures in Developing Country: The Case of Indonesia", *Business and Economic Horizons*, Vol. 14, No. 1, 2018.

[3] Bachmann, R. & Sims, E. R., "Confidence and the Transmission of Government Spending Shocks", *Journal of Monetary Economics*, Vol. 59, No. 3, 2012.

[4] Huang, R. & Pan, M. Q., "Labor Mobility and Consumption Structure of Rural Residents in China: An Empirical Study Based on LAIDS Model", *The Theory and Practice of Finance and Economics*, 2014.

[5] Laamanen, J. P., "Home-Ownership and the Labour Market: Evidence from Rental Housing Market Deregulation", *Labour Economics*, Vol. 48, 2017.

[6] 陈峰、姚潇颖:《中国中高收入家庭的住房财富效应及其结构性差异》,《世界经济》2013 年第 9 期。

应""抵押效应""替代效应"。不同学者研究得出的结论不同，有人认为房价通过财富效应增加居民消费，也有人认为房价更多的是通过挤出效应挤占了居民消费。他们得出结论差异的主要原因是不同地区、不同收入和不同住房所有权引起的。[①]

住房市场是由住房买卖市场和住房租赁市场两部分构成的，住房买卖市场对居民消费的研究较为丰富。那么，住房租赁市场对居民消费是否有影响呢？近年来，学者们开始将研究视角转移到住房租赁市场与消费市场的关系。对于租金负担较重的家庭，其消费增加百分比会低于收入增加的百分比，即租金负担较重的家庭的消费收入弹性会低于租金负担较轻的家庭。[②] Feng 和 Zheng（2018）通过对中国的 50 个城市的数据进行整理发现：随着租金的上升，住房消费占居民消费的比重逐年上升。[③] 在租金变动对居民消费的影响中，不同的学者得出的结论相互矛盾，孙伟增等（2020）采用（中国家庭追踪调查）CFPS 数据从总体效应、分类效应、消费结构和消费不均等视角首次研究租金变动对居民消费的影响。[④] 研究表明：租金下降在短期可以显著提升居民消费水平，并且可以减少消费不均等。然而，Liu 等（2021）利用省级面板数据所做的实证研究发现：租金上涨会表现出财富效应，促进居民消费，并且产业结构升级对上述机制具有正向促进作用。[⑤]

综上，对于居民消费问题，学者们从宏观经济政策到个人消费偏好进行了不同层次的研究。特别是住房买卖市场对居民消费的影响，学者们对其影响机制、异质性等已经有了较为深入的研究，然而住房市场包括住房买卖市场和住房租赁市场两部分，住房租赁市场对消费市场的研究目前还比较缺乏，部分学者对租金变化对居民消费的影响进行了研究，

---

① 何翠香、晏冰、方行明：《住房及房价波动对家庭消费影响的再估计——基于条件分位数回归方法》，《贵州财经大学学报》2017 年第 3 期。

② 赵家凤、朱韦康：《住房负担抑制了城市居民消费吗？——来自中国的微观证据》，《云南财经大学学报》2017 年第 3 期。

③ 冯晓爽、郑桂环：《房租快速上涨的原因和风险》，《中国金融》2018 年第 19 期。

④ 孙伟增、邓筱莹、万广华：《住房租金与居民消费：效果、机制与不均等》，《经济研究》2020 年第 55 期。

⑤ Liu, G. & Chang, X., "The Impact of Rising Housing Rent on Residents' Consumption and Its Underlying Mechanism: Empirical Evidence from China", *Sage Open*, Vol. 11, No. 2, 2021.

但是得到的结论相互矛盾，住房租赁市场影响居民消费的机制还有待补充。基于此，本节研究的主要问题是：住房租赁市场的发展对居民消费水平是否存在影响及是否存在区域差异？住房租赁市场的发展是如何影响居民消费水平的？

二 理论机制分析

（一）住房租赁市场发展对居民消费的影响

住房租赁市场的发展对居民消费的影响主要有三个方面。

首先，对于未购房的居民，住房租赁市场的发展可以给居民提供租房还是购房两种选择，缓解购房压力，降低储蓄，释放消费活力。伴随着住房租赁市场的发展，市场上出现大量的长期性租赁住房，这为大量居民长期性租住提供了物质条件。部分年轻人转变住房观念，认为可以选择长期租房住，这样不仅可以降低购房压力，还可以增加日常消费，提高生活质量。

其次，对于决定购房的居民，住房租赁市场的发展可以降低房价，缓解房价对消费的挤出作用。住房是居民家庭资产极其重要的组成部分，为购买住房，许多居民不得不压缩日常消费进行储蓄，而高昂的房价使得他们需要花费一生的储蓄购买住房。何启志等（2022）研究发现房价炒热引发的房产泡沫会对城市家庭消费产生显著的抑制作用，要促进居民消费必须要抑制房价过快上涨。[1] 而陈卓和陈杰（2018）实证研究表明住房租赁市场的发展对房价又具有显著的抑制作用，一个城市的住房租赁比例每上升 1 个百分点，住房价格约降低 0.2%—0.3%。[2] 因此，住房租赁市场的发展可以通过缓解房价对居民消费的挤出作用进而释放居民消费活力。

最后，住房租赁市场的发展会通过降低租金和边际效应递减规律增加租客和房东的总消费。住房可以被视为一种商品，在其他条件相同的情况下，如果商品的供给增加（或减少），商品的供给曲线就会向右（或

---

[1] 何启志、李家山、李波：《房价、收入门槛效应与居民消费》，《统计与决策》2022 年第 13 期。

[2] 陈卓、陈杰：《租住家庭占比、租房供应主体与房价》，《统计研究》2018 年第 7 期。

向左）动，商品的价格就会下降（或上升）。当一个城市的租赁规模增长到一定水平并继续增长时，由于市场竞争，该城市的租金水平会下降。对于那些通过租房解决住房问题的人来说，租金水平的下降将使这些人能够将更多的收入用于消费。对于房东来说，较低的租金将使他们减少支出，因为他们的住房投资回报率较低。在私人租赁住房市场中，房东和租客是一一对应的，房东收入的减少对应着租客租金的减少。房东"租金收入效应"与租客"消费替代效应"的相对大小取决于他们的消费收入弹性。根据经济学中的边际效应递减规律，租客通常更愿意将租金的减少用于消费，即租客的消费收入弹性更大，因此，住房租赁市场的发展会增加租客和房东的总消费。

假说1：住房租赁市场的发展可以提升居民消费水平。

（二）政府支出在住房租赁市场发展对居民消费水平影响中的作用

自从"十二五"规划提出调整中国现有住房制度的思路以来，住房租赁市场的发展受到了政府的高度重视，一些城市设立了专项资金支持住房租赁市场的发展。例如，北京市住房和城乡建设委员会出台了《北京市发展住房租赁市场专项资金管理暂行办法》，杭州、厦门、济南、武汉、广州、深圳、重庆、成都等城市也出台了设立住房租赁市场发展专项资金的文件。毫无疑问，住房租赁市场的发展增加了政府的财政支出。研究表明，财政支出的增加对居民消费具有显著的正向影响，因为财政支出可以增强居民的消费信心，从而刺激居民的消费动力。政府对住房租赁市场发展投入的增加，体现了政府大力支持住房租赁市场发展的态度和决心，赋予居民选择生活方式的权利，缓解住房买卖市场的资金压力，鼓励居民消费。我们提出：

假说2：住房租赁市场的发展可以通过政府财政支出影响居民消费水平。

（三）流动人口在住房租赁市场发展对居民消费水平影响中的作用

培育和完善住房租赁市场的初衷是为流动人口、新市民和新青年等解决居住问题，那么一个城市的流动人口在住房租赁市场发展对居民消费水平的影响中是否起着重要的作用呢？住房租赁市场的发展带动了进城劳动力住房问题的解决，城市劳动力的流入对进城劳动力本身和当地居民的消费都有影响。对于进城劳动力来说，城市迁移导致其消费结构发生变化，其娱乐和保健消费增加，住房和食品消费减少。对于当地居民来说，劳动力流入会损害当地劳动力市场，加剧当地劳动力市场的竞争，降低当地居民的工资收入。流入劳动力占城镇总人口的比例相对较低，流入劳动力仍然以流入劳动力对劳动力市场的挤压效应为主，即流入劳动力会加剧当地劳动力市场竞争，降低居民工资，从而压缩居民消费。我们提出：

假说3：城市劳动力流入对住房租赁市场发展促进居民消费的影响具有负向调节作用。

三　研究设计

（一）数据来源

本书选取69个大中城市作为研究样本（大理市统计年鉴数据缺失较为严重，因此剔除）。学术研究具有很强的时效性，因此本应选取近十年的研究样本，然而由于疫情的影响，为防止流动性限制对本研究的干扰，本研究的时间范围确定在2010—2019年。住房租赁交易套数来源于中国房价行情网。社会消费品零售总额、人口（户籍人口和常住人口）、GDP、人均可支配收入、房价、医疗水平、人力资本等数据来源于2011—2020年中国统计年鉴。

（二）模型设定和关键变量选取

本节研究的核心被解释变量是居民消费水平，采用消费价格指数平减之后的社会消费品零售总额来进行度量，住房租赁市场的发展采用住房租赁市场规模来衡量，相关控制变量通过查阅研究居民消费的实证文章并采用重复率较高的变量，分别是人口、城市经济发展水平、收入水平、房价、医疗水平和人力资本水平。表5-15给出了变量定义和设计。

表5-15　　　　　　　　　变量定义及设计

变量	变量符号	变量名称	变量设计
被解释变量	Consumption	消费水平	消费价格指数平减之后的社会消费品零售总额（亿元）的对数
核心解释变量	RMS	住房租赁市场发展	租赁住房套数（套）取对数

续表

变量	变量符号	变量名称	变量设计
调节变量	FP	流动人口	常住人口与户籍人口之差（千万人）
中介变量	GE	政府支出	政府一般预算支出的对数
控制变量	Population	人口	年末总人口（万人）取对数
	ED	经济发展水平	GDP 指数平减之后的 GDP（亿元）取对数
	Income	收入水平	人均可支配收入（元）取对数
	HP	房价	消费价格指数平减之后的住宅商品房销售额和住宅商品房销售面积之比取对数
	ML	医疗水平	医院、卫生院床位数（张）的对数
	HR	人力资本水平	普通本专科以上人数/全市常住人口

实证模型具体设定如下：

$$y_{it} = \beta_0 + \beta_1 RMS_{it} + \beta_2 X_{it} + c_i + w_t + \varepsilon_{it} \quad (5.10)$$

其中，被解释变量 y_{it} 表示城市 i 在 t 年的居民消费水平指标。RMS_{it} 表示城市 i 在 t 年时的住房租赁市场发展水平和房价水平。X_{it} 表示样本 i 在 t 年的城市特征，控制了人口、GDP、收入水平、医疗水平和人力资本水平等变量。c_i 表示城市的固定效应，w_t 表示年份的固定效应。

我们研究的核心被解释变量是居民消费水平，我们采用消费价格指数平减之后的社会消费品零售总额来进行度量。表 5-16 给出了各变量定义及描述性统计量。

表 5-16　　　　　　　　各变量描述性统计量

	(1)	(2)	(3)	(4)	(5)
变量	N	mean	sd	min	max
Consumption	690	7.120	0.979	4.154	9.430
RMS	690	11.28	1.391	7.388	14.70
FP	690	75.01	205.0	-418.5	1,028
GE	690	6.227	0.874	3.980	9.030
Population	690	6.280	0.623	4.043	8.136

续表

	（1）	（2）	（3）	（4）	（5）
ED	690	7.733	0.888	5.490	9.934
Income	690	10.23	0.756	4.625	11.21
HP	690	8.683	0.532	7.640	10.71
ML	690	10.25	0.688	7.657	12.09
HR	690	3.767	2.853	0.311	12.76

（三）内生性问题

本节实证研究的内生性问题主要有两个方面。第一，住房租赁市场的发展不仅会直接影响城市居民的消费水平，反过来，居民的消费水平也挤占他们的住房消费支出，从而影响住房租赁市场的发展，即可能存在反向因果问题。第二，可能还存在其他城市特征影响居民的消费水平，但是本节实证模型却并未将其纳入模型中，即遗失变量问题。为了解决上述内生性问题，第一，我们采用该城市滞后一期的租赁规模（RMS_{-1}）作为工具变量缓解内生性问题。第二，我们参考陈卓（2018）的做法，选取样本范围内该城市所在省份其他城市住房租赁比重的均值（RMS_ratio）作为该城市租赁规模的工具变量来缓解内生性问题。可以将该均值作为工具变量的原因是同一省份各个城市在政治、经济、文化方面相关性较高，租赁市场发展情况相互关联，具备相关性要求；此外，省内其他城市的住房租赁比重与该城市居民的消费并无太大相关性，满足外生性要求。

四 实证结果及分析

（一）基准回归结果

表5-17是住房租赁市场的发展对居民消费水平的基准回归结果，从回归结果可以看到：在控制人口、GDP、收入水平、房价、医疗水平和人力资本水平条件下，RMS 至少在1%的显著性水平上显著为正，说明住房租赁市场发展对居民消费水平具有正向促进作用，租赁规模越大，居民消费水平越高，当租赁规模增加10%，会使得居民消费水平提升0.36%，实证检验了住房租赁市场的发展促进居民消费的作用，为政府试图通过大力建

设和完善住房租赁市场的发展来释放居民的住房压力,激发居民的消费活力提供了证据。租赁规模的增加,对于租房群体,增加了供给,降低了租金,对于购房群体,降低了购房的需求,缓解了高房价的压力,促进了城市消费总量的上升。此外,从控制变量来看,收入对消费的影响显著为正,这与微观经济学中绝对收入消费理论一致,收入上升会促进居民消费提升。房价对城市居民消费显著为负,即住房价格对居民非住房消费具有挤出效应,这与况伟大(2011)、谢洁玉(2012)等研究结论一致。

表5-17　住房租赁市场对居民消费水平的基准回归

	(1)
RMS	0.0365***
	(2.73)
Population	0.1159
	(1.19)
ED	0.7503***
	(12.74)
Income	0.5358***
	(7.75)
HP	-0.0754**
	(-2.00)
ML	-0.0281
	(-0.56)
HR	0.0117
	(1.38)
常数项	-4.4809***
	(-4.04)
观测值	690
R^2	0.8725

注:*、**、***分别表示10%、5%、1%的显著性水平,下同。

(二) 内生性问题

表 5-18 展示了工具变量的一阶段回归和二阶段回归结果。首先，第一列工具变量一阶段回归结果中 F 值为 1009.94，大于 10，说明不存在弱工具变量的问题。其次，两个工具变量均在 1% 的显著性水平上表明工具变量对租赁规模的正向影响，满足工具变量的相关性。第二列工具变量二阶段回归结果表明，使用工具变量后，租赁规模对居民消费水平的影响在 5% 的显著性水平上为正，这与基准回归的估计结果一致，说明住房租赁市场的发展的确有利于居民消费水平的提高，系数绝对值与基准回归结果相比变大，说明基准回归模型中存在对租赁规模有反向影响的不可观测因素。例如，信贷约束放松，更多的投资者把资金投向住房买卖市场，房价上升，但是租赁规模却减少。

表 5-18　　　　　　　　　　工具变量回归结果

	一阶段回归	二阶段回归
RMS		0.0452**
		(2.49)
RMS_{-1}	0.7005***	
	(25.24)	
RMS_ratio	1.3758***	
	(6.47)	
Population	-0.1020*	0.1266***
	(-1.87)	(3.68)
ED	0.3728***	0.5061***
	(9.08)	(21.26)
Income	-0.0252	0.4509***
	(-1.15)	(39.21)
HP	-0.0677*	0.0855***
	(-1.84)	(3.91)
ML	0.0359	0.3561***
	(0.66)	(10.73)
HR	0.0483***	0.0145***

续表

	一阶段回归	二阶段回归
	(8.02)	(4.54)
常数项	1.6264***	-7.1519***
	(4.32)	(-29.44)
一阶段回归F值	1009.94	
观测值	621	621
R^2	0.9408	0.9642

（三）稳健性检验

为了检验前文实证结果的可靠性，必须进行相关稳健性检验。本节通过改变样本量和替换变量两种方式对基准回归进行稳健性检验。

（1）剔除试点城市的样本数据，降低政策倾斜的影响。

住房租赁市场的发展对居民消费的影响与政策支持度有很大关系，如果国家对该城市住房租赁市场的支持力度较大，那么住房租赁对居民消费的影响可能会被放大。因此，为了避免这一影响，本书在剔除2017年首批12个住房租赁试点城市的样本数据后进行稳健性检验，结果如表5-19第（1）列所示：在剔除样本中的首批试点城市之后，发现租赁规模在1%的显著性水平上为正，并且其系数0.0421与基准回归的系数0.0365差别很小，说明租赁规模的消费弹性在0.4%左右，即当租赁规模增加10%时，居民消费水平增加0.4%左右。

（2）替换自变量

本书的自变量是住房租赁市场的发展，黄静（2019）研究发现住房租赁市场的发展可以用房租收入比（$Rent\_income$）该数据来表示。当城市的住房租赁市场发展越好，该城市租赁住房供给则会更加充足，制度更加完善，房租设定则会更加合理。房租收入比越低，代表住房租赁市场发展更好，居民消费水平越高。因此，房租收入比应当对居民消费水平产生负向的影响。表5-19第（2）列结果显示，房租收入比对居民消费具有显著的负向作用，验证了上述假说内容。

表 5-19　　　　　　　　　　　稳健性检验

	剔除试点城市	替换自变量
RMS	0.0421***	
	(2.71)	
Rent_income		-0.3823***
		(-6.53)
Population	0.1501***	-0.0006
	(2.64)	(-0.01)
ED	0.3548***	0.8027***
	(10.6)	(13.91)
Income	0.4671***	0.2917***
	(27.91)	(3.77)
HP	0.2046***	-0.0448
	(6.65)	(-1.24)
ML	0.4914***	-0.0103
	(10.56)	(-0.22)
HR	-0.0165	0.0109
	(-1.05)	(1.32)
常数项	-8.0900***	1.6209
	(-23.93)	(-1.43)
观测值	590	690
R^2	0.9519	0.8795

（四）异质性检验

通过地理位置筛选样本进行回归，将样本划分为东部城市和中西部城市，城市地理位置划分结果见表 5-20。

表 5-20　　　　　　　　　　城市地理位置划分

地理分布	东部城市	北京、天津、石家庄、唐山、秦皇岛、沈阳、大连、丹东、锦州、吉林、哈尔滨、牡丹江、上海、南京、无锡、徐州、扬州、杭州、金华、温州、宁波、福州、泉州、厦门、青岛、济南、烟台、济宁、广州、深圳、惠州、湛江、韶关、海口、三亚
	中西部城市	太原、呼和浩特、包头、合肥、蚌埠、安庆、南昌、九江、赣州、郑州、洛阳、平顶山、武汉、宜昌、襄阳、长沙、岳阳、常德、南宁、桂林、北海、重庆、成都、泸州、南充、贵阳、遵义、昆明、西安、兰州、西宁、银川、乌鲁木齐、长春

表 5-21 的异质性检验结果发现：东部城市样本回归结果在 5% 的显著性水平上为正，再一次印证了上述实证结果，即住房租赁市场的发展有利于居民消费水平的提高。当东部城市的租赁规模增加 10%，居民消费水平提升 0.44%。中西部城市回归结果不显著，说明该影响存在地理区位的异质性，东部城市的经济发展水平普遍优于中西部城市的经济发展水平。因此，在经济水平发展较高的城市，住房租赁市场的发展更加有利于居民消费水平的提升。本书认为这与东部发达城市的经济规模和产业结构有关，在东部发达城市，产业类型比中西部城市更加丰富，当住房租赁市场发展起来之后，它可以带动与其相关的产业例如交通业、服务业等共同发展，形成规模经济，从而大大提升居民消费水平。

表 5-21　　　　　　　　　　异质性检验结果

	东部城市	中西部城市
RMS	0.0442**	0.0098
	(2.28)	(0.54)
$Population$	0.0263	0.2831**
	(0.16)	(2.39)
ED	0.7785***	0.5922***
	(10.29)	(5.33)
$Income$	0.0926	0.7856***
	(0.74)	(10.31)

续表

	东部城市	中西部城市
HP	-0.1134**	-0.0092
	(-2.17)	(-0.17)
ML	0.0860	-0.0975
	(1.17)	(-1.44)
HR	0.0446***	-0.0246**
	(3.30)	(-2.37)
常数项	-0.6343	-5.9042***
	(-0.36)	(-4.42)
城市固定效应	Y	Y
时间固定效应	Y	Y
观测值	350	340
R^2	0.8542	0.9147

（五）机制检验

由理论机制分析可知，在住房租赁市场的发展影响居民消费水平的机制中，住房租赁市场的发展可以通过增加政府支出来促进居民消费，劳动力流入对城市居民消费具有负向调节作用。据此，我们构建以下中介效应模型和调节效应模型：

$$\ln GE_{it} = \beta_0 + \beta_1 \ln RMS_{it} + \beta_2 control_{it} + c_t + w_i + \varepsilon_i \quad (5.11)$$

$$\ln consumption_{it} = \beta_0 + \beta_1 \ln GE_{it} + \beta_2 control_{it} + c_t + w_i + \varepsilon_i \quad (5.12)$$

$$\ln consumption_{it} = \beta_0 + \beta_1 \ln RMS_{it} + \beta_2 FP_{it} \times \ln RMS_{it}$$
$$+ \beta_3 FP_{IT} + \beta_4 control_{it} + c_t + w_i + \varepsilon_i \quad (5.13)$$

其中，$\ln GE$ 表示政府支出，$\ln RMS$ 表示住房租赁市场的发展水平，$\ln consumption$ 表示居民消费水平，FP 表示流入劳动力，$control$ 表示控制变量，i 和 t 表示分别表示城市和年份，C_t 表示年份固定效应，w_i 表示城市固定效应，ε 表示随机扰动项。等式（5.11）和（5.12）是政府支出作为中介变量的中介效应模型，等式（5.13）是劳动力流入作为调节变量的调节效应模型，β_2 作为流入劳动力与租赁规模的交叉项的系数，表示调节效应的大小。

根据理论分析，住房租赁市场的发展会增加政府的支出，政府的支出可以坚定居民消费的信心，从而激发居民消费的活力，提升居民消费。我们采用逐步回归法对该中介效应进行实证检验，表5-21第（1）列和第（2）列是中介效应检验结果。第一列的回归结果显示，在控制房价、收入等因素的条件下，住房租赁市场的发展会显著增加政府支出，当住房租赁市场供给增加10%，政府支出会增加0.38%。第二列回归结果显示，政府支出的增加可以通过坚定居民消费的信心来激发消费活力。在其他因素不变的条件下，政府支出每增加1个单位，居民消费水平会上升0.1146个单位。因此，住房租赁市场的发展可以通过增加政府支出、坚定居民消费信心来促进居民消费水平。根据理论机制分析，流动人口流入会显著提升他们本身的文娱消费，降低他们的居住和食物消费。对于本地居民，流动人口流入会损害当地的劳动力市场，加剧当地劳动力市场竞争，降低本地居民的工资，减少本地居民的消费。在基准回归模型上加入调节变量流入劳动力和流入劳动力与租赁规模的交互项。表5-21第（3）列回归结果显示，流入劳动力对住房租赁市场的发展促进居民消费具有负向调节作用，当流入劳动力越多，当地的劳动力市场竞争越剧烈，工资越低，越能抑制居民的消费。

表5-22　　　　　　　　　　机制检验

	（1）	（2）	（3）
	中介效应	调节效应	
RMS	0.0379***		0.0391***
	(2.87)		(2.89)
GE		0.1146***	
		(2.80)	
$FP \times RMS$			-0.0854**
			(-2.05)
FP			0.8678
			(1.53)
$Population$	0.2527***	0.0585	0.0744
	(2.63)	(0.60)	(0.71)

续表

	（1）	（2）	（3）
	中介效应	调节效应	
ED	0.4668***	0.7012***	0.7659***
	(8.04)	(11.32)	(12.85)
Income	0.4369***	0.4923***	0.5342***
	(6.41)	(6.89)	(7.71)
HP	0.0573	-0.0665	-0.0655
	(1.54)	(-1.78)	(-1.71)
ML	0.1131**	-0.0389	-0.0400*
	(2.27)	(-0.77)	(-0.78)
HR	0.0098	0.0099	0.0113
	(1.17)	(1.17)	(1.33)
常数项	-5.3283***	-3.5127***	-4.0382***
	(-4.87)	(-3.14)	(-3.59)
城市固定效应	Y	Y	Y
时间固定效应	Y	Y	Y
观测值	690	690	690
R^2	0.9250	0.8726	0.8738

五 研究结论

理论研究表明，住房租赁市场供给端的发展可以从三个方面提升居民消费水平。第一，住房租赁市场供给的增加可以降低租金，减少租金对居民消费的挤出效应；第二，住房租赁市场供给的增加可以平抑房价，减少住房贷款给居民带来的消费压力；第三，增加居民手中的流动性资金，释放消费活力。实证研究结果表明，住房租赁市场的发展显著提升了居民的消费水平；住房租赁市场的发展可以通过政府支出的增加坚定居民消费信心，激发消费活力；流入劳动力在住房租赁规模促进居民消费水平中具有负向调节效应，流入劳动力会通过加剧当地劳动力市场竞争从而压缩当地劳动力工资水平进而抑制居民消费。在异质性研究中，东部城市住房租赁市场发展对居民消费水平的促进效应比较显著，且其弹性系数比69个大中城市的弹性系数更大，反观西部城市就未能达到显著水平。在东部经济较为发达的沿海城市，租赁住房供给的增加所带来的居民消费水平的上升更为明显。

据此，我们得到如下结论和建议：（1）住房租赁市场的发展不仅可以使中低收入群体的基本生活得到保障，还可以促进居民消费，释放居民消费活力。目前"租购不同权"是制约我国住房租赁市场发展的首要问题，因此，应建立健全"租购同权"制度体系；加大"金融支持"力度，金融机构要加大信贷扶持力度，以市场方式提供长期贷款，盘活存量市场。（2）政府对住房租赁市场的扶持力度可以坚定居民消费的信心，激发消费活力。我们建议可以从以下几个方面着手：一是对于发展住房租赁市场的企业提供适当的税费减免，增加住房租赁土地供给；二是对租房的低收入群体提供适当的租房补贴，降低租房成本；三是增加住房租赁市场的财政支出，提高住房租赁市场建设的生产率；四是大力宣传政府发展住房租赁市场的决心，坚定居民消费的信心。（3）对于流入劳动力较多的城市，利于就业的政策扶持力度应该更大。可以从回归结果看出，流入劳动力对消费具有负外部性，这是因为其损害了当地的劳动力市场，压低了当地劳动力的工资水平。如果能够利用就业政策的扶持增加流动人口流入量较大城市的就业岗位，那么就可以降低流入人口对劳动力市场的负外部性，反而对该城市的消费具有拉动作用。（4）按照城市经济发展水平梯次配置住房租赁规模。从异质性回归结果可以看到，在中西部城市，住房租赁市场提升消费的效果并不显著。也就是说，在经济发展水平较高的城市住房租赁市场的发展更能拉动消费，并且经济发展水平较高的城市的租赁住房需求更高，因此，在国家制定租赁住房供应的相关政策时，可以考虑按照城市经济发展水平梯次配置住房租赁供应量。

第六章

我国城市住房市场租售结构失衡治理的长效机制

本章在前文理论研究和实证研究的基础上，分析了我国城市住房市场租售结构失衡治理长效机制构建的必要性和可行性，从宏观、中观和微观相结合的视角，基于政府、市场和个人三个层面，阐述了我国城市住房市场租售结构失衡治理的长效机制内容。

第一节 租售结构失衡治理长效机制构建的必要性及可行性

一 租售结构失衡治理长效机制构建的必要性

（一）保障基本民生的必然选择

住房问题关系到千家万户切身利益和人民安居乐业，是一个重大的民生问题。习近平总书记在 2016 年年底的中央经济工作会议上郑重提出，要坚持"房子是用来住的、不是用来炒的"这个定位。[①] 2017 年习近平总书记在党的十九大报告中重申"坚持房子是用来住的、不是用来炒的定位"，强调"加快建立多主体供给、多渠道保障、租购并举的住房制度，让全体人民住有所居"。[②] 2018 年年底，全国住房和城乡建设工作会

[①] 2016 年中央经济工作会议，参见共产党员网，https://www.12371.cn/special/zyjjgzhy2016/。

[②] 习近平在中国共产党第十九次全国代表大会上的报告，参见中国政府网，https://news.12371.cn/2016/12/16/ARTI1481886083189302.shtml。

议将"以解决新市民住房问题为主要出发点,补齐租赁住房短板"列为新年十大工作重点之一。[①] "房住不炒"有两层含义:一是稳定住房买卖市场,二是发展住房租赁市场。随着房地产市场化改革的推进,居民对住房市场热情高涨,城市住房自有率进一步提高。为了居有定所,居民将一生的大部分收入都投入购买住房上去,然而,伴随着房价高涨,中低收入群体即使倾尽所有还是难以购买一套住房。因此,为了保障基本民生,稳定住房买卖市场,平稳房价是保障基本民生的必然选择。关于住房租赁市场的发展政策频出,突出了住房租赁市场的发展在解决基本民生问题中的关键地位。体面住房不仅为居民提供稳定、安全的居所,也有利于生活满足感、自尊自豪感的实现,能够提升人的道德水平、培养公民精神。[②] 住房是"准公共产品"、房屋租赁市场具有社会福利属性的共识,[③] 要求政府保障城市弱势群体和新市民的居住权。完善的住房租赁市场能够保障弱势群体、新市民住有所居,不至于陷入无房可住、无家可归的困境;为租赁群体提供多元化、梯度性的住房消费选择,让租房者实现从接受补贴到自食其力、从租公房到租私房、由租房到买房的过渡,进而保障基本民生,满足人民日益增长的美好居住需要。

(二) 完善住房体系的内在要求

城镇住房制度改革以来,我国住房供应体系经历了以经济适用房为主—商品房为主—保障房回归的三次结构调整和变化,目前已形成了面向不同收入阶层的政府与市场配置相结合的多层次住房供应体系(见图6-1)。但由于无论是政府、市场,还是居民选择都偏重住房销售或住房所有,长期以来我国住房制度改革主要是侧重于出售存量公房、新建住房,最终导致我国城市住房自有率达到80%以上,个别城市甚至达到90%,形成住房销售市场过度发展与住房租赁市场严重滞后的畸形格局。其结果是商品住房大量空置,而相当一部分居民既买不了房又租不起或

[①] 全国住房和城乡建设工作会议,参见中国政府网,https://www.gov.cn/xinwen/2018-12/25/content_5351890.htm。

[②] 辜胜阻、李洪斌、吴学丽:《完善租房市场 构建多层次住房体系》,《理论学刊》2013年第1期。

[③] 《租房贵背后,承载了一个怎样的社会治理难题?》,《中国新闻周刊》2018年总第867期。

租不到合适的住房。因此，迫切需要优化住房市场结构，用政府有形之手完善住房租赁市场的不足，使住房供应结构与住房需求结构相匹配，以此破解我国房地产市场的困局。① 而完善的住房体系要求我们一方面要稳定住房买卖市场，另一方面则要大力发展住房租赁市场。

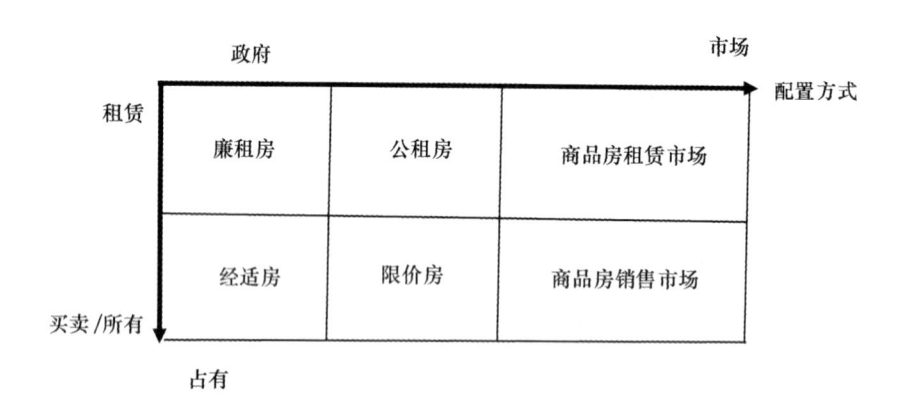

	政府		市场
租赁	廉租房	公租房	商品房租赁市场
买卖/所有	经适房	限价房	商品房销售市场

配置方式

占有

图 6-1 多层次住房供应体系

资料来源：辜胜阻、李洪斌、吴学丽：《完善租房市场 构建多层次住房体系》，《理论学刊》2013 年第 1 期。

（三）平抑房价、稳定宏观经济的必备钥匙

2015 年我国商品房广义库存量达到 32.3 亿平方米，去化周期延长为 30.2 个月，远远超出 18 个月的合理上限。② 基于中国大城市高房价、高库存的背景，一方面是大城市商品房的空置率偏高，商品房持有者的出租意愿偏低；另一方面，租房是很多新市民在大城市的第一落脚点，租房难问题深深困扰着新市民和青年人，房租高企、押金难退、隔断群租等市场痼疾仍有待解决。鼓励商品房持有者出租空置住房，能够盘活存量房源、提高存量房利用效率。而住房租赁市场占整个住房市场的比例扩大，将有效地吸纳住房市场中的部分居住需求，降低住房需求价格弹性，进而减少住房总需求波动对房价波动的影响，维系房价稳定。一个

---

① 辜胜阻、李洪斌、吴学丽：《完善租房市场 构建多层次住房体系》，《理论学刊》2013 年第 1 期。

② 胡祖铨：《我国房地产去库存研究》，《宏观经济管理》2016 年第 4 期。

城市居民住房租赁比例每上升1个百分点，该城市住房价格则降低0.2%—0.3%左右，并且住房租赁市场比例对房价的抑制效应在房价收入比越高的城市表现越明显。①

大力发展住房租赁市场既有利于维系房地产市场内部的房价稳定，也能减少房地产市场非理性波动对社会经济的负面影响。德国住房租赁市场的发展与该国房价、住房自有率长期保持稳定息息相关，广泛、多样的租赁住房部门有助于稳定住房市场和抵押贷款市场，同时限制宏观经济和金融动荡。②不同于持有住房以获得增值收益的房主，房东购买住房出租的动机是获取租赁收益，其决策基于预期收益率和感知风险，房价上涨可能会阻止房东购房，而房价下跌（并伴随利率下调）更能促使房东购房出租。因而，住房租赁市场的发展可以减弱经济周期内住房市场的波动，进而减小对宏观经济的冲击。28个欧盟国家的面板数据回归表明，私人租赁市场的规模越大，越能减弱房价对宏观经济基本面的反应；尤其是租赁市场份额超过40%，住房部门更能发挥宏观经济的稳定器作用。③

（四）释放居民消费潜力的有效途径

稳定住房买卖市场，发展住房租赁市场，促进"租购并举"长效机制落地是释放居民消费潜力的有效途径。房价高居不下已经成为制约居民消费的重要因素之一，居民不得不为了居住问题压缩消费。释放居民消费潜力要从住房买卖市场和住房租赁市场双向努力。一方面，平抑房价，抑制房价的过快上涨，释放购买房屋群体的消费潜力；另一方面，加快发展住房租赁市场，解决租赁住房有效供给不足挤压中低收入群体消费的问题。2018年9月24日，国务院办公厅印发《完善促进消费体制机制实施方案（2018—2020年）》，对2018年至2020年提出了需要实施的六项重点任务。其中，在完善促进实物消费结构升级的政策体系方面

---

① 陈卓、陈杰:《住房市场结构对房价的影响研究——基于租赁市场比例的视角》，《华东师范大学学报》（哲学社会科学版）2018年第1期。

② Kofner, S., "The German Housing System: Fundamentally Resilient?", *Journal of Housing and the Built Environment*, Vol. 29, No. 2, 2014.

③ Rubaszek, M. & Rubio, M., "Does the Rental Housing Market Stabilize the Economy? A Micro and Macro Perspective", *Empirical Economics*, Vol. 59, No. 1, 2020.

提出，要大力发展住房租赁市场，加快出台城镇住房销售管理、住房租赁条例和住房保障条例，可见住房租赁市场的发展对居民消费有着重要意义。2022年4月20日国务院办公厅印发《国务院办公厅关于进一步释放消费潜力促进消费持续恢复的意见》，该意见提出五大方面20项重点措施促进消费持续恢复，其中第十二条中强调要完善长租房政策，扩大保障性租赁住房供给，支持存缴人提取住房公积金用于租赁住房，该政策再一次突出住房租赁市场的完善和发展对居民消费水平提升的战略地位，发展住房租赁市场是破解制约居民消费最直接、最突出、最迫切的体制机制障碍的有效方法。研究表明，租金负担较重的家庭的消费收入弹性会低于租金负担较轻的家庭。[1] Feng 等（2018）发现：随着租金的上升，住房消费占居民消费的比重逐年上升。[2] 孙伟增等（2020）的研究表明：租金下降在短期可以显著提升居民消费水平，并且可以减少消费不均等。无论是学术研究，还是政策措施，均表明发展住房租赁市场对居民消费活力的释放有着不可替代的作用。[3]

（五）控制居住隔离加剧、缩小基于住房的阶层认同差距、促进人口社会性流动的现实选择

住房不平等现象一直都客观存在。实行住房商品化改革后的中国社会，正在逐渐形成基于住房等财富的阶层认同[4]。居住隔离是社会阶层分化在住房空间上的表现形式[5]。商品化住房内部存在居住空间的区隔，别墅区、高档住宅区、旧街区、城乡接合部等住宅区域的名称分别指示着不同的身份财富。一些生活设施和居住环境较差的旧街区，逐步成为低收入群体的聚集区；城乡接合部和"城中村"则成为流动人口的聚居区；面向中低收入群体的保障性住房往往位于城市边缘地区，加剧了居住空间的分化与隔离。相较于自有住房和房主，租赁房及租户存在明显的社

---

[1] 赵家凤、朱韦康：《住房负担抑制了城市居民消费吗？——来自中国的微观证据》，《云南财经大学学报》2017年第3期。

[2] 冯晓爽、郑桂环：《房租快速上涨的原因和风险》，《中国金融》2018年第19期。

[3] 孙伟增、邓筱莹、万广华：《住房租金与居民消费：效果、机制与不均等》，《经济研究》2020年第12期。

[4] 张海东、杨城晨：《住房与城市居民的阶层认同——基于北京、上海、广州的研究》，《社会学研究》2017年第5期。

[5] 林晓欢：《中国居住隔离的形成机制及对策分析》，硕士学位论文，中山大学，2009年。

会隔离和边缘化倾向。[①]

廉价租赁房的聚集以及由此形成的居住区隔,是"城市的伤疤",并因政府在基础设施和公共服务供给中的缺位强化对弱势群体的负效应,[②] 固化阶层分化,加剧社会矛盾。因此,各国政府一贯奉行社会混合政策,分散贫困聚集区,吸引中产阶级居民,并管理弱势社区。[③] 党的十九大报告指出,"破除妨碍劳动力、人才社会性流动的体制机制弊端,使人人都有通过辛勤劳动实现自身发展的机会",[④] 而居住问题已经成为新市民、新青年横向社会性流动的主要障碍。加快培育住房租赁市场,改变重购轻租的政策导向,形塑"住有所居"而非"人人有房子"的社会共识,践行"包容性住房政策"(inclusive housing policy)理念,倡导多元混居的异质化社区,合理规划保障性租赁住房的选址,以遏制居住隔离趋势的继续发展,为阶层间的良性互动搭建居住空间层面的平台,促进社会层面的新老市民融合,提升新市民的身份认同感和城市归属感。

(六)完善和创新城市流动人口管理与服务、实现精细化社会治理的关键环节

2015年,中共中央政治局会议特别提出以"新市民"为出发点推进住房制度改革,正式回应租房市场发展滞后、新市民群体租住条件差、承租人租赁权益保障不足等问题。2021年,国务院办公厅发布《关于加快发展保障性租赁住房的意见》,提出建立以公租房、保障性租赁住房和共有产权住房为主体的住房保障体系,这是从国家层面回应百姓对住房保障体系需求的新定位。针对新市民群体的国家政策接连出台,正是"以房管人"、以人为本这一流动人口管理思想[⑤]的落实,并通过完善租赁房及承租人信息、保障新市民住有所居、维护其租赁权益、提升居住品

---

① Duijne R. V. & Ronald R., "The Unraveling of Amsterdam's Unitary Rental System", *Journal of Housing and the Built Environment*, Vol. 33, No. 4, 2018.

② 郑思齐、廖俊平、任荣荣等:《农民工住房政策与经济增长》,《经济研究》2011年第2期。

③ Hochstenbach, C., "State-Led Gentrification and the Changing Geography of Market-Oriented Housing Policies", *Housing Theory & Society*, Vol. 34, No. 4, 2016.

④ 习近平在中国共产党第十九次全国代表大会上的报告,参见中国政府网,https://news.12371.cn/2016/12/16/ARTI1481886083189302.shtml。

⑤ 段成荣、朱富言:《"以房管人":流动人口管理的基础》,《城市问题》2009年第4期。

质等途径，引导新市民青年人更好融入城市，实现对新市民的精细化治理。

中国城市房价持续上涨的特殊性，在于住房附着了许多社会权益、尤其享受公共服务的独占权利。[①] 稀缺公共产品和服务的资本化，既推动城市房价走向畸高，也加剧有房者和无房者间公共服务资源的非均等性。提供给低收入群体的保障性住房的核心问题在于提供地方性的公共产品。[②] 租购并举住房制度的建立，发展住房租赁市场相关金融、土地、财税、公共服务配套政策的完善，户籍制度和社会福利制度的剥离，租购同权的落实，将加强和改进针对广大长期或暂时"无房"群体的社会服务，使新市民、新青年群体平等享受市民待遇，最终实现共同享受均等的公共资源和发展红利。[③]

二 租售结构失衡治理长效机制构建的可行性

（一）历史演进的必然

迄今为止，中国住房制度分为四个阶段：住房福利制度、商品化萌芽、住房全面商品化、保障性住房制度建设启动。[④]

1949—1998 年，中国城市住房的建设一直实行单位福利分房制度，即国家按照单位级别建设住房，住房产权公有，单位实物分配，职工低价租住。这个阶段的城市住房具有住房投资的公共性、住房分配的福利性、住房经营的非营利性、住房管理的纯行政性。[⑤] 福利分房阶段保障了城市职工的居住需求，但是其福利属性压缩了住房投资建设渠道，使得

[①] 陈杰、吴义东：《租购同权过程中住房权与公共服务获取权的可能冲突——为"住"租房还是为"权"租房》，《学术月刊》2019 年第 51 卷第 2 期。

[②] Deng, F., "A Theoretical Framework of the Governance Institutions of Low-Income Housing in China", *Urban Studies*, Vol. 55, No. 9, 2018.

[③] 黄燕芬、王淳熙、张超等：《建立我国住房租赁市场发展的长效机制——以"租购同权"促"租售并举"》，《价格理论与实践》2017 年第 10 期。

[④] 李国庆、钟庭军：《中国住房制度的历史演进与社会效应》，《社会学研究》2022 年第 4 期。

[⑤] 高波等：《我国城市住房制度改革研究——变迁、绩效与创新》，经济科学出版社 2017 年版。

我国住房市场发展缓慢，1978年人均住房面积仅为6.7平方米。[①] 住房供给数量不足，单位福利住房制度实质上是低水平的泛福利体制。

自1979年起，中国进入住房商品化萌芽期，随着经济体制改革，中国城市住房制度也开始从计划走向市场，首先是落实私人住房产权改革，归还政府机关、军队和个人挤占的私人住房。1978年3月的全国房产住宅工作会议表示：鼓励私人投资建房、开展相关试点工作，同年9月，国家建委召开城市住宅建设会议表示：要充分调动国家、地方、企业和群众多方主体的积极性，宣传动员各方力量参加到城市住宅建设中去。保障城市建设资金：资金来源包括国家基本建设资金、更新改造项目基金、集体所有制单位资金与个人资金。拓宽筹资渠道：在基本建设资金中新增机关及企事业单位自筹资金、海外资金以及银行贷款等新的筹资渠道。1979年所有制单位住房建设资金较1978年增长一倍。20世纪80年代初，党中央、国务院在批转《全国基本建设工作会议汇报提纲》时正式提出"准许私人建房、私人买房、准许私人拥有自己的住宅"的住宅商品化政策。政府急于收回成本，试点措施从鼓励私人建房到全成本售房、三三制售房（政府、单位、个人各负担1/3），随着"促销"试点受挫，政府认识到低租金才是住房商品化的最大阻碍，于是政府将鼓励补贴出售住房的改革思路调整为提高租金。1988年1月伴随着《关于在全国城镇分期分批推行住房制度改革的实施方案》的推出，城市住房改革成为经济体制改革的重要组成部分。1994年，国务院发文《关于深化城镇住房制度改革的决定》明确了房改的总体思路：住房建设投资由国家、单位和个人三者合理负担的体制取代由国家、单位统包的旧体制；建立社会化、专业化运行体制取代各单位建设、分配、维修、管理住房的旧体制；确立以按劳分配为主的货币工资分配方式取代住房实物福利分配方式；建立住房公积金制度。近二十年的萌芽期为住房商品化打下了坚实的基础，包括房改的总体思路和住房建设资金来源。

自1998年开始，中国开始实行全面住房商品化。其中，1998—2003年是全面实行住房商品化的重点时段，这期间发生了两次突破性变革。首先就是1998年住房福利制度的终结，住房分配走向货币化。1998年7

---

① 资料来源：中国政府网，https://www.gov.cn/xinwen/2019-08/17/content_5421812.htm。

月，国务院出台《关于进一步深化城镇住房制度改革加快住房建设的通知》明确提出自1998年下半年起终止住房实物分配，实行住房分配货币化，明确经济适用房为主体的住房供给结构。其次是全面启动住房商品化市场。2003年，国务院出台《关于促进房地产市场持续健康发展的通知》，明确了以普通商品住房为主要渠道的供给模式。商品化住房取代单位福利住房以后，住房补贴、住房公积金纳入工资报酬。单位福利分房功能终结，职工按照自己的经济能力选择市场购买或租赁住房。住房商品化带来的最大社会影响就是使得职住分离，促进城市空间的功能分化，职住分离带动了城市商务空间的形成，第一空间为居住区，第二空间为工作区，第三空间为繁华商务区的城市型空间结构开始形成。随着住房建设作为国民经济支柱产业地位的确立，住房商品化得以迅猛发展。2000年后，房地产市场价格明显上涨，商品房的市场价格远远超出了低收入群体的负担能力，价格调控成为住房体系治理的重要内容。[①]

2016年中央经济工作会议首次提出"房子是用来住的，不是用来炒的"。这一定位把住房建设的重点放在有力有序增加保障性住房供给上，把租赁住房建设作为重中之重，不断扩大保障对象覆盖面。2017年党的十九大报告提出，加快建立"多主体供给、多渠道保障、租购并举"的住房制度，让全体人民住有所居。调控政策的导向是回归住房的基本功能，建立适应市场规律的基础性制度和长效机制，建设有序发展的住房市场。自2016年以来，中国的住房体系治理已经超越应急式发展阶段，进入科学建立住房长效机制的新时期，顶层设计日臻完善。[②]

从单位福利分房制度到保障性住房建设，住房体系不断完善和发展，租赁住房建设已经被提升到国家战略的高度。2020年10月，中共中央关于《中华人民共和国国民经济和社会发展第十四个五年规划和2035年远景目标纲要的建议》确定了坚持住房的居住属性，加快建立"多主体供给、多渠道保障、租购并举"的住房制度，党的二十大报告再次强调，加快建立多主体供给、多渠道保障、租购并举的住房制度。"租购并举"

[①] 王振霞：《中国住房制度改革40年：回顾与反思》，《财经智库》2018年第2期。

[②] 李国庆、钟庭军：《中国住房制度的历史演进与社会效应》，《社会学研究》2022年第4期。

被写进党的二十大报告，表明租购并举是我国推进住房制度改革、住房高质量发展的顶层政策设计。

(二) 政策全方位的支持

租售失衡治理的关键在于发展住房租赁市场。在住房租赁市场的发展中，政府主要通过支持房地产企业租赁业务发展、为居民提供低成本租房市场环境，降低租房成本，保障租客权益、增加租赁住房供给、完善住房租赁融资体系等方式全方位支持住房租赁市场的发展（部分政策见表6-1）。

表6-1　　　　　　　　支持住房租赁市场发展的政策

时间	部门	文件
2015.1.6	住建部	《住房城乡建设部关于加快培育和发展住房租赁市场的指导意见》建房〔2015〕4号
2015.1.20	住建部、财政部、人民银行	《关于放宽提取住房公积金支付房租条件的通知》建金〔2015〕19号
2015.11.21		中央经济工作会议
2015.11.22	国务院办公厅	《国务院办公厅关于加快发展生活性服务业促进消费结构升级的指导意见》国办发〔2015〕85号
2016.2.2	国务院	《国务院关于深入推进新型城镇化建设的若干意见》国发〔2016〕8号
2016.3.5	国务院	2016年政府工作报告
2016.6.3	国务院办公厅	《国务院办公厅关于加快培育和发展住房租赁市场的若干意见》国办发〔2016〕39号
2016.12.19		中央经济工作会议
2017.3.10	商务部	公开征求行业标准《租赁式公寓经营服务规范》、《中国民宿客栈经营服务规范》和《社区餐饮服务规范》的意见
2017.4.14	住建部	《关于近期加强住房及用地供应管理和调控有关工作的通知》

续表

时间	部门	文件
2017.5.19	住建部	《住房租赁和销售管理条例（征求意见稿）》
2017.7.20	住建部等9部委	《关于在人口净流入的大中城市加快发展住房租赁市场的通知》建〔2017〕153号
2017.8.21	国土部、住建部	《利用集体建设用地建设租赁住房试点方案》
2017.12.20		中央经济工作会议
2018.4.24	证监会、住建部	《关于推进住房租赁资产证券化相关工作的通知》证监发〔2018〕30号
2018.5.19	住建部	《关于进一步做好房地产市场调控工作有关问题的通知》建房〔2018〕49号
2018.5.28	中国银行保险监督管理委员会	《关于保险资金参与长租市场有关事项的通知》
2018.9	国务院	《关于完善促进消费体制进一步激发居民消费潜力的若干意见》
2019.1.15	财政部、住建部	关于印发《公共租赁住房资产管理暂行办法》的通知 财资〔2018〕106号
2019.1	发改委	《进一步优化供给推动消费平稳增长促进形成强大国内市场的实施方案（2019）》
2019.3		两会
2019.4		2019年新型城镇化建设重点任务
2019.5	国务院	国务院2019立法工作计划
2019.6	中央国家机关住房资金管理中心	《关于深化"放改服"改革做好中央国家机关住房公积金归集工作有关问题的通知》
2019.7	财政部、住建部	《2019年中央财政支持住房租赁市场发展试点》
2019.9	住建部	住房租赁中介机构乱象专项整治工作推进会
2019.12		中央经济工作会议
2019.12	六部门	《关于整顿规范住房租赁市场秩序的意见》建房规〔2019〕10号
2020.1.1	全国人民代表大会常务委员会	《关于修改〈中华人民共和国土地管理法〉、〈中华人民共和国城市房地产管理法〉的决定》

续表

时间	部门	文件
2020.7	财政部、住建部	2020年中央财政支持住房租赁市场发展试点入围城市名单公示
2020.8.23		房地产企业座谈会
2020.9.7	住建部	《住房租赁条例（征求意见稿）》
2020.11.3		《中共中央关于制定国民经济和社会发展第十四个五年规划和二〇三五年远景目标的建议》
2021.1.1		《合同法》废除，《民法典》开始实施
2021.4.26	住建部、发改委、公安部、市场监管总局、国家网信办、银保监会	《关于加强轻资产住房租赁企业监管的意见》
2021.7.2	国务院办公厅	《关于加快发展保障性租赁住房的意见》国办发〔2021〕22号
2021.7.2	国家发改委	《关于进一步做好基础设施领域不动产投资信托基金（REITs）试点工作的通知》发改投资〔2021〕958号
2021.7.15	财政部、税务总局、住建部	《关于完善住房租赁有关税收政策的公告》
2021.8.30	住建部	《关于在实施城市更新行动中防止大拆大建问题的通知》

2015年1月6日住建部发文《住房城乡建设部关于加快培育和发展住房租赁市场的指导意见》中提出，支持房地产开发企业将其持有房源向社会出租，这一举措直接有助于增加租赁住房供给量；2015年11月21日中央经济工作会议指示：要鼓励发展以租赁为主营业务的专业化企业；2016年6月3日，国务院办公厅发文《国务院办公厅关于加快培育和发展住房租赁市场的若干意见》表明对租赁企业给予相应的税收减免。对于住房租赁市场的发展，上述政策和措施不仅直接增加了租赁住房的供给量，释放出大力支持住房租赁市场发展的信号，吸引更多社会资本投入住房租赁市场，而且增加房产企业租赁行业数量，加强了市场化竞争，

提升了住房租赁企业服务居民的质量。

　　为居民提供低成本租房市场环境、降低租房成本以及保障租客权益，这不仅是保障中低收入群体居住需求、发展住房租赁市场的关键所在，更是完善的住房租赁体系的要求。2015年1月20日，住建部、财政部、人民银行共同发文《关于放宽提取住房公积金支付房租条件的通知》明确提出无房职工连续缴满三个月住房公积金，可以提取夫妻双方住房公积金支付房租。2016年2月2日，国务院发文《国务院关于深入推进新型城镇化建设的若干意见》提出要加快推广租赁补贴制度，采取市场化提供房源、政府发放补贴的方式，支持符合条件的农业转移人口通过住房租赁市场租房居住。2021年8月30日，住建部发文《关于在实施城市更新行动中防止大拆大建问题的通知》明确表示城市租金年涨幅不得超过5%。类似于上述政策的颁布使得租金可负担，居民可以进一步通过住房公积金或政府直接补贴的方式减少租金支出，大大降低了他们的租房成本。此外，租客权益能否得到保障也是居民决定是否租住所考虑的重要因素。国家为了保障租客权益，2017年5月19日住建部发文《住房租赁和销售管理条例（征求意见稿）》明文规定界定出租人与承租人的权利义务，切实保证租客利益。2017年7月17日，广州市政府正式发布《广州市人民政府办公厅关于印发广州市加快发展住房租赁市场工作方案的通知》，《方案》明确，赋予符合条件的承租人子女就近入学等公共服务权益，保障租购同权。当租房和购房具有同等公共权益时，租房需求会大幅度增加，住房租赁市场将会得到进一步发展。

　　完善住房租赁融资体系是住房租赁市场得到长期发展的核心。当前政策主要从三个方面完善住房租赁融资体系，第一个方面是建立房地产投资信托基金，早在2015年1月6日，住建部就发文《住房城乡建设部关于加快培育和发展住房租赁市场的指导意见》明确指示要积极推进房地产投资信托基金（REITs）试点，2018年4月24日证监会和住建部共同发文《关于推进住房租赁资产证券化相关工作的通知》表示允许住房租赁企业采用固定资产证券化方式盘活固定资产，支持租赁房信托融资。2022年8月，首批3只保租房公募REITs（不动产投资信托基金）上市，保租房公募REITs的落地，打通了"投融建管退"闭环，表明住房租赁融资体系完善迈出了重要一步。第二个方面是政府建立住房租赁市场专项资金支撑住房租赁市场的发展。2019年7月，财政部、住建部共同发文《2019年中央财政支持住房租赁市场发展试点》，对于北京、上海、南京、长春、杭州、合肥、福州、厦门、广州、深圳、济南、郑州、长沙、武汉、重庆、成都16城给予资金支持用于住房租赁市场建设，直辖市每年10亿元，省会城市和计划单列市每年8亿元，地级城市每年6亿元（试点为期3年）。此外，地方政府例如北京、广州、重庆、成都等城市纷纷设置住房租赁市场专项资金，用于支持住房租赁市场建设。第三个方面是提供银行贷款支持。2021年3月，人民银行召开全国24家主要银行信贷结构优化调整座谈会，会议指出：要坚持"房住不炒"的定位，保持房地产金融政策的连续性、一致性、稳定性，加大住房租赁金融支持力度，此举推动和改善了租赁住房的融资环境。

第二节 城市住房市场租售结构失衡治理长效机制构建的内容

一 政府层面

从前面章节的分析中可以看到，当前我国住房租赁市场的发展仍然面临着许多困境，比如住房租赁市场的总规模远远落后于住房买卖市场的总规模、租售比严重失衡、供需数量和结构失衡、投资回报率较低以及市场开发动力不足；部分房地产中介利用信息优势，使市场成为一个不公开透明的市场；承租双方没有充分的信息和市场交易机制进行合理选择；租户从承租到使用，从租金定价到公共服务享有均处于弱势，使得潜在的承租者自觉减少租赁需求等等。这些困境表明，我国住房租赁市场与理想的市场化状态还有很大差距，依靠市场本身很难得到有效解决。在住房租赁市场发展中，主要由政府承担着制度建设、市场监管、保障托底等职责。因此，在政府层面上，我们将从六个方面构建住房市场租售结构失衡治理的长效机制，具体包括：促进多元主体参与租赁市场建设的激励机制、提升租赁住房市场交易效率的信息机制、规范市场参与主体经济行为的监管机制、加强地方政府政策执行效果的奖惩机制、明晰住房租赁市场承租双方权益的保障机制、健全住房租赁市场租赁价格的指导机制。

(一) 促进多元主体参与租赁市场建设的激励机制

促进多元市场主体参与租赁住房建设的激励机制主要是通过影响住房市场主体的成本和利润来调节市场经济主体的行为选择。在住房买卖市场中实施更严苛的政策缩减住房买卖市场的潜在利润空间，在住房租赁市场中实施更宽松的政策解决其内部高投入、低回报的问题，通过租赁市场红利政策使更多的住房市场主体参与到租赁住房供给端的投资与建设中，形成如表6-2所示的租赁住房多元主体供给体系。

表6-2　　　　　　　租赁住房多元主体供给体系

供给主体性质	供给主体	住房来源
市场	房地产开发企业	自持的商业住宅、非住宅改造为租赁住房等
	个体房东	自持的非自住商品房
	住房租赁经营机构	将独栋楼房整体包租后进行改造和长租、从分散的房东手里取得房屋
政府	各级市、区政府	地方财政回购当地商品房
政府—市场	人才住房专营机构	享受红利政策购买存量商品房或自建住宅
	社区股份合作公司和原村民	利用集体建设用地建设保障性租赁住房
社会	企事业单位	利用企事业单位自有闲置土地自建、购买、资产划拨等方式
	社会组织	筹集资金自建、购买等

总体来看，我国租赁住房供应主体性质主要包括市场、政府、政府—市场、社会这四种供给主体。其中市场化的供应主体由房地产开发商、个体房东、租赁企业等组成，他们通过新建商品性住房，或将存量的商品住房通过收集、改造成市场化的租赁住房投放到租赁市场供给端中。政府性质的供给主体主要以市、区政府为主，他们可以利用地方财政购买当地商品房作为公租房或保障性租赁住房。而通过政府引导市场参与这一方式建设的住房供应主体主要是指人才住房专营机构、社区股份合作公司和原村民等，它们的房源主要是通过利用集体建设用地、享

受政策红利而建设的人才安置房和保障性租赁住房。社会性质的供给主体主要以企事业单位、社会组织等组成,它们的房源主要是企事业单位自有闲置土地、享受红利政策而建设公共租赁住房和具有公益性质的各类住房。

国际经验表明,促进多元租赁住房供给主体的形成主要有缩减经营成本和提高营业收入两个渠道。例如,美国推出了租金差额补贴项目、低收入住房税收补贴(LIHTC)项目资助私有租赁住房,鼓励市场力量积极参与低收入租赁住房项目;日本通过调整东京城市规划体系和土地利用政策,为机构化主体建设运营共管公寓创造市场需求和土地供给条件,为建造租赁住宅的土地所有者提供固定资产税减免优惠;德国为住房租赁企业提供企业所得税免税优惠等等。结合我国的实际情况来看,缩减经营成本相较而言将会是更合适的做法,具体包括从加大住房租赁土地供给、给予税收优惠、解决融资困境、拓宽供给渠道、提供奖励补贴等维度为租赁住房供给主体提供政策支持。在土地供给层面,土地政策的激励措施是从租赁住房建设用地在土地的供应计划指标、供应速度、土地性质转变等方面进行政策创新,通过降低供给主体在土地资源上的成本来刺激其经济行为选择。主要表现为:调整土地供应结构,加大租赁住房用地供给比例,明确规定租赁住房用地供应占比,加快租赁住房用地供给速度,允许工业用地改做住房租赁用地,允许商业建设用地改做居住土地使用,充分利用集体建设用地增加租赁住房用地供应。在税收减免层面,税费政策的激励措施是给房屋租赁过程中涉及的个人、企业、机构等提供税收优惠,通过降低供给主体或需求群体在税收上面的成本起到一定的经济激励作用,有利于提高其参与住房租赁的积极性。主要包括税收减免、税率优惠、加速折旧等方式。在融资渠道层面,金融政策的激励措施表现在为供给主体的租房租赁项目提供信贷支持,以及针对住房租赁项目有关金融产品与服务进行探索与创新,包括鼓励金融机构发行专项债券、发放长期限低利率租赁住房开发贷款,积极支持发展房地产投资信托基金(REITs),推动住房租赁证券化,通过拓宽租赁住房供给主体的融资渠道、创新融资产品等方式解决社会投资者的融资困境,鼓励他们参与建设,从而影响租赁企业的经营方向选择。

此外,在租赁住房的多渠道供给上,应积极探索拓宽租赁住房供给渠道的政策。主要包括鼓励个人出租闲置住房，鼓励企业按规定把闲置、低效利用的国有厂房、商业办公用房改造为租赁住房，充分挖掘其他非居住用途的闲置房源补给到租赁住房供给端，部分城市出台地方政策允许将闲置的商业用房改造为租赁用房（简称"商改租"）、允许将闲置工业厂房改造为租赁住房（简称"工改租"），以及引导租赁企业向专业化、规模化发展。以上租赁住房来源的渠道需要通过政府实施住房租赁奖励补贴、税费减免政策来激励房地产开发企业参与新建租赁住房项目。在中国，合肥率先实施住房租赁奖励补贴政策，个人业主、租赁企业、中介机构、符合条件的商改租、工改租项目均在补助范围之列；部分城市（如杭州）除了为住房租赁企业提供税收、金融方面政策支持，还设置了租赁住房专项资金奖励，对表现突出的优秀住房租赁企业进行奖励和扶持，进一步提高企业参与住房租赁的积极性。但目前来看，奖励补贴和税收减免等住房租赁政策工具的运用有待进一步细化和丰富，特别是政策作用范围应当有所拓展。从英国和德国的经验来看，奖励补贴和税收减免政策的作用客体应同时包括投资租赁住房的企业，以及包括翻新、维护和修缮私人租赁住房的房东，并针对补贴和减免的条目和标准作出具体规定。例如，英国法案规定，地方当局应给予新建或翻新租赁住房的私人投资者50%—75%的补贴。

  社会供给主体可以在房源供应和市场自律等方面发挥重要作用，政府也应当积极探索能激励社会组织参与到租赁住房建设中的制度建设。从降低承租人租赁成本、提升租赁配套服务等方面吸引潜在租赁需求者。当前我国政府吸引潜在租赁需求者的激励政策可以从提高承租人可支付能力、消除"租购不同权"的配套服务障碍入手，包括对承租人实行货币化补贴、"租购同权"政策的试点和推广，以及租赁群体合法权益的全方位保障法律体系的建立等维度为租赁住房需求者提供政策支持。

（二）提升租赁住房市场交易效率的信息机制

市场管理能否高效，信息失衡的现状能否解决，取决于信息优势主体与信息弱势主体之间的信息差距能否被消除或缩小至合理范围，使得各主体之间的信息状态从非均衡达到均衡。① 住房租赁市场交易效率的提升可以通过降低市场众多参与者之间的谈判成本与沟通成本等各种交易成本来实现。具体而言，一是通过搭建住房租赁平台减少承租双方获取信息不对称现象的发生率；二是通过租赁合同备案管理提升租赁纠纷解决效率。

通过搭建住房租赁平台可以减少承租双方的信息不对称，支持社会组织整合个人出租房源，协助政府规范个人住房租赁市场，或将整合后的个人出租房源整体向政府设立的住房租赁平台供应，以提高政府效率，扩大住房供给来源。② 如美国住房租赁企业以会员联盟的形式自发建立住房租赁交易信息共享系统，为政府设定参考价和为租赁双方商议租金、寻找适宜房源提供信息服务，为税务部门征收住房租赁综合税、司法机关调节处理租赁纠纷和完善延伸相关法律条款提供参考依据。结合中国的实际情况，首先应通过政府牵头联合互联网企业推进租赁住房信息平台建设。一方面，积极鼓励住房消费者、房地产中介服务机构和租赁企业等供需主体在平台上进行相关交易；另一方面，政府与房地产经纪机构和企业规模较大的住房租赁机构等市场化机构签订信息共享协议，依照约定协议进行信息共享与交换。其次，加快实现相关管理部门与租赁平台的信息对接。机构化租赁从房源筹集到运营管理涉及不动产登记部门、公安部门、教育部门、消防部门、金融部门等多个部门，要提高租赁市场主体的经营效率，需要多部门展开联动式社会管理。例如，将流动人口登记接入公安系统，同时将流动人口租赁的住房做备案登记，就可以很好地实现"管房"与"管人"相结合。最后，实现大数据和人工智能技术与住房租赁有关服务的有机结合，提高服务效率。通过建立区域住房租赁信息数据库，分析不同住房租赁主体的行为方式和价值理念等要素，摸清住房市场上的租赁需求，针对这些需求提供相匹配的住房租赁产品；在原有平台基础上新增网站信息发布、租赁经营机构管理、

---

① 廖倩：《我国私募基金管理人自律机制的优化研究》，《西南民族大学学报》（人文社会科学版）2022 年第 9 期。

② 黄燕芬、张超：《加快建立"多主体供给、多渠道保障、租购并举"的住房制度》，《价格理论与实践》2017 年第 11 期。

房源登记与发布、租金参考价等信息，实现租赁信息发布、房源验查、诚信评价等功能；平台采取网站网页、手机客户端多渠道登录使用，方便市民网上办理房租、税费缴交等事项，实现金融服务功能。

通过租赁合同备案管理提升租赁纠纷解决效率。住房租赁合同的签订体现了承租双方租赁的合法性，是承租双方权益保障的依据。政府相关部门不仅要探索出更完善和针对性的合同备案管理制度，也要推进住房租赁登记备案系统与网络合同签约系统的相互对接，提高住房租赁登记备案率和扩大住房租赁网上登记备案规模。此外，住房租赁市场参与主体的监管涉及多个部门，每个部门的职责重心不一样，为了避免相互之间的管理制度出现冲突，应制定一套统一兼容的管理制度，实现住房租赁市场的联动管理；建立信息交流制度，促进各部门之间沟通协调和信息共享。

（三）规范市场参与主体经济行为的监管机制

监管住房租赁市场参与主体的经营行为、规范住房租赁市场秩序，有助于提高租户群体的租金支付意愿，引导形成稳定性租房意愿，是商品性住房租赁市场持续发展的必要条件。其中，规范市场参与主体经济行为的监管机制主要是指通过对个体房东、租户、房屋中介机构、租赁企业等租赁市场参与主体在市场交易中的不合法行为进行监督和管理。我国住房租赁市场的监管对象包括个体房屋出租人等供应主体、房屋承租人、房屋中介组织以及当前我国正在培育的机构化租赁企业，这些市场参与主体在租赁交易过程中都有可能发生侵害承租双方合法权益的行为。例如个体房屋出租人为了避免缴纳租赁税费，可能会不遵循住房租赁交易规范流程，不使用租赁合同示范文本，签订合同条款不完善的租赁协议，导致承租双方在租赁过程中一旦产生矛盾或纠纷，双方权益很难得到法律的保障。针对个体房东的监管措施包括住房出租登记许可制度、设置房东论坛和租房评分体系、房东住房租赁经营管理知识培训机制。作为弱势群体的承租人，可能会遭遇出租人的租金涨价、随意解除租赁合同、推脱或拒绝住房维修等风险，因此还应辅以完善的租户保护制度，避免引发房东驱逐租户、签订短期租约等新问题；个体房屋出租人则可能会遭遇承租人故意拖延租金、将出租房用作违法行为的场所、擅自转租或改变用途等索赔无果的问题。由于住房租赁合同的签订体现了承租双方租赁的合法性，是承租双方权益保障的依据。因此，应加强住房租赁合同备案管理制度，同时制定出让该政策有效落地的监管方案和细则。

此外，房屋中介机构可能存在一些从事房屋租赁业务的中介公司经营行为不规范、少数中介公司骗取中介费、挪用租金侵占押金、从业人员素质亟待提高等问题，通过完善房屋中介机构监管制度减少房屋中介机构侵犯承租人合法权益行为的发生。由于个体房东租赁专业知识匮乏且精力有限，大部分个体出租人都会选择把自有闲置房屋委托给房产中介服务机构出租，中介机构掌握着大量的房源信息，也从事着最直接的租赁业务。因此，规范住房租赁市场秩序的关键在于对房产中介服务进行监管。首先，由于当前我国在房屋中介服务机构经营方面的法律规定并不完善，且原则性大于可操作性。政府应根据市场实际情况完善该行业的法律法规，从顶层设计上制定出针对房屋中介机构的相关管理规定和管理细则，提升监管主体对房屋中介机构奖惩的合法性，做到有法可依、违法必究。同时，监管主体对其的监管应参与到住房租赁交易全过程中。其中，房地产管理部门、税务部门、工商行政管理部门等管理机构都应参与对房屋中介服务机构的监管，督促其依法经营。其次，加强对中介机构从业人员素质的监督管理，要求中介机构从业人员必须经过培训，并通过统一的职业资格考试获得从业资格证书才能从事中介业务，畅通举报渠道，规范员工行为。最后，对中介机构的信誉度和经营状况进行评估并分级，严厉打击有违规经营行为的中介机构，给予其降低信誉度和资质等级的惩处，在租赁住房信息平台上公布，促进形成诚信经营的行业氛围。

而针对当前我国正在培育的机构化租赁企业而言，其经营行为也可能会存在以下问题：一是为扩大企业经营规模采用高于市场价格的方式争夺房源，推高租金价格，从而破坏住房租赁市场的正常市场秩序；二是部分企业以"租金贷"来变相增加杠杆，一旦资金链断裂，无法按期将租客已付租金支付给房东，引发房东、租客之间的租赁纠纷；三是部分企业为节省成本，采用劣质材料装修，导致租赁住房质量低劣，从而影响租户的承租体验。上述不规范的租赁行为，都会给租赁双方权益造成不同程度的损害，并且难以得到有效保障。对此，应全方位监督管理租赁企业资金去向和租赁住房的质量等经营活动。具体而言，针对机构主体的监管措施包括但不限于设立住房租赁管理者登记制度、营业保证金制度、明确住房质量评估标准、住房租赁行业信誉认证机制、设置从业者专业门槛或从业资质考取制度，从而降低承租双方相关权益受到侵害的可能性。全方位管理监督主要包括租赁资金监管和质量监管两方面。在住房租赁资金监管方面，应当认识到资金筹集是住房租赁市场可持续发展必不可少的环节之一，在许多有利政策下，租赁市场参与者资金收集成本低，当政府部门对用资主体所筹集到的资金的使用途径不加以监管时，将会损害到租赁市场上其他参与主体的利益。因此，需制定租赁资金监管制度，尤其是我国正大力扶持的长租公寓企业的资金监管。具体可以采取如下措施：一是政府设立专门的租金监管机构，确保租金的稳定性，避免承租人受到恶意涨价甚至被驱逐等侵权行为。二是动态监测租金的增长率，将租金增长与居民收入水平增长、通货膨胀水平以及住房维护成本挂钩，确保租金增长幅度合理。三是实施住房租赁资金监管分类管控，对租赁企业资金每年进行评审，依据评审结果对企业实施差异化管理，调整企业风险防控金的缴交比例，降低企业成本。四是设立专门的押金监管账户，在出租人完成租赁备案登记后的规定工作日内，将押金上交到押金监管账户。待合同结束后的规定工作日内，根据双方签订的合同约定重新分配押金。在租赁住房的质量监管方面，租赁市场中一些出租方可能将成套住房进行改造，分割成若干间小户型住房进行出租，以实现收益最大化，导致租赁住房的配套设施和居住面积出现严重不足，同时住房结构的改变也可能给承租方造成较大的安全隐患。这些问题的解决需要通过建立租赁住房质量标准体系，制订《个人住宅出租管理与服务规范》《房屋租赁居间业务服务标准》《长租公寓设计与配置标准》等标准，明确租赁住房的设施、面积、物管、配套等标准，提高租赁住房的居住舒适度，并成立专门机构负责租赁住房质量的日常监管。

（四）加强地方政府政策执行效果的奖惩机制

中央政府是我国住房市场租购并举政策的最初制定者与推行者，而地方政府则是该政策的执行者和地方相关政策的制定者，中央政府制定的政策最终是否落地主要取决于各地方政府的执行力。中央和地方政府间利益的冲突可能会导致租购并举住房制度的"形式执行",并没有起到实际作用。加强地方政府政策执行效率的奖惩机制主要是指根据各地方政府贯彻中央政府利益诉求的评估结果来制定相应的奖励或惩罚举措。

一些地方政府过度依赖买卖市场的"土地财政",对促进租赁市场发展的政策执行不到位。因此,中央政府需要对地方政府政策执行情况进行评估实行奖惩举措,使地方政府高效贯彻中央政府的利益诉求。为此,建议可以从两方面着手针对地方政府政策执行情况制定绩效考核方式。一是简单易行的考核标准,即中央政府通过观察当地的住房价格和经济增长情况进行考核与评定;二是基于多维度的综合考核与评定,主要指标包括地方具体政策实质性条款、出台频次及执行细则的数量、住房租赁市场违规事件频次统计、地方住房租赁公共服务平台运营质量等。最后,中央政府应对地方政府政策执行绩效制定合理的奖惩标准予以认可。基于以上两种考核标准的结果,中央政府应对地方政府政策执行绩效予以奖励或处罚。鉴于处罚力度和奖励力度对地方政府政策执行意愿选择均存在门槛效应,需结合具体市场条件下的奖惩阈值,适当加大奖罚力度(达奖罚阈值以上),制定科学合理的奖惩标准,才能充分调动地方政府政策执行的积极性。[1]

(五)明晰住房租赁市场承租双方权益的保障机制

明晰租赁市场承租双方权益的保障机制可以有效解决租赁市场因承租双方权利义务方不明晰而侵害另一方合法权益的现象,以及在进行租赁纠纷调解和诉讼时能够清楚知道权益侵害人的具体责任人,从而进行更好的追责,最终有效解决租赁市场的租赁纠纷。完善的权益保障机制可以使承租双方权益免受侵害,从而鼓励更多的住房拥有者将其自有住房转为住房租赁市场的供给房源,也可以吸引更多的住房消费者选择市场化租赁住房,通过扩大未来的租赁群体来提高租赁市场未来的潜在收益率。租赁市场承租双方权益的保障机制可以从建设租赁法律制度和租赁纠纷调解制度两方面入手。

一方面,通过完善租赁市场法律制度来明晰承租双方的权益。对出

---

[1] 郭金金:《租购并举制度下我国住房租赁市场激励与监管策略研究》,博士学位论文,山东师范大学,2020年。

租人的权益保护包括按期收取合理租金、约束租户在租约期内维护住房和退租后恢复原状等权益。德国和日本等国家为我国完善出租人权益保障体系提供了有益参考。例如，为确保出租人按期获取租金的权益，德国为房东提供租约签订前依法收集潜在租户身份和租金支付能力等信息、实施个人财务状况核查的权利，同时一些公司主体为房东提供信用不佳租户名单，房东依靠法律依据和市场信息提升对租户的筛选能力，减少租金收取风险。日本设定租房保证制度，要求租户在租房时提供担保人或租赁担保公司，保障房东收取合理租金和住房损失赔偿金的合理权益。在住房维护方面，德国明确房东与租户的住房维护责任，甚至进一步赋予租户对租赁住房进行现代化改造的自主权；日本于2020年颁布的民法修正案增加租户对租赁住房的修缮权，即在租赁期间，房屋设施出现自然损坏、故障，在房东未受理修理需求或紧急的情况下，租客可以自行对房间进行修缮，明晰租户将因自身原因损坏的物件恢复原状的义务。因此，财务核查权利、租户黑白名单制度以及租户维护住房责任机制等应成为完善租赁市场相关法律制度的可行方向。

承租人权益保护包括租户续约主动权、租约模式及租期长短选择、房东驱逐租户条件、租金可负担性、租金议价权、租赁住房适住性等方面。日本、美国和德国等国家对此具有相对丰富的可借鉴经验。在租约模式和租期长短选择方面，英国有担保租赁和6个月短期租赁模式，日本实行到期后自动续约的普通租约模式和定期租约模式，德国租约默认无固定期限合同。为保证租户的租金可负担性，各国推行不同程度的租金管制，其中德国市场友好型的两层租金管理制度最为典型，对享受政府补贴的私人自建房在贷款合同期内实施成本租金定价机制，对其他所有市场化租赁住房采取"租金明镜"管理方法，租赁关系紧张的特定地区遵循租金限闸法案，并为租赁双方提供约定指数租金、阶梯租金、比较租金等租金调整方式；日本实行软性的租金上涨管制，明确限定租金变更条件。租金管制与房东解除租约条件构成租赁管制的最核心要素，日、美、德等国家均明确房东驱逐租户或解除租约的限制性条件，实施正当理由解约制度，规定房东驱逐租户的法定程序。法律赋予租户租金议价权和租约终止的异议权，日本实施的租金托管机制赋予租户在房东上涨租金情况下的议价能力，英国法律允许租客无条件在租约前6个月内申请租金比照一次。在确保租赁住房的安全性和适住性方面，美国租赁法明确房东的默示性可居住担保义务和减损责任，德国租赁法实施住房缺陷认定制，允许承租人在房东住房维护不善情况下要求减租或索赔。可以看出，承租人权益保护有必要提升至法律层面，丰富租赁模式和租约期限选择，实施"刚柔并进"的租赁管制制度，既要实施弹性的租金管制，明确租金涨跌的条件，也要实施一定程度的解约硬性限制，削弱单方面解约的绝对权利。此外，在法律层面对租赁住房的居住条件和安全性作出底线限制，拒绝无法达标的"危房""陋房"上市，同时完善住房质量认定和检验机制，制定统一标准以维护承租人居住权益。

另一方面，通过完善租赁纠纷解决制度提高承租双方合法权益保障的效率。第一，各行政区内法院通过在立案庭搭建法律咨询服务平台、联系当地律所为当事人提供法律咨询服务。同时法院还可以探索数字化技术在法律服务上的应用，例如通过提供大数据案例分析、互联网官方线上咨询等方式，为承租双方提供可借鉴的案例比较和咨询服务，从而丰富法律维权和咨询路径；同时，为提高办案效率，应建立住房租赁交易信息内部数据库，为司法机关调解处理租赁纠纷和完善延伸相关法律条款提供数据支撑。第二，对于群体性等复杂案件，引导当事人寻求司法行政部门的法律援助，司法行政部门在受理超过4个承租者的相同案件且一样诉求时，应当及时回应民众的诉求并采取解决举措，积极主动地介入案件受理以促进纠纷的快速解决，提高政府的服务水平。

（六）健全住房租赁市场租赁价格的指导机制

健全住房租赁市场租金价格的指导机制需要关注两个问题：一是住房租赁市场租金的基础定价；二是租赁价格的浮动（上涨或下降）幅度把控。

我国租金的定价指导应当遵循分类型、分区域、分层级的原则。当前我国租赁住房分为市场化的租赁住房和具有民生保障性、成本性的政策性租赁住房两类。分类型的原则就要求各地区市场化的租赁住房的租金定价应当以市场机制自发去调节达到资源配置的效率最大化，政府可以给该租赁群体提供租金补贴或租金支持，而不是降低市场化租赁住房的租金定价。而具有民生保障性质的租赁住房在进行定价时，应当充分考虑承租群体的可支付性，让他们享有良好居住体验的同时也有对租金的可负担性。分区域原则要求各地区的政策性租赁住房应当根据各地区的城市经济发展状况、居民收入状况等因素综合考虑后进行租金定价。分层级的原则就要求为了最大限度地兼顾住房成本和承租人的可支付性，部分学者认为具有保障性质的政策性租赁住房应当实行差别定价法，首先考虑不同需求群体的支付能力，即同一地区的中低收入群体内部也存在一定差异的经济实力和支付能力，应根据他们的经济收入水平和支付能力确定差别化的租金，这就要求租金的定价需要根据市场中潜在的租赁住房需求者的实际收入水平和支付能力确定一个租金范围；其次，考虑到租赁住房区位的差别化，即租赁住房所处在区域、位置、交通条件和户型等因素的不同也都会影响承租人的生活成本、生活环境质量，这就要求租金定价需要考虑到区位差别化的问题。差别化定价模式不仅考虑到了租赁住房的总成本和投资者的合理收益率，对于促进社会资本参与保障性租赁住房项目投资、减轻地方政府财政负担也起到一定效果。另外，租金和房价都是影响我国住房租赁市场发展的重要因素。当其他因素不变的情况下，房价过高，租金设定太低，租赁需求大于购房需求，但参与租赁住房建设的主体及社会资本的投资积极性将会受损，租赁住房供应量减少，住房租赁市场可能会出现供不应求的困境，反之亦然。现阶段我国正处于培育住房租赁市场的起步阶段，既要兼顾租赁意愿培育，也要提高供应主体参与建设的积极性。租金或房价直接影响企业的收益，为了降低买卖市场的投机发生率，既要控制房价，租金定价也要参考当地房价，尽量避免因租金收益率太低而导致社会资本对租赁市场投资的积极性不足这种情况。此外，政府需要建立租赁租房价格公开平台，定期向社会发布不同地段、不同用途、不同结构的住房租金指导价格，为住房租金价格水平的确定提供参考，减少或者避免承租双方因信息不对称权益受到侵害。

在租金基础定价以后，租金价格会受到市场规模效应、供求关系、互联网平台的垄断效应、金融杠杆效应等多方面因素影响而产生浮动。当租金出现过快上涨时，为了稳定居民的租赁需求，一些国家或地区出台了强制性的租金管控政策。租金管控是政府作为市场的管理者与监督者站在服务的角度利用财政、金融等政策对租金进行适当的调控而不是将租金限制在某一个水平。考虑到当前我国住房租赁市场还处于发展初期，人口流入量大的一、二线城市整体上处于供不应求的出租人市场，若同国外一样采取严格的租金管控，将会影响租赁住房潜在供给主体参与租赁住房市场建设的积极性。因此，我国租金管控上不宜过于严苛，避免造成租户被有意驱逐、出租积极性降低、房屋维修滞后等负面影响。各地方政府可以针对不同收入群体建立多种层次的住房租金制度。鼓励高收入群体购买住房，若确实有租赁需求的，由住房租赁市场自主调节租金价格；针对大部分中低收入群体，为确保租赁服务供给主体的收益，根据租赁群体的收入等级由政府提供不同额度的租金补贴，或者部分抵扣个人所得税；对于低收入群体，政府可实行租金管控，使市场化主体提供低租金住房。另外，允许不同地区因地制宜选择性地实行租金监管措施，不搞"一刀切"。

二 市场层面

实现城市住房租售市场均衡发展，不能仅依靠政府调控的能力和手段。由于市场机制中的价格、产品、规模、利润等内部因素也会潜移默化地影响市场主体的行为选择，因此，还应当以市场为主满足租赁群体的多层次需求，调动住房租赁市场各方面的积极性、主动性、创造性，从市场层面构建住房租售市场均衡发展的长效机制。市场层面的长效机制构建主要包括建立分层次的租赁住房供给机制、实现资源配置高效率的竞争机制、构建住房租赁市场行业自律机制，具体内容如下。

（一）建立分层次的租赁住房供给机制

从第三章的分析中可以看到，在我国住房租赁市场的供求结构中，主要存在以下几个问题：从住房租赁市场的供需数量来看，我国住房租赁市场上存在巨大的租赁需求，并主要集中在经济较发达地区，但在这些区域的租赁住房供给数量又存在不足；从产品结构来看，我国住房租赁市场上的不均衡主要表现为三个方面，首先是从户型来看，供给的大户型与需求的小户型之间产生了结构错配；其次是从住房品质来看，租赁住房的品质普遍较差，与消费者的居住需求不匹配；最后是从住房租赁市场的产品类型来看，住房租赁市场供应主体单一，机构化住房、保障性租赁住房发展不足。因此，住房租赁市场需要形成分层次的住房租赁市场供给体系，促进市场主体创新租赁住房产品类型，以满足不同群体消费者的租赁需求。

我们认为新时代构建新型租赁住房供应体系的基本原则是针对不同收入群体分层施策、分类提供。在市场租赁住房供给体系中引入竞争机制，在公共租赁住房供给体系中融入社会责任。当前我国住房租赁市场的供应既需要市场化的商品性租赁住房，也需要社会化的保障性租赁住房，而未来商品性租赁住房需要以专业化租赁机构供应为主、个体出租为辅，保障性租赁住房由政府通过财政奖励补贴等方式去引导企事业单位、社会投资者、房地产企业等市场主体参与到保障性租赁住房的开发、建设、运营等各环节中。

不同租赁群体由于年龄和消费习惯有较大的差别，在住房的品质、区位、邻里设施等细分方面也存在不同诉求。不同租赁群体的收入和租赁支付能力也有较大的差别。从需求端来看，当前我国住房租赁市场的需求群体主要以进城务工人员、新就业大学生和年轻家庭这三类群体为主，他们对租赁住房的需求有很大的差别。例如进城务工人员希望住宿地点距离上班地点近、租金价格低；新就业大学生对价格较为敏感，但对居住面积要求较低，对交通、餐饮、购物等配套要求较高，兼有社交等需求；受房价高企、单身及晚婚观念影响，大城市年轻人购买首套房和初婚的年龄均呈推后趋势。年轻夫妻、有一定支付能力的白领单身家庭对一居室、小户型的租赁住房需求增加[①]从供给端来看，目前我国住房租赁市场的房源主要由居民个人持有的多余住房供给，大部分是多居室大户型的房屋，单居室、两居室的小户型租赁住房供给不足，而大户型、大面积的房源存在部分过剩，一些租房者只能在三居室及以上住房进行合租，甚至是群租；85%以上的房源以私人为主，多是老破小，大多数住房品质不高，社区基础设施有限，缺乏必要的装修和维护服务，难以满足新生代租房人的需求。租房群体希望通勤时间在半小时以内，而就业中心附近的租赁房源较少，远郊区的租赁房源较多。[②]

基于以上分析，当前我国应针对不同租赁群体需求和支付能力进行

[①] 邵挺：《中国住房租赁市场发展困境与政策突破》，《国际城市规划》2020年第6期。

[②] 易成栋、陈敬安：《增加租赁住房有效供给的现实困境和优化路径研究》，《行政管理改革》2021年第9期。

供给端的改革。如表6-3所示，针对支付能力强的租赁群体，主要由长租公寓企业等为主的市场化供应主体提供相配套的租赁住房，这一类住房能够满足该租赁群体注重住房品质、配套服务等需求；针对具有支付能力一般的租赁群体，则侧重于以国企主导的租赁机构、拥有集体土地的社区股份合作公司和原村民、闲置土地的企事业单位和社会组织等享受租赁市场红利政策的供给主体提供相配套的租赁住房，这一类住房应当满足该群体租金的适配性、离工作地点近，并配套一定质量的租赁服务等需求；针对支付能力弱的租赁群体，主要以政府主导的租赁机构、享受租赁市场红利政策的社会组织等供给主体提供相应的租赁住房，这一类住房满足该类租赁群体基本居住需求、满足租金的可支付性等要求。

表6-3　　　　　　　　分层次的租赁住房供给体系

租赁群体代表	租赁需求特点	租金支付能力	租赁住房供应性质	相匹配的租赁主体
以年轻家庭、白领单身家庭、工作变动率高、特殊需求的高收入群体为主	注重住房品质、配套和服务；个人职住平衡、子女入学居住平衡；单居室、小户型的租赁住房需求增加。	支付能力强	市场化	长租公寓企业、私企主导的租赁机构和个体房东等
以新就业大学生、自由职业者、进城务工人员为主的中等收入群体	租赁需求主要群体；对居住面积要求较低、对价格较为敏感；对交通、餐饮、购物等配套要求高，兼有社交等需求；住宿地点距离上班地点近	有一定支付能力	市场+保障	国企主导的租赁机构、拥有集体土地的社区股份合作公司和原村民、闲置土地的企事业单位以及社会组织等
失业或需要保障的低收入群体	租金价格低	支付能力弱	保障	政府主导的租赁机构和享受租赁市场红利政策的社会组织

(二) 实现资源配置高效率的竞争机制

房地产市场当中的竞争规律是指市场中不同主体通过竞争实现效益最大化，并优化资源配置的机制。[1] 在培育和发展住房租赁市场时，应注意充分发挥市场经济中竞争机制的作用，同时我们应当意识到竞争机制的作用并非孤立的，而是与价格变动、供求关系、资金和劳动力流动等市场活动密切联系的，在住房租赁市场运行时应当重视市场中垄断行为带来的危害，让市场在资源配置中发挥决定性作用。如果处于同一个城市或同一区域内的住房租赁企业通过资本优势获得了垄断地位，市场竞争不充分，规模较大的租赁企业就可能形成垄断格局，价格机制的资源配置功能会被削弱和扭曲，该城市或该地区的租金价格和租赁房屋的供给数量将受到影响，进而会影响住房租赁市场的健康发展。因此，在引入竞争机制后，需要确保住房租赁市场内部存在充分有效的市场竞争。

我国当前住房租赁市场的竞争机制主要是指打破过去保障性租赁住房和商品性租赁住房相互割裂的"二元制"发展格局，逐步探索政府保障性住房直接参与市场竞争格局，实现租赁住房部门内部相互竞争的一元型市场格局。在二元制体制下，住房租赁市场根本无法承担调节资源配置，缓解供需矛盾，保障承租人住房权益的社会功能。在二元制下，住房租赁市场实际上是一个只讲效率不讲公平的市场，市场的逐利性导致租房者的权益无法得到保障，政府建设保障房项目缓解供需压力的努力无法取得理想的成效。因为二元制拆分了效率与公平原则，将拉动经济发展的任务摊派给商品型市场，将保障弱势群体权益的任务摊派给保障型市场。更为重要的是，在这两个市场中，实际上只有商品型市场才是真正的市场，保障型市场实际上是政府承担社会保障责任的一个封闭场域。[2]

当前调整两个市场的功能定位，逐步打破两个市场相互隔离的现状，将住房租赁市场整合为一个统一的一元型市场，实现资源互通。与此同

---

[1] 严荣、张黎莉:《房地产市场发展长效机制:框架与趋向》,《国际经济评论》2023 年第 1 期。

[2] [瑞典]吉姆·凯梅:《从公共住房到社会市场——租赁住房政策的比较研究》,王韬译,中国建筑工业出版社 2010 年版。

时，一元市场的建设应当调整租赁市场定位，将对无房者的住房保障放在住房租赁市场建设的首要位置，强调公平、兼顾效率，逐步探索政府保障性住房投入直接参与市场竞争影响供需关系的方式，强化政府对于住房市场发展态势的调控能力。[1] 一元化的住房租赁市场可以打通保障性和商品性的租赁住房的竞争渠道，通过保障性住房供给的增加来促进市场化租赁住房的规范化经营，提高租赁群体的居住体验。完全竞争的市场环境需要政府从完善法律制度、激励多元供给主体增加供给、加强市场监管等方面去构建。

（三）构建住房租赁市场行业自律机制

行业自律是为了规范该行业经营行为、协调行业内部间的利益关系、维护行业正常秩序的公约框架，其核心内容是该行业从业者的自我管理和自我约束，牵头和监督单位是行业协会。通过行业协会引导本行业建立内部自律监管制度，维护市场的正常秩序，整个行业才能谋得生存和发展。

我国长租公寓等机构化租赁企业发展起步较晚，且不合法经营行为一直存在，除了监管主体对监管对象通过规章制度的外在惩罚，还可以通过建立我国长租赁公寓行业自律机制以及打造龙头企业等内在激励的方式规范我国部分长租公寓机构不合法的经营行为。发展非营利性住房租赁机构，既能有效分担政府保障低收入群体居住权的职责，也能发挥引导调节商品性租赁住房、促进住房租赁业不同主体良性竞争的作用。英国、德国、日本等国家非营利性住房租赁组织的发展路径分为三种：社会—政府合作型，即民间自发成立住房协会，与政府紧密合作（机构发展初期接受政府财政补贴和融资援助，机构发展后期通过竞标方式获取财政补贴资金、引入私人融资方式），并接管政府转让的市政住房；社会众筹建房型，德国住房合作社是为社员提供租赁住房的股份制公司，会员入社缴纳的会员费和银行贷款构成租赁房建设的资金来源，获得政府的土地、税收、补贴等政策支持，社员以折扣租金享受住房的永久租赁权；政府—市场合作型，日本 UR 都市机构的前身为中央政府设立的特

---

[1] 易磬培：《我国住房租赁制度改革的时代选择及法制革新》，《社会科学家》2017 年第 10 期。

殊法人——住宅公团机构，住宅公团机构的资金来源包括财政支持、政府债券、信托银行借贷、组织发行的住宅和宅地债券等，特殊法人机构在具备丰富建设运营经验和资金筹集能力后改组为自负盈亏的一般法人，为我国探索培育非营利性住房租赁组织、优化政策性租赁住房供给提供借鉴。在我国实践中，鼓励社会自发组建租户协会，为租户参与房东决策、进行信息交流、获得处理租赁纠纷的法律援助、表达住房租赁政策价值诉求提供组织基础；并由政府指导成立或业内大型企业发起组建住房租赁行业协会，发挥行业内自律自管、规范租赁中介运营行为、保障租客房东权益的关键作用。机构化租赁企业可以利用管理学中的标杆管理原理，向优秀的企业学习，改进自己的经营实践，通过不断模仿和创新，明确产品、服务或流程方面的最高标准，创造出适合自身的最佳经营模式，才能谋得生存和发展。

惩戒是实现自律管理约束作用的核心机制，其通过提高行业成员的"违规成本"，有助于形成"不能"且"不愿"失信的自律环境。[①] 当前我国长租公寓行业应成立协会，并在法律法规的框架之下出台非官方的惩戒机制。一是制定并完善更具体、更细化，可操作、可评价的行业自律公约。二是建立定期或不定期对各成员企业执行行业自律公约的检查监督制度。三是披露曝光违反自律公约的成员企业。一个行业走向规范化，需要依靠政府监管规范和所有成员企业的高度自觉自律，只有以法律法规为依托、完善自律公约才能引导和推动行业的健康成长与发展。

三 个体层面

政府通过土地、金融、财税等政策工具调整市场主体在住房租售市场的建设倾向，改变"重买卖轻租赁市场"的社会环境，促进租赁市场的多元供给主体格局形成，使住房消费者能够在有效的住房租赁市场进行租赁住房选择。当高效的住房租赁市场被逐步建设以后，需要考虑如何培育住房消费者的租赁意愿，将住房买卖市场一些非理性

---

① 廖倩：《我国私募基金管理人自律机制的优化研究》，《西南民族大学学报》（人文社会科学版）2022年第9期。

买房需求通过政策引导转移到住房租赁市场。因此，在个体层面上，住房租售市场结构失衡治理的长效机制构建应主要从引导居民居住需求理性的消费机制、培育居民租赁意愿的宣传引导机制两方面入手，具体内容如下。

（一）引导居民居住需求理性的消费机制

"住房过滤"和"梯度消费"理论表明，处于不同收入阶层的消费者对住房的需求呈梯形分布，由住房消费需求理论可知，居民收入水平的高低决定了居民住房消费能力的大小，居民住房需求应与其支付能力相适应。[①] 然而，近些年逐渐形成了片面追求住房自有率的社会风气、居民内部出现了盲目攀比购房的消费理念，导致了一些住房消费者跨越住房消费梯度超前消费的倾向，造成部分居民收支失衡，严重影响了其生活质量。针对上述不良的消费习惯，应倡导居民形成有序而又理性的住房梯度消费，以此来缓解自身生活的压力和优化现有的住房消费层次。

引导住房消费者居住需求理性的住房梯度消费机制的实现主要依赖于合理分层消费观念的形成以及住房各交易市场间的联动。一方面，合理的分层消费观念是处于不同消费层次的消费群体通过住房合理供给实现"居有其屋"的基础和前提。对于住房消费者来说，首先要评估自身的年龄、收入、所处城市的消费水平等情况来确定自己的住房消费层次，不能盲目追求住房的高消费。同时，住房消费的形式也可以根据自己收入的未来增长空间，逐步由租赁到自住再到投资等形式转变。也就是在住房市场中，消费者需要根据自己的收入及需求，可以逐步树立先租后买、先买旧后买新、先买小后买大、先买普通后买高档、先投资创业后安家养老的住房消费理念。这种梯度住房消费理念对于住房需求者来说，既能让满足基本的居住需求，又能避免由于超前消费而背上过重的经济和精神负担。对于城市住房市场来说，有助于住房租售市场的均衡发展，避免房价的暴涨暴跌以及由于房价涨跌所造成财富转移的现象。另一方面，住房梯度消费的实现主要依赖于住房各交易市场间的联动。一些住

[①] 刘晓君、李陈广：《基于住房梯度消费的我国保障性住房融合机制研究》，《商业时代》2011年第30期。

房消费者跨越住房二、三级市场选择住房一级市场消费，表现出对二、三级住房交易市场缺乏信心。因此，政府一方面需要加大对保障性住房建设的力度，另一方面需要在中低收入阶层树立健康合理的"租购并举"的二元消费观念。

此外，支持住房租赁消费的最主要方式是提高租户群体的支付能力：扩大住房公积金缴存范围，强制新市民工作单位和个体按照职工缴存标准缴存住房公积金，允许用于租房消费，并简化住房公积金支付租金的流程，建立住房公积金异地结转体系；有意将政策性信贷资源向有租房需求的新市民家庭倾斜，创新租赁住房消费贷款等金融产品，基于政府获取的保障性租赁住房租户申请名单定向提供低息贷款，如英国的帮助租房计划为青年人提供租房低息贷款；结合新市民收入层次构建住房补贴制度，面向新市民的政策性租赁住房新增供应有限，提高租金补贴对市场化租赁住房的覆盖范围，同时也要设计随补贴对象收入、补贴时间、租赁住房条件等动态调整的租金补贴核算发放体系，提高租金补贴效率。

(二) 培育居民租赁意愿的宣传引导机制

培育居民租赁意愿的引导机制需要厘清影响居民租购选择的因素，从而提出增加居民租赁选择的引导举措。一方面通过网络媒介在全社会塑造一种"租赁家文化"以及宣传租赁住房的优势，另一方面通过发布有利于租赁市场发展的政策来提高居民对住房租赁市场的信心，以及制定和宣传培育居民租赁意愿的激励政策。

利用网络媒介对租客租赁住房体验感很好的案例的宣传让住房消费者知道"居者有其屋"并不局限在住房所有权，拥有租赁住房的使用权也可以将其视为自己的"家"。现阶段在我国适合租房的群体有初入职场的年轻人、工作流动性较大的人群、收入不稳定的人群等，初入职场的年轻人经济收入不高、较高的离职率使得其工作的稳定性无法保证；工作流动性较大的人群由于其工作地点变动性高，他们无法预知在每个现居住地的居住时间有多久；收入不稳定的人群如果购买住房可能会面临不能及时还贷的风险。在上述适合租赁的人群中，可以通过网络媒介宣传租赁住房比买卖住房特有的优势来潜移默化地影响他们的住房消费选择。

发布有利于租赁市场发展的政策来提高居民对发展住房租赁市场的信心,以及颁布激励政策培育居民的租赁意愿,挑战或改变社会公众对住房消费的传统主流偏见。首先,加大土地、金融、财税等红利政策的宣传力度,让住房消费者增加对未来可建立出一个可选择、租赁体验良好的租赁住房市场的信心。其次,在培育租赁需求时,通过制定和宣传有利于提高承租人租金可支付性、获得良好租赁服务和居住体验的政策措施,例如加大对租赁人群的货币化补贴、降低承租人的租赁住房税收、打造租赁服务平台、完善租赁纠纷解决机制、住房租赁市场基本法律完善、租购同权有效落实等政策措施的宣传,让住房消费者形成愿意租赁住房的心理。既要引导租户的心理预期,变"居者有其屋"为"住有所居",也要改变产权人乃至社会公众对住房租赁保有形式和租户群体的偏见。

第七章

城市住房市场租售结构失衡治理长效机制构建的制度保障

如何进一步完善城市住房市场租售结构失衡治理的长效机制，真正实现"租购并举"的住房制度改革需要有相应的制度进行保障，并形成制度创新的常态化。本章从土地制度保障、金融制度保障、财税制度保障、权益保障制度和监管制度保障五个方面阐述了城市住房市场租售结构失衡治理长效机制构建的制度保障与相关政策建议，以确保城市住房市场租售结构失衡治理长效机制能够顺利通畅地运行。

第一节 土地制度保障

一 制度创新增加土地供给

要实现租购并举住房制度建设的既定目标，必须在坚守不损害居民和企业根本利益的基础上，推进土地要素市场化改革、增加市场主体可用建设的土地供应量。为此，建议采用如下政策手段：允许集体土地入市参与住房租赁项目的建设、"商改住"（商业建设用地改作居住土地使用）、利用企事业单位自有闲置土地建设保障性租赁住房。

1. 允许集体土地入市建设租赁住房

如果要让住房租赁企业愿意增加投入，并积极参与建设租赁住房，一个重要的手段就是增加土地供应量和降低土地出让价格。集体建设用地入市有利于增加土地市场的供给规模，并起到稳定地价的作用。为增加租赁住房的土地供应量，国土资源部、住房城乡建设部于 2017 年 8 月联合印发《利用集体建设用地建设租赁住房试点方案》,[①] 确定北京、上海、广东等 13 个城市开展利用集体建设用地建设租赁住房试点。在试点方案中,村镇集体经济组织可以自行开发运营,也可以通过联营与入股等方式建设运营集体租赁住房。从该文件可以看出农村集体土地不用经过国家征地环节,直接进入了市场。这一举措有助于更加完善土地供给和市场机制,打破过去由政府一元垄断供地模式的做法,而逐渐转向二元、多元供地模式,土地使用者除了可以通过国有土地出让方式取得建设用地,还可以通过利用集体土地入市的方式取得建设用地,从而增加市场主体选择用地的途径与机会,通过拓宽租赁房屋土地供应的渠道,达到降低租赁房屋开发安置成本的目的。[②]

目前,利用集体建设用地建设租赁住房的做法还仍处于探索阶段,各个试点城市有不同的实践做法,在实际操作中遇到了项目选址不确定、建设资金缺口大、运营主体难确定、利益分配不完善等问题。解决集体土地入市建设租赁住房的困境,建议可以从以下几个方面入手:一是应根据租赁需求选址。为避免出现阶段性租赁住房供给不足或供给过剩的问题,需要进行前期摸底调研工作,根据调研结果明确实际的住房租赁需求规模,再以住房租赁需求为导向来进行选址。二是要完善项目高效落实的配套政策。首先,落实和明确农村土地集体所有权。加快农村的土地确权进程,经过确权、登记、颁证,使农民可以进行土地流转。其次,规范审批流程,对审批周期进行合理限定,向农民集体提供专业化的申请审批指导。然后,要建立严格的房屋建设监管制度,并且加大执法力度,严厉查处村民违法建房行为。最后,制定完善的控制性详细规划,专门对接集体租赁住房建设。三是建立集体租赁住房管理平台。将建设、运营、利益分配管理等内容纳入平台中,通过建立政府主导的国有专项管理平台公司与民营住房租赁企业构建的租赁平台,提高租赁市场化水平,以弥补集体经济组织的专业缺陷和维护市场的稳定。

[①] 国土资源部 住房城乡建设部关于印发《利用集体建设用地建设租赁住房试点方案》的通知,2017 年 8 月 28 日,见 http://www.gov.cn/xinwen/2017-08/28/content_5220899.htm。

[②] 李太森:《农村集体经营性建设用地入市的难点问题论析》,《中州学刊》2019 年第 1 期。

2. 允许商业建设用地改作居住土地使用

2004年以来，我国城镇建设用地的供应都是以"招拍挂"形式获得，出让的土地根据用途分为工业、居住、商办等类别。不同用途的建设用地因为功能、使用年限和价格差异巨大，导致它们之间存在着不可逾越的红线。一般而言，位于相同区域的土地价格，以居住类土地的价格最高，商办土地的价格次之，工业土地的价格最少。由于不同类别的土地之间存在显著的价格差异，地块的性质不可以随意进行变换。同一块区域的地价，因政府征地成本是相同的，所以价格应该一样，但地方政府为了平衡土地出让金和税收的关系，实行了分类出让且有极为悬殊的价差。对地方政府而言，居住类用地出让金是一次性收入，而对于商办用地和工业用地而言，土地出让金虽然不多，但是地面上修建的商场、写字楼、公寓、酒店、工厂，在较长的时期内都是会产生持续的税收收入。这样，地方政府一般以"居住用地配套商业用地"的方式将土地出让给房地产开发企业。而以开发住房为主的房地产开发企业在多次购地后，通常会有大量的商办物业被囤积，不仅阻滞企业的自有资金周转，也产生了商务公寓、商业、写字楼等非住宅商品房的去库存难题。这让各城市开始探索存量市场尤其是非住宅商品市场的去库存方法。例如，深圳市规划和自然资源局于2021年7月发布了《关于进一步加大居住用地供应的若干措施》（征求意见稿）意见的通告。[①] 文件中明确表示土地整备留用地优先安排居住用途；已核发用地批复但未签订使用权出让合同的土地，可申请将非居住用地调整为居住用地或提高居住用地开发强度。长沙市住建局、市发改委、市资规局、市财政局、市金融办五部门于2022年4月联合印发《关于落实〈关于推进非住宅商品房去库存的若干意见〉的通知》，[②] 明确对一些已出让尚未动工建设的非住宅商品房用地，允许按规定转型用于国家支持的养老产业、新兴产业、体育产业、文化

[①] 深圳市规划和自然资源局关于公开征求《关于进一步加大居住用地供应的若干措施》（征求意见稿）意见的通告，2021年7月9日，见 http://pnr.sz.gov.cn/gkmlpt/content/8/8943/post_8943114.html#4297。

[②] 长沙市住房和城乡建设局等五部门发布关于落实《关于推进非住宅商品房去库存的若干意见》的通知，2022年4月22日，见 https://baijiahao.baidu.com/s?id=1730797720644823034&wfr=spider&for=pc。

产业等项目用途的开发建设；在满足公共服务设施和基础配套设施承载力的前提下，将可以进行"商改住"。上述这些城市的灵活做法对于人口净流入大的一线或新一线城市而言具有一定借鉴意义，主要表现在三个方面，一是可以加大城市住宅供给，进而抑制房价过快上涨趋势，保持城市竞争力；二是允许部分房企持有的商办用地变化其土地性质，从而帮助企业解困获得现金流，加快资金周转；三是结合市场需求及时调整建设用地的类别，保持地方财政的可持续性。

值得注意的是，在政策落地过程中，商业建设用地改作居住土地使用时需要明确相应的审批标准和制定详细的监管细则。住建部及住房租赁试点城市应尽快出台"商改住"相关的建设规划变更、市场监管等配套细则，疏通审批、备案等通道或程序，从多方面明确系列政策，减少住房租赁企业在"商改住"中可能遭遇的风险，引导他们积极参与租赁住房建设。

3. 利用企事业单位自有闲置土地建设租赁住房

我国相当多的企事业单位拥有数量较大的自有闲置土地，同时在企事业单位中又存在新就业职工住房困难的问题。为了解决单位新就业的青年职工的阶段性住房难题，2021年7月国务院办公厅发布了《关于加快发展保障性租赁住房的意见》（以下简称《意见》）。[①]《意见》指出，允许在人口净流入的大城市，利用企事业单位自有闲置土地建设保障性租赁住房，意味着政策允许企事业单位的闲置用地可以用于修建更多的小户型、低租金的租赁住房，解决员工的住宿问题。

关于利用企事业单位自有闲置土地建设保障性租赁住房，这次《意见》主要是关注二个方面：一是明确了试点城市范围并赋予该城市自主权。《意见》明确指出，能利用企事业单位自有闲置土地建设保障性租赁住房的城市为人口净流入的大城市和省级人民政府确定的城市，且企事业单位依法取得使用权的土地，必须经城市人民政府同意，在符合规划、权属不变、满足安全要求、尊重群众意愿的前提下，才能被允许用于建设保障性租赁住房。将这一权力下放给城市，是否需要使用这一政策，

---

① 国务院办公厅《关于加快发展保障性租赁住房的意见》通知，2021年7月2日，见 http://www.gov.cn/zhengce/content/2021-07/02/content_5622027.htm。

需要城市根据本地实际需求决定，对于没有需求的地方，不能盲目建设，浪费资源。二是提出了土地、规划、审批及建设成本高等问题的解决办法。为了支持保障性租赁住房建设，《意见》首先明确实施财税减免，体现在企事业单位在利用自有闲置土地建设过程中需变更土地用途，不但不补缴土地价款，而且还免收城市基础设施配套费；其次专门明确了审批机制，市县人民政府可以建立会审机制，要快速审批，支持建设；最后规定企事业单位可以自建，但自身没有资金或者没有能力，也可以与住房租赁企业、房地产开发企业等合作建设运营。三是加强企事业单位建设保障性租赁住房的监督管理。为了解决新市民和青年人的住房困难问题，要求企事业单位利用自有闲置土地，建设小户型的保障性租赁住房。同时，要求保障性租赁住房不得上市销售或者变相销售，也不得以保障性租赁住房为名，违规经营或者骗取优惠政策。[1] 因此，《意见》从这几个方面授予了城市权力，明确了审批和相关政策，同时对企事业单位利用自有土地建设保障性租赁住房要进行严格的监督管理，确保真正用于解决新市民、青年人的住房困难。

二 政策优化土地供给方式

1. 实行"人地挂钩"的土地分配模式

所谓的"人地挂钩"，就是"地随人走"，即随着人口的迁移，这些人口所占用的建设用地面积就随之进行迁移；同样，随着人口的迁出，这些人口所占用的建设用地面积也就随之迁出，由此实现城乡土地要素的流动，推进城镇化的发展。2016年9月，国土资源部、国家发展和改革委员会、公安部、人力资源和社会保障部、住房和城乡建设部联合印发《关于建立城镇建设用地增加规模同吸纳农业转移人口落户数量挂钩机制的实施意见》[2] 提出，到2018年，基本建立"人地挂钩"机制，形成部门联动、上下衔接、有利于促进新型城镇化发展的建设用地供应制

---

[1] 《利用企事业单位自有闲置土地建设保障性租赁住房解读政策》，2021年7月7日，中国政府网，见 http://www.gov.cn/xinwen/2021-07-07/content_5623188.htm。

[2] 国土资源部等五部门关于印发《关于建立城镇建设用地增加规模同吸纳农业转移人口落户数量挂钩机制的实施意见》的通知，2016年9月29日，见 http://www.gov.cn/gongbao/content/2017/content_5204901.htm。

度；到2020年，全面建立科学合理的"人地挂钩"机制政策体系，区域和城乡用地结构布局更加优化，土地节约集约利用水平显著提高，为如期实现1亿人左右农业转移人口和其他常住人口在城镇落户提供用地保障。

"人地挂钩"政策不能简单地理解为城乡建设用地增减挂钩政策的延伸和拓展。[①] 其目的是通过科学合理地安排用地，一方面保障农业转移进城落户人口的用地需求，另一方面节约高效利用土地，以实现"土地城镇化"和"人口城镇化"的协调发展。"人地挂钩"的核心原则是以人为中心、以人定地、人随地走，不同于增减挂钩的以地换地，以项目定指标的原则，"人地挂钩"要求准确统计和测算每个城镇新落户人口数量，根据城市规模和人均占用土地的状况制定差别化标准，在此基础上合理确定城镇新增建设用地规模，最后再通过土地利用总体规划和年度用地计划来落实。[②] 实施"人地挂钩"并不只是简单地将新增建设用地进行挂钩，还应考虑与存量土地和低效利用土地的使用进行挂钩。

首先，根据不同城市的人口流动情况对总体用地指标进行分配。比如城市当年的新增住宅供应面积可以根据前三年的人口流入均值来确定，或者通过总体规划中提出的未来城镇化率的增长指标，测算出各个地市城镇人口的增加数量，结合人均用地标准测算出城镇建设用地增加和农村建设用地减少的土地数量，以此为基础对规划评估作修改，以城乡建设用地增减挂钩的形式分年度实施。

其次，我国绝大多数城市存在工业用地比例偏高、住宅用地比例严重偏低的问题，在对不同城市进行不同用途土地分配上需要结合住房市场现状进行指标分配。

最后，各城市政府需要平衡好用于租赁市场和买卖市场的土地供应需求。推广租赁用地试点，政府需要营造一个公开、公平、公正的市场环境，给国有企业和民营企业同等的政策待遇，让不同的市场主体均有

---

① 米胜信、姚聿涛、高志新：《实物地质资料信息服务研究与应用》，地质出版社2017年版。

② 姜作勤、马智民、杨东来等：《主要发达国家地质信息服务的政策体系及其特点》，《地质通报》2007年第3期。

相同的机会获得优质的土地资源,以免挫伤民营资本参与机构建设住房租赁市场的积极性。

2. 优化传统土地出让方式

土地出让方式是指土地使用权取得者获得用地的一种方式,即土地资产处置方式。按照 2007 年 9 月国土资源部第 3 次部务会议审议通过的《招标拍卖挂牌出让国有土地使用权规定》解释,我国土地公开出让方式包括招标、拍卖和挂牌这三种方式。为有效推进出让宗地使用权,切实营造良好营商环境,进一步降低企业制度性交易成本,实现市场有效、政府有为、企业有利的有机统一,政府应该继续完善、优化、探索更好的土地出让模式。

政府可以探索对开发商自身持有租赁住房项目建设实施定向供地、低价供地或土地年租等灵活供地方式。在各城市的土地供应计划中单独列出租赁住房用地规模,并且针对租赁住房用地的供应积极探索土地年租制,以确保租赁住房的稳定供应。

在具体实施方面,对于规划租赁住房的用地,采取按年支付土地租金的方式,降低租赁住房的开发成本,吸引房地产开发企业及其他社会资本投资租赁住房;土地年租制的租赁期应与国有土地出让制的合同期限一致;与土地出让制一样,通过土地年租制取得的国有土地使用权也具有物权性质;在土地年租金的设定上,既可以与相同地段的土地出让金挂钩,也可以参考相同区域的住房租金,但要兼顾土地资源合理配置、缓解城镇居民住房问题以及促进社会公平等因素。[①]

第二节 金融制度保障

一 建立多元的金融支持体系

对租赁市场供给主体而言,租赁住房的建设需要投入大量的资金,且租赁项目的租金收益低、回报率时间长,这一特点将会打消市场主体建设租赁住房的积极性。与发达国家相比,现阶段我国住房租赁市场的规模较小,融资方式和融资渠道狭窄,这迫切需要我国金融机构创新对

---

① 严荣:《完善房地产财税政策:购租并举的视角》,《财政研究》2017 年第 11 期。

供给主体提供的金融产品和融资渠道的畅通,以确保市场主体资金充足,从而参与到租赁市场的建设中。

1. 创新金融贷款产品

2016年5月,国务院办公厅印发了《关于加快培育和发展住房租赁市场的若干意见》,[①] 明确了税收、金融和土地等一揽子住房租赁市场扶持政策措施。针对租赁市场供给侧而言,经过一段时间的发展,我国住房租赁市场将形成多元主体供给体系,不同的供给主体会有特定的盈利模式和运行特点,金融机构应时刻把握租赁市场发展形势,开展多形式、多层次的金融服务,创新金融贷款产品类型,为其发展提供足够的资金支持。从国际经验来看,租赁住房的商业银行信贷支持产品较多,且商业银行的贷款方式较为灵活。政府应通过相关政策引导和鼓励商业银行针对租赁市场的参与者如个体客户、开发企业、企事业单位等提供与租赁相关的贷款业务,针对贷款对象、金额、利率、期限及担保方式等要素做出科学设计,并提供优惠的贷款利率。与国际城市的金融贷款产品相比,我国针对住房租赁市场提供的贷款品种和类型都比较单一,需要创新金融贷款产品,形成多元的商业贷款体系。例如,推出出租住宅购建贷款、出租公寓贷款、租赁住房翻新贷款和租住两用住宅购买贷款等业务。此外,对住房租赁经验丰富、资质良好的住房租赁企业、房地产开发企业或地方国有企业,我国金融机构应结合租赁市场发展阶段特色,探索提供房屋租金收益权质押贷款、流动资金贷款、住房租赁开发贷款等金融支持,重点扶持现金流全覆盖、租金回报稳定的住房租赁开发项目,合理设置贷款金额,适度延长贷款期限。

针对租赁市场需求侧而言,与住房买卖市场客户相比,我国租赁市场客户信用资质相对"次级",且缺乏有效抵押。因此,目前金融机构提供的信贷产品更多的是针对住房买卖市场的居民。在这种情况下,当前金融机构需要做好租赁征信平台的搭建,对租户及业主信息进行筛选,从而有效规避违约可能带来的损失。并且应当针对个人租户开发且提供住房租赁贷款,满足租赁群体的居住需求。比如,深圳建行于

[①] 国务院办公厅《关于加快培育和发展住房租赁市场的若干意见》,2016年6月3日,见http://www.gov.cn/zhengce/content/2016-06/03/content_5079330.htm。

2017 年发布中国首款个人住房租赁贷款产品"按居贷",符合建行优质客户条件后(比如客户综合贡献度 AUM 值 5 万元以上、在建行正常还款一年以上的房贷、由建行代发工资月平均 5000 元以上等)可提出申请,贷款期限最长可达 10 年,额度最高 100 万元,贷款按一年期的贷款基准利率执行,低于同期的购房按揭贷款利率。这一试点后,其他商业银行可以借鉴深圳建行的成功经验,开发出新的适合租赁群体的个人住房贷款产品。

2. 改革住房公积金制度

住房公积金是国家机关、国有企业、外商投资企业、城镇集体企业、城镇私营企业及其他城镇企业、民办非企业单位、事业单位、社会团体及其在职职工缴存的长期住房储金。公积金个人住房贷款是我国现有购房融资体系的方式之一。作为我国政策性住房金融的主体,住房公积金制度经过 20 多年的演化发展,已经成为世界上最大的社会性住房融资计划。[1] 但在过往 20 多年的发展中,其定位不清、公平不保、效率不高、管理不畅、风控不力等弊端也逐渐显现。住房公积金应当同时发挥金融功能和政策功能,不能只关注一方而偏离甚至忽视另一方,需要在二者之间寻求平衡点。当前我国政府应通过提升住房公积金金融功能,更好地实现资源优化配置,进而反哺其政策功能的发挥和提升。住房公积金制度改革必须从重塑其属性和目标入手,向建立互助性和保障性有机衔接的新型政策性住房金融体系转型。[2]

针对住房租赁群体,当前放宽提取住房公积金支付房租条件,尤其针对一、二线城市职工和中低收入群体,赋予公积金租房融资相对更低的利息成本,减轻缴存职工租房压力,鼓励更多城市居民通过租房形式实现住有所居,改善居住条件。由中华人民共和国住房和城乡建设部、中华人民共和国财政部、中国人民银行于 2015 年 1 月 20 日印发并实施的《关于规范住房公积金个人住房贷款政策有关问题的通知》里面规定了住

---

[1] 王先柱、吴义东:《住房公积金政策性金融功能提升研究——现实需求、内在逻辑与思路设计》,《江苏行政学院学报》2018 年第 4 期。

[2] 吴义东、陈杰:《保障性抑或互助性:中国住房公积金制度的属性定位与改革取向》,《中国行政管理》2020 年第 9 期。

房公积金租房提取条件、提取额度以及相关配套措施。① 具体内容为在租房提取条件中规定职工连续足额缴存住房公积金满 3 个月，本人及配偶在缴存城市无自有住房且租赁住房的，可提取夫妻双方住房公积金支付房租；规定的租房提取额度为职工租住公共租赁住房的，按照实际房租支出全额提取；租住商品住房的，各地住房公积金管理委员会根据当地市场租金水平和租住住房面积，确定租房提取额度。另外，在承租人方面，政府可适时增加相应的补贴，并提高住房公积金提取额度，为承租人提供一定的权益保障。

但是，在政策具体落地过程中我们发现，对于刚进入一、二线城市的新青年、新市民，他们不一定有工作或者不具备缴纳住房公积金的条件，可能享受不到这一惠利政策，导致政策的实施效果不佳。此外，现阶段我国住房公积金的主要使用途径为提取和贷款，而我国住房公积金缺乏金融化手段进行资金保值和增值，只有少量资金用于购买国债等金融产品，公积金账户处于负利率状态，这一资金损失对有购房意愿的职工来说，如果长时间使用公积金交房租的话，那么自己公积金账户的余额将会减少，以后再用公积金进行贷款的话额度就会降低，也会导致政策对该类人群的实施效果不佳。因此，从短期来看，住房公积金应该进一步扩大制度覆盖面，将无雇工的个体工商户、非全日制从业人员以及其他灵活就业人员纳入保障范围。在推进住房公积金制度扩面改革过程中，要充分考虑新市民群体的工作和收入等稳定程度，预估可能出现的扩面风险，掌握资金动态。与此同时，对扩面群体实施强制缴存措施难免会引起政策误解，建议对新增群体实行自愿缴存办法。即在短期内，住房公积金实行"强制+自愿"缴存双轨制。而从长期来看，在着力解决公积金发展不平衡不充分的结构性矛盾下，应考虑到强制缴存会不利于资源优化配置和市场经济秩序，有违契约精神。②

---

① 住房和城乡建设部等三部门印发《关于规范住房公积金个人住房贷款政策有关问题的通知》，2015 年 1 月 20 日，见 http://www.gov.cn/xinwen/2015-01/29/content_2811807.htm。
② 宋跃晋：《论住房公积金法律性质及其强制缴存义务》，《暨南学报》（哲学社会科学版）2014 年第 7 期。

二 建立企业分层次融资体系

市场化的租赁住房项目，其建设资金来源主要是房地产开发企业的自有资金和银行开发贷款资金，但单一的融资渠道很难满足项目的资金需求。同时，租赁住房的建设资金消耗量大，但资金的回收期较长，从而造成我国住房租赁市场主体建设租赁住房项目融资方面存在巨大的困难。无论是公司企业的投资资金，还是居民的闲置资金以及具有数量大、分散广、成本低、活跃性高等特点的社会资本，都因投资渠道狭窄的原因，导致这部分资金无法得到有效利用。为充分吸引这类优质的资本参与进入住房租赁市场的建设，需要政府引导新的融资模式的形成来畅通社会资本的融资渠道。通过充分集中社会资金，投资到租赁住房的建设中，既可以提高租赁住房建设的持续性，同时也可以降低以政府作为主体的投资建设风险。

1. 引入优质资本

住房租赁市场发展的关键在于能够拥有长期低成本的优质资本。当前国内的类 REITs 产品主要采取专项资产管理计划 + 基金的方式发行，多为私募发行。类 REITs 成为不动产持有方主动寻求资金的融资工具，但在具体实施过程中，由于其交易结构复杂、参与方过多和多重征税导致融资成本高昂。例如项目公司转让股权所需的土地增值税、印花税、企业所得税、增值税、契税等重复征税这一弊端将削减类 REITs 投资者的收益，打击其投资积极性。此外，我国尚未推出公募 REITs 的相关法律法规，并且市场上发行的类 REITs 产品，与国外成熟市场公募 REITs 相比，无论是税负水平、交易结构、募集范围，还是收入来源、收益分配等方面都具有明显的差异，不符合国外公募 REITs 的标准。从国际经验来看，公募 REITs 需要有大量可以进行长期权益性投资的资金来支持公募 REITs 的扩容，从而提高 REITs 市场流动性。我国的社保基金、养老基金、保险基金、住房公积金等长期资本，具有风险低、成本低、稳定性好的特点，与回报率低、回报期长的住房租赁市场具有最佳的匹配度。因此，建议放松对这些长期资本进入住房租赁市场的投资比例限制，拓宽它们进入住房租赁市场的渠道，从而提供长期租赁住房，满足多样化的租赁需求。

2. 畅通融资渠道

目前，住房租赁市场主要有四类融资渠道：银行信贷、资产证券化、公司信用类债券和股权融资。其中，银行信贷渠道以租赁住房建设贷款、租赁住房开发贷款、租赁住房运营贷款等租赁住房专项贷款为主；资产证券化包括CMBS、ABN、ABS和类REITs等产品；公司信用类债券包括公司债、企业债、非金融企业债务融资工具；股权融资是轻资产类长租公寓运营商的主要融资渠道，近年来规模呈显著提升趋势。

当前我国租赁公司的运营模式主要有轻资产管理和重资产运营两类，轻资产管理主要以私企为主，是指通过承租物业开展租赁业务，租赁业务主要包括改造式长租公寓和零散式长租公寓；重资产运营主要以政府主导型、国企主导型和私企主导型为主体，通过自身持有物业开展租赁业务。不同的运营模式下，运营机构的资产权益、信用增级能力、资金用途和还款来源都存在较大差异，国开行等政策性银行和主要的商业银行，应针对不同运营模式融资的特征，建立多层次的融资体系，充分发挥综合化的融资能力，满足各种类型租赁机构的融资需求。例如，对于资金实力雄厚的私企或国企，这类主体通常以重资产运营为主，可以考虑给它们发行住房租赁专项开发、建设和运营类贷款、资产证券化（ABS、ABN、CMBS、类REITs）或住房租赁专项债券等融资方式；对于以改造式长租公寓为主的轻资产管理企业，可以考虑住房租赁专项运营贷款、股权投资、资产证券化（ABS、ABN）、创投债等融资方式；对于零散式长租公寓为主的轻资产管理企业，可以考虑股权投资、资产证券化（ABS、ABN）、创投债等融资方式。

第三节 财税制度保障

财税制度是确保租购并举住房制度建立的重要环节，其核心在于重塑"土地财政"作为政府收入来源的核心，充分利用财政投资政策、税收政策、补贴政策等一系列政策工具，弥补租赁住房市场发展的不足，通过财税支持租赁市场的发展，引导市场主体与社会资本对租赁市场建设的投资，促进住房市场的均衡发展。

一 明晰房地产市场税种改革方向

已有数据表明，当前我国住房销售市场的商品房空置率超过了国际警戒线，如果保有环节缺乏适当的税种调节，造成保有成本过低，没有对市场投机者的行为构成障碍，反而刺激了市场投机行为的非理性扩散。① 未来需要在房价较高的大城市，探索试点征收房地产税来增加住房空置闲置的成本，并且对出租住房实行房地产税减免来促进住房资源的有效利用。对全部存量住房进行征税，扩大税基，巩固税源基础；按照评估价格而不是交易价格计征，对于普通住房与高档商品住房实行差别化税率，引导合理的住房需求；在全国税制相对统一的前提下，允许各地根据实际情况在法定区间内调整税率，使房产税收入逐渐成为地方政府的主体税种，促进地方政府根据经济社会发展的现状和需要制定有利于区域发展的税率水平，遏制住房市场区域分化不断加剧的态势。

首先，简化和合并流转环节的税种，逐步实现"轻流转重持有"。为实现租购并举住房制度的建立，政府应全面梳理房地产税收体系，简化合并房地产交易环节征收的有关税种，具体而言，将交易环节征收的契税、印花税、增值税、企业所得税、个人所得税、土地增值税、城市维护建设税、教育费附加等若干税种简化合并为契税、增值税和所得税，避免重复征税，提高征收效率；只保留最基本和必要的契税、所得税和增值税，所得税和增值税可以结合实际情况进行减免或给出较大程度的优惠。将持有环节的房产税和城镇土地使用税合并为新的房产税；根据住房持有时间长短，对企业所得税和个人所得税设定不同税率，持有时间越长则税率越低，以此抑制住房投机行为；逐渐调减交易环节的税率，提高持有环节的税率，以适应我国住房发展逐步迈入存量住房时代的趋势。探索出租住房的综合征收率，降低租赁市场主体的税负。② 其次，尽快正式全面开征持有环节的房产税，尤其是对非自用住房，逐步在全国开征房产税，以降低住房空置率和提高资源利用效率。在全国税制相对

---

① 李宁：《保定市房地产市场现状分析以及调控措施研究》，硕士学位论文，河北大学，2011年。

② 严荣：《完善房地产财税政策：购租并举的视角》，《财政研究》2017年第11期。

统一的前提下，允许各地根据实际情况在法定区间内调整税率，使房产税收入逐渐成为地方政府的主体税种，促进地方政府根据经济社会发展的现状和需要制定有利于区域发展的税率水平，遏制住房市场区域分化不断加剧的态势。在这种制度下，为避免长期缴纳房产税，住房投资者一方面可能会尽快抛售多余的房产，由此使得住房买卖市场的供应量增加；另一方面，住房投资者则可能会选择出租手中的住房，用获得的租金收益来抵偿房产税的开支，从而使得住房租赁市场上的房源增加。无论哪一种方式，都能有效改变我国住房高空置率与供给不足并存的畸形现象。

房地产税费的具体整合和落实方案虽然还存在许多争议和落地困境，但毋庸置疑的是，房地产保有税开征后，可持续性的税源将成为地方政府财源建设的保证，从而减弱地方政府对"土地财政"的依赖。因此，从长期来看，房地产保有税的开征，不仅能够通过增加房屋持有成本来抑制当前高涨的房价，而且也将迫使住房投资者出租手中多余的房屋以弥补持有成本，从而增加租赁住房房源，促进住房租赁市场的发展。

二 加大住房供给端财税减免力度

租赁住房房源的提供主体主要是个人出租者和专业租赁企业。个人出租者普遍存在出租行为不规范、管理和服务水平低、稳定性差等问题；而专业租赁企业在专业化、规模化、规范性、服务性等方面都有较大的优势，能提供更专业的管理、更充足的房源、更完善的居住服务以及更为稳定的租期，尤其适合租期较长的住户。然而，当前我国住房租赁市场仍然主要是个人出租者为主体向个人提供租赁房源，并且他们的出租意愿不足，房地产企业因租赁住房投资的收益低且投资回收期较长等原因普遍不愿意开发住房用于投资，同时市场上的专业化住房租赁机构较少，因此迫切需要向租赁住房投资者和专业化租赁企业提供大力的财税政策支持，以增加住房市场上的租赁房源。

1. 个体房东的房产税抵税

提升个人出租者住房出租意愿的一个重要手段就是房产税抵税。当房产税抵扣的税收金额显著大于出租经营相关的税费时，个人出租者就会主动申请住房租赁登记，从而可以起到有效保护承租人租赁保障权的作用，避免出租人临时反悔出租房屋、一房多租等，使得住房租赁市场走出灰色地带。另外，对于持续出租达到一定年限的出租者，还可以通过分档的方式来进一步减免相关税费，鼓励出租者将住房持续出租，扩大住房租赁市场的供应规模。

2. 租赁企业的财税减免

落实国家有关培育和发展住房租赁市场的政策，降低租赁市场中各类主体的税负，以税收政策引导住房租赁企业提高规模化、集约化、专业化水平。减轻租赁市场主体住房建设成本的财税减免政策具体包括：对住房租赁企业提供生活性服务业的财税减免、地方政府参照个人出租房屋税收综合征收率的做法、探索实行符合各地实际情况的住房租赁企业税收综合征收率，确定合理的税率水平，从而在住房租赁市场上促进机构化住房租赁企业的发展。例如有学者认为，以住房租赁为主营业务，租金及服务费、管理费收入占企业总收入70%以上的住房租赁企业，经开业报告后，可减按15%的税率征收企业所得税，按照5%的征收率减按1.5%计算缴纳增值税或选择简易计税方法。企事业单位向住房租赁企业出租住房以及住房租赁企业向企事业单位出租住房的，房产税按照4%的优惠税率执行。企事业单位以低于同地段平均水平20%以上租金水平供应租赁住房的，可参照公租房的有关规定享受有关税收优惠，免征增值税及其附加、房产税、印花税、契税和城镇土地使用税。此外，对支持租赁住房的金融机构的风险补偿制度，给予财政贴息和税收优惠。[①]

三 加大住房需求端财税补贴力度

从国际经验看，各国的财政补贴分别从供给端和需求端的政策路径解决该国的住房问题，当前我国政府在选择对住房需求进行财政补贴方式时，应以逐步从实物保障为主转变为以货币化补贴为主、实物保障为辅的财政补贴模式。

具体而言，一方面政府应当缩减地方财政对保障性住房建设的支出，增加保障性住房租金补贴支出。在住房保障体系中，逐步实现实物保障

---

① 易成栋、陈敬安：《增加租赁住房有效供给的现实困境和优化路径研究》，《行政管理改革》2021年第9期。

与货币补贴相结合、以货币补贴为主。在进行货币化补贴时，相关部门应当进一步完善和制定出货币补贴的补贴标准、实施方式，充分考虑到不同家庭的住房困难程度与收入水平差异，各地区地方政府的补贴基准需要因地制宜地制定"标准住房保障线"，一般主要结合当地平均收入水平和一般住房条件，为了保证不同福利政策间的公平性，低于或高于这一"标准住房保障线"的家庭获得的货币补贴应相应地进行增加或减少，以此引导住房租赁消费，缓解保障性住房的管理难题。另一方面，制定支持住房租赁消费的税收优惠措施，引导城镇居民通过租房解决居住问题，增强租房选择的吸引力。对个人承租住房的租金支出，结合个人所得税改革，可以作为合理的个人支出纳入个人所得税的税前抵扣范围。此外，在个人所得税中设立专项扣除项目如教育、医疗、住房等，个人合理住房支出在缴纳个人所得税时可以全额扣除，以促进个人住房租赁消费。这样不仅有利于降低承租户的居住成本，鼓励更多居民选择租房方式，也有助于推动承租户履行租赁合同登记备案义务，获得相应抵扣证明，促进住房租赁市场规范发展。

第四节　权益保障制度

一　建立"租购同权"政策体系

新时代我国租购并举住房制度的建立不仅要完善土地、财税、金融、分配、监管等制度，也要对教育文化、医疗卫生和交通等公共服务配套设施做同步规划和建设，以"租购同权"政策体系的建立来促进"租购并举"住房制度的新格局。

2016年国务院办公厅印发《关于加快培育和发展住房租赁市场的若干意见》，该意见指出，"完善住房租赁支持政策，保障承租人依法享受基本公共服务，引导城镇居民通过租房解决居住问题。明确各方权利义务，保护承租人和出租人合法权益"，这为以后提出的"租购同权"奠定了基础。住房"租购同权"的法律实质是赋予房屋的承租人和所有权人在基本公共服务领域内相同的权利。[1] 2017年，广州率先提出租购同权，

---

[1] 谢鸿飞：《租售同权的法律意涵及其实现途径》，《人民论坛》2017年第27期。

其内涵是"租房者和购房者享有同等或相对应的公共服务权益,包括户籍权益、教育权益、社区服务权益、公积金使用权益等"。①"租购同权"的提出是为了更好地回归"房子是用来住的,不是用来炒的"理念,使住房回归其居住属性,保障人人平等的住房居住权。"租购同权"的政策体系建立,一方面需要政府加快"租购同权"的立法进程,以法律形式确立这一原则;另一方面,政府需要构建与居民基本公共服务领域权利相应的社会政策体系,积极推进"租购同权"政策的有效落地。

在我国,住房不仅仅可以满足人们的居住需求,自有住房往往与各项公共服务权益的享受息息相关,需要各方政策支持。但是目前我国住房租赁市场政策支持体系并不完善,租赁群体是否能够或者在多大程度上能够与拥有商品住房的城镇居民平等地享受城市公共服务仍不得而知。"租购同权"涉及的范围较为广泛,例如教育、医疗等多项公共服务权利的同权,我国当前租赁群体最在意的是子女基础教育受教育权、基本医疗权力上的租售不同权。各城市地区的具体情况不同,教育和医疗资源有多寡差异,人口分布也不均衡,一线城市亟须遏制"大城市病",而二三线城市则可能更需要的是吸引人口流入,"租购同权""教育公平"需要授权各城市因地制宜制定政策,增加公共服务供给,合理配置资源。然而,公共资源分配的公平性、均等性等问题,仅仅依靠一个政策或是一部法律是无法解决的,还需要有社会政策来托底。应该通过构建全方位的政策体系来保障承租者享受市民待遇,将户籍制度和社会福利制度剥离,增进各种公共服务和社会保障的灵活性和广泛性,减少对承租人和产权人的差别对待。②

构建"租购同权"政策体系,需要政府多举措完善和保障基本公共服务领域的资源供给,实现基本公共服务供给侧改革,打破由租购不同权导致的租购选择机制的一元性。首先,政府需要加大基础教育和医疗的财政支出,尤其是优质基础教育资源和医疗资源的资金投入。持续增

---

① 刘金祥、邢远阁:《租购并举中公共服务均衡化实现机制研究》,《上海经济研究》2018年第5期。

② 黄燕芬、王淳熙、张超等:《建立我国住房租赁市场发展的长效机制——以"租购同权"促"租售并举"》,《价格理论与实践》2017年第10期。

加教育和医疗资源的有效供给,并不断增加优质的教育和医疗资源的供应规模,以满足居民不断增加的入学和就医需求。此外,政府可以考虑通过市场化手段,采取 PPP 等融资模式引进和鼓励私人机构进入医疗和教育等领域对基本公共服务供给进行特许经营,作为基本公共服务提供的重要补充力量。此外,在教育方面,政府可以采用"转移支付"、教育资源法定轮换和定期流动等手段,使教育资源均等分布,从而逐渐缩小不同地区与不同学区之间的资源差异。在医疗方面,借鉴大多数发达国家推行的分级诊疗国际经验,对各医疗机构的功能进行详细分工,普通疾病去小医院,疑难杂症转诊去大医院,防止患者向大医院过度聚集,同时加强社区诊所和家庭医生制度建设,确保市民能就近获得基本医疗服务;[1] 改革医疗保险制度,实现全国范围内标准和权益的统一,打破地区藩篱;通过医生轮岗制,共享医疗资源,绕开居住地与医疗基本公共服务资源之间的联系。其次,政府应推进户籍制度的改革。随着城镇化进程的加速,大中城市不断涌入数量庞大的外来人口,过去用来保障本地居民在教育、工作以及社会福利等方面权益的户籍制度不再适用,因为户籍制度已成为只保障少数人权益,而将大多数后来者拒之门外的不公平门槛。因此,必须对户籍制度进行改革,将附着在户籍上的各种社会经济的差别功能剥落下来,才能真正实现"租购同权",从而推动城镇化进程。

此外,在努力增加公共服务配置空间均衡和推进各项配套性制度改革的同时,政府部门需要真正理解住房权的内涵,准确定位住房租赁市场的功能,将保障住房权与保障公共服务获取权合理脱钩,防止公共服务获取权被资本化、金融化,只有这样才能更好实现住房市场租购并举,进而保障全体人民住有所居。[2]

二 保障承租双方合法权益

我国法律制度过去大多是关于住房买卖市场交易行为的规范,例如

---

[1] 仇保兴等:《中国房地产调控政策研究》,中国建筑工业出版社 2021 年版。
[2] 陈杰、吴义东:《租购同权过程中住房权与公共服务获取权的可能冲突——为"住"租房还是为"权"租房》,《学术月刊》2019 年第 2 期。

现行的《商品房预售管理办法》《城市房地产开发经营管理条例》《城市房地产管理法》等法律法规。虽然它们中的部分条款涉及了住房租赁市场的内容，但仍然缺乏强制性，执行上也缺乏必要的保障，并且更偏重于对房地产买卖市场秩序的规范。因此，专门针对住房租赁市场的法律法规可谓是长期缺位。具体而言，《城市房地产管理法》中虽然规定城市房屋租赁应实行登记备案制度，但是这一规定并非强制性，当前租赁市场上依然有未经房屋管理部门允许或登记注册的房屋租赁黑市现象，使得租房人的合法权益往往难以得到保护；《合同法》中缺乏专门针对住房租赁合同的条款，住房租赁合同缺乏明确统一的范本，不规范的租赁合同使得法律纠纷产生时，导致租赁双方权利义务严重不对等。承租双方一旦有纠纷，法院通常依靠最高人民法院关于房屋租赁合同的司法解释来解决他们的住房租赁纠纷。由于法律规定对出租人的约束较少，致使住房租赁市场上"黑中介""二房东"甚至"三房东"的现象层出不穷。我国住房租赁市场的住房承租人在住房租赁关系中因市场地位、经济水平、信息获取等因素的限制使其较之于出租人而言总是处于相对不利的地位。上述限制因素导致我国住房租赁市场中承租者在住房租赁关系中与出租人不能处于完全的权利义务对等地位，加上我国现有与租赁市场相关的立法不完善，出租人与承租人双方的现实不对等关系被忽视，导致承租人权益未能得到有效保护。目前我国租赁市场还没有真正的、有效的法律出台，法律的缺位直接限制了我国住房租赁市场的发展，导致我国租赁市场乱象丛生。

从现代各国住房租赁法律来看，大多以遵循保护承租人的利益为宗旨，通过提升承租人的法律地位和限制出租人的权利来实现立法责任。当前我国住房租赁市场正处于起步阶段，政府应该通过出台法律法规填补我国住房租赁市场的法律体系空白，通过更加完善的租赁法律设计来阐明住房租赁市场承租双方的权利和义务及侵权行为所应当承受的法律追责。一方面，我国住房租赁市场的法律立法中应体现对于承租方的倾斜性保护，承租人的合法权益保护应涵盖租赁双方权责划分、确保居住环境安全、租赁关系稳定、租金涨幅合理、押金安全、合同制定规范和及时备案等方面实现，通过法律法规的制定和出台，使市场参与主体规范其自身经营行为，保护承租人的权益不受到侵害，扭转承租方的弱势地位。另一方面，对于出租方的强势地位可采取两种举措，一是增加出租人的义务，比如可居住性默示担保义务、减损义务、通知义务和侵权责任等；二是限制出租人的权利，比如进行押金规制，以及对出租人的解除权、留置权和私力救济予以限制等，从而达到平衡租赁市场中承租双方的强弱对比的立法效果。[①]

从法律支持体系来看，当前我国住房租赁市场法律设计正处于法律修订试点阶段。2020年5月28日，十三届全国人大三次会议表决通过了《中华人民共和国民法典》（以下简称《民法典》），宣告中国"民法典时代"正式到来。《民法典》于2021年1月1日起施行，《民法通则》《担保法》《合同法》《物权法》《民法总则》等同时废止。《民法典》施行之前，我国现行法律层面并未有"居住权"的概念，此次《民法典》的规定系首次正式在法律层面提出"居住权"的概念。《民法典》首次将"居住权"概念提出并以法律方式明确下来对承租人有效租赁住房的保障和侵权追责更加有效，该法律的实施同时也兼顾了出租人的相关权益。2020年9月7日，住房和城乡建设部发布《住房租赁条例（征求意见稿）》，向社会公开征求意见。目前我国《住房租赁条例》尚处于征求意见的阶段，国家应当根据各试点地区的试点完成情况、工作中存在的问题和经验制定相关的法律草案，并公开向各界征求意见，将租房者的权利法律化，使租房者和购房者处于相同的法律地位，享有同样的权利应该加快立法进程，继续丰富和完善租赁市场法律体系。

从承租双方具体权益来看，未来法律应该更聚焦于私有住房租赁各流程环节中承租双方权益的明晰和侵害行为追责的具体范围等具有操作性的制度设计。在租赁住房获取过程中，为保证承租人获取租赁住房的有效性和安全性，需要规定市场上可用于租赁的住宅范围和标准设定，当租赁住宅所有权出现争议时，需满足承租人的退租需求。在保证承租人租赁住房的稳定性中，需要明确"二房东"合法转租行为的实施细则及各经济行为的具体责任人。此外，应赋予承租人优先租赁权，即租赁合同到期后，承租人在同等条件下可优先继续获得该房屋的租赁权续约，

[①] 叶剑平、李嘉：《完善租赁市场：住房市场结构优化的必然选择》，《贵州社会科学》2015年第3期。

但优先承租权是指同等条件下优先权,如果价格达不成一致,那么优先承租权将不再享有。所以承租人要想获得优先承租权,就要匹配最新的租房价格,但这点可能会让出租人钻法律空子从而侵害承租人的优先租赁权,后面还需要更具体的条款规避侵权行为的发生。同时,应保障出租方合理处置自己房屋的权利,租赁房屋按份共有人行使优先购买权或者出租人将房屋出卖给近亲属的,承租人不享有优先购买权,且承租人若未在15日内明确表示自己要购买,将视为放弃优先购买权。上述权益条款的具体细则都在《民法典》中有明确阐述。未来法律应该继续探索承租人在租赁期内租金合理的涨幅范围、在退租时租赁房屋损耗的具体责任人等各租赁环节明确的法律条款,避免出租方随意涨价、恶意驱逐;避免出租方恶意侵占或克扣承租人押金或出租方承担非自身原因导致住宅损耗的费用。

第五节 监管制度保障

监管源自英文 regulation,是指某主体为使某事物正常运转,基于规则,对其进行的控制或调节。[①] 市场监管是在尊重市场发展规律的基础上,为维护社会公共利益而产生的。为确保促进我国城市住房租售市场均衡发展的各项土地、金融、财税、权益保障等配套政策有效落实,住房租赁市场参与主体的经济行为合法合规等,监管制度的构建可以从明确住房租赁市场监管框架、健全住房租赁市场监管体系两个方面入手。

一 明确住房租赁市场监管框架

当前我国住房租赁市场监管制度面临以下问题,一是对住房市场的监督更多依靠政府部门及授权监管职能的机构;二是政府下设多部门监管,未成立专业性、层次性较强的住房租赁市场监管部门,在进行追责时不好确定应承担责任的部门;三是赋予具有监管职能的部门其监管内容不明确、监管方式单一且效率较低。具体而言,首先,当前政府部门监管的主要方式是社区工作人员及派出所民警通过上门走访等形式,对

[①] 马英娟:《监管的语义辨析》,《法学杂志》2005年第5期。

出租房屋情况、租客信息进行登记备案，这既费时费力且可监管的范围狭小；其次是针对出租乱象的监管缺位，表现在对于出租人通过群租等侵害出租人基本居住权及安全的违法出租行为以及出租违规建筑等问题无人问责，而且对于出租人随意涨租、扣留押金、随意停止租期的严重侵害租房人合法权益的行为更是缺乏监管。在承租双方发生租赁纠纷时，没有专门成立的租赁纠纷解决部门对他们的纠纷进行协调。虽然各地现有的房屋租赁管理条例中表明住房租赁纠纷可以通过人民调解委员会、房地产中介行业协会、建设（房屋）行政管理部门等多个部门调解，但是在实际租赁市场中，由于多部门具有调解职能，且各部门怕担责的心理导致相互推诿，租房人的合法权益难以得到保障。同时，在目前对市场参与者的监管中，针对小型租赁中介公司的监管往往不到位，登记备案主要依靠公司自觉，容易出现"黑市"现象，例如中介公司与出租者勾结损害租房人权益等。而监管部门对于互联网上发布的虚假房源信息缺乏核实将可能导致承租人权益受到侵害。此外，租赁住房供给渠道的多样化增加了政府监管的难度，例如商改住、城中村改造等改建工作是否有效落实，以及是否遵照国家和地方的住宅设计规范，是否能确保消防设施完整有效，都需要各级地方政府持续关注且不断提供人力、物力监督和维护。同时，租赁住房供应主体的增加也将使得"租购同权"的落实变得更加复杂。机构化租赁住房、政府保障性租赁住房、私人租赁住房的承租人的权益如何加以区分、准确落实，未来也将成为政府工作的重点，需要对相关事项进行规范化的设置。要确保租赁市场的承租双方尤其是承租人的权益不受到侵害，除了需要制定出适用于住房租赁市场的专业化的法律法规体系，还需要各级人民政府及有关职能部门履行监督职责，做到"执法必严、违法必究"，提高市场主体的违法成本，营造租赁市场发展的健康环境。

　　明确住房租赁市场监管框架就是要确定住房租赁市场的监管力量、监管对象、监管依据等方面内容。具体而言，监管力量即监管主体，指中央政府和地方政府及其授权的监管机构或组织、租赁市场内部自发形成的行业组织协会、市场参与主体、社会组织等。其中法律赋予政府及其授权的监管机构或组织、市场参与主体、社会组织监管的合法性、行业组织协会的监管合法性是依托于该行业从业者之间的公约。我国住房租赁市场的监管对象包括市场各参与主体如地方政府及部门、住房出租方及承租方、金融机构、社区组织、行业协会等，在实行监管时，应对所有参与主体的经济行为进行全面管理。具体监管范围是指当住房租赁市场主体，如房屋出租人、房屋中介、机构企业等市场参与者利用其享有的权利优势或信息优势等方式，致使房屋租赁法律关系中他方利益遭受损失，该市场的监管主体为维护房屋租赁市场的有序运行，可以利用其享有的监管权对上述市场主体的行为进行干预和控制。监管主体以覆盖监管对象、监管范围、监管职能、监管手段及监管措施等方面的相关法律、法规、规章、规范性文件作为监管依据，主要包括各部委、市场监管总局各司局、地方监管部门在住房租赁市场监管领域的工作职能与边界；针对监管范围内各市场参与主体经济行为，以及房屋租赁交易事前事中事后全环节中监管手段与监管措施等所涉及的法律、法规、规章、规范性文件。

二 健全住房租赁市场监管体系

在明确我国住房租赁市场监管力量、监管对象、监管依据的监管框架后，就需要从健全住房租赁市场监管体系入手完善监管制度。从监管力量看，我国住房租赁市场应该建立"共建共治共享"的治理体系，需要各主体凝聚治理共识，积极主动参与。但由于每一个部门的监管职责和权限不一样，监管主体成本收益曲线不一致，导致在监管中明显存在部分主体协同动力不足，甚至出现不干预的情形。此时政府需要进一步明确房产、市场监管、金融监管、公安、网信等相关部门和属地政府的工作职责，通过强化部门联合监管、联合惩戒，建立住房租赁市场联合监管机制。[1] 此外，政府还可以引导市场和社会主体发挥力量对租赁市场进行监管，从而在政府主导下促进多元主体参与市场监管，实现有效市场、有为政府和有机社会的更好融合，政府在市场监管中并不是简单的政府放权或授权，而是坚持依法行政，做到合理职能定位，引导市场、社会等多元主体共同参与市场监管，避免出现"一元化"或"空心化"

---

[1] 江永清、金志云：《新兴业态包容性监管的生态变迁与体系创新——以南京市长租公寓市场监管实践为例》，《北京航空航天大学学报》（社会科学版）2022 年网络首发 https：//doi.org/10.13766/j.bhsk.1008-2204.2022.0452。

的政府行为失范现象。① 这里的"一元化"意指政府在市场监管中过度中心化，忽略了其他主体的共存性；"空心化"意指政府在市场监管中出现严重错位或缺位等现象，政府完全处于脱管状态可能会导致更严重的社会问题。②

从监管内容看，无论是金融风险防范还是消费者权益维护，都需要进一步的制度生态做支持。第一，对租赁市场承租双方进行全方位有效监管。一是加强对已发布房源相关信息真实性的监管，保障承租人权益。房源信息的真实透明是保障承租人居住权益的重要层面，当下房源信息主要由房地产开发企业、中介服务机构掌控，承租双方对租赁信息掌握的不对称将会影响市场公平竞争的环境，因此房源相关信息尤其是租金的真实透明度需要受到全社会监管。二是实行房屋中介服务机构、个体出租人和机构化企业的信息披露制度，并依法加强对租赁市场参与主体违法行为的行政处罚执法力度。三是根据各城市实际情况因地制宜制定并颁布各地的租赁住房合同示范文本。四是落实好房屋租赁税款征收与合同登记备案制度，督促出租人依法申报纳税，同时协助承租双方做好租赁合同登记备案工作。第二，对政府相关部门应提供的公共服务进行监管。一是完善政府服务的公示制度，通过多种传播媒介的运用定期向社会公开"租购同权"系列政策的实施细则、办事程序及政策实施情况，确定承租人享有的基本公共服务和便利的范围，并接受社会监督，同时完善承租双方咨询、查询、申请信息公开、申诉、控告、信访、行政复议等权利救济措施的渠道与机制；二是加强部门间的统筹协调，建立政府各部门联动的管理制度，以确保居住证申领审核、租赁备案、基本公共服务申请审核等住房租赁各个环节的行政信息交互的畅通；三是政府要梳理并明确各租赁方式背后所捆绑的公共服务的内容，正确引导不同住房目的的租赁群体对租赁模式进行合理选择；四是完善问责制度，加强对租赁市场各参与主体不合法、不合规、不尽责行为的惩罚力度。

---

① 王勇：《新结构经济学中的"有为政府"》，《经济资料译丛》2016年第2期。
② 赵胜国、王健、邰崇禧：《新时代我国青少年体育培训市场监管体系研究——政府主导下多元共治的分析框架》，《体育科学》2022年第8期。

参考文献

一 中文文献

（一）重要文献

邓小平：《邓小平文选（一九七五——一九八二年）》，人民出版社 1983 年版。

高鸿业编：《西方经济学（微观部分）第五版》，中国人民大学出版社 2011 年版。

国家统计局国民经济综合统计司编：《新中国六十年统计资料汇编》，中国统计出版社 2010 年版。

中共中央马克思恩格斯列宁斯大林著作编译局编：《马克思恩格斯选集》第三卷，人民出版社 1972 年版。

［德］卡尔·马克思：《资本论》，中共中央马克思恩格斯列宁斯大林著作编译局译，人民出版社 2018 年版。

（二）著作

［美］Y. 巴泽尔：《产权的经济分析》，费方域、段毅才译，上海三联书店、上海人民出版社 1997 年版。

［美］丹尼尔·贝尔编：《当代西方社会科学》，范岱年等译，社会科学文献出版社 1988 年版。

［美］道格拉斯·C. 诺思：《经济史中的结构与变迁》，陈郁、罗华平等译，上海三联书店、上海人民出版社 1994 年版。

［美］道格拉斯·C. 诺思：《制度、制度变迁与经济绩效》，杭行译，格致出版社、上海三联书店、上海人民出版社 2008 年版。

［美］R. 科斯、A. 阿尔钦、D. 诺斯等：《财产权利与制度变迁：产权学

派与新制度学派译文集》，上海三联书店、上海人民出版社 1994 年版。

［美］乔治·瑞泽尔：《当代社会学理论》，刘拥华译，上海文化出版社 2021 年版。

［瑞典］吉姆·凯梅尼：《从公共住房到社会市场——租赁住房政策的比较研究》，王韬译，中国建筑工业出版社 2010 年版。

［英］G. M. 霍奇逊：《现代制度主义经济学宣言》，向以斌等译，北京大学出版社 1993 年版。

［英］约翰·梅纳德·凯恩斯：《就业、利息和货币通论》，宋韵声译，华夏出版社 2005 年版。

毕宝德、柴强、李玲等编：《土地经济学（第 7 版）》，中国人民大学出版社 2016 年版。

蔡德容：《住宅经济学》，辽宁人民出版社 1993 年版。

仇保兴等：《中国房地产调控政策研究》，中国建筑工业出版社 2021 年版。

戴炜：《住房租赁契约管制研究》，中国社会科学出版社 2017 年版。

邓宏乾：《中国房地产税制研究》，华中师范大学出版社 2000 年版。

刚健华：《中国房地产市场价格决定机制与房地产金融》，经济科学出版社 2019 年版。

高波等：《我国城市住房制度改革研究——变迁、绩效与创新》，经济科学出版社 2017 年版。

季朗超：《非均衡的房地产市场》，经济管理出版社 2005 年版。

林毅夫：《制度、技术与中国农业发展》，格致出版社 2014 年版。

卢现祥：《西方新制度经济学》，中国发展出版社 1996 年版。

陆学艺编：《中国当代社会结构》，社会科学文献出版社 2010 年版。

米胜信、姚聿涛、高志新等：《实物地质资料信息服务研究与应用》，地质出版社 2017 年版。

王先柱等：《建立公开规范的住房公积金制度研究》，经济科学出版社 2020 年版。

王者洁：《房地产法诸问题与新展望》，知识产权出版社 2016 年版。

谢志平：《关系、限度、制度：转型中国的政府与慈善组织》，北京师范大学出版社 2011 年版。

张东、马学诚等：《中国住房租赁市场：现状、发展路径和影响因素》，中国财政经济出版社 2020 年版。

（三）期刊论文

柏必成：《改革开放以来我国住房政策变迁的动力分析——以多源流理论为视角》，《公共管理学报》2010 年第 4 期。

卞志村：《我国房地产金融体系的非均衡分析及其完善》，《华南金融研究》1998 年第 4 期。

曾德珩、全利：《关于公租房社区的居住与就业空间匹配问题——以重庆市为例》，《城市问题》2014 年第 2 期。

曾飞、许志勇：《以供给侧改革推动住房租赁市场健康发展》，《人民论坛·学术前沿》2019 年第 24 期。

曾祥炎：《基于合作生产视角的政府与市场关系再定义》，《中国特色社会主义研究》2015 年第 5 期。

陈斌开、林毅夫：《发展战略、城市化与中国城乡收入差距》，《中国社会科学》2013 年第 4 期。

陈斌开、徐帆、谭力：《人口结构转变与中国住房需求：1999~2025——基于人口普查数据的微观实证研究》，《金融研究》2012 年第 1 期。

陈昌盛、李承健、江宇：《面向国家治理体系和治理能力现代化的财税改革框架研究》，《管理世界》2019 年第 7 期。

陈冬华、姚振晔：《政府行为必然会提高股价同步性吗？——基于我国产业政策的实证研究》，《经济研究》2018 年第 12 期。

陈峰、姚潇颖、李鲲鹏：《中国中高收入家庭的住房财富效应及其结构性差异》，《世界经济》2013 年第 9 期。

陈浮、刘伟、王良健等：《中国房地产业非均衡性发展研究》，《经济地理》1998 年第 2 期。

陈浮、彭补拙：《中国房地产业非均衡发展研究》，《中国房地产》1997 年第 9 期。

陈杰、吴义东：《租购同权过程中住房权与公共服务获取权的可能冲突——为"住"租房还是为"权"租房》，《学术月刊》2019 年第 2 期。

陈杰：《制度经济学视角下的中国住房制度变迁分析》，《社会科学辑刊》2010 年第 6 期。

陈卫华、林超、吕萍：《"租购同权"对住房市场的影响与政策改进——基于改进"四象限模型"的理论分析》，《中国软科学》2019 年第 11 期。

陈晓屏：《权力空间化的视觉转译及其表征——近代中国图像叙事的空间再现研究》，《社会科学研究》2016 年第 2 期。

陈星：《从住房市场的特点看政府对住房市场的干预和作用》，《社会学研究》1998 年第 6 期。

陈延斌、张琳：《建设中国特色社会主义家文化的若干思考》，《马克思主义研究》2017 年第 8 期。

陈彦斌、刘哲希：《推动资产价格上涨能够"稳增长"吗？——基于含有市场预期内生变化的 DSGE 模型》，《经济研究》2017 年第 7 期。

陈燕：《大城市住房价格影响因素的动态分析》，《南京社会科学》2011 年第 12 期。

陈云松、张翼：《城镇化的不平等效应与社会融合》，《中国社会科学》2015 年第 6 期。

陈卓、陈杰：《住房市场结构对房价的影响研究——基于租赁市场比例的视角》，《华东师范大学学报》（哲学社会科学版）2018 年第 1 期。

陈卓、陈杰：《租住家庭占比、租房供应主体与房价》，《统计研究》2018 年第 7 期。

崔裴、胡金星、周申龙：《房地产租赁市场与房地产租买选择机制——基于发达国家住房市场的实证分析》，《华东师范大学学报》（哲学社会科学版）2014 年第 1 期。

崔裴、严乐乐：《住房租买选择机制缺失对中国房地产市场运行的影响》，《华东师范大学学报》（哲学社会科学版）2010 年第 1 期。

董藩、刘建霞：《我国住房价格与租金背离的行为解释》，《改革》2010 年第 2 期。

董昕：《新中国成立前中国共产党的土地工作思想》，《城市与环境研究》2021 年第 3 期。

杜红艳、马永开：《我国房价与租金 Granger 因果关系的实证研究》，《管理评论》2009 年第 1 期。

杜雪君、黄忠华、吴次芳：《中国土地财政与经济增长——基于省际面板数据的分析》,《财贸经济》2009年第1期。

段成荣、朱富言:《"以房管人":流动人口管理的基础》,《城市问题》2009年第4期。

段莉群:《恩格斯的住宅属性思想及其当代价值》,《马克思主义理论学科研究》2018年第2期。

樊茂清、任若恩:《基于异质性偏好的中国城镇居民消费结构研究》,《中国软科学》2007年第10期。

范爱军:《金融危机的国际传导机制探析》,《世界经济》2001年第6期。

方福前:《论建设中国特色社会主义政治经济学为何和如何借用西方经济学》,《经济研究》2019年第5期。

方丽、田传浩:《筑好巢才能引好凤:农村住房投资与婚姻缔结》,《经济学(季刊)》2016年第2期。

冯晓爽、郑桂环:《房租快速上涨的原因和风险》,《中国金融》2018年第19期。

冯兴俊:《我国租约转让与租赁物转租制度的完善——兼论我国《合同法》第224条的修改》,《法学评论》2015年第5期。

付敏杰:《新一轮财税体制改革的目标、背景、理念和方向》,《经济体制改革》2014年第1期。

干春晖、郑若谷、余典范:《中国产业结构变迁对经济增长和波动的影响》,《经济研究》2011年第5期。

高波、王文莉、李祥:《预期、收入差距与中国城市房价租金"剪刀差"之谜》,《经济研究》2013年第6期。

高培勇:《由适应市场经济体制到匹配国家治理体系——关于新一轮财税体制改革基本取向的讨论》,《财贸经济》2014年第3期。

辜胜阻、李洪斌、吴学丽:《完善租房市场 构建多层次住房体系》,《理论学刊》2013年第1期。

辜胜阻、李睿、曹誉波:《中国农民工市民化的二维路径选择——以户籍改革为视角》,《中国人口科学》2014年第5期。

顾澄龙、周应恒、严斌剑:《住房公积金制度、房价与住房福利》,《经济学(季刊)》2016年第1期。

郭嘉颖、魏也华、陈雯等:《空间重构背景下城市多中心研究进展与规划实践》,《地理科学进展》2022 年第 2 期。

郭婧、马光荣:《宏观经济稳定与国有经济投资：作用机理与实证检验》,《管理世界》2019 年第 9 期。

郭克莎、黄彦彦:《从国际比较看中国房地产市场发展的问题及出路》,《财贸经济》2018 年第 1 期。

郭伟明:《发展住房租赁市场要充分发挥政府职能》,《中国房地产》2017 年第 31 期。

国务院发展研究中心课题组、李剑阁、任兴洲等:《中国住房市场发展的基本判断与住房政策走向前瞻》,《改革》2007 年第 12 期。

国务院发展研究中心农村部课题组、叶兴庆、徐小青:《从城乡二元到城乡一体——我国城乡二元体制的突出矛盾与未来走向》,《管理世界》2014 年第 9 期。

浩春杏:《阶层视野中的城市居民住房梯度消费——以南京为个案的社会学研究》,《南京社会科学》2007 年第 3 期。

何翠香、晏冰、方行明:《住房及房价波动对家庭消费影响的再估计——基于条件分位数回归方法》,《贵州财经大学学报》2017 年第 3 期。

何流、崔功豪:《南京城市空间扩展的特征与机制》,《城市规划汇刊》2000 年第 6 期。

何启志、李家山、李波:《房价、收入门槛效应与居民消费》,《统计与决策》2022 年第 13 期。

何兴强、费怀玉:《户籍与家庭住房模式选择》,《经济学（季刊）》2018 年第 2 期。

胡光志、张剑波:《中国租房法律问题探讨——现代住房租住制度对我国的启示》,《中国软科学》2012 年第 1 期。

胡乐明:《论马克思主义政治经济学的新境界》,《马克思主义研究》2021 年第 8 期。

胡明志、陈杰:《住房财富对创业的异质性影响》,《社会科学战线》2019 年第 8 期。

胡晓添、濮励杰、赵静:《特定时期住房市场差异演变研究——以江苏省苏州、南通、徐州三市比较为例》,《中国土地科学》2010 年第 3 期。

胡祖铨:《我国房地产去库存研究》,《宏观经济管理》2016 年第 4 期。

华红琴、翁定军：《社会地位、生活境遇与焦虑》，《社会》2013年第1期。

黄健雄：《住房租赁市场的政策定位与法治保障》，《现代法制研究》2017年第4期。

黄敬婷、吴璟：《中国城镇住房拆除规模及其影响因素研究》，《统计研究》2016年第9期。

黄静、崔光灿：《"租购同权"对提升居民幸福感的影响》，《城市问题》2019年第12期。

黄新华、屈站：《中央政府房地产调控政策决策逻辑的理论解释——基于1998—2013年间相关政策文本的研究》，《厦门大学学报》（哲学社会科学版）2014年第4期。

黄志刚、许伟：《住房市场波动与宏观经济政策的有效性》，《经济研究》2017年第5期。

季晓旭：《人口老龄化、房价与区域城乡收入差距——基于我国省际面板数据的实证研究》，《财经科学》2016年第8期。

江永清、金志云：《新兴业态包容性监管的生态变迁与体系创新——以南京市长租公寓市场监管实践为例》，《北京航空航天大学学报》（社会科学版）2022年网络首发 https：//doi.org/10.13766/j.bhsk.1008-2204.2022.0452。

姜作勤、马智民、杨东来等：《主要发达国家地质信息服务的政策体系及其特点》，《地质通报》2007年第3期。

蒋佳琪、谢勇：《住房公积金缴存促进了农民工购房吗》，《农业技术经济》2021年第1期。

金朗、赵子健：《我国住房租赁市场的问题与发展对策》，《宏观经济管理》2018年第3期。

鞠方、白怡颖、许依玲：《"租购同权"政策对我国大中城市房价的影响研究》，《财经理论与实践》2021年第5期。

况伟大、李涛：《土地出让方式、地价与房价》，《金融研究》2012年第8期。

况伟大：《房价变动与中国城市居民消费》，《世界经济》2011年第10期。

雷潇雨、龚六堂：《基于土地出让的工业化与城镇化》，《管理世界》2014年第9期。

李爱民、年猛、戴明锋：《我国农业转移人口深度市民化研究》，《中国软科学》2022年第8期。

李宝礼、邵帅、裴延峰：《住房状况、城市身份认同与迁移人口环境行为研究》，《中国人口·资源与环境》2019年第1期。

李超、倪鹏飞、万海远：《中国住房需求持续高涨之谜：基于人口结构视角》，《经济研究》2015年第5期。

李凤、罗建东、路晓蒙等：《中国家庭资产状况、变动趋势及其影响因素》，《管理世界》2016年第2期。

李国庆、钟庭军：《中国住房制度的历史演进与社会效应》，《社会学研究》2022年第4期。

李郇、洪国志、黄亮雄：《中国土地财政增长之谜——分税制改革、土地财政增长的策略性》，《经济学（季刊）》2013年第4期。

李嘉、董亚宁、贺灿飞：《越负债，越投资？——住房金融化下的房企负债-投资行为与空间分异》，《经济管理》2020年第8期。

李嘉楠、游伟翔、孙浦阳：《外来人口是否促进了城市房价上涨？——基于中国城市数据的实证研究》，《南开经济研究》2017年第1期。

李宁：《基于房地产市场内生属性的房价与租金关系实证分析》，《当代经济管理》2014年第3期。

李强：《转型时期城市"住房地位群体"》，《江苏社会科学》2009年第4期。

李实、魏众、B.古斯塔夫森：《中国城镇居民的财产分配》，《经济研究》2000年第3期。

李素文：《中国一线城市房租形成机理和调控对策》，《财经理论与实践》2014年第6期。

李太淼：《农村集体经营性建设用地入市的难点问题论析》，《中州学刊》2019年第1期。

李伟军、吴义东：《住房公积金、金融知识与新市民住房租购决策——基于CHFS的证据》，《中南财经政法大学学报》2019年第4期。

李响：《法律理性视角下租购同权政策的名与实》，《中国高校社会科学》

2018 年第 3 期。

李在军、尹上岗、张晓奇等：《中国城市流动人口房租收入比时空格局及驱动因素》，《地理科学》2020 年第 1 期。

梁延润雨、吴开泽、郭圣莉：《社会变迁、角色变换与城市青年女性住房获得》，《公共行政评论》2022 年第 4 期。

廖倩：《我国私募基金管理人自律机制的优化研究》，《西南民族大学学报》（人文社会科学版）2022 年第 9 期。

林毅夫、孙希芳、姜烨：《经济发展中的最优金融结构理论初探》，《经济研究》2009 年第 8 期。

林莹、吕萍、周滔：《房价、地价和房屋租金关系研究——以北京市为例》，《价格理论与实践》2007 年第 4 期。

凌维慈：《规制抑或调控：我国房地产市场的国家干预》，《华东政法大学学报》2017 年第 1 期。

刘宝香、吕萍：《转型时期我国城市住房问题思考——基于发展住房租赁市场的视角》，《现代管理科学》2015 年第 5 期。

刘超、李江源、王超等：《房地产发展、经济增长动力要素、外部环境与经济增长效应研究——来自 2000——2016 年经济运行数据实证》，《管理评论》2018 年第 8 期。

刘凤义：《论社会主义市场经济中政府和市场的关系》，《马克思主义研究》2020 年第 2 期。

刘刚、孙毅：《租售比失衡与租金调控矛盾：政策调控如何权衡——来自国内外的观察与思考》，《西南金融》2022 年第 2 期。

刘洪玉：《什么因素阻碍了租房市场健康发展》，《人民论坛》2017 年第 24 期。

刘洪玉：《住房市场调控应注意几个问题》，《中国金融》2010 年第 14 期。

刘金祥、邢远阁：《租购并举中公共服务均衡化实现机制研究》，《上海经济研究》2018 年第 5 期。

刘晓君、李陈广：《基于住房梯度消费的我国保障性住房融合机制研究》，《商业时代》2011 年第 30 期。

刘中一：《社会风险的专家知识与公众感知：以性别比失衡为例——兼论

婚龄性别比失衡社会治理策略选择》，《社会科学研究》2022年第5期。

娄成武、王玉波：《中国土地财政中的地方政府行为与负效应研究》，《中国软科学》2013年第6期。

卢驰文：《遏制房价过快上涨的有效策略研究》，《财政研究》2011年第10期。

卢福财、王守坤：《历史脉络与实践视野下的有为政府——中国特色社会主义政治经济学的核心命题》，《管理世界》2021年第9期。

卢正敏：《执行程序中的虚假租赁及其法律应对》，《中国法学》2013年第4期。

陆铭、张爽：《"人以群分"：非市场互动和群分效应的文献评论》，《经济学（季刊）》2007年第3期。

陆万军、张彬斌：《就业类型、社会福利与流动人口城市融入——来自微观数据的经验证据》，《经济学家》2018年第8期。

陆学艺：《中国社会结构的变化及发展趋势》，《云南民族大学学报》（哲学社会科学版）2006年第5期。

路畅、武建新：《预期、市场非均衡与住房价格波动——来自35个大中城市的数据研究》，《求索》2013年第12期。

路君平、李炎萍、糜云：《我国住房公积金制度的发展现状与对策研究》，《中国社会科学院研究生院学报》2013年第1期。

罗党论、唐清泉：《市场环境与控股股东"掏空"行为研究——来自中国上市公司的经验证据》，《会计研究》2007年第4期。

罗刚强、王琴：《中国房地产市场有效供求失衡分析：1987～2004》，《统计与信息论坛》2006年第4期。

罗珊、刘双良：《租赁住房"甲醛门"：信息不对称困境下的委托代理模型》，《重庆社会科学》2020年第4期。

吕冰洋：《中国财政政策的需求与供给管理：历史比较分析》，《财政研究》2017年第4期。

吕江林：《我国城市住房市场泡沫水平的度量》，《经济研究》2010年第6期。

吕萍、邱骏、丁富军等：《住房属性困境、产权残缺与住房制度改革——

基于中国住房政策演变和调整讨论》,《公共管理与政策评论》2021 年第 5 期。

马冬、孙秀娅:《中国房地产市场真实租售比探析》,《学习与探索》2008 年第 2 期。

马理文:《市场经济与社会主义的结合——马克思主义百年回眸之三(上)》,《马克思主义研究》,2001 年第 5 期。

马秀莲:《保障性租赁住房:一个中间租赁的国际比较视角》,《行政管理改革》2022 年第 7 期。

马英娟:《监管的语义辨析》,《法学杂志》2005 年第 5 期。

毛蒋兴、闫小培、王爱民等:《20 世纪 90 年代以来我国城市土地集约利用研究述评》,《地理与地理信息科学》2005 年第 2 期。

梅冬州、王子健、雷文妮:《党代会召开、监察力度变化与中国经济波动》,《经济研究》2014 年第 3 期。

孟宪春、张屹山、李天宇:《有效调控房地产市场的最优宏观审慎政策与经济"脱虚向实"》,《中国工业经济》2018 年第 6 期。

彭希哲、胡湛:《当代中国家庭变迁与家庭政策重构》,《中国社会科学》2015 年第 12 期。

钱忠好、牟燕:《中国土地市场化改革:制度变迁及其特征分析》,《农业经济问题》2013 年第 5 期。

秦岭、姚一旻:《我国银行信贷与房地产价格关系研究》,《经济社会体制比较》2012 年第 2 期。

秦永红:《宗教文化与旅游经济》,《西南民族学院学报》(哲学社会科学版)1998 年第 3 期。

丘海雄、张应祥:《理性选择理论述评》,《中山大学学报(社会科学版)》1998 年第 1 期。

任寿根:《论中国房产税制度非均衡》,《现代管理科学》2001 年第 3 期。

任新民:《政治价值整合:执政党提高执政能力的重要课题》,《社会主义研究》2006 年第 1 期。

桑荣林、张永岳、彭加亮:《上海房地产二三级市场联动的由来及其发展》,《城市开发》1999 年第 8 期。

邵朝对、苏丹妮、邓宏图:《房价、土地财政与城市集聚特征:中国式城市发展之路》,《管理世界》2016 年第 2 期。

邵林:《我国住房租赁市场金融支持问题解决及国际借鉴》,《理论探讨》2018 年第 3 期。

邵挺:《中国住房租赁市场发展困境与政策突破》,《国际城市规划》2020 年第 6 期。

申曙光:《我们需要什么样的医疗保障体系?》,《社会保障评论》2021 年第 1 期。

沈晖:《我国住宅市场均衡发展的对策思考》,《中国房地产》2010 年第 2 期。

施建刚、王盼盼:《住宅价格和租金关系实证研究》,《上海房地》2010 年第 8 期。

宋跃晋:《论住房公积金法律性质及其强制缴存义务》,《暨南学报》(哲学社会科学版) 2014 年第 7 期。

孙伟增、邓筱莹、万广华:《住房租金与居民消费:效果、机制与不均等》,《经济研究》2020 年第 12 期。

孙伟增、郑思齐:《居民对房价的预期如何影响房价变动》,《统计研究》2016 年第 5 期。

孙秀林、周飞舟:《土地财政与分税制:一个实证解释》,《中国社会科学》2013 年第 4 期。

谭崇台、马绵远:《农民工市民化:历史、难点与对策》,《江西财经大学学报》2016 年第 3 期。

唐德才、仇育领:《非均衡理论及我国房地产市场供求的实证分析》,《数学的实践与认识》2009 年第 21 期。

唐在富:《中国土地财政基本理论研究——土地财政的起源、本质、风险与未来》,《经济经纬》2012 年第 2 期。

田吉龙:《加快城镇住房制度改革 使住宅业真正成为新的经济增长点》,《中国软科学》1998 年第 2 期。

田莉、夏菁:《国际大都市租赁住房发展的模式与启示——基于 15 个国际大都市的分析》,《国际城市规划》2020 年第 6 期。

田淼:《关于公共租赁住房保障流程管理技术路径及措施的思考》,《经济体制改革》2017 年第 5 期。

王丰、安德鲁·梅森、沈可:《中国经济转型过程中的人口因素》,《中国人口科学》2006 年第 3 期。

王桂新:《中国人口流动与城镇化新动向的考察——基于第七次人口普查公布数据的初步解读》,《人口与经济》2021 年第 5 期。

王辉龙、王先柱:《房价、房租与居民的买租选择:理论分析与实证检验》,《现代经济探讨》2011 年第 6 期。

王京滨、夏贝贝:《中国房地产改革 40 年:市场与政策》,《宏观经济研究》2019 年第 10 期。

王宁:《消费与认同——对消费社会学的一个分析框架的探索》,《社会学研究》2001 年第 1 期。

王松涛:《中国住房市场政府干预的原理与效果评价》,《统计研究》2011 年第 1 期。

王卫东、胡以松:《一线城市住房租赁市场调查研究》,《调研世界》2019 年第 4 期。

王先柱、吴义东:《住房公积金政策性金融功能提升研究——现实需求、内在逻辑与思路设计》,《江苏行政学院学报》2018 年第 4 期。

王一鸣:《百年大变局、高质量发展与构建新发展格局》,《管理世界》2020 年第 12 期。

王勇:《新结构经济学中的"有为政府"》,《经济资料译丛》2016 年第 2 期。

王振坡、郄曼、王丽艳:《住房消费需求、投资需求与租买选择差异研究》,《上海经济研究》2017 年第 8 期。

王振霞:《中国住房制度改革 40 年:回顾与反思》,《财经智库》2018 年第 2 期。

魏后凯:《新常态下中国城乡一体化格局及推进战略》,《中国农村经济》2016 年第 1 期。

魏下海、万江滔:《人口性别结构与家庭资产选择:性别失衡的视角》,《经济评论》2020 年第 5 期。

温忠麟、张雷、侯杰泰、刘红云:《中介效应检验程序及其应用》《心理学报》2004 年第 5 期。

吴宾、齐昕:《政策扩散阻滞:何以发生又如何消解?——自 2016—2019

年中国住房租赁政策的观察》,《公共行政评论》2020 年第 5 期。

吴璟、徐曼迪:《中国城镇新增住房需求规模的测算与分析》,《统计研究》2021 年第 9 期。

吴军、何自云:《金融制度的激励功能与激励相容度标准》,《金融研究》2005 年第 6 期。

吴群、李永乐:《财政分权、地方政府竞争与土地财政》,《财贸经济》2010 年第 7 期。

吴卫星、易尽然、郑建明:《中国居民家庭投资结构:基于生命周期、财富和住房的实证分析》,《经济研究》2010 年第 S1 期。

吴旭东、李晶:《房地产各环节税种设置与税负分配研究》,《财经问题研究》2006 年第 9 期。

吴义东、陈杰:《保障性抑或互助性:中国住房公积金制度的属性定位与改革取向》,《中国行政管理》2020 年第 9 期。

伍骏骞、何伟、储德平等:《产业集聚与多维城镇化异质性》,《中国人口·资源与环境》2018 年第 5 期。

武力:《中国计划经济的重新审视与评价》,《当代中国史研究》2003 年第 4 期。

夏磊:《住房租赁市场:政策与未来》,《发展研究》2017 年第 10 期。

向为民、谢静、李娇:《二元均衡下房地产过度金融化:机制、测度及影响因素》,《江淮论坛》2022 年第 1 期。

肖卫国、郑开元、袁威:《住房价格、消费与中国货币政策最优选择:基于异质性房价预期的视角》,《经济评论》2012 年第 2 期。

谢波、施建刚:《房地产市场非均衡度与政府干预时机——基于上海房地产市场非均衡模型与短边规则的实证研究》,《上海经济研究》2013 年第 7 期。

谢鸿飞:《租售同权的法律意涵及其实现途径》,《人民论坛》2017 年第 27 期。

徐璐、周健雯、施雨欣:《地方政府财政压力、土地财政与房价》,《政治经济学评论》2020 年第 4 期。

徐淑一、王宁宁:《经济地位、主观社会地位与居民自感健康》,《统计研究》2015 年第 3 期。

徐小明：《试论转型期统一战线的战略地位》，《社会主义研究》2007 年第 5 期。

严金明、郭栋林、夏方舟：《中国共产党土地制度百年演变：影响历史进程的十大标志性事件》，《中国土地科学》2022 年第 2 期。

严荣、张黎莉：《房地产市场发展长效机制：框架与趋向》，《国际经济评论》2023 年第 1 期。

严荣：《完善房地产财税政策：购租并举的视角》，《财政研究》2017 年第 11 期。

燕芬、王淳熙、张超等：《建立我国住房租赁市场发展的长效机制——以"租购同权"促"租售并举"》，《价格理论与实践》2017 年第 10 期。

杨春学：《新古典自由主义经济学的困境及其批判》，《经济研究》2018 年第 10 期。

杨德忱、李忠富、戴利人：《房地产市场买卖与租赁的均衡规律》，《建筑管理现代化》1998 年第 2 期。

杨建荣、孙斌艺：《政策因素与中国房地产市场发展路径——政府、开发商、消费者三方博弈分析》，《财经研究》2004 年第 4 期。

杨菊华：《制度要素与流动人口的住房保障》，《人口研究》2018 年第 1 期。

杨瑞龙：《我国制度变迁方式转换的三阶段论——兼论地方政府的制度创新行为》，《经济研究》1998 年第 1 期。

杨文武：《房价收入比指标研究》，《统计研究》2003 年第 1 期。

杨赞、张欢、赵丽清：《中国住房的双重属性：消费和投资的视角》，《经济研究》2014 年第 S1 期。

杨宗儒：《新中国成立初期北京的城市住房问题与住房保障》，《北京档案》2018 年第 3 期。

叶剑平、李嘉：《完善租赁市场：住房市场结构优化的必然选择》，《贵州社会科学》2015 年第 3 期。

叶剑平、李嘉：《我国商品性住房租赁市场发展的制度约束与个体行为分析——基于 2014 年北京市租赁市场调查数据》，《贵州社会科学》2016 年第 1 期。

易成栋、陈敬安：《增加租赁住房有效供给的现实困境和优化路径研究》，

《行政管理改革》2021 年第 9 期。

易成栋、任建宇、高璇:《房价、住房不平等与居民幸福感——基于中国综合社会调查 2005、2015 年数据的实证研究》,《中央财经大学学报》2020 年第 6 期。

易磬培:《我国住房租赁制度改革的时代选择及法制革新》,《社会科学家》2017 年第 10 期。

易宪容、陈敬安:《中国住房租赁市场持续发展的重大理论问题》,《探索与争鸣》2019 年第 2 期。

易宪容:《中国住房居住功能的理论论证——基于现代房地产理论的一般性分析》,《社会科学战线》2017 年第 11 期。

易宪容:《中国住房市场的公共政策研究》,《管理世界》2009 年第 10 期。

于潇、徐英东:《流入城市对流动人口居留意愿的影响——基于家庭生命周期理论的分解》,《人口研究》2021 年第 1 期。

余华义、陈东:《我国地价、房价和房租关系的重新考察:理论假设与实证检验》,《上海经济研究》2009 年第 4 期。

岳岐峰:《破解住房租赁市场发展困境》,《中国金融》2019 年第 24 期。

詹新宇、崔培培:《中国省际经济增长质量的测度与评价——基于"五大发展理念"的实证分析》,《财政研究》2016 年第 8 期。

张安全、张立斌、郭丽丽:《性别比例失衡对房价的影响及其门槛特征》,《财经科学》2017 年第 5 期。

张昌彩:《企业融资结构与资本市场发展》,《管理世界》1998 年第 3 期。

张国胜、陈明明:《我国新一轮户籍制度改革的价值取向、政策评估与顶层设计》,《经济学家》2016 年第 7 期。

张国武、谢宏坤:《城镇住房市场分割与运作机制演变研究》,《城市规划》2016 年第 7 期。

张海东、杨城晨:《住房与城市居民的阶层认同——基于北京、上海、广州的研究》,《社会学研究》2017 年第 5 期。

张军、吴桂英、张吉鹏:《中国省际物质资本存量估算:1952—2000》,《经济研究》2004 年第 10 期。

张庆武:《青年流动人口社会融入问题研究——以北京市为例》,《青年研究》2014 年第 5 期。

张文宏、刘琳:《住房问题与阶层认同研究》,《江海学刊》2013 年第 4 期。

张翔、李伦一、柴程森等:《住房增加幸福:是投资属性还是居住属性?》,《金融研究》2015 年第 10 期。

张延、张静:《城镇化对房价的影响:理论与实证分析》,《财政研究》2016 年第 6 期。

张耀军、陈芸:《留城或返乡:城市住房对流动人口回流的影响》,《人口研究》2022 年第 2 期。

张英杰、任荣荣:《住房租赁市场发展的国际经验与启示》,《宏观经济研究》2019 年第 9 期。

张永岳:《中国房地产业与国民经济的互动效应及其协调发展》,《华东师范大学学报(哲学社会科学版)》2008 年第 6 期。

张勇:《房地产市场会压垮中国吗——房地产市场、货币市场波动和经济波动动态关系研究》,《财政研究》2015 年第 9 期。

张园、武永祥:《居民首次购房行为特征及宏-微观影响因素——基于哈尔滨样本的研究》,《系统管理学报》2016 年第 2 期。

赵家凤、朱韦康:《住房负担抑制了城市居民消费吗?——来自中国的微观证据》,《云南财经大学学报》2017 年第 3 期。

赵军洁、范毅:《改革开放以来户籍制度改革的历史考察和现实观照》,《经济学家》2019 年第 3 期。

赵胜国、王健、邰崇禧:《新时代我国青少年体育培训市场监管体系研究——政府主导下多元共治的分析框架》,《体育科学》2022 年第 8 期。

赵思栋、岳泉、雷晶等:《理性选择理论及其在信息系统研究中的应用与展望》,《现代情报》2020 年第 6 期。

赵振宇、田金信、陈红霞:《对住宅市场结构多元均衡的探讨》,《学术交流》2006 年第 9 期。

郑清芬:《论房地产买卖与租赁》,《山东大学学报》(哲学社会科学版)2000 年第 4 期。

郑适、汪洋:《中国产业集中度现状和发展趋势研究》,《财贸经济》2007

年第 11 期。

郑思齐、廖俊平、任荣荣等：《农民工住房政策与经济增长》，《经济研究》2011 年第 2 期。

郑思齐、刘洪玉：《从住房自有化率剖析住房消费的两种方式》，《经济与管理研究》2004 年第 4 期。

郑思齐、师展：《"土地财政"下的土地和住宅市场：对地方政府行为的分析》，《广东社会科学》2011 年第 2 期。

郑思齐、孙伟增、吴璟等：《"以地生财，以财养地"——中国特色城市建设投融资模式研究》，《经济研究》2014 年第 8 期。

钟晓慧：《"再家庭化"：中国城市家庭购房中的代际合作与冲突》，《公共行政评论》2015 年第 1 期。

周华东、高玲玲：《中国住房"财富效应"之谜——基于中国住房制度改革的检验》，《中国经济问题》2018 年第 4 期。

周加来、周慧、周泽林：《新中国 70 年城镇化发展：回顾·反思·展望》，《财贸研究》2019 年第 12 期。

周黎安：《中国地方官员的晋升锦标赛模式研究》，《经济研究》2007 年第 7 期。

周密、刘秉镰：《供给侧结构性改革为什么是必由之路？——中国式产能过剩的经济学解释》，《经济研究》2017 年第 2 期。

周小寒：《住房租赁新政下住房租赁市场的机遇和挑战研究》，《建筑经济》2017 年第 3 期。

周业安、章泉：《财政分权、经济增长和波动》，《管理世界》2008 年第 3 期。

周业安：《县乡级财政支出管理体制改革的理论与对策》，《管理世界》2000 年第 5 期。

周永宏：《当前我国房价与租金关系的经济学分析——一个市场区隔理论的解释》，《当代财经》2005 年第 10 期。

朱德开、程永文、周浩：《安徽省住房市场供求总量非均衡实证研究》，《科技和产业》2007 年第 6 期。

朱多刚、胡振吉：《中央政府推进政策扩散的方式研究——以廉租房政策为例》，《东北大学学报》（社会科学版）2017 年第 4 期。

朱咏敏：《非均衡条件下房地产市场》，《中国房地产》1992年第4期。

邹一南：《购房、城市福利与农民工落户意愿》，《人口与经济》2021年第3期。

邹一南：《户籍制度改革的内生逻辑与政策选择》，《经济学家》2015年第4期。

（四）学位论文

关涛：《房地产经济周期的微观解释：行为经济学方法与实证研究》，博士学位论文，复旦大学，2005年。

郭金金：《租购并举制度下我国住房租赁市场激励与监管策略研究》，博士学位论文，山东师范大学，2020年。

黄新安：《论我国住房租赁立法的完善》，硕士学位论文，华南理工大学，2018年。

李丹萍：《郑州市商品住宅市场租购失衡与纠正对策研究》，硕士学位论文，郑州大学，2018年。

李宁：《保定市房地产市场现状分析以及调控措施研究》，硕士学位论文，河北大学，2011年。

林晓欢：《中国居住隔离的形成机制及对策分析》，硕士学位论文，中山大学，2009年。

杨明秋：《住房金融的制度分析》，博士学位论文，复旦大学，2003年。

杨喜：《新旧动能转换背景下中国城市土地绿色利用效率时空格局及溢出效应研究》，博士学位论文，华中师范大学，2020年。

张衍熠：《私有住房租赁市场监管法律问题研究》，硕士学位论文，天津工业大学，2020年。

二　外文文献

（一）著作

Bejan, M., *Trade Openness and Output Volatility*, Germany: University Library of Munich, 2006.

Bums, L. & Grebler, S., *A Theory of Housing Interventions*, New York: Wiley, 1977.

Burgess, E. W., *The Growth of the City in R. E. Park*, Chicago: University of

Chicago Press, 1925.

Coleman, J. S., *Foundations of Social Theory*, Harvard University Press, 1990.

Grigsby W., *Housing Markets and Public Policy*, Philadelphia: University of Pennsylvania Press, 1963.

Hoyt, H., *Structure and Growth of Residential Neighborhoods in American Cities*, Washington DC: Federal Housing Administration, 1939.

International Monetary Funding, *Spain: Selected Issues*, IMF Staff Country Reports, 2014.

Maclennan, D., *Housing Economics: An Applied Approach*, New York: Longman Inc, 1982.

Modigliani F. & Brumberg R. E., *Utility Analysis and the Consumption Function: An Interpretation of Cross-Section Data*, Rutgers University Press, 1954.

Olson, M., *The Logic of Collective Action: Public Goods and the Theory of Groups*, Harvard University Press. 1971.

Rex J. & Moore R., *Race, Community and Conflict*, London: Oxford University Press, 1967.

（二）期刊论文、工作论文及析出文献

Akerlof, G. & Kranton, R., "Economics and Identity", *Quarterly Journal of Economics*, Vol. 115, No. 3, 2000.

Albuquerquemello, V P D & Besarria, C., "Rental Market and Macroeconomics: Evidence for the US", *Journal of Economic Studies*, Vol. 48, No. 3, 2021.

Andreasen H. S., "Motives for Tenure Choice During the Life Cycle: The Importance of Non-Economic Factors and Other Housing Preferences", *Housing, Theory and Society*, Vol. 28, No. 2, 2011.

Angrist, J., "How Do Sex Ratios Affect Marriage and Labor Markets? Evidence from America's Second Generation", *The Quarterly Journal of Economics*, Vol. 117, No. 3, 2011.

Arce, O. & Lopez-Salido, D., "Housing Bubbles", *American Economic*

Journal-Macroeconomics, Vol. 3, No. 1, 2011.

Ayuso, J. & Restoy, F., "House Prices and Rents: An Equilibrium Asset Pricing Approach", *Journal of Empirical Finance*, Vol. 13, No. 3, 2006.

Bachmann, R. & Sims, E. R., "Confidence and the Transmission of Government Spending Shocks", *Journal of Monetary Economics*, Vol. 59, No. 3, 2012.

Baer, W. C. & Williamson, C. B., "The Filtering of Households and Housing Units", *Journal of Planning Literature*, Vol. 3, No. 2, 1988.

Baer, W. C., "Filtering and Third World Housing Policy", *Third World Planning Review*, Vol. 13, No. 1, 1991.

Baron, R. M. & Kenny, D. A., "The Moderator Mediator Variable Distinction in Social Psychological-Research-Conceptual Strategic and Statistical Considerations", *Journal of Personality and Social Psychology*, Vol. 51, No. 6, 1986.

Basu, K., "A Geometry for Non-walrasian General Equilibrium Theory", *Journal of Macroeconomics*, Vol. 14, No. 1, 1992.

Bazyl, M., "Factors Influencing Tenure Choice in European Countries", *Central European Journal of Economic Modelling and Econometrics*, No. 186, 2009.

Ben-Shahar, D., "Tenure Choice in the Housing Market Psychological Versus Economic Factors", *Environment and Behavior*, Vol. 39, No. 6, 2007.

Blanchard, O. J. & Simon, J. A., "The Long and Large Decline in U. S. Output Volatility", *Brookings Papers on Economic Activity*, Vol. 2001, No. 1, 2001.

Blundel, R., Pistaferri, L. & Preston, I., "Consumption Inequality and Partial Insurance", *American Economic Review*, Vol. 98, No. 5, 2008.

Blundell, R., Pistaferri, L., & Saporta-Eksten, I., "Children, Time Allocation, and Consumption Insurance", *Journal of Political Economy*, Vol. 126, No. S1, 2018.

Borgersen, T. -A. & Sommervoll, D. E., "Housing Careers, Price – Rent Ratios and Rental Equivalence", *Housing, Theory and Society*, Vol. 29,

No. 3, 2012.

Braid, R. M., "The Effects of Government Housing Policies in a Vintage Filtering Model", *Journal of Urban Economics*, Vol. 16, No. 3, 2000.

Chen, D., Li, J., Liang, S. & Wang, G., "Macroeconomic Control, Political Costs and EarningsManagement: Evidence from Chinese Listed Real Estate Companies", *China Journal of Accounting Research*, Vol. 4, No. 3, 2011.

Chen, G., "The Heterogeneity of Housing-Tenure Choice in Urban China: A Case Study Based in Guangzhou", *Urban Studies*, Vol. 53, No. 5, 2016.

Chen, J., Zhu, H. & Cheng, T., "An Empirical Study on Elastic Effect of Fiscal Expenditure to Household Consumption in China", *Advances in Multimedia, Software Engineering and Computing*, Vol. 1, 2011.

Clarida, R. & Gali, J., "Sources of Real Exchange Rate Fluctuation: How Important Are Nominal Shocks?", *Carnegie Rochester Conference Series on Public Policy*, Vol. 41, 1994.

Clayton, J., "Are Housing Price Cycles Driven By Irrational Expectations?" Journal of Real Estate Finance and Economics, Vol. 14, No. 3, 1997.

Cohn, R. A., Lewellen, W. G., Lease, R. C. & Schlarbaum, G. G., "Individual Investor Risk Aversion and Investment Portfolio Composition", *Journal of Finance*, Vol. 30, No. 2, 1975.

Colwell, P. F., "Tweaking the Dipasquale-Wheaton Model", *Journal of Housing Economics*, Vol. 11, No. 1, 2002.

Coolen, H., Boelhouwer, P. & Driel, K. V., "Values and Goals As Determinants of Intended Tenure Choice", *Journal of Housing and the Built Environment*, Vol. 17, 2002.

Cuerpo, C. & Pontuch, P. & Kalantaryan, S., "Rental Market Regulation in the European Union", *Directorate General Economic and Financial Affairs (DG ECFIN)*, European Commission, Economic Papers 515, 2014.

Deng, F., "A Theoretical Framework of the Governance Institutions of Low-Income Housing in China", *Urban Studies*, Vol. 55, No. 9, 2018.

Dipasquale D. & Wheaton W. C., "The Markets for Real Estate Assets and

Space: A Conceptual Framework", *Real Estate Economics*, Vol. 20, No. 2, 1992.

Du, H. & Ma, Y., "An Empirical Study of Granger Causality between the Housing Price and the Rent of Chinese Real Estate Market", *Management Review*, Vol. 21, No. 1, 2009.

Duijne R. V. & Ronald R., "The Unraveling of Amsterdam's Unitary Rental System", *Journal of Housing and the Built Environment*, Vol. 33, No. 4, 2018.

Elsinga, M., "A Qualitative Comparative Approach To the Role of Housing Equity in the Life Cycle", *International Journal of Housing Policy*, Vol. 11, No. 4, 2011.

Fallis, G., "Housing Tenure in a Model of Consumer Choice: A Simple Diagrammatic Analysis", *Real Estate Economics*, Vol. 11, No. 1, 1983.

Färe, R. & Knox Lovell, C. A., "Measuring the technical efficiency of production". *Journal of Economic Theory*, Vol. 19, No. 1, 1978.

Fisher E. M. & Winnick L., "A Reformulation of the Filtering' Concept", *Journal of Social Issues*, Vol. 7, No. 1–2, 1951.

Fox, R. & Tulip, P., "Is Housing Overvalued?", *Available at SSRN* 2498294, 2014.

Galster, G. & Rothenberg, J., "Filtering in Urban Housing: A Graphical Analysis of a Quality-Segmented Market", *Journal of Planning Education and Research*, Vol. 11, No. 1, 1991.

Gonzalez, F. & Quast, T., "The Relationship between Abortion Rates and Economic Fluctuations", *Economics and Human Biology*, Vol. 46, No. 101120, 2022.

Green, R. K., "Homeowning, Social Outcomes, Tenure Choice, and U. S. Housing Policy". *Cityscape: A Journal of Policy Development and Research*, Vol. 5, No. 2, 2001.

Guo, X. T., Liu, X. J., Chen, S. Q., Li, L. Y. & Fu H. L., "China's Housing Provision System: Evolution, Purchase-Rental Gap Measurement, and Optimization Strategy", *Journal of Urban Planning and Development*,

Vol. 147, No. 4, 2021.

Henderson, J. V. & Ioannides, Y. M., "A Model of Housing Tenure Choice", *American Economic Review*, Vol. 73, No. 1, 1983.

Himmelberg, C. & Mayer, C., "Assessing High House Prices: Bubbles, Fundamentals, and Misperceptions", *Journal of Economic Perspectives*, Vol. 19, No. 4, 2005.

Hochstenbach, C., "State-Led Gentrification and the Changing Geography of Market-Oriented Housing Policies", *Housing Theory & Society*, Vol. 34, No. 4, 2016.

Huang, R. & Pan, M. Q., "Labor Mobility and Consumption Structure of Rural Residents in China: An Empirical Study Based on LAIDS Model", *The Theory and Practice of Finance and Economics*, 2014.

Hui, E. C. M. & Gu, Q., "Study of Guangzhou House Price Bubble Based on State-Space Model", *International Journal of Strategic Property Management*, Vol. 13, No. 4, 2009.

Iacoviello, M. & Neri, S., "Housing Market Spillovers: Evidence from an Estimated DSGE Model", *American Economic Journal-Macroeconomics*, Vol. 2, No. 2, 2010.

Iacoviello, M., "House Prices, Borrowing Constraints, and Monetary Policy in the Business Cycle", *American Economic Review*, Vol. 95, No. 3, 2005.

Isaac T., "Buying Versus Renting-Determinants of the Net Present Value of Home Ownership for Individual Households", *International Review of Financial Analysis*, Vol. 48, 2016.

Jones, L. D., "Current Wealth and Tenure Choice", *AREUEA Journal*, Vol. 17, No. 1, 1989.

Kain, J. F. & Quigley, J. M., "Housing Market Discrimination, Homeownership, and Savings Behavior", *American Economic Review*, Vol. 62, No. 3, 1972.

Kingston, P. & Fries, J., "Having a Stake in the System: The Sociopolitical Ramifications of Business and Homeownership", *Social Science Quarterly*, Vol. 75, No. 3, 1994.

Kofner, S. , "The German Housing System: Fundamentally Resilient?", *Journal of Housing and the Built Environment*, Vol. 29, No. 2, 2014.

Kristof, F. S. , "Federal Housing Policies: Subsidized Production, Filtration and Objectives: Part II", *Land Economics*, Vol. 49, No. 2, 1973.

Kuang, W. D. , "Expectation, Speculation and Urban Housing Price Volatility in China", 5th International Conference on Management of Technology, Taiyuan City, 2010.

Kuncoro, H. , "The Impact of Government Consumption on the Private Expenditures in Developing Country: The Case of Indonesia", *Business and Economic Horizons*, Vol. 14, No. 1, 2018.

Laamanen, J. -P. , "Home-Ownership and the Labour Market: Evidence from Rental Housing Market Deregulation", *Labour Economics*, Vol. 48, 2017.

Liao, Y. & Zhang, J. F. , "Hukou Status, Housing Tenure Choice and Wealth Accumulation in Urban China", *China Economic Review*, Vol. 68, No. 101638, 2021.

Lin, C. C. S. , "The Relationship between Rents and Prices of Owner-Occupied Housing in Taiwan", *The Journal of Real Estate Finance and Economics*, Vol. 6, No. 1, 1993.

Liu, G. & Chang, X. , "The Impact of Rising Housing Rent on Residents' Consumption and Its Underlying Mechanism: Empirical Evidence from China", *Sage Open*, Vol. 11, No. 2, 2021.

Lowry, I. S. , "Filtering and Housing Standards: A Conceptual Analysis", *Land Economics*, Vol. 36, No. 4, 1960.

Luo, S. , Sun, Y. & Zhou, R. , "Can Fintech Innovation Promote Household Consumption? Evidence from China Family Panel Studies", *International Review of Financial Analysis*, Vol. 82, No. 102137, 2022.

Lux, M. , Sunega, P. , & Jakubek, J. , "Impact of Weak Substitution between Owning and Renting a Dwelling on Housing Market", *Journal of Housing and the Built Environment*, Vol. 35, No. 1, 2020.

Mak, S. W. K. , Choy, L. H. T. & Ho, W. K. O. , "Privatization, Housing Conditions and Affordability in the People's Republic of China", *Habitat*

International, Vol. 31, No. 2, 2007.

Manganelli, B., Moranom, P., & Tajani, F., "House Prices and Rents. the Italian Experience", *WSEAS Transactions on Business and Economics*, Vol. 11, No. 1, 2014.

Martin, F., "The Case for Specific Exemptions from the Goods and Services Tax: What Should We Do about Food, Health and Housing?", □ *Journal of Tax Research*, Vol. 18, No. 1, 2020.

Mills, E. S., "Housing Tenure Choice", *The Journal of Real Estate Finance and Economics*, Vol. 3, No. 4, 1990.

Myers, D., "Housing Allowances, Submarket Relationships and the Filtering Process", *Urban Affairs Quarterly*, Vol. 11, No. 2, 1975.

Plazzi, A., Torous, W. & Valkanov, R., "Expected Returns and Expected Growth in Rents of Commercial Real Estate", *Review of Financial Studies*, Vol. 23, No. 9, 2010.

Rubaszek, M. & Rubio, M., "Does the Rental Housing Market Stabilize the Economy? A Micro and Macro Perspective", *Empirical Economics*, Vol. 59, No. 1, 2020.

Rubaszek, M., "Private Rental Housing Market Underdevelopment: Life Cycle Model Simulations for Poland", *Baltic Journal of Economics*, Vol. 19, No. 2, 2019.

Rubio, M., "Housing-Market Heterogeneity in a Monetary Union", *Journal of International Money and Finance*, Vol. 40, 2014.

Shelton J P, "The Cost of Renting Versus Owning a Home", *Land Economics*, No. 2, 1968.

Staikos, D. & Xue, W. J., "What Drives Housing Prices, Rent and New Construction in China", *International Journal of Housing Markets and Analysis*, Vol. 10, No. 5, 2017.

Sweeney, J. L., "Quality, Commodity, Hierarchies and Housing Markets", *Econometrical*, Vol. 42, No. 1, 1974.

Tirtiroglu, D. & Clapp, J. M., "Spatial Barriers and Information Processing in Housing Markets: An Empirical Investigation of the Connecticut River on

Housing Returns", *Journal of Regional Science*, Vol. 36, No. 3, 1996.

Turnbull, G. K. & Zahirovic-Herbert, V., "The Transitory and Legacy Effects of the Rental Externality on House Price and Liquidity", *Journal of Real Estate Finance and Economics*, Vol. 44, 2012.

Walton, J., Rex, J., & Moore, R., "Race, Community and Conflict: A Study of Sparkbrook", *American Sociological Review*, Vol. 46, No. 2, 2004.

Waterlow, S. H. I., "Improved Houses for Town Dwellers: II. —Improved Means of Communication", *Journal of the Royal Society for the Promotion of Health*, Vol. 21, No. 3, 1990.

Wu, G. & Li, C., "Evolution of Relationship between Housing and Rental Prices and Inter-Urban Differences in China Under the Context of Simultaneous Rental and Sales Markets Policy", *Real Estate Management and Valuation*, Vol. 29, No. 3, 2021.

Wu, J., Gyourko, J. & Deng, Y., "Evaluating the Risk of Chinese Housing Markets: What We Know and What We Need To Know", *China Economic Review*, Vol. 39, 2016.

Xu, C., "The Fundamental Institutions of China's Reforms and Development", *Journal of Economic Literature*, Vol. 49, No. 4, 2011.

Yang, B. & Ching, A. T., "Dynamics of Consumer Adoption of Financial Innovation: The Case of ATM Cards", *Management Science*, Vol. 60, No. 4, 2014.

Zhang, X. Q., "Privatization and the Chinese Housing Model", *International Planning Studies*, Vol. 5, No. 2, 2000.

后　　记

住房租赁市场与住房买卖市场是住房市场体系的重要组成部分，二者的均衡发展直接关系到房地产市场的平稳运行和健康发展。然而，与蓬勃发展的住房交易市场相比，住房租赁市场的发展严重滞后，住房市场租售结构失衡已成为制约整个房地产市场健康发展的短板。因此，我国城市住房市场租售结构失衡的基本现状与特征是怎样的？是什么原因造成了我国城市住房市场租售结构的失衡？如何设计出我国城市住房市场租售结构失衡治理的长效机制？这些问题引起了我的兴趣与思考，让我决定投身于这一研究中。

幸运的是，2019年我成功获批国家社科基金重点项目"城市住房市场租售结构失衡及其治理的长效机制研究"（项目编号：19AJY009），得到了国家社科基金的资助，让我能够深入开展这一研究工作。此后，我又得到重庆大学中央高校基本科研业务费专项项目"城市住房市场健康发展机制暨均衡发展研究"（项目编号：2024CDJSKJJ13）的资助，让我的研究成果能够顺利出版，特此感谢。

本书是我与自己指导的博士研究生和硕士研究生集体研究的成果。课题研究从2019年9月开始至2022年12月结束，历时三年多，在此过程中，课题组成员尽心、尽力、尽责地完成了预定的研究任务。尤其在课题攻关的最后一年，我们坚持每周一次对书稿内容进行讨论，即使在疫情隔离期间，仍然坚持线上讨论，互相提出批评修改意见，不断完善和优化书中的理论框架和实证研究工作，对书稿中的内容更是进行了反复多次的论证和完善，力求能够取得不错的研究成果。值得欣慰的是，最后我们呈交给国家社科规划办的研究报告，鉴定等级为"良好"。在这里感谢研究团队的所有成员，他们是董俊豪、龚文琴、邹靖、孙果、齐硕、王炳淇等同学，感谢他们对我的支持与不离不弃，在克服了自身学业与科研工作时间的冲突、克服了科研过程中遇到的各种困难后，我们一起高质量地完成了这项研究。

虽然我们已对本书进行多次修改和校正，但难免有缺点和错误，一些内容和观点也可能仍然存在不完善之处，期待广大读者特别是同行专家的批评指正。本书在撰写过程中，参阅、借鉴和引用了国内外经济学者和同行专家学者的大量研究成果，向他们表示最诚挚的谢意。

最后，感谢我的亲人和爱人，他们对我的支持和关怀让我得以静心去做自己感兴趣的研究工作，并让我有勇气和决心克服生活和工作中遇到的一切困难。感谢所有支持、关心、帮助过我的领导、同事和朋友！